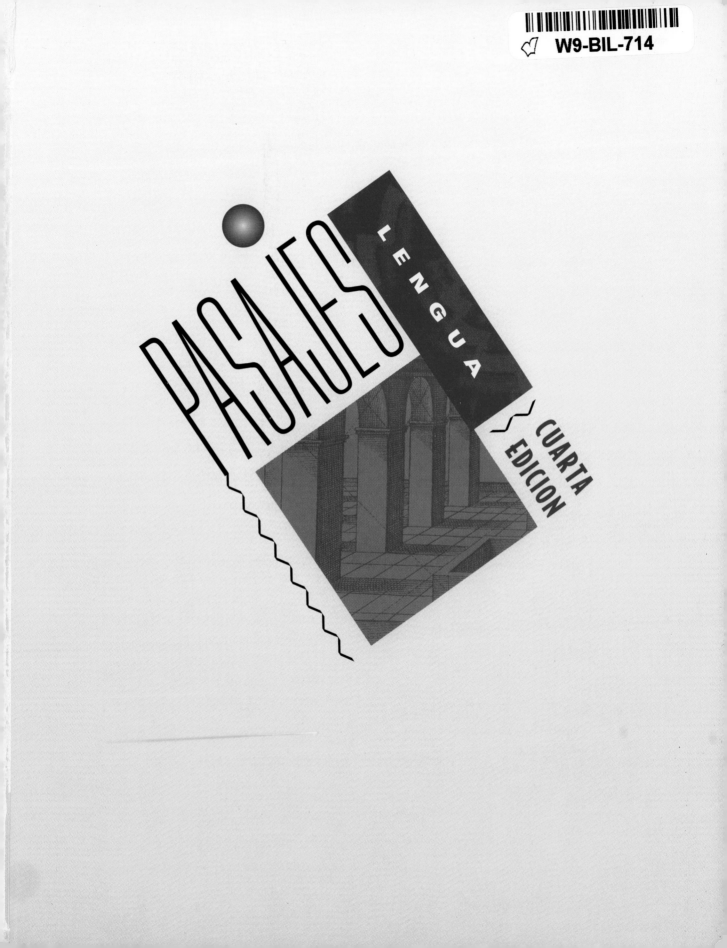

PASAJES

LENGUA

CUARTA EDICION

PASAJES

LENGUA

CUARTA EDICION

Mary Lee Bretz
Rutgers University

Trisha Dvorak
University of Washington

Carl Kirschner
Rutgers University

Contributing Writers:
Carmen M. Nieto
Georgetown University

Enrique Yepes
Bowdoin College

McGraw Hill

Boston, Massachusetts   Burr Ridge, Illinois   Dubuque, Iowa
Madison, Wisconsin   New York, New York   San Francisco, California   St. Louis, Missouri

McGraw-Hill

A Division of The **McGraw·Hill** *Companies*

This is an ⊟Ꝑꞁ book.

Pasajes: Lengua

This book is printed on acid-free paper.

2 3 4 5 6 7 8 9 0 DOW   DOW 9 0 0 9 8 7

ISBN 0-07-007697-9 (Student Edition)
ISBN 0-07-007704-5 (Instructor's Edition)

This book was set in Times Ten Roman by GTS Graphics, Inc.
The editors were Thalia Dorwick, Gregory Trauth, Becka Bellin, and Sharla Volkersz.
The production supervisor was Tanya Nigh.
Illustrations were done by Betty Beeby and Rick Hackney.
The text designer was BB&K; the cover designer was Amanda Kavanaugh.
The photo researcher was Susan Friedman.
R. R. Donnelley was printer and binder.

Library of Congress Cataloging-in-Publication Data
Bretz, Mary Lee.
    Pasajes. Lengua / Mary Lee Bretz, Trisha Dvorak, Carl Kirschner;
contributing writers, Carmen M. Nieto [and] Enrique Yepes. — 4a.
ed.
        p.   cm.
    Includes index.
    ISBN 0-07-007697-9 (Student's ed.). — ISBN 0-07-007704-5
(Instructor's ed.)
    1. Spanish language—Textbooks for foreign speakers—English.
2. Spanish language—Grammar. I. Dvorak, Trisha. II. Kirschner,
Carl, 1948–   . III. Title.
PC4129.E5B76   1997
468.2'421—dc20   96-36735
                                                CIP

CONTENTS

LA MUERTE Y EL MUNDO DEL MAS ALLA   78

LA FAMILIA   112

GEOGRAFIA, DEMOGRAFIA, TECNOLOGIA   140

CAPITULO CINCO
5

EL HOMBRE Y LA MUJER EN EL MUNDO ACTUAL   172

CAPITULO SEIS
6

EL MUNDO DE LOS NEGOCIOS 196

CREENCIAS E IDEOLOGIAS 226

LOS HISPANOS EN LOS ESTADOS UNIDOS

HABITOS Y DEPENDENCIAS

LA LEY Y LA LIBERTAD INDIVIDUAL   314

EL TRABAJO Y EL OCIO   340

APPENDICES

Welcome to the full-color Fourth Edition of *Pasajes*! To those of you who have used *Pasajes* in the past, we hope that you'll find this new edition even more exciting and interesting than the Third Edition. To those of you using *Pasajes* for the first time, we hope that you and your students will find teaching and learning Spanish with *Pasajes* to be a rewarding experience. We've been especially heartened by the enthusiasm of instructors who have told us that *Pasajes* has increased not only their satisfaction in teaching Spanish, but also their students' enjoyment in learning Spanish.

The *Pasajes* Series

The Fourth Edition of *Pasajes* consists of three main texts and a combined workbook and laboratory manual developed for second-year college Spanish programs. The three main texts of the series — *Lengua* (the core grammar text), *Literatura* (a literary reader), and *Cultura* (a cultural reader) — share a common thematic and grammatical organization. By emphasizing the same structures and similar vocabulary in a given chapter across all four components, the series offers instructors a program with greater cohesion and clarity. At the same time, it allows more flexibility and variety than are possible with a single text, even when a reader is used as a supplement. The design and organization of the series have been guided by the overall goal of developing *functional, communicative* language ability, and are built around the three primary objectives of *reinforcement, expansion,* and *synthesis.*

Since publication of the First Edition of *Pasajes* in 1983, interest in communicative language ability has grown steadily. The focus on proficiency, articulated in the *ACTFL Proficiency Guidelines*, and the growing body of research on the processes involved in each of the language skills have supported the importance of communicative ability as a goal of classroom language study, while suggesting activities that enable learners to develop specific skills in each of the four traditional areas. At the same time, the growing interest in cultural competence, which has been a focus of the *Pasajes* program from the beginning, has confirmed that instructional materials need to be not merely contextualized but also content-rich. The revisions of *Pasajes* have been shaped by these factors, as well as by the combined expertise of those who have used earlier versions of the materials and offered suggestions based on their experiences.

Changes in the Fourth Edition

Based on extensive input from instructors and students alike, we have implemented a number of changes in the Fourth Edition without altering the essence of *Pasajes.*

■ The new, full-color design of *Pasajes* makes learning Spanish not only more enjoyable but also easier. The purposeful use of color highlights the various features of the text and draws attention to important material.

■ In response to suggestions from a large number of instructors, we have reduced the number of main texts in the Fourth Edition, from four to three, in order to improve the manageability of the program.

■ The best and most popular activities of *Actividades* have been incorporated into *Lengua,* the *Cuaderno de práctica, Cultura,* and *Literatura.* The Third Edition of *Actividades* will continue to be available to instructors for use in intermediate and advanced Spanish courses.

■ Many of the grammar explanations have been simplified, streamlined, and condensed.

■ All major grammar explanations are now introduced by a **De entrada** activity that "triggers" a quick preview of the grammar point, and are followed by a **Práctica** activity that checks student comprehension of the grammar explanation. Communicative **Intercambios** activities, designed to let students use the grammar point and chapter vocabulary in meaningful contexts, follow the form-focused **Práctica.**

■ Two new features highlight both specific and general aspects of the Spanish language. **A propósito** boxes point out important details of Spanish grammar as well as helpful grammatical information. **Lenguaje y cultura** boxes reveal the interconnectedness of language and culture, with hints to expand student appreciation for and understanding of the Spanish language and brief opportunities to practice communicative strategies.

■ A new video of authentic television footage, coordinated with the chapter themes, provides additional linguistic and cultural input. The accompanying video feature, **Viaje cultural,** offers viewing activities for group and pair work in *Lengua* and activities for additional individual review in the *Cuaderno de práctica.*

Organization of the Text

While the look of *Pasajes* is brand new, the chapter organization of the Fourth Edition remains fundamentally the same as that of the Third Edition. To enhance the utility of *Pasajes: Lengua,* we have made changes in some sections and features and have renamed them to reflect the new look and fresh content. Both the *Lengua Instructor's Edition* and the program-based *Instructor's Manual* offer suggestions for using each section and its various features.

▲ **Chapter opener**
Functioning as an advance organizer for the chapter theme, the chapter opener consists of a photograph and an accompanying activity designed to activate students' prior knowledge about the topic, encourage them to discuss their associations with the theme, and set the stage for the activities that follow.

▲ **Describir y comentar**
Describir y comentar opens with a large full-color drawing to help students practice vocabulary related to the chapter theme. Students describe and talk about the drawing, and use the vocabulary in a more per-sonalized manner to comment on the chapter theme. **Vocabulario para conversar** provides a list of useful words and expressions for active mastery.

▲ **Exploraciones**
The core of each chapter, **Exploraciones,** contains communicative activities developed around three to five grammar points. Each main grammar explanation opens with **De entrada,** a short activity tied to the chapter theme, often accompanied by a visual. Designed to preview the grammar point that follows, this activity stimulates students to use their inductive skills to arrive at an initial understanding of the grammar point. Each main grammar explanation is followed by **Práctica,** a brief, form-focused activity that checks students' comprehension of the grammar point, and by **Intercambios,** a set of communicative activities that provide meaningful contexts in which students use the grammatical structures and chapter vocabulary they have just learned.

▲ **Enlace**
Each chapter culminates with **Enlace,** a new section designed to review the chapter structures and vocabulary as well as to advance and develop critical and linguistic skills. Each **Enlace** opens with a pair or group activity (**Juego, Sondeo,** and so forth) that explores aspects of the chapter theme. The very popular **¡Ojo!** section, updated for the Fourth Edition, practices word discrimination and teaches common and useful idiomatic expressions. As in the Third Edition, the **Repaso** section consists of two types of activity, one that reviews material from previous lessons and another that focuses on the grammatical points presented in the current chapter. Answers to the **Repaso** activities are in Appendix 8 at the back of this book.

Several recurring features and special activities appear in each chapter of *Pasajes: Lengua.*

▲ **A propósito**
A propósito boxes in the **Exploraciones** section point out important aspects of Spanish grammar and other grammatical

information that will be helpful to students not only as they work through the **Intercambios** activities but throughout their study of Spanish.

▲ **Lenguaje y cultura**
Lenguaje y cultura emphasizes the interconnectedness of language and culture, thereby helping students develop their appreciation of the Spanish language.

▲ **Estrategias para la comunicación**
Students often want to express ideas that are beyond their linguistic abilities. *Pasajes* encourages students to confront such situations head-on, rather than avoiding them. Placed within **Exploraciones,** the **Estrategias para la comunicación** teach students specific strategies for communicating more effectively in Spanish.

▲ **Viaje cultural**
The *Video to accompany Pasajes* provides additional opportunities for students to hear Spanish spoken in authentic contexts related to the chapter theme. Each **Viaje cultural,** illustrated with a still photo from the video footage, opens with a description of the segment corresponding to that chapter and provides both comprehension (viewing) and communicative (postviewing) activities.

▲ **Special activities**
 ¡Necesito compañero! activities, identifiable by their icon, are specifically designed for partner or pair work.
Entre todos are activities designed for whole-class discussion.
Improvisaciones are role-playing activities that provide contextualized practice in grammatical structures and vocabulary as well as in conversational strategies.
In **Guiones,** students practice extended description of drawings and narration to create characters and stories.

▲ **Special Enlace activities**
Sondeo invites students to explore aspects of the chapter theme through class polls and follow-up discussions.
In **Pro y contra,** students are guided

through the process of engaging in and managing a class debate.
Juego and **Escenarios** include a variety of interesting, interactive activities designed to develop both critical thinking and linguistic ability.
In **Volviendo al dibujo,** usually the first activity in the **¡Ojo!** section, students review chapter vocabulary and structures as they revisit part of the large color drawing first encountered in **Describir y comentar.**

Components
Pasajes, Fourth Edition, includes the following components, designed to complement your instruction and to enhance your students' learning experience. Please contact your local McGraw-Hill sales representative for information on the availability and cost of these materials.

Available to adopters *and* to students:

■ *Lengua*
The core grammar text for the *Pasajes* program consists of a comprehensive review and practice of basic vocabulary and grammatical structures, while introducing and practicing more advanced grammatical structures.

■ *Cultura*
Thematically coordinated with *Lengua* and *Literatura, Cultura* is a collection of cultural essays and authentic articles culled from contemporary Spanish-language magazines and newspapers. Each reading treats an aspect of the chapter topic and is accompanied by abundant prereading and postreading activities designed to develop reading and writing skills while furthering students' appreciation of the cultural diversity of the Spanish-speaking world.

■ *Literatura*
Thematically coordinated with *Lengua* and *Cultura, Literatura* is a collection of 23 literary texts, including a variety of short stories and poetry, excerpts from longer works, and a legend. All texts have been selected both for their interest to students and for their literary value; many favorites from the Third Edition have been retained, while others have been replaced with texts more relevant

to today's students. Each text is accompanied by abundant prereading and postreading activities that develop reading and writing skills and further students' understanding of important literary devices.

■ *Cuaderno de práctica: Expresión oral, comprensión, composición*
This combined workbook and laboratory manual is coordinated thematically with **Lengua, Literatura,** and **Cultura** and provides students with various controlled and open-ended opportunities to practice the vocabulary and grammatical structures presented in **Lengua.** The laboratory section promotes listening comprehension through many short narrative passages, and speaking skills through a variety of activities, including pronunciation practice. The **Voces** section includes authentic interviews with men and women from different areas of the Hispanic world. The chapter organization of the **Cuaderno** follows that of **Lengua.** The workbook section provides guided writing practice to help students develop expository writing skills. New in the Fourth Edition of the **Cuaderno** is the **Viaje cultural** section, containing video-based activities for individual viewing of the *Video to accompany* **Pasajes.**

■ *Audiocassette Program to accompany* **Pasajes**
Corresponding to the laboratory portion of the *Cuaderno,* the *Audiocassette Program* contains activities for review of vocabulary and grammatical structures, passages for extensive and intensive listening practice, guided pronunciation practice, and interviews with men and women from different areas of the Hispanic world. The *Audiocassette Program,* provided free to adopters, is also available for student purchase.

■ *Voces Audiocassette*
This special 90-minute listening comprehension tape, corresponding to **Voces,** the "testimonial" section of **Cultura,** contains actual voices of inhabitants of Spanish-speaking countries. Ideal for in-class or for additional out-of-class listening comprehension, this tape helps develop proficiency in understanding a variety of accents and oral texts. The **Voces** *Audiocassette,* provided free to adopters, is available for student purchase.

■ *MHELT 2.1 (McGraw-Hill Electronic Language Tutor)*
This computer program, available for both IBM and Macintosh, includes a broad selection of the form-focused grammar and vocabulary activities found in **Lengua,** Fourth Edition.

Available to adopters only:

■ **Lengua** *Instructor's Edition*
This special edition of **Lengua,** specifically designed for instructors, contains a 32-page insert with helpful hints and suggestions for working with the many features and activities in **Lengua.**

■ *Instructor's Manual*
Revised for the Fourth Edition, this handy manual includes suggestions for using all components of the **Pasajes** program, sample lesson plans and syllabi, sample chapter tests, and the transcript of the *Video to accompany* **Pasajes.**

■ *Tapescript*
This is a complete transcript of the material recorded in the *Audiocassette Program to accompany* **Pasajes.**

■ *Video to accompany* **Pasajes**
A 30-minute video consisting of authentic footage of recent television broadcasts from more than half a dozen Spanish-speaking countries. Topics are coordinated with the chapter themes of the **Pasajes** program. Video activities are found in **Lengua** as well as in the **Cuaderno.**

■ *Instructional videos*
A variety of videotapes are available to instructors who wish to offer their students additional perspectives on the Spanish language and Hispanic cultures and civilizations. A list of the videos is available through your local McGraw-Hill sales representative.

ACKNOWLEDGMENTS

The authors and writers would like to extend our heartfelt thanks to Dr. Constance Kihyet (Saddleback College), who commented extensively on *Pasajes: Lengua* and *Cultura,* who read and reacted to the manuscript at various stages in its development, and who contributed many excellent ideas to the *Lengua* Instructor's Edition.

We would also like to thank all of the instructors who participated in the development of the previous editions of *Pasajes.* Their comments, both positive and critical, were instrumental in the shaping of those editions. In addition, we would like to express our gratitude to the many instructors who completed surveys indispensable to the development of the Fourth Edition. The appearance of their names does not necessarily constitute an endorsement of the texts or their methodology.

Dieudonne K. Afatsawo, University of Southern California
Tamara Al-Kasey, Carnegie Mellon University
Cathy Barret, University of Arizona
Elizabeth S. Boyce, Houston Baptist University
Carmen Candal, Northampton Community College
Helen Child, Treasure Valley Community College
Ben Christiansen, San Diego State University
Phillip P. Flahive, North Central College
Diana Frantzen, Indiana University
Marisa Geisler, University of Minnesota
Gilberto Gómez, Wabash College
Mary C. Harges, Southwest Missouri State University
Steven Lee Hartman, Southern Illinois University, Carbondale
Marcia Hass, University of Montana
Sue Hintz, Germanna Community College
Mary Ellen Kohn, Mount Mary College
Virginia B. Levine, SUNY Cortland
Marie Cecile Lozedo, University of Chicago
Lynne Margolies, Southeast Missouri State University
Patti Marinelli, University of South Carolina, Columbia
Claudia Martínez, Diablo Valley College
Bruce Gregory McCoy, Germanna Community College
Edward J. Mullen, University of Missouri, Columbia
Mary Ellen Page, Valencia Community College
Linda K. Parkyn, Messiah College
David A. Petreman, Wright State University
Marie Poldoz-Baile, University of Missouri
Pilar Poldoz-Baile, University of Missouri
Rosalea Postma-Carttar, University of Kansas, Lawrence
Gus Puleo, Columbia University
Kay E. Raymond, Sam Houston State University
Mari Pino del Rosario, Greensboro College
Hildebrando Ruiz, University of Georgia
Virginia Santos, New York University
Martha Schaffer, University of San Francisco

Karen Smith, University of Arizona
Cheryl M. Strand, Western Oregon State College
Kirstin Summers, University of Arizona
Alain Swietlicki, University of Wisconsin
Edda Temocha-Weldele, Grossmont College
Carmen Urioste, Arizona State University
Beth Vinkler, Illinois Benedictine College
Carol Wikerson, Gordon College
Philippa B. Yin, Cleveland State University

We would also like to express our appreciation to the individuals who shared their experiences and their points of view with us in the **Voces** section of *Pasajes: Cultura* as well as in the **Voces** *Audiocassette* and in the *Audiocassette Program*.

Many thanks are owed to the people who worked on the *Pasajes* program behind the scenes: Laura Chastain, who read manuscript for all of the components for linguistic and cultural authenticity; Philomena Meechan, whose work on the last edition is still evident in many of the pages of this new edition; Kathleen Kirk, who skillfully copyedited the texts; H. Jay Siskin, who compiled the end vocabularies; Betty Beebe and Rick Hackney, whose engaging drawings form the basis of many activities; Susan Friedman, who was able to find just the right photos; and BB&K for the sophisticated cover design and the beautiful and colorful interior design.

We would like to express our gratitude to GTS Graphics, Inc., whose fine production work made our lives so much easier; the editing, production, and design teams at McGraw-Hill, especially Karen Judd and Sharla Volkersz, whose editorial expertise helped transform raw manuscript into bound book; Diane Renda and Tanya Nigh, who saw the books through the complex manufacturing stages; Francis Owens, who oversaw the book and cover design and the illustration programs; and Margaret Metz and the rest of the McGraw-Hill marketing and sales staff, who have so actively promoted *Pasajes* over the past years.

Finally, we would like to thank the McGraw-Hill foreign language editorial staff for their patience and support throughout the revision process. We appreciate the ongoing assistance of Thalia Dorwick, who has been with us through four editions over the past eighteen years. We are especially grateful to Gregory Trauth and Becka Bellin, who expertly commented on all aspects of the manuscript, invariably provided us with excellent assistance at every stage, and maintained enthusiasm and good cheer throughout the process.

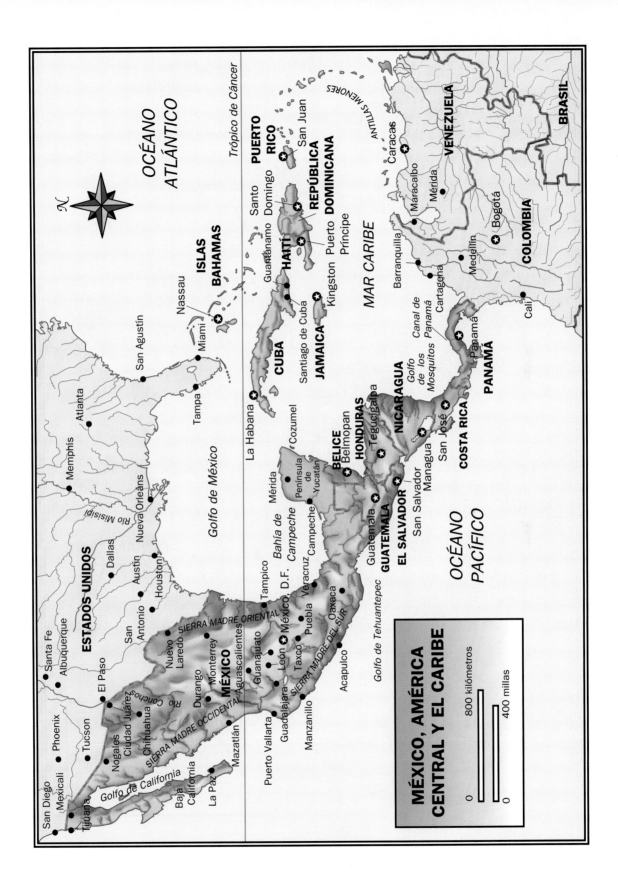

MÉXICO, AMÉRICA
CENTRAL Y EL CARIBE

0   800 kilómetros

0   400 millas

OCÉANO
ATLÁNTICO

Trópico de Cáncer

OCÉANO
PACÍFICO

MAR CARIBE

Golfo de México

Golfo de California

Golfo de Tehuantepec

Bahía de
Campeche

Golfo
de los
Mosquitos

Canal de
Panamá

ESTADOS UNIDOS

MÉXICO

SIERRA MADRE ORIENTAL
SIERRA MADRE OCCIDENTAL
SIERRA MADRE DEL SUR

ISLAS
BAHAMAS

CUBA

HAITÍ

REPÚBLICA
DOMINICANA

PUERTO
RICO

JAMAICA

BELICE

GUATEMALA

HONDURAS

EL SALVADOR

NICARAGUA

COSTA RICA

PANAMÁ

COLOMBIA

VENEZUELA

BRASIL

ANTILLAS MENORES

San Diego
Mexicali
Tijuana
Nogales
Tucson
Phoenix
Santa Fe
Albuquerque
El Paso
Ciudad Juárez
Chihuahua
Durango
Mazatlán
La Paz
Baja
California
Rio Conchos
Nuevo
Laredo
Monterrey
Aguascalientes
Durango
Guadalajara
León
Guanajuato
Puerto Vallarta
Manzanillo
Acapulco
Taxco
México, D.F.
Puebla
Oaxaca
Veracruz
Tampico
Mérida
Cozumel
Península
de
Yucatán
Campeche
Dallas
Austin
San
Antonio
Houston
Memphis
Nueva Orleáns
Rio Misisipi
Atlanta
San Agustín
Tampa
Miami
Nassau
La Habana
Santiago de Cuba
Guantánamo
Kingston
Puerto
Príncipe
Santo
Domingo
San Juan
Belmopan
Guatemala
San Salvador
Tegucigalpa
Managua
San José
Panamá
Barranquilla
Cartagena
Maracaibo
Mérida
Medellín
Bogotá
Cali
Caracas

MAR CARIBE

OCÉANO ATLÁNTICO

Maracaibo
Barranquilla
PANAMÁ
Caracas
Medellín
VENEZUELA
GUYANA
Panamá
Georgetown
Paramaribo
Bogotá
Río Orinoco
Cayena
Cali
SURINAME
GUYANA FRANCESA
COLOMBIA

Quito
Ecuador
ECUADOR
Río Amazonas
Belém
Guayaquil
Manaus

PERÚ
BRASIL
CORDILLERA DE LOS ANDES
Recife
Cuzco
Lima
La Paz
Brasília
Arequipa
BOLIVIA
Sucre
Antofagasta
PARAGUAY
Río de Janeiro
CHILE
Asunción
Trópico de Capricornio
San Miguel de Tucumán
São Paulo
La Serena

OCÉANO PACÍFICO
Córdoba
Rosario
OCÉANO ATLÁNTICO
Valparaíso
URUGUAY
Santiago
ARGENTINA
Concepción
Buenos Aires
Montevideo
Río de la Plata
Bahía Blanca

Puerto Montt
Bariloche
Chiloé

N

Islas Malvinas
Estrecho de Magallanes
Punta Arenas
Tierra del Fuego

Cabo de Hornos

AMÉRICA DEL SUR

0   1500 kilómetros

0   1000 millas

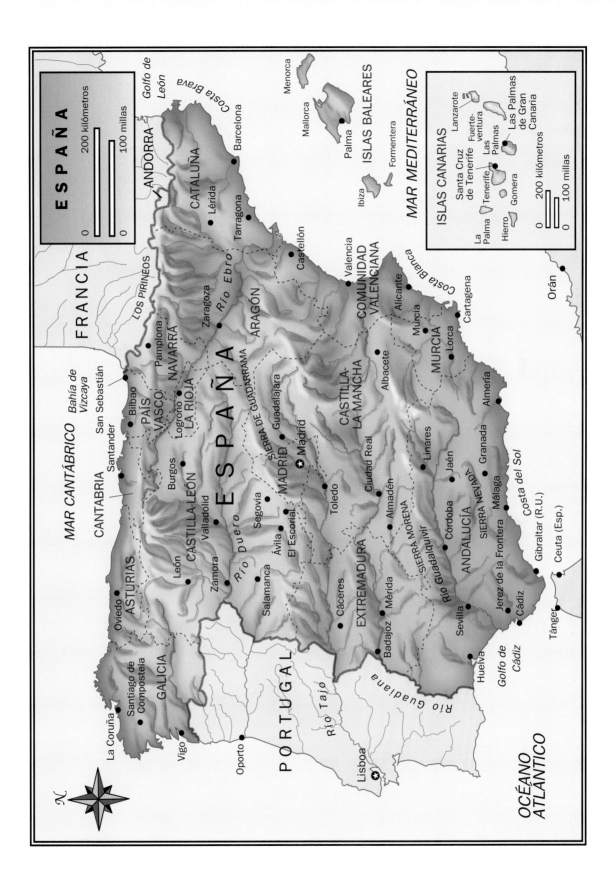

ESPAÑA

0 ____ 200 kilómetros
0 ____ 100 millas

FRANCIA

ANDORRA

Golfo de León

Costa Brava

MAR MEDITERRÁNEO

Menorca

ISLAS BALEARES

Mallorca
Palma
Ibiza
Formentera

ISLAS CANARIAS

Lanzarote
Santa Cruz
de Tenerife · Fuerte-
ventura
Las Palmas
de Gran
Canaria
Las Palmas
Tenerife
Gomera
La Palma
Hierro

0 ____ 200 kilómetros
0 ____ 100 millas

MAR CANTÁBRICO

Bahía de Vizcaya

San Sebastián
Santander
Bilbao
PAÍS VASCO
CANTABRIA

CATALUÑA
Barcelona
Lérida
Tarragona
Castellón

LOS PIRINEOS

Río Ebro

Pamplona
NAVARRA
Zaragoza
LA RIOJA
Logroño
ARAGÓN

Valencia
COMUNIDAD
VALENCIANA
Costa Blanca
Alicante
Murcia
MURCIA
Lorca
Cartagena

Orán

ASTURIAS
Oviedo

Burgos
SIERRA DE GUADARRAMA
Guadalajara
MADRID
☆ Madrid
CASTILLA-
LA MANCHA
Albacete

Almería

GALICIA
Santiago de
Compostela
La Coruña
Vigo

León
CASTILLA-LEÓN
Valladolid
Zamora
Salamanca
Río Duero
Segovia
Ávila
El Escorial

Toledo
Ciudad Real
Almadén
SIERRA MORENA
Río Guadalquivir

Linares
Jaén
Córdoba
SIERRA NEVADA
Granada
Málaga
Costa del Sol

PORTUGAL

Río Tajo

Río Guadiana

Oporto

Lisboa ☆

Cáceres
EXTREMADURA
Mérida
Badajoz

Sevilla
ANDALUCÍA
Jerez de la Frontera
Cádiz
Huelva

Golfo de Cádiz

Gibraltar (R.U.)
Ceuta (Esp.)
Tánger

OCÉANO
ATLÁNTICO

N

PASAJES

LENGUA

CUARTA EDICION

Bienvenidos

Montevideo, Uruguay

At the beginning of an intermediate language course some of you may be intimidated by a grammar book—"You mean after all those tenses we learned the first year, there are still *more*?!" The Spanish language is indeed rich in verb forms, but one of the purposes of this book is to review what you have already learned and then expand on it, while at the same time helping you see that the numerous bits and pieces of grammar—the rules and the exceptions—do in fact form a single, coherent system. *Pasajes: Lengua* explains each grammar point carefully and gives numerous examples. **A propósito** boxes throughout each grammar section provide more information on various points. At the end of each chapter is an **¡Ojo!** section that helps you recognize and learn to avoid common vocabulary errors. It is unlikely that you will acquire a perfect or even near-perfect command of grammatical structures at this stage of language learning. Such command comes slowly; we hope that over the course of time the exercises, explanations, and activities in this text and in the **Cuaderno de práctica** will help you attain greater grammatical accuracy.

Review, expand, synthesize: this threefold goal is the purpose of many intermediate textbooks. *Pasajes: Lengua* wants this and something more. We not only want you to *understand* the system, we want you to *use* it. For us this second goal is actually the first and most important, since the desire to speak, read, or write Spanish is the main reason that many of you sit patiently through grammar lessons in the first place. *Pasajes: Lengua* was written to help you make the leap from conjugating to communicating.

Developing the ability to communicate is fun, but also challenging. It requires more than memorization or passive participation. It requires your active, involved participation in *real* communication with your instructor and fellow students. In real communication, people ask questions because they really want to know something about a topic or person. They follow up with more questions to discover in full detail whatever it is they need or want to know. And the person who is asked a question doesn't respond with a disinterested "yes" or "no"; he or she shows interest and adds information to keep the conversation going. If some participants in the conversation have a native language other than English, they don't lapse into their native language when they don't understand what is going on; they ask questions, or reword their statements, or draw pictures to clear up the confusion.

At this point, and probably for some time to come, your Spanish may seem "babyish" in comparison with the complexity of the ideas and opinions you want to express. Don't give up on your ideas or on your Spanish. Think of other ways to say what you mean: simplify, give examples, use whatever you *do* know to bridge the gap. From the **Describir y comentar** section that begins each chapter to the **Enlace** section at the chapter's end are exercises and activities designed to encourage you to think, react, and share your ideas with your instructor and your classmates.

Don't be afraid to make mistakes; don't think that they indicate some failure on your part. Mistakes are a normal, perhaps inevitable, part of language learning. Many of the activities in *Pasajes: Lengua* are deliberately designed to challenge you, to make you use all of your Spanish knowledge.

We know you will make mistakes, and we want you to learn from them. You won't always be able to say exactly what you want to say, but you *can* learn to deal with that frustration creatively and effectively. In each chapter of *Pasajes: Lengua* and in this introduction are special sections called **Estrategias para la comunicación,** which give you hints about and practice in handling many of the problems that everyone faces in real-life communication.

To communicate successfully in Spanish, you will need a strong desire to communicate as well as certain basic skills. We have tried to provide interesting exercises and activities and numerous hints to help you acquire those skills. But in the long run your level of success will depend on *you.* The potential rewards for your efforts are indeed great. After Chinese and English, Spanish is spoken by more people than any other language in the world. Hispanics are an immensely friendly, interesting, and important people whose culture is rich and varied. Your skill in Spanish is the **pasaje** that will enable you to communicate with them and to appreciate their culture in a way that a person who knows no Spanish can never experience.

ESTRATEGIAS PARA LA COMUNICACION

¿Quieres trabajar conmigo?
Getting started

Do you know a lot of words in Spanish, but have trouble getting them out in the right order when you need to? Can you conjugate verbs fluently in the margins of your Spanish tests, but freeze up when the task is conversation? Can you follow the gist of what people have said to you in Spanish, but start stuttering and stammering when it's your turn to talk? Don't worry—you're more typical than you think! As a matter of fact, it is very likely that even your instructor remembers a time when he or she experienced the same problems in either Spanish or English.

Learning another language is hard work; it takes a long time. For most people, it is marked by periods of fast learning interspersed with plateaus during which no progress seems to take place. In a plateau stage, you may actually feel as if you are going downhill—making mistakes that you didn't use to make and confusing things that had previously been easy for you— instead of standing still! There isn't much that you can do to avoid plateaus, but you can make your progress through them easier and less frustrating if you keep the following tips in mind.

■ *Relax.* Making mistakes is natural, not stupid. Anyone who has ever studied a foreign language has made mistakes—lots of them!—so don't waste time worrying about how to avoid them, or being afraid that other people will think you are stupid. The more relaxed you are, the easier it becomes to use a language actively.

- *Think about how to get your message across.* Remember that there is never just one way to say anything; if you run into a snag, back up and go at it from another direction. The more involved you are in communicating, the less self-conscious you will be about real or potential mistakes—which, by the way, are generally a lot less damaging to communication than you might think.

- *Be patient.* Learning another language takes considerable time and practice, but it does get easier. And you do get better—compare your present abilities to those of a first-semester Spanish student, or think about how much you know now that you didn't know when you were just a beginner!

To help you feel more comfortable and confident, each chapter of *Pasajes* has a number of exercises specifically designed to be done with a classmate. You may find the following phrases useful for finding a partner (**un compañero, una compañera**) and getting down to work with him or her.

¿Quieres (Quisieras) trabajar conmigo?	*Do you want (Would you like) to work with me?*
Soy... ¿Y tú?	*I'm . . . Who are you?*
¿Quién empieza? (¿Quién va a empezar?)	*Who goes first? (Who's going to start?)*
Te toca. (Ahora te toca a ti.)	*It's your turn. (Now it's **your** turn.)*
Un momento. (Espera.)	*Wait a minute.*
¡Vamos!	*Let's go! Hurry up!*
¿No será... ?	*Wouldn't it be . . . ?*
¿Vale?	*OK? Is this all right with you?*
¡Regio! (¡Fenomenal! ¡Fantástico!)*	*Good job!*
Gracias por tu ayuda.	*Thanks for your help.*

Try practicing these expressions as you work through the following activities with a classmate. Do the best you can to speak in Spanish as much as possible, helping each other with any difficulties that you encounter.

¡Necesito compañero!

A You need to get the following information from someone who does not speak English. How many different ways can you think of to phrase your questions? Use single-word questions as well as complete sentences.

1. name
2. age
3. where the person is from
4. address

5. marital status
6. occupation
7. reasons for being here
8. hobbies and areas of interest

B When you and your partner have finished, compare your question strategies with those of the rest of the class. Then use your questions to interview a different classmate.

---

*Exclamations of approval (and disapproval) tend to be very regional in most languages. **¡Regio!** is common in Chile and other areas of Latin America; **¡fenomenal!** and **¡vale!** are a bit more common in Spain; **¡magnífico!** and **¡fantástico!** are widely used by Hispanics from all national backgrounds. Ask your instructor for other expressions of approval that he or she knows.

CAPÍTULO UNO

1

Tipos y estereotipos

Los estereotipos se forman cuando las características que tienen (o que tenían en el pasado) *algunos* individuos son atribuidas a *todos* los miembros de su grupo. Por ejemplo, la foto que precede representa la imagen que tienen algunas personas de todos los mexicanos.

¿Son realmente así *todos* los mexicanos? ¿Cómo son otros mexicanos? ¿Hay otros lugares en el mundo donde se pueden ver escenas como la de la página 6? ¿Reconoce Ud. los estereotipos a continuación (*that follow*)?

1. Los atletas ____.

2. Las mujeres _____.

3. Los estudiantes universitarios _____.

4. Los judíos _____.

5. Los norteamericanos _____.

6. Los vendedores de autos usados _____.

7. Los japoneses _____.

8. Los negros _____.

a. no saben manejar bien

b. beben demasiadas bebidas alcohólicas

c. son expertos en electrónica

d. son deshonestos

e. bailan bien

f. son estúpidos

g. son monolingües

h. son materialistas

Hay estereotipos para todos los grupos humanos. Algunos piensan que son inevitables. ¿Qué cree Ud.?

- En el dibujo A, ¿cómo es físicamente la estudiante de la izquierda? En su opinión, ¿adónde va ella en su tiempo libre?

- ¿Qué rasgos de personalidad asocia Ud. con la estudiante de la derecha? ¿Qué hace ella en su tiempo libre? ¿Cree Ud. que ellas van a tener problemas como compañeras de cuarto? Explique.

- En el dibujo B hay varios grupos de estudiantes. ¿Dónde están? ¿Qué hacen? En su opinión, ¿tienen la apariencia de empollones los estudiantes de la izquierda? ¿Cómo son?

- Describa al estudiante que está a la derecha. ¿Qué hace? ¿Con quién está? ¿Qué tipo de persona parece ser? ¿Hay estudiantes coquetas o coquetones en este dibujo? ¿Dónde? Imagínese qué dicen.

*Use the **Vocabulario** to discuss the drawings.

VOCABULARIO
para conversar

la apariencia appearance
asociar to associate
el/la atleta athlete
  un tipo muy atlético a very athletic person
la característica characteristic
cómico/a funny
coquetón flirtatious (*male*), **coqueta** flirtatious (*female*)
la costumbre custom, habit
el/la deportista sportsman/sportswoman
el empollón / la empollona bookworm; nerd
el estereotipo stereotype

extrovertido/a extroverted, outgoing
flojo/a lazy; not very bright (*slang*)
la imagen image, picture
introvertido/a introverted, shy
listo/a bright, smart
perezoso/a lazy
pesado/a dull, uninteresting
el rasgo trait, characteristic
típico/a typical
tonto/a silly, dumb
trabajador(a) hard-working

A Nombre los tipos o adjetivos de la lista anterior que se asocian con las personas que tienen las siguientes costumbres o características. ¿Qué otros rasgos o costumbres se asocian con cada tipo?

> MODELO: un tipo que duerme mucho → perezoso, flojo
> **otras características:** trabaja poco, camina despacio, saca malas notas

un tipo que...

1. hace muchas bromas (*jokes*)
2. estudia en la biblioteca todo el tiempo
3. es más bien tímido
4. lleva ropa de última moda
5. pasa mucho tiempo en el gimnasio
6. siempre está en todas las fiestas

B Usando la lista del vocabulario u otras palabras, nombre las características que Ud. asocia con cada uno de los siguientes personajes o personas.

1. los Bundy («Married . . . with Children»)
2. Arnold Schwarzenegger
3. Murphy Brown
4. Frasier
5. los compañeros de «Friends»

C ¡Necesito compañero! Trabajando en parejas, arreglen las siguientes características según las dos categorías indicadas en la tabla de la próxima página. Pueden poner una característica en más de una categoría.

atlético	extrovertido	optimista	sincero
coquetón	hablador	perezoso	sofisticado
cómico	impulsivo	responsable	tonto
egoísta	inmaduro	seguro de sí mismo	torpe
empollón	intelectual	sensible	trabajador

características que una persona puede controlar	
características que una persona no puede controlar	
características típicas de los hombres	
características típicas de las mujeres	

LENGUAJE Y CULTURA

No todas las palabras de una lengua se pueden traducir con exactitud a otra, especialmente cuando se trata del lenguaje popular o coloquial. Por ejemplo, imagínese que un amigo hispano no encuentra las siguientes palabras en el diccionario bilingüe. ¿Puede Ud. explicarle en español lo que significan? ¿Cuáles son algunas características que se asocian con cada tipo?

- jock
- loser
- geek
- moocher
- redneck

Después de clasificar las palabras, escojan las tres características que para Uds. son las más atractivas en sus amigos personales. Comparen sus respuestas con las de los otros miembros de la clase. ¿Tienen Uds. opiniones muy diferentes? ¿Están todos de acuerdo sobre algunas características? ¿Cuáles son? ¿Cuáles de estos rasgos asocian Uds. con sus compañeros de cuarto?

D Mire otra vez el dibujo de la página 8.

- ¿Cuál de las personas del dibujo A se parece a (*resembles*) la «estudiante típica» de esta universidad? Si ninguna, ¿cómo es la «estudiante típica»? ¿el «estudiante típico»?

- ¿Tiene Ud. un compañero / una compañera de cuarto? ¿Son Uds. semejantes o diferentes? Explique.

- ¿Qué estereotipos se presentan en los dibujos A y B? ¿Son falsas todas esas generalizaciones? ¿Cuáles cree Ud. que son más o menos verdaderas? ¿Hay otros tipos estudiantiles en esta universidad que no están representados en los dibujos? Descríbalos.

ESTRATEGIAS PARA LA COMUNICACION

¿Cómo? *What to do when you don't understand*

Briefly describe the scene represented in this comic strip (**tira cómica**), using the questions on the next page as a guide.

■ ¿Quiénes están en la tira cómica? ¿Dónde están? ¿Qué hacen?

■ ¿Por qué le dice el hombre del paraguas (*umbrella*) «Rah! Rah! Rah! Sis! Boom! Bah!» al otro hombre? ¿Qué le contesta el hombre de pelo largo? ¿Por qué?

■ ¿Qué estereotipos revela esta tira cómica sobre los jóvenes de pelo largo? ¿y sobre la lengua española?

■ ¿Por qué no se pueden comunicar estos dos hombres? ¿Qué preguntas puede hacerle el hombre de pelo largo al otro hombre para entender mejor su mensaje?

Not understanding the message happens to most people at least once a day in their native language. Many conversations contain at least one request for clarification: "Huh?" "I don't follow you." "What was that?" "How do you spell that?"

Cope with missed messages in spoken Spanish just as you do in English: let the other person know what part of the message you haven't understood. Request general information with **¿cómo?** (*what?*). Request specific information by using the appropriate interrogative.

¿cuándo? *when?*	¿dónde? *where?*
¿cuál(es)? *which one(s)?*	¿adónde? *where to?*
¿quién(es)? *who?*	¿de dónde? *where from?*
¿de quién(es)? *whose?*	¿cuánto/a? *how much?*
¿para quién(es)? *for whom?*	¿cuántos/as? *how many?*

Request a repetition with **más despacio, por favor** (*slower, please*) or **otra vez, en palabras más simples** (*again, in simpler words*). After the repetition, if you still aren't sure that you have understood, ask the person to write down the troublesome word(s): **¿puede Ud. escribírmelo?** Finally, guess, using your knowledge of the context. If you are in a restaurant, for example, the waiter is probably asking you about your reservations or about the number of people in your party, not about politics, religion, or the weather.

Practice the preceding communication strategies in these situations.

A While talking to someone, you have understood only part of the message. Here is what you heard. Which of the suggested strategies is the most useful? Sometimes more than one strategy will work.

1. «La primera clase es el jueves... a las... tarde.»
   a. ¿Cuándo es? **b.** ¿Cómo? **c.** ¿Habla inglés?
2. «Laestacióndetrenesestáaunastrescuadrasenlacalle-Colónalladodelmuseo.»
   a. Repita, por favor. **b.** ¿Ah? **c.** Más despacio, por favor.
3. «Ud. necesita hablar con la señora Gadrroullpdyezia.»
   a. ¿Puede Ud. escribírmelo?
   b. Otra vez, en palabras más simples.
   c. ¿Con quién?
4. «Lupe es de... »
   a. ¿Quién? **b.** No comprendo. **c.** ¿De dónde?

B Once again, you have understood only part of the message. Here is what you heard. Ask questions to discover what you missed.

1. «Mi familia vive en... »
2. «Se llama... , pero no lo conozco bien.»
3. «Esta carta es para el señor... »
4. «Salen de... a las... »
5. «Hay que pagar... pesos.»
6. «Esta tarde... llega a la ciudad de... y a las... de la noche toma el autobús.»

C ¡Necesito compañero! Work with a partner to create a dialogue for each of the following situations. One of the speakers doesn't understand what the other is saying, and must ask for clarification. Use the communication strategies practiced in this section or others that you know.

1. You are standing at a bus stop. An elderly woman approaches you and asks a question.
2. You go into a clothing store. A clerk comes up to you and asks a question.
3. You are in history class, and you ask the instructor about something in her lecture (**conferencia**) that you didn't understand.
4. You are in Madrid, trying to mail a package (**enviar un paquete por correo**).
5. You are trying to order a hamburger in a restaurant that specializes in Mexican food.

EXPLORACIONES

De entrada

Mire el texto a continuación y use la tabla de la próxima página para indicar si las siguientes palabras son masculinas (**M**) o femeninas (**F**). ¿Qué claves (*clues*) le ayudan a determinar el género (*gender*)?

> Para muchas personas, «el hombre es un animal racional» y la intuición es cosa de mujeres. Sin embargo, algunos investigadores contemporáneos creen que la «intuición femenina» o el «sexto sentido» es una facultad de la inteligencia humana. El profesor Rob Rabbim y la psicóloga Lourdes Billingsley, miembros del instituto de estudios espirituales «Hamsa» en California, consideran que la intuición es un sistema de conocimiento que hombres y mujeres han usado desde tiempos prehistóricos. Para ellos, la intuición es una aptitud que complementa a la razón, aunque va en dirección contraria. Mientras que el pensamiento racional es útil para el análisis, la intuición es necesaria para la síntesis. La razón se preocupa de hacer distinciones, pero la intuición percibe los vínculos entre las cosas, entre las personas, entre los sentimientos y la inteligencia. Así pues, si tanto los hombres como las mujeres utilizamos la intuición, es posible que encontremos soluciones a muchos problemas sociales y personales que la razón no sabe resolver por sí sola.

PALABRA	M/F	CLAVES	PALABRA	M/F	CLAVES
persona	F	termina en «-a»	psicóloga		
hombre	M	sexo masculino	sistema		
animal	M	artículo masc. «un»	análisis		
mujeres			síntesis		
inteligencia			sentimientos		
profesor			problemas		

Recuerde que en español casi todos los sustantivos (*nouns*) tienen género masculino o femenino. A continuación hay algunas claves para reconocer el género de los sustantivos.

1 GENDER AND NUMBER OF NOUNS

A. Gender of nouns

In Spanish, nouns are classified as masculine (used with the articles **el** and **un**) or feminine (used with the articles **la** and **una**).

> **el** estereotipo *stereotype*
> **un** rasgo *trait, feature*

> **la** imagen *image*
> **una** característica *characteristic*

Two primary clues can help you correctly identify the gender of most Spanish nouns.

1. **Meaning:** biological sex = grammatical gender

When a Spanish noun refers to a male being, it is masculine; when the noun refers to a female being, it is feminine.

> el padre *father*
> el toro *bull*

> la madre *mother*
> la vaca *cow*

When a noun refers to a being that can be of either sex, the corresponding article indicates gender. Sometimes the word will have a different form for masculine and feminine.

> **el** artista / **la** artista *artist*
> **el** estudiante / **la** estudiante *student*
> **el** empollón / **la** empoll**a** *nerd*
> **el** profesor / **la** profesor**a** *professor*

The following nouns are exceptions; they may refer to either men or women, but their grammatical gender is fixed.

> el individuo *individual*
> el ángel *angel*

> la persona *person*
> la víctima *victim*

2. **Word ending**

■ Most nouns that end in **-l, -o, -n, -e, -r,** or **-s** are masculine.

el pape**l** *paper*	el caf**é** *coffee*
el libr**o** *book*	el amo**r** *love*
el exame**n** *test*	el lune**s** *Monday*

Some common exceptions are

la mano *hand*	la gente *people*
la imagen *image*	la parte *part*

■ Most nouns that end in **-a, -d, -ie, -ión, -is, -umbre,** or **-z** are feminine.

la comid**a** *food*	la cris**is** *crisis*
la actitu**d** *attitude*	la cost**umbre** *custom*
la ser**ie** *series*	la nari**z** *nose*
la televis**ión** *television*	

Some common exceptions are

el día *day*	el sofá *sofa*
el avión *airplane*	el camión *truck*

Another group of exceptions contains many words ending in **-ma, -pa,** and **-ta.**

el dra**ma** *play*	el poe**ma** *poem*	el progra**ma** *program*
el ma**pa** *map*	el poe**ta** *poet*	el siste**ma** *system*
el plane**ta** *planet*	el proble**ma** *problem*	el te**ma** *theme*

Práctica Indique el género de cada sustantivo con **el** o **la** según el caso. ¡Atención! En los casos de sustantivos que puedan ser o masculino o femenino, dé ambos (*both*) artículos. ¿Hay algunos que no sigan las reglas?

1. _____ madre	8. _____ detalle	15. _____ sistema
2. _____ turista	9. _____ planeta	16. _____ tradición
3. _____ dólar	10. _____ superficie	17. _____ persona
4. _____ vez	11. _____ muchedumbre	18. _____ verdad
5. _____ cura (*priest*)	12. _____ cliente	19. _____ jueves
6. _____ capacidad	13. _____ día	20. _____ tesis
7. _____ mundo	14. _____ águila	21. _____ traje

B. Plural of nouns

There are three basic patterns for forming plural nouns in Spanish.

1. Nouns that end in a vowel add **-s.**

> el hombr**e** *the man* → los hombre**s** *the men*
> una cart**a** *a letter* → unas carta**s** *some (a few) letters*

2. Nouns that end in a consonant add **-es.**

> la muje**r** *the woman* → las mujer**es** *the women*
> la pare**d** *the wall* → las pared**es** *the walls*
> el re**y** *the king* → los reye**s** *the kings*
> el me**s** *the month* → los mese**s** *the months*

3. Nouns that end in unstressed **-es** or **-is** have identical singular and plural forms. Their article indicates number.

el lun**es** *Monday* → **los** lun**es** *Mondays*
la cris**is** *the crisis* → **las** cris**is** *the crises*

Práctica Dé las formas plurales de los sustantivos de Práctica en la página 14.

Intercambios

A Complete el siguiente diálogo con el artículo correcto (**el, la, los, las**).* Se trata de (*It's about*) una manifestación en contra de la imagen negativa que muchos tienen de cierto grupo de personas.

ANA: Dicen por _____[1] televisión que hoy hay una protesta en _____[2] Plaza Mayor.
MANUEL: ¡Típico! ¿Quiénes protestan esta vez?
ANA: Un grupo de personas de _____[3] barrio San Nicolás.
MANUEL: ¡Ah, sí! ¡Allá viven todos _____[4] criminales de _____[5] ciudad!
ANA: Precisamente ése es _____[6] problema. Están cansados de _____[7] estereotipos que muchos tienen sobre su barrio y van a hacer una manifestación con banderas blancas en _____[8] mano.
MANUEL: ¿Y quién organizó _____[9] manifestación?
ANA: _____[10] famoso padre García, que es un activista de _____[11] zona.
MANUEL: ¡Interesante! Vamos a ver qué comentarios hay en _____[12] noticias.

■ ¿Qué pasa hoy en la Plaza Mayor de la ciudad? ¿Quiénes protestan? ¿Por qué?

■ ¿Sabe Ud. de grupos en los Estados Unidos que protestan en contra de los estereotipos negativos? ¿Cuál es su opinión sobre esos grupos?

B Juanita, la típica empollona, lo sabe todo. Siempre le corrige los errores a Juan, el estudiante más flojo de la clase. Invente su conversación, según el modelo.

MODELO: Cortázar / una escritora famosa / ¡Qué va! →
JUAN: Cortázar es una escritora famosa, ¿verdad?
JUANITA: ¡Qué va! Es un escritor.

1. Dalí / una artista estupenda / ¡Qué animal!
2. Matute / un novelista español / ¡Claro que no!
3. Miró / una pintora catalana / ¡Qué absurdo!
4. Laforet / un escritor moderno / ¡Cómo se te ocurre!
5. Neruda / una poeta chilena / ¡Qué ignorancia!

---

*Remember that **de** + **el** → **del.**
†See Appendix 1 and Appendix 2 for more information about these kinds of changes.

A PROPOSITO

Some nouns undergo a spelling change in the plural.† In nouns ending in **-z**, the **z** changes to **c**.

un lápi**z** → unos lápi**c**es
a pencil → *some (a few) pencils*

una ve**z** → unas ve**c**es
one time → *some (a few) times*

In some nouns, accents must be added or dropped to maintain the stress of the singular form.

el exam**e**n → los ex**á**menes
exam → *exams*

la j**o**ven → las j**ó**venes
young woman → *young women*

la naci**ó**n → las naci**o**nes
nation → *nations*

el inter**é**s → los inter**e**ses
interest → *interests*

De entrada

Hay cuatro estudiantes sentados juntos. Usando las ocho claves de abajo, ¿puede Ud. descubrir los nombres de estos estudiantes, los rasgos de su personalidad, su ropa y algunas características de su familia?

	1. (HOMBRE)	2. (MUJER)	3. (MUJER)	4. (HOMBRE)
Nombre				
Rasgo				
Ropa				
Familia				

1. El primer estudiante lleva camisa amarilla y está sentado junto a Margarita.
2. La tercera estudiante es trabajadora y está sentada junto al artista.
3. Miguel es extrovertido y sus padres son franceses.
4. José lleva bufanda verde y observa los zapatos negros de Gloria.
5. Margarita no tiene ningún hermano; Gloria tiene un hermano, pero no tiene ninguna hermana.
6. La estudiante de la falda azul es perezosa y está sentada junto a Gloria, que es trabajadora.
7. El artista tiene cuatro hermanos menores y se llama José.
8. La estudiante que no tiene ningún hermano está sentada junto al estudiante extrovertido.

Los adjetivos son palabras que indican las cualidades o características de los sustantivos, como el color, la nacionalidad, etcétera. ¿Puede Ud. identificar algunos adjetivos en las oraciones anteriores? Observe que varios adjetivos (por ejemplo, ningún hermano / ninguna hermana; sentado/sentada) tienen formas diferentes. ¿Recuerda Ud. por qué? A continuación puede repasar cómo se hacen estos cambios.

2 BASIC PATTERNS OF ADJECTIVE AGREEMENT

A. Gender and number of adjectives

In Spanish, adjectives (**los adjetivos**) agree in gender and number with the noun they modify, according to the following patterns.

■ Adjectives that end in **-o** have four different forms to indicate masculine, feminine, singular, and plural.

-o, -os: el vino blanc**o** → los vinos blanc**os**
white wine → *white wines*
-a, -as: la silla blanc**a** → las sillas blanc**as**
white chair → *white chairs*

■ Most adjectives that end in any other vowel or in a consonant have the same form for masculine and feminine. Like nouns, they show plural agreement by adding **-s** to vowels and **-es** to consonants.

MASCULINE	FEMININE	PLURAL
el pantalón verd**e** *the green pants*	la bufanda verd**e** *the green scarf*	los zapatos verd**es** *the green shoes*
el sombrero azul *the blue hat*	la falda azul *the blue skirt*	las medias azul**es** *the blue stockings*
el hombre realist**a** *the realistic man*	la mujer realist**a** *the realistic woman*	las personas realist**as** *the realistic people*

Note, however, that adjectives of nationality that end in a consonant add **-a** to show feminine agreement.

el profesor francé**s** → la profesora frances**a**
the French professor (m.) → *the French professor (f.)*

Adjectives that end in **-dor, -ón,** and **-án** also add **-a.**

un niño encanta**dor** → una niña encantador**a**
a charming (boy) child → *a charming (girl) child*

■ When an adjective modifies two nouns, one masculine and the other feminine, the adjective is masculine plural.

Juan y María son baj**os.**   *Juan and María are short.*
Pedro y sus hermanas están   *Pedro and his sisters are tired.*
   cansad**os.**

Práctica Complete estas oraciones con la forma correcta de los adjetivos indicados.

1. En esta clase (no) hay estudiantes (francés, flojo, trabajador, listo, atlético).
2. Me caen bien/mal las personas (optimista, inmaduro, sincero, hablador, responsable).
3. (No) Me gustan las películas (cómico, complicado, fantástico, realista, triste).
4. En la televisión (no) hay programas (interesante, aburrido, educativo, español, estúpido).
5. Una opinión (absurdo, común, falso, simplista, típico) que tienen los norteamericanos de los hispanos es que son perezosos.

A PROPOSITO

As with nouns, some adjectives undergo a spelling change in the plural. In adjectives ending in **-z,** the **z** changes to **c.**

un niño feli**z** → unos niños feli**c**es
a happy child → *some (a few) happy children*

una mujer capa**z** → unas mujeres capa**c**es
a capable woman → *some (a few) capable women*

When the masculine singular form of an adjective has a written accent on the last syllable, the accent is omitted in the feminine and plural forms.

el idioma inglé**s** → la lengua ingl**e**sa
the English language

un problema com**ún** → unos problemas com**u**nes
a common problem → *some (a few) common problems*

B. Shortening of certain adjectives

■ The following adjectives have a short form before masculine singular nouns, but follow the usual pattern in all other cases.

bueno: un **buen** hombre *a good man*	*but* **buenos** hombres, una(s) **buena(s)** mujer(es) *good men, a good woman (some good women)*
malo: un **mal** día *a bad day*	**malos** días, una(s) **mala(s)** actitud(es) *bad days, a bad attitude (some bad attitudes)*
alguno: algún síntoma *some symptom*	**algunos** síntomas, **alguna(s)** característica(s) *some symptoms, some characteristic(s)*
ninguno: ningún problema* *no problem*	**ninguna** pregunta* *no question*
primero: el **primer** programa *the first program*	los **primeros** programas, la(s) **primera(s)** naciones *the first programs; the first nation(s)*
tercero: el **tercer** piso *the third floor*	la **tercera** calle *the third street*

■ The adjective **grande** becomes **gran** before both masculine and feminine singular nouns, but follows the usual pattern in the plural.

> **grande:** un **gran** país,   *but* los **grandes** países,
> una **gran** ciudad   las **grandes** ciudades
> *a great country, a great city*   *great countries, great cities*

C. Numbers

■ Most numbers are invariable in form and do not agree with the nouns they precede.

> Hay **treinta** hombres y **treinta**   *There are **thirty** men and **thirty***
> mujeres.   *women.*

Uno and **ciento,** however, have special forms, depending upon the gender and number of the noun they precede.

un hombre *a (one) man*	**veintiún** hombres *twenty-one men*	**cien** hombres *a (one) hundred men*	*but* **doscientos** hombres *two hundred men*
una mujer *a (one) woman*	**veintiuna** mujeres *twenty-one women*	**cien** mujeres *a (one) hundred women*	**doscientas** mujeres *two hundred women*

Ciento becomes **cien** when it precedes numbers larger than itself.

> **cien** mil libros   *but* **ciento** cincuenta libros
> *a (one) hundred thousand books*   *one hundred fifty books*

■ When used with a noun, the number **millón** always occurs with **de.**

> **un millón de** habitantes   **dos millones de** habitantes
> *a (one) million inhabitants*   *two million inhabitants*

---

*The forms of **ninguno** are used only with singular nouns.

■ The number **mil** is not preceded by the indefinite article (**un/una**).

  mil personas   *a (one) thousand people*

Práctica Don Negativo siempre contradice las afirmaciones de don Positivo. Invente conversaciones según el modelo. ¡Cuidado! A veces el adjetivo *precede* al sustantivo.

> MODELO: Buenos Aires es / ciudad / (grande / insignificante)
>   DON POSITIVO: Buenos Aires es una gran ciudad.
>   DON NEGATIVO: Ud. se equivoca. (*You are mistaken.*) Buenos Aires es una ciudad insignificante.

1. España es / país / (bello / sucio)
2. «60 minutos» es / programa / (bueno / aburrido)
3. Chile produce / vinos / (magnífico / barato)
4. el ruso es / idioma / (fácil / difícil)
5. los alemanes tienen / carácter / (alegre / serio)

Intercambios

A Entre todos

1. A veces, juzgamos (*we judge*) a la gente por su apariencia externa. ¿Qué características relacionadas con la personalidad se asocian con las siguientes personas?

   ■ una persona que lleva gafas oscuras
   ■ una persona que lleva gafas gruesas (*thick*)
   ■ una persona que tiene el pelo rojo
   ■ una persona que tiene el pelo rubio

   ¿Qué otros rasgos físicos se asocian generalmente con ciertas características de la personalidad?

2. ¿Puede revelar la ropa algo sobre la personalidad? Por ejemplo, ¿con qué nacionalidad o grupo étnico asocian algunos individuos las siguientes prendas (artículos) de ropa?

   ■ un paraguas
   ■ zapatos puntiagudos (*pointy*) y elegantes
   ■ la ropa de poliéster
   ■ un sombrero muy grande

3. ¿Revela la personalidad el tipo de vehículo que uno maneja? ¿Cuál es el estereotipo más común del conductor / de la conductora (*driver*) de los siguientes vehículos?

   ■ un Ferrari
   ■ un Cadillac
   ■ un camión pickup
   ■ una moto

B ¡Necesito compañero! Con frecuencia, tenemos opiniones e imágenes falsas de otros lugares y grupos de gente. Por ejemplo, muchos neoyorquinos (*New Yorkers*) creen que todos los que viven en Nebraska son agricultores. Trabajando en parejas, describan la imagen estereotipada que se tiene de los siguientes lugares o grupos. Después, presenten su descripción a la clase para que sus compañeros adivinen el grupo o la región que Uds. describen.

MODELO: Nueva York → La gente es descortés y un poco loca, y tiene una vida social muy activa. Todos viven apurados (*in a hurry*) y andan armados de pistola, porque hay muchos criminales.

1. Texas
2. Maine
3. la Florida
4. este estado

5. los atletas
6. los miembros de una *fraternity* o *sorority*

7. las amas de casa
8. los políticos
9. los abogados

 Entre todos Según lo que Ud. ha observado en estos intercambios, ¿qué piensa de las generalizaciones y los estereotipos? En su opinión, ¿son verdaderos o falsos? ¿Ayudan o son un obstáculo en las relaciones humanas? Explique.

De entrada

③

Complete el siguiente párrafo con las palabras de la lista. Luego, llene el crucigrama con las palabras que corresponden a cada pista (*clue*).

cansados	familia	son
es	favorito	trabajo
están	ocho	

Es sábado y _____¹ las seis de la tarde. Los Guzmán, una _____² chilena, están preparándose para ir a un concierto del Conjunto Céspedes, su grupo de música _____³. El concierto es a las _____⁴, pero el teatro está bastante lejos, así que todos _____⁵ muy ansiosos por salir pronto. Pero el señor Guzmán, quien es médico, todavía no ha llegado del _____⁶. Los chicos están _____⁷ de esperar y la señora Guzmán, quien normalmente _____⁸ muy paciente, ya está un poco preocupada. Finalmente, se abre la puerta... ¡Es el señor Guzmán!

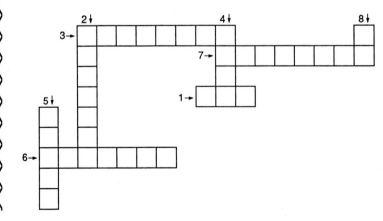

Ahora, conteste estas preguntas sobre el párrafo.

1. ¿Qué día es hoy? ¿Qué hora es?
2. ¿De dónde son los Guzmán? ¿Qué están haciendo ellos ahora?
3. ¿Cuál es la profesión del señor Guzmán?
4. ¿Cómo es la señora Guzmán normalmente? ¿Cómo está ahora? ¿Y cómo están los chicos? ¿Por qué?

¿Observó Ud. que algunas de estas preguntas contienen una forma del verbo **ser,** mientras que otras contienen una forma del verbo **estar**? ¿Puede explicar los diferentes usos de estos verbos? A continuación Ud. va a repasarlos.

3 EQUIVALENTS OF *TO BE: SER, ESTAR*

Sometimes, two or more words in one language are expressed by a single word in another. For example, English *to do* and *to make* are both expressed by Spanish **hacer.** Likewise, English *to be* has numerous equivalents in Spanish; among them are **ser** and **estar.**

ser		estar	
soy	somos	estoy	estamos
eres	sois	estás	estáis
es	son	está	están

A. Principal uses of *ser* and *estar*

In general, the uses of **ser** and **estar** are clearly defined, and you must use either one or the other. The following are the most common of these uses.

Ser is used to establish identity or equivalence between two elements of a sentence (nouns, pronouns, or phrases).

Juan es médico.
Juan = médico. } *John is a doctor.* (profession)

El es mi amigo.
El = mi amigo. } *He is my friend.* (identification)

Dos y dos son cuatro.
Dos y dos = cuatro. } *Two and two are four.* (equivalence)

Soy mexicana.
Yo = mexicana. } *I am Mexican.* (nationality)

El reloj es de oro.
El reloj = de oro. } *The watch is (made of) gold.* (material)

Ser is also used to indicate

■ origin.

Los Carrillo son de España.
Esta falda es de Guatemala.

The Carrillos are from Spain.
This skirt is from Guatemala.

*To review the **tener** and **hacer** constructions, see Appendix 7.

There is/are is expressed in Spanish with **hay (haber).** **Hay** is generally used before indefinite articles, numerals, and adjectives of quantity.

Hay **un** estudiante en el cuarto.
There is a student in the room.

Hay **muchos (diez)** estudiantes en el cuarto.
There are many (ten) students in the room.

The verbs **tener** and **hacer** can also express English *to be.**

Hace mucho calor, pero en estos edificios climatizados siempre **tengo** frío.
It's very hot, but in these air-conditioned buildings I'm always cold.

■ time.

Son las seis de la tarde.	*It's six o'clock in the evening.*
Es medianoche.	*It's midnight.*

■ dates.

Mañana es el cuatro de agosto.	*Tomorrow is August fourth.*
Hoy es lunes.	*Today is Monday.*

■ possession.

Los libros son del profesor.	*The books are the professor's.*
Ese carro es de Marta.	*That car is Marta's.*

■ the time or location of an event.*

El concierto es a las ocho.	*The concert is (takes place) at eight o'clock.*
¿Dónde es el concierto? ¿en el estadio?	*Where is the concert? (Where does it take place?) In the stadium?*

Finally, **ser** is used to form constructions with the passive voice (page 22 and 262).

Ese libro fue escrito por un autor bien conocido.	*That book was written by a well-known author.*

Estar is used

■ to indicate the location of an object.*

La librería está en la esquina.	*The bookstore is on the corner.*
¿Dónde está la biblioteca?	*Where is the library?*

■ to form the progressive tenses (page 351).

Pedro está corriendo.	*Pedro is running.*

B. *Ser* (norm) versus *estar* (change) with adjectives

In the preceding cases, you must use either **ser** or **estar.** Most adjectives, however, can be used with both verbs, and you must choose between the two.

Ser defines the norm with adjectives, whereas **estar** indicates a state or condition that is a change from the norm.

NORM: ser	CHANGE: estar	NOTES
El león es feroz. *The lion is ferocious.*	Ahora está manso. *It is tame (behaving tamely) now.*	**Ser** indicates the lion's characteristic temperament (being ferocious). **Estar** indicates an atypical state or behavior (tameness).

*Note the distinction between **¿Dónde es** (*event*)**?** and **¿Dónde está** (*object*)**?**

NORM: ser	CHANGE: estar	NOTES
El agua de Maine es fría. *The water in Maine is cold.*	Hoy el agua está caliente. *Today the water feels warm.*	**Ser** indicates the expected quality (coldness). **Estar** indicates a quality that the speaker did not expect (warmth).

Similarly, **ser** establishes what is considered objective reality (the norm), and **estar** communicates a judgment or subjective perception on the part of the speaker. Whereas Spanish distinguishes between objective reality and subjective perception by the use of **ser** or **estar**, English often emphasizes the subjectivity of the speaker's observations with verbs such as *to seem, to taste, to feel,* and *to look.*

OBJECTIVE REALITY: ser	SUBJECTIVE JUDGMENT: estar	NOTES
La niña es bonita. *The child is pretty.*	La niña está bonita hoy. *The child looks pretty today.*	**Ser** indicates that everyone considers her attractive. **Estar** reveals that the speaker perceives her as more attractive than usual today.
Los postres son muy ricos. *Desserts are delicious.*	Este postre está muy rico. *This dessert tastes delicious.*	**Ser** indicates that desserts in general are delicious. **Estar** expresses the speaker's opinion of this particular dessert.

Ser establishes an inherent characteristic of someone or something, while **estar** describes a condition or state. English often uses entirely different words to express this contrast.

Note that the distinction between **ser** and **estar** is not a distinction between temporary and permanent characteristics. For example, the characteristic **joven** is transitory, yet it normally occurs with **ser;** and the words **está enfermo** describe even someone with a long-term or incurable illness.

CHARACTERISTIC: ser	CONDITION: estar	NOTES
Concha es alegre. *Concha is a happy person.*	Concha está alegre. *Concha feels glad.*	**Ser** indicates that Concha's happiness is characteristic of her personality. **Estar** indicates that Concha's present state of cheerfulness is the result of some event or circumstance.
Ellos son aburridos. *They are boring.*	Ellos están aburridos. *They are bored.*	**Ser** indicates that they are boring by nature. **Estar** describes their current condition.

Práctica Dé la forma correcta: ¿**es** o **está**? Si existe más de una posibilidad, explique la diferencia.

Luis _____ (americano, alto, cansado, trabajador, aburrido, en casa, contento, mi hermano, de Cuba, guapo, aquí, estudiante, listo, perezoso, introvertido, bien hoy, sucio, tonto, enfermo, feliz).

C. *Estar* + past participles: resultant condition

One type of adjective, the past or perfect participle (**el participio pasado**), occurs particularly frequently with **estar** to describe the state or condition that results when an event or circumstance causes a change.

EVENT/CIRCUMSTANCE	RESULTANT CONDITION
Alguien cerró la puerta. → *Someone closed the door.* →	La puerta **está cerrada**. *The door **is closed**.*
Alguien rompió las sillas. → *Someone broke the chairs.* →	Las sillas **están rotas**. *The chairs **are broken**.*
La noticia preocupó a mis padres. → *The news worried my parents.* →	Mis padres **están preocupados**. *My parents **are worried**.*

This type of adjective, like others, must agree in gender and number with the noun it modifies. It may also modify nouns directly.

las sillas **rotas**   *the broken chairs*

A PROPOSITO

The past participle is formed by adding **-ado** to the stem of **-ar** verbs and **-ido** to the stem of **-er** and **-ir** verbs.

cerrar → **cerrado**   vender → **vendido**   aburrir → **aburrido**

Many Spanish verbs have irregular past participles. Here are the most common ones.

abrir:	**abierto**	hacer:	**hecho**	romper:	**roto**
cubrir:	**cubierto**	morir:	**muerto**	ver:	**visto**
decir:	**dicho**	poner:	**puesto**	volver:	**vuelto**
escribir:	**escrito**	resolver:	**resuelto**		

Compounds of these verbs have the same irregularity in the past participle.

describir: **descrito** descubrir: **descubierto** devolver: **devuelto**

Práctica Complete las siguientes oraciones con la forma correcta del participio pasado del verbo en letra cursiva (*in italics*).

1. Ayer trabajamos todo el día para *resolver* estos problemas. Esta mañana, por fin, todos los problemas están _____.
2. Los anuncios estereotípicos *enojaron* a los clientes; ahora no van a comprar nada porque están muy _____.

3. Mis amigas siempre *se pierden* (*get lost*). Llevo dos horas esperándolas. Creo que están _____ otra vez.
4. Dicen que cuando las personas *mueren,* van a un lugar hermoso. Mi tía está _____, y estoy seguro de que está en ese lugar.
5. Durante la Edad Media (*Middle Ages*), los europeos *escribían* los documentos importantes en latín. Por eso, estos documentos antiguos están _____ en latín.

Intercambios

A Las siguientes oraciones representan generalizaciones (algunas falsas y otras ciertas) muy comunes. Complételas con la forma correcta de **ser** o **estar,** según el contexto. Luego, comente si Ud. está de acuerdo o no con cada generalización.

1. En los EEUU los republicanos _____ conservadores.
2. Las escuelas públicas no _____ bien financiadas; por eso, la educación que ofrecen no _____ buena.
3. Si una mujer _____ madre, debe _____ en casa con los niños.
4. Las personas viejas con frecuencia _____ más liberales que las personas jóvenes.
5. Los hombres que usan secador de pelo (*hair dryer*) y laca (*hair spray*) _____ poco masculinos.
6. Los mejores autos del mundo _____ de Detroit.
7. Los hombres no _____ muy observadores; normalmente no se dan cuenta (*realize*) si su casa _____ limpia o sucia; no notan si su ropa _____ en buenas o malas condiciones.
8. Los norteamericanos _____ más interesados en el dinero que los europeos.

B Guiones   Nuestras expectativas acerca de una situación influyen nuestra percepción. A continuación hay un dibujo con dos posibles contextos; cada contexto sugiere una interpretación diferente de lo que (*what*) pasa en el dibujo. Trabajando en grupos de tres o cuatro personas, inventen por lo menos cinco oraciones con **ser** o **estar** para explicar lo que pasa en el dibujo según cada contexto distinto. Sigan el modelo que se ofrece.

MODELO: **Contexto:** turistas norteamericanos
Vocabulario útil: de vacaciones, diccionario bilingüe, encontrar la solución, estúpido/a, restaurante

El hombre *es* Howard; la mujer *es* su esposa Louise. *Son* de Nueva York. *Están* de vacaciones en la Argentina. El restaurante *es* muy elegante. Howard *está* buscando su diccionario bilingüe porque no sabe mucho español. Louise no *está* preocupada todavía porque *está* segura que Howard va a encontrar la solución. El otro hombre *está* irritado; cree que todos los turistas *son* estúpidos.

1. **Contexto:** telenovela (*soap opera*)
Vocabulario útil: el/la amante (*lover*), el anillo de compromiso (*engage-*

ment ring), celoso/a (*jealous*), enamorado/a (*in love*), el ex esposo, proponer matrimonio, sorprendido/a

2. **Contexto:** novela de espionaje
   Vocabulario útil: el/la agente doble, el agente secreto / la agente secreta, asustado/a, el detective secreto / la detective secreta, la información robada, la pistola

C ¿Qué ocurre cuando Paul y Karen pasan su primer semestre en la universidad? Describa los siguientes dibujos para contar su historia. Use **ser** o **estar** según el contexto e incorpore el vocabulario indicado si le parece útil.

1. padres, conservador / hijos, obediente / familia, pequeño, feliz / todos, contento

2. hijos, mayor / dejar a los padres / ir a la universidad / separación difícil, triste

3. padres, triste / perro, triste / recordar a los hijos / extrañarlos (*to miss them*) / querer verlos

4. padres, sorprendido / perro, furioso / apariencia externa de los hijos, diferente / hijos, ¿diferente interiormente (*on the inside*)?

¿Cómo se puede explicar la reacción de los padres cuando Karen y Paul vuelven a casa? ¿Se basa en algún estereotipo asociado con la apariencia externa de sus hijos? Explique.

De entrada

Lea el siguiente texto, que es un diálogo de un tipo muy común entre ciertos programas de televisión. ¿Puede Ud. decir qué tipo de programa suele incluir diálogos como éste?

> EL: No podemos continuar en esta situación. Creo que debemos separarnos.
>
> ELLA: ¿Estás loco? Yo te amo. ¿No piensas en mis sentimientos?
>
> EL: Lo siento, Isabel, pero los sentimientos cambian. Ahora mi corazón pertenece a otra mujer. Ya no te quiero como antes.
>
> ELLA: (*Llorando*) ¡Pero no puedes abandonarme ahora! Tú no sabes la noticia que tengo para ti...

Ahora, vuelva a leer el diálogo y subraye todos los verbos conjugados. ¿Cuáles de estos verbos están acompañados de un pronombre personal (**yo, tú,** etcétera)? ¿Cuáles no? ¿Sabe Ud. por qué? Las siguientes explicaciones van a ayudarle a entender mejor este fenómeno.

4 SUBJECT PRONOUNS AND THE PRESENT INDICATIVE

A. Subject pronouns

SINGULAR	PLURAL
yo	nosotros, nosotras
tú	vosotros, vosotras
Ud., él, ella	Uds., ellos, ellas

Tú is used with persons with whom you have an informal relationship: family members (in most Hispanic cultures), close friends, and children. **Usted** (abbreviated **Ud.** or **Vd.**) is used in more formal relationships or to express respect. The plural form of both **tú** and **usted** is **ustedes** (**Uds.** or **Vds.**), except in most parts of Spain, where **vosotros/as** is used in informal situations.

Subject pronouns (**los sujetos pronominales**) are not used as frequently in Spanish as they are in English, because Spanish verb endings indicate the person. For example, **comemos,** with its **-mos** ending, can only mean *we eat.* Spanish subject pronouns *are* used, however, for clarity, emphasis, or contrast.

El no come pescado, pero **ella** sí.	*He doesn't eat fish, but* ***she*** *does.*

B. Uses of the present indicative

The Spanish present indicative (**el presente de indicativo**) regularly expresses

A PROPOSITO

In parts of Argentina, Colombia, and Central America, **tú** is replaced by the pronoun **vos**. The **vos** verb endings often differ from the **tú** endings (for example, **vos hablás** versus **tú hablas**) in the present indicative and the present subjunctive only. The **vos** verb endings may vary from region to region.

- an action in progress or a situation that exists at the present moment.

> ¿Qué **haces**? *What **are you doing?***

- an action that occurs regularly (although it may not be in progress at the moment), or a situation that exists through and beyond the current moment.

> Todos los días **voy** a la universidad. *I **go** to the university every day.*
>
> En San Francisco **llueve** con frecuencia. *It **rains** frequently in San Francisco.*

- an action or situation that will take place in the near future.

> Mañana **salimos** a las tres de la tarde. *Tomorrow **we are leaving** (**going to leave**) at three in the afternoon.*

C. Forms of the present indicative of regular verbs

Here are the principal parts of stem-constant and stem-changing regular verbs.

	-ar VERBS		-er VERBS		-ir VERBS	
No stem change	**hablar**		**comer**		**vivir**	
	hablo	hablamos	como	comemos	vivo	vivimos
	hablas	habláis	comes	coméis	vives	vivís
	habla	hablan	come	comen	vive	viven
e → ie	**cerrar**		**querer**		**sugerir**	
	cierro	cerramos	quiero	queremos	sugiero	sugerimos
	cierras	cerráis	quieres	queréis	sugieres	sugerís
	cierra	cierran	quiere	quieren	sugiere	sugieren
o → ue	**recordar**		**volver**		**dormir**	
	recuerdo	recordamos	vuelvo	volvemos	duermo	dormimos
	recuerdas	recordáis	vuelves	volvéis	duermes	dormís
	recuerda	recuerdan	vuelve	vuelven	duerme	duermen
e → i					**pedir**	
					pido	pedimos
					pides	pedís
					pide	piden

- The underlined segments in the chart are person/number endings.

tú	**-s**
nosotros/as	**-mos**
vosotros/as	**-is**
Uds./ellos/ellas	**-n**

With the exception of the preterite, you will see the same person/number endings in all of the Spanish verb forms that you will study.

- The **e → ie** and **o → ue** stem-vowel changes in **-ar** and **-er** verbs occur only when this vowel is in a stressed syllable. This is why these verbs never show a stem change in the **nosotros/as** or **vosotros/as** forms, or in forms where the stem vowel is not stressed.

<u>cie</u>/rro, <u>cie</u>/rras	stem vowel stressed: stem change
ce/<u>rra</u>/mos, ce/<u>rrá</u>is	stem vowel unstressed: no stem change
ce/<u>rré</u>, ce/<u>rra</u>/ste	stem vowel unstressed: no stem change
ce/<u>rran</u>/do	stem vowel unstressed: no stem change

In vocabulary lists, stem changes are indicated in parentheses after the verb: **cerrar (ie), volver (ue).**

- The stem-vowel changes in **-ir** verbs follow a slightly different pattern. In the present tense, the vowel changes occur as for **-ar** and **-er** verbs: when the vowel is in a stressed syllable.

pre/<u>fie</u>/ro, pre/<u>fie</u>/res	stem vowel stressed: stem change
pre/fe/<u>ri</u>/mos, pre/fe/<u>rís</u>	stem vowel unstressed: no stem change

In other tenses and verb forms, however, different stem changes occur.* In vocabulary lists, both stem changes for **-ir** verbs will be listed in parentheses after the verb: **preferir (ie, i), pedir (i, i), morir (ue, u).**

- Remember that the stem-changing verbs **decir (i), tener (ie),** and **venir (ie)** have an additional irregularity in the first-person singular (**yo**) forms: **digo, tengo, vengo.**

Práctica Laura y su gemelo (*twin*) Luis son estudiantes superserios. ¿Cómo se compara Ud. con ellos? Conteste las siguientes preguntas.

1. Tenemos doce clases este semestre. ¿Y Ud.?
2. Nunca almorzamos. ¿Y Ud.?
3. Volvemos temprano de las vacaciones para estudiar. ¿Y Ud.?
4. Sólo dormimos de tres a cuatro horas cada noche. ¿Y Ud.?
5. Preferimos las clases a las ocho de la mañana. ¿Y Ud.?
6. Recordamos todo lo que (*that*) aprendemos. ¿Y Ud.?
7. Pasamos al ordenador (*computer*) nuestras notas de clase. ¿Y Ud.?
8. Nunca tomamos cerveza durante la semana. ¿Y Ud.?

D. Forms of the present indicative of irregular verbs

You have already reviewed the irregular conjugations of **ser** and **estar. Ir** and **oír** are two other common Spanish verbs whose conjugations are exceptions to the regular patterns.

ir		oír	
voy	vamos	oigo	oímos
vas	vais	oyes	oís
va	van	oye	oyen

---

*Changes in other verb forms will be described in later chapters.

A PROPOSITO

Jugar is the only verb that changes **u → ue.**

juego	jugamos
juegas	jugáis
juega	**jue**gan

Nosotros/as and **vosotros/as** forms never show a stem-vowel change in the present tense.

A number of other irregular verbs have an uncommon form only in the stem of the first person singular, while their other forms follow the regular pattern. Here are several of the most common ones.

caer:	**caigo,** caes, cae...	saber:	**sé,** sabes, sabe...
conocer:	**conozco,** conoces, conoce...	salir:	**salgo,** sales, sale...
dar:	**doy,** das, da...	traer:	**traigo,** traes, trae...
hacer:	**hago,** haces, hace...	ver:	**veo,** ves, ve...
poner:	**pongo,** pones, pone...		

The following verb groups are also sometimes classed as "irregular," although their changes are predictable according to normal rules of Spanish spelling (see Appendix 2).

verbs that end in **-guir:**	sigo, sigues, sigue...
verbs that end in **-uir:**	construyo, construyes, construye...
verbs that end in **-ger:**	escojo, escoges, escoge...

E. *Ir a, acabar de,* and *soler*

There are three verbs that, when followed by the infinitive of another verb, have special meanings.

■ **ir** + **a** + *infinitive* expresses English *to be going to* (*do something*).

Voy a tener un bebé.	*I am going to have a baby.*
¿Qué **vas a hacer** este fin de semana?	*What are you going to do this weekend?*

■ **acabar** + **de** + *infinitive* expresses English *to have just* (*done something*).

Acabo de ver al médico.	*I have just seen the doctor.*
Mi mejor amiga **acaba de llegar.**	*My best friend has just arrived.*

■ **soler** + *infinitive* expresses English *to usually* (*do something*).

¿Dónde **sueles almorzar**?	*Where do you usually have lunch?*
Mis padres **suelen ser** muy puntuales.	*My parents are usually very punctual.*

Práctica Imagínese que Ud. y su familia están visitando al señor y la señora de Tal, que son muy aficionados al turismo. Conteste las preguntas que ellos les hacen con la forma correcta de la primera persona (singular o plural), según el contexto.

1. Cuando viajamos, vestimos ropa de muchos colores. ¿Y Ud.?
2. Les damos propinas (*tips*) muy generosas a los meseros. ¿Y Ud.?
3. Solemos sacar fotos de todo. ¿Y Ud.?
4. Mi esposo consigue muchos mapas y folletos (*brochures*) de cada lugar. ¿Y Uds.?
5. Mi esposa oye todas las explicaciones de los guías. ¿Y Uds.?
6. Traemos muchos recuerdos (*souvenirs*). ¿Y Ud.?

7. Acabamos de regresar de las Islas Canarias. ¿Y Ud.?
8. Conocemos toda Europa y el Caribe. ¿Y Ud.?
9. El próximo año vamos a viajar muchísimo. ¿Y Ud.?

Intercambios

A Complete las siguientes oraciones con frases usando verbos que Ud. considere apropiados según el contexto.

1. Soy un estudiante típico / una estudiante típica de esta universidad. Por las noches, yo normalmente (nunca) _____.
2. Generalmente, los fines de semana mis amigos y yo (nunca) _____.
3. El turista típico / La turista típica, cuando viaja, (nunca/siempre) _____.
4. Por lo general, los políticos (nunca) _____.
5. Te preparas para ser modelo profesional; por eso (nunca) _____.

B Haga conjeturas sobre lo que van a hacer y lo que acaban de hacer los siguientes individuos.

MODELO: Un estudiante típico está en la librería (*bookstore*) universitaria. →
Va a comprar una camiseta con el nombre de la universidad. Acaba de vender todos los libros del semestre pasado.

1. Un estudiante típico está en el estadio.
2. Tus amigos y tú están de vacaciones en Cancún.
3. Salimos de clase y estamos muy contentos.
4. Tu vecino regresa a casa a las tres de la mañana.
5. Estás en una fiesta.
6. Tus padres te llaman por teléfono.
7. Una empollona sale de la biblioteca.
8. Dos novios están en el parque.

C Use las preguntas a continuación para entrevistar a ocho diferentes compañeros de clase. (Hágale una pregunta diferente a cada compañero/a.) En su cuaderno o en una hoja de papel aparte, escriba el nombre de cada persona que Ud. entrevista y los datos (información) que le da. Siga el modelo. Luego, compare sus respuestas con las de sus compañeros. ¿Qué tienen en común sus respuestas? ¿Qué diferencias hay?

MODELO: Nombre: Mary S.
Pregunta: 1
Ella suele escuchar música cuando va en carro, cuando viaja y mientras estudia. Prefiere la música clásica.

1. ¿Cuándo sueles escuchar música? ¿Qué clase de música prefieres?
2. ¿Qué sueles hacer cuando vas de viaje?
3. ¿Cuál es tu rutina cuando vuelves a casa después de las clases?
4. ¿Qué aficiones (*hobbies*) tienes? ¿Qué haces para divertirte (*for fun*)?
5. ¿Qué clase de películas (libros, comida, ...) prefieres?
6. ¿A qué grupos o asociaciones perteneces? ¿Qué actividades hacen Uds. allí?
7. ¿En qué circunstancias sueles practicar el español?
8. ¿Qué acabas de hacer antes de esta clase? ¿Qué vas a hacer después?

D ¿Quiénes son los individuos que están en la foto de abajo? ¿Dónde están? ¿Qué hacen? Use su imaginación para inventar un posible diálogo entre ellos. ¿De qué hablan? ¿Por qué están allí? ¿En qué piensan? ¿Qué van a hacer después?

Barcelona, España

E Describa los siguientes dibujos con todos los detalles que pueda.

■ ¿Quiénes están en cada dibujo? ¿Cómo son? ¿Qué relación existe entre los varios individuos? ¿Dónde están? ¿Qué hacen? ¿Qué acaba de pasar en cada dibujo? ¿Qué va a pasar después?

■ Cada uno de los dibujos presenta una imagen estereotipada de un país o de un grupo de personas. Identifique el país o la nacionalidad de la gente en cada dibujo y explique en qué consiste el estereotipo: según algunas personas, ¿cómo suelen actuar los individuos de este grupo?

Medellín, capital industrial de Colombia

A veces, los estereotipos afectan a ciudades y países enteros. Este es el caso de Medellín, ciudad que mucha gente asocia con la violencia y el tráfico de drogas. El segmento de vídeo que Ud. va a ver presenta una campaña para promover una percepción más justa (*fair*) de la ciudad, a nivel local e internacional. Gracias al espíritu pujante (*energetic*) de sus habitantes, Medellín ha marcado el primer paso (*has set a standard*) en el progreso y empuje empresarial (*entrepreneurial thrust*) de Colombia.

¿Qué aspectos positivos de Medellín subraya esta campaña? Mire el vídeo y escuche el texto que lo acompaña para descubrirlos.

¡A ver!

A ¿Cuáles de los siguientes aspectos de Medellín aborda (*addresses*) el vídeo? Considere las imágenes, la canción, la narración y la entrevista con el alcalde (*mayor*).

1. ☐ el arte
2. ☐ la industria
3. ☐ las universidades
4. ☐ los deportes
5. ☐ la gente
6. ☐ la arquitectura
7. ☐ la seguridad (*safety*)
8. ☐ el progreso
9. ☐ la historia
10. ☐ la comida
11. ☐ las fiestas
12. ☐ la medicina

B ¡Necesito compañero! Trabajando en parejas, comenten los temas a continuación. Después, compartan sus impresiones con el resto de la clase.

---

*The video segments in **Viaje cultural** are actual clips from Hispanic television and may be difficult to understand at first. As you watch them, don't try to understand every word but rather listen to get the general message—the *gist*—of each segment. The **¡A ver!** activities are designed for general comprehension and assume that you have watched the video carefully just once. The **Cuaderno de práctica** contains other activities on the video that assume that you have watched it a second time.

- ¿Qué aspectos de Medellín resultan atractivos? ¿sorprendentes? ¿positivos? ¿Por qué creen Uds. que este segmento de vídeo insiste en mostrar la gente «buena» de Medellín y el valor de su «raza»?

- Existe una imagen estereotipada del llamado «Tercer mundo» como un grupo de sociedades agrícolas, con un nivel de educación muy bajo y un índice muy alto de pobreza y delincuencia, al margen de los avances científicos, etcétera. ¿Qué aspectos presentados en este segmento de vídeo contradicen esta imagen estereotipada del Tercer mundo? Expliquen.

- ¿Qué estereotipos negativos existen de la región o ciudad donde viven Uds.? ¿Qué hay de cierto en ellos? ¿Hay otros aspectos de su región o ciudad que se puedan mostrar para contrarrestar (*to counteract*) esa imagen negativa? ¿Cuáles son?

De entrada 5

Las siguientes ideas son comunes en nuestra cultura. ¿Cuáles le parecen ciertas y cuáles no? Combine las palabras de la izquierda con la creencia correspondiente de la derecha.

1. _____ la felicidad
2. _____ el dinero
3. _____ la televisión
4. _____ el tiempo
5. _____ a los amigos
6. _____ a los abogados
7. _____ a los latinoamericanos
8. _____ a las mujeres

a. Nadie las entiende.
b. Nadie lo puede detener (*stop*).
c. Los llevamos en el corazón.
d. Mucha gente los considera deshonestos.
e. Lo necesitamos para sobrevivir. Es importante tenerlo.
f. Todos la buscan, pero pocos parecen tenerla.
g. La miramos para divertirnos, pero no siempre funciona.
h. Algunos los consideran perezosos.

Para hacer las combinaciones de esta actividad, Ud. utiliza la información expresada en las oraciones de la derecha, eso sí. Pero en cada oración hay una pequeña palabra que siempre lleva a una combinación correcta. ¿Cuál es? Hay cuatro frases que usan la preposición **a** y cuatro que no la usan. ¿Puede Ud. explicar por qué? A continuación va a repasar estas construcciones.

5 DIRECT OBJECTS

Objects receive the action of the verb. The direct object (**el complemento directo**) is the primary object of the verbal action. It answers the question *whom?* or *what?* The direct object can be a single word or a complete phrase.

David oye a **las chicas.**

María va a pagar **la cuenta.**

Javier sabe **que vienes mañana.**

David hears (whom?) *the girls.*

María is going to pay (what?) *the bill.*

Javier knows (what?) *that you're coming tomorrow.*

A. Direct object pronouns

Direct object pronouns (**los pronombres de complemento directo**) replace nouns or phrases that have been mentioned previously.

me	*me*	nos	*us*
te	*you (informal)*	os	*you all (informal)*
lo (le)*	*him, it, you (formal)*	los (les)*	*them, you all (formal)*
la	*her, it, you (formal)*	las	*them, you all (formal)*

David oye a **las chicas** pero yo no **las** oigo.

Javier sabe **que vienes mañana** pero Jorge no **lo** sabe.

María va a pagar **la cuenta** porque Camila no **la** puede pagar.

but Necesito **un lápiz.** ¿Tienes **uno?**

*David hears **the girls,** but I don't hear **them.***

*Javier knows **that you are coming tomorrow,** but Jorge doesn't know (**it**).*

*María is going to pay **the bill** because Camila can't pay **it.***

*I need **a pencil.** Do you have **one?***

In the last example, the direct object noun (**un lápiz**) is nonspecific (any pencil) and for this reason cannot be replaced by a direct object pronoun. Expressions that answer the question *how?* or *where?* are not direct objects and cannot be replaced by direct object pronouns.

—¿Cuándo van a la fiesta?

—Vamos (allí) como a las 8:30.

—¿Hablan muy rápidamente?
—Sí, hablan rápidamente. (Sí, hablan así.)

—*When are you going* (where?) *to the party?*

—*We're going* (there) *around 8:30.*

—*Do they talk* (how?) *rapidly?*
—*Yes, they talk rapidly.* (*Yes, they talk that way.*)

B. Placement of direct object pronouns

In Spanish, object pronouns generally precede conjugated verbs. When the conjugated verb is followed by an infinitive or present participle, the object pronoun may attach to the end of either of these forms.

¿La casa? { ¿**La** puedes ver?
¿Puedes ver**la**?

*The house? Can you see **it**?*

---

*Le(s) is used instead of **lo(s)** in many parts of Spain and in some parts of Spanish America as the direct object pronoun.

A PROPOSITO

Direct objects that refer to specific persons (or animals) are preceded by the object marker **a** (the personal **a**).

Conozco **a su familia.** (specific persons)
I know his family.

Conozco su música.
I know his music.

No quiero ver **a mi amigo** nunca más. (specific person)
I don't ever want to see my friend again.

Necesito un nuevo amigo. (nonspecific person)
I need a new friend.

The question word **quién** and the pronouns **nadie** and **alguien** are preceded by **a** when used as direct objects. Answers to the question **¿A quién?** are preceded by **a**.

—¿**A quién** visita Roberto?
—*Who(m) is Roberto visiting?*
—**A sus hermanos.**
—*His brothers.*

—Debes buscar **a alguien** para ayudarte.
—*You should look for someone to help you.*

—No necesito **a nadie.**
—*I don't need anyone.*

$$¿\text{El informe?} \begin{cases} \text{Está escribiéndo}\textbf{lo} \text{ ahora.} \\ \textbf{Lo} \text{ está escribiendo ahora.} \end{cases}$$

*The report? She's writing **it** now.*

Direct object pronouns attach to affirmative commands, but precede negative commands.

Este candidato parece muy trabajador. ¡Contráten**lo**!
El otro candidato parece un flojo. No **lo** contraten.

*This candidate seems to be a hard worker. Hire **him**!*
*The other candidate seems lazy. Don't hire **him**.*

Práctica   Juan el flojo conversa sobre sus hábitos de estudio con Luis y Laura, los gemelos superestudiosos. Invente sus diálogos usando los pronombres de complemento directo.

MODELO: hacer los ejercicios del cuaderno →
JUAN: ¿Hacen siempre **los ejercicios** del cuaderno?
LAURA: ¡Claro que **los** hacemos siempre! ¿Y tú?
JUAN: No **los** hago nunca.

1. recordar la lección
2. seguir los consejos (*advice*) del profesor / de la profesora
3. soler usar el diccionario
4. escribir las composiciones
5. llevar el libro a clase
6. repasar los apuntes (*notes*) de clase
7. escuchar las cintas del laboratorio de lenguas
8. saber la fecha del examen

Intercambios

A Describa las diferentes escenas que hay en el parque, usando los dibujos de la próxima página y las palabras y frases indicadas. Entonces imagínese lo que va a pasar después y conteste las preguntas. Utilice pronombres de complemento directo cuando sea posible.

MODELO: Una pareja de ancianos estar sentado // mirar gente y charlar (*chat*) // acabar de comprar pasteles
¿Qué van a hacer ellos con los pasteles? ¿comer en el parque? ¿dejar para los pájaros? ¿llevar a casa y comer allí?
Una pareja de ancianos está sentada en el parque. Mira a la gente y charla. Ellos acaban de comprar pasteles. No los van a comer en el parque; no los van a dejar para los pájaros tampoco. Suelen llevarlos a casa y comerlos allí.

1. José tener tortuga / sacar de paseo // los otros niños mirar y señalar // José no hacerles caso
¿Qué va a hacer José con la tortuga? ¿llevar a casa? ¿regalar? ¿dejar libre (*free*)?
2. María pasear en bicicleta / perder cartera // su amigo ver y saludar // María no ver

*The subject pronouns **él** and **ella** are occasionally used to express the English subject *it*, but this usage is infrequent.

¿Qué va a hacer su amigo? ¿recoger (*pick up*)? ¿guardar (*keep*)?
¿llamar?

3. jóvenes jugar al béisbol // Nora y Enrique tratar de coger (*try to catch*)
   pelota // Enrique no ver a Nora // Nora tampoco ver a Enrique // Jorge
   mirar alarmado

   ¿Qué va a pasar? ¿chocar (*collide*)? ¿coger?

4. ladrón correr con el maletín // policía seguir // la gente mirar

   ¿Qué va a pasar? ¿ladrón escapar? ¿policía atrapar? ¿gente ayudar?

B Los siguientes diálogos presentan dos actitudes muy comunes hoy en día.
Cambie los sustantivos en letra cursiva por pronombres de complemento
directo o por sujetos pronominales cuando sea posible, o simplemente
elimine la expresión repetida. Luego, comente los diálogos usando las
preguntas que siguen.

1. A: Quiero este sombrero y voy a comprar *este sombrero*.
   B: ¡Pero *ese sombrero* es muy caro! ¿Por qué no buscas *ese sombrero*
      en otra tienda?
   A: No, *este sombrero* es exclusivo y no tienen *este sombrero* en ningún
      otro lugar. Voy a comprar *este sombrero* a cualquier precio: yo
      merezco (*deserve*) *este sombrero*.

   ■ ¿Dónde están estas personas? ¿Qué quiere hacer la persona A?
     ¿Qué opina la persona B? ¿Cómo responde la persona A?

   ■ ¿Qué opina Ud.? ¿Asocia la actitud de la persona A con un hombre
     o con una mujer? Explique.

2. C: Todos los abogados son deshonestos. ¡Detesto *a los abogados*!
   D: Pero eso es un estereotipo. Los abogados pueden ayudarte. A veces
      necesitas *a los abogados*.
   C: No vas a convencerme. Simplemente no soporto (*I can't stand*) *a los
      abogados*.

   ■ ¿De qué hablan estas personas? ¿Qué opiniones tiene cada una
     sobre el tema?

   ■ ¿Está Ud. de acuerdo con la persona C o con la persona D? ¿Por
     qué?

   ■ ¿Qué percepción tiene la gente de los médicos? ¿de los mecánicos?
     ¿de los periodistas? ¿Qué opina Ud.? Trabaje con un compañero /
     una compañera para inventar diálogos en que expresan opiniones
     generalizadas sobre las personas que tienen estas profesiones.

ENLACE

Juego

Primer paso: ¡A jugar!

- Divídanse en cuatro grupos. El profesor / La profesora le asignará (*will assign*) a cada grupo una región específica de la tabla a continuación.

- Cada grupo tendrá (*will have*) cinco minutos para hablar de las posibles respuestas a las preguntas sobre la región asignada. Los miembros del grupo también pueden inventar las respuestas si no están seguros. Noten que cada pregunta tiene un puntaje (*score*) según el grado de dificultad.

- Después, cada grupo debe presentar sus respuestas a la clase, y recibirá (*will receive*) los puntos correspondientes por cada respuesta correcta. Otro grupo les puede decir «No es verdad.» Si ese grupo sabe la respuesta correcta, recibirá los puntos que le corresponden. Al final del juego, gana el grupo que tenga más puntos.

Segundo paso: Comentar e interpretar

- De las varias regiones del mundo hispano, ¿cuál es la mejor conocida entre los miembros de la clase? ¿Cómo se puede explicar esto?

- ¿Hay un aspecto de los países del mundo hispano que Uds. suelen conocer mejor (por ejemplo, la geografía, la historia, la cultura popular, la «alta» cultura)? ¿De dónde viene esta información? ¿Determina la imagen que Uds. tienen del mundo hispano? ¿De qué manera? En su opinión, ¿cuál es la mejor manera de obtener información válida sobre otras gentes y culturas? Expliquen.

- Muchas personas creen que el norteamericano medio (*average*) no sabe mucho —ni tampoco tiene interés en saber mucho— sobre la vida y la cultura de los países de habla española. ¿Es válido este estereotipo? ¿Qué razones darían Uds. (*would you give*) para convencer al norteamericano medio de que debe aprender más sobre los hispanos?

- Se dice que los europeos y los latinoamericanos están más capacitados para aprender lenguas extranjeras que los norteamericanos. ¿Cuál es el origen de este estereotipo? ¿Es válido o no? Expliquen.

ESPAÑA	
100	¿Cuál es la capital de España?
200	¿Cuál es uno de los bailes típicos de España? ¿y uno de los platos típicos?
300	¿Cuáles son dos de las regiones o ciudades de España (además de la capital)?
400	¿A qué hora normalmente almuerzan los españoles?

NORTEAMERICA	
100	¿Cuál es la capital de México?
200	¿Cuáles son dos de las regiones o ciudades de los EEUU que tienen una gran población mexicana?
300	¿Cuáles son dos de los platos típicos mexicanos? (¡Atención! Tacos y burritos *no* valen.)
400	¿Cómo se llama el tratado comercial entre los EEUU y México?
CENTROAMERICA Y EL CARIBE	
100	¿Cómo se llama el canal que une el océano Atlántico con el Pacífico?
200	¿Cuáles son dos de los países centroamericanos?
300	¿Cómo se llama un baile típico de esta región?
400	¿Cuáles son tres de los países europeos que colonizaron (*colonized*) partes del Caribe?
SUDAMERICA	
100	¿Qué país sudamericano es famoso por su café?
200	¿Cómo se llama la cordillera de montañas (*mountain range*) que atraviesa Sudamérica?
300	¿En qué país sudamericano *no* se habla español como idioma oficial?
400	¿Qué gran civilización indígena antigua floreció (*flourished*) en Sudamérica?

¡OJO!

	EXAMPLES	NOTES
trabajar **funcionar**	Todos **trabajamos** mucho para vivir. *We all work hard for a living.*	In Spanish, *to work* meaning *to do physical or mental labor* is expressed by the verb **trabajar**.
	Mi reloj ya no **funciona**. *My watch doesn't work (run) anymore.*	*To work* meaning *to run* or *to function* is expressed by the verb **funcionar**.
	¿Sabes cómo **funciona** este aparato? *Do you know how this gadget works?*	

	EXAMPLES	NOTES
bajo **corto** **breve**	Mis padres son **bajos** y por eso yo sólo mido cinco pies. *My parents are short, and so I'm only five feet tall.*	Shortness of height is expressed in Spanish with **bajo**.
	Tus pantalones son demasiado **cortos**. *Your pants are too short.*	Shortness of length is expressed by **corto**.
	La conferencia fue muy **breve** (**corta**). *The lecture was very brief (concise, short).*	*Short* in the sense of *concise* or *brief* is expressed with either **corto** or **breve**. (Note that all these adjectives are generally used with **ser**.)
mirar **buscar** **parecer**	Quiero **mirar** la televisión. *I want to watch TV.*	*To look* is expressed in Spanish by **mirar** when it means *to look at* or *to watch*.
	¡**Mira**! Allí hay un Rolls Royce. *Look! There's a Rolls Royce.*	The command form of **mirar** is often used to call someone's attention to something.
	¿Qué **buscas**? *What are you looking for?*	*To look for* is expressed by **buscar**.
	Esa chica **parece** muy simpática, ¿no? *That girl seems very nice, don't you think?*	When *to look* expresses a hypothesis (*to look like, to seem,* or *to appear*), **parecer** is used.
	Parece que va a llover. *It looks like it's going to rain.*	

A Volviendo al dibujo Elija la palabra que mejor complete cada oración.

Carmen es una estudiante muy atlética que (funciona/trabaja)[1] muy duro para mantenerse en forma (in shape). Ahora está en su cuarto haciendo gimnasia y escuchando música. Alguien toca a la puerta. Carmen la abre y ve a una joven (baja/corta)[2] con maletas y libros, que la (mira/parece)[3] con una expresión de pregunta. «(Mira/Parece)[4] una empollona», piensa Carmen.

ROSA: Hola. Me llamo Rosa. Estoy (buscando/mirando)[5] la habitación 204.
CARMEN: Aquí es. Yo soy Carmen. Vamos a ser compañeras de cuarto. ¡Entra!

Después de una (baja/breve)[6] pausa, durante la cual ella (busca/mira)[7] la habitación con curiosidad, Rosa habla.

ROSA: ¡Tu estéreo (funciona/trabaja)[8] muy bien!
CARMEN: ¡Ah, sí! ¿Te molesta la música?
ROSA: ¡Qué va! Me gusta mucho. En el restaurante donde (funciono/trabajo)[9] tocan ese tipo de música... También veo que tienes equipo para hacer ejercicio. ¿Puedo usarlo?

CARMEN: ¡Claro! ¿Haces ejercicio con frecuencia?

ROSA: ¡Sí, sí! Es muy importante para mí. Todas las mañanas salgo a correr.

CARMEN: ¡Qué bien! Pues podemos salir juntas.

La conversación continúa, y en (bajo/corto)[10] tiempo Carmen y Rosa se llevan muy bien. (Mira/Parece)[11] que la relación entre las dos va a (funcionar/trabajar)[12] bien después de todo. Muchas veces las personas no son lo que (miran/parecen).[13]

B Exprese en español las palabras y expresiones en letra cursiva.

1. *We aren't working* today because *it looks* as if it's going to rain.
2. My watch *looks* expensive, but *it doesn't work* very well.
3. *Look!* There's an insect in my soup!
4. *I'm looking for* a *short* man. His name is Pedro Ramírez.
5. Yes, I know him. He *works* at the university.
6. It's a very *short* movie, but it's boring.

Repaso*

A Complete el párrafo con la forma correcta de los verbos. Cuando se dan varias palabras entre paréntesis, escoja la palabra apropiada.

Los estereotipos, ¿inevitables?

Los estereotipos (ser/estar/haber)[1] malos —todos (ser/estar/haber)[2] de acuerdo en eso. (Ser/Estar/Haber)[3] necesario pensar en (las/los)[4] personas como individuos y no como representantes de distintos grupos. Cuando alguien (considerar)[5] a un individuo como miembro de un determinado grupo, siempre (expresar)[6] generalizaciones que en su mayor parte (*largely*) (ser/estar/haber)[7] falsas. Estas generalizaciones, a su vez (*in turn*), (producir)[8] estereotipos que luego (causar)[9] (muchas/muchos)[10] problemas. Pero cuando nosotros (intentar)[11] eliminar las generalizaciones, pronto (estar)[12] ante (*faced with*) (un/una)[13] dilema: en realidad, ¿(ser/estar/haber)[14] posible pensar en cada uno de los seis mil millones de habitantes del mundo como individuos? Hasta cierto punto, las generalizaciones (ser/estar/haber)[15] inevitables.

También, todos (comprender)[16] que el ser humano no (vivir)[17] aislado sino que (*but rather*) (formar)[18] parte de un grupo cultural. Y (ser/estar/haber)[19] (gran/grandes)[20] diferencias entre los grupos. Decir que no (ser/estar/haber)[21] grupos diferentes o que todos los grupos (ser/estar/haber)[22] iguales es, en el fondo (*if the truth be told*), la peor (*the worst*) de las generalizaciones.

B Describa cómo *son* las personas que están delante del espejo. Luego describa cómo *están* reflejadas las personas en el espejo. ¿Están ambos contentos con su nueva apariencia?

Imagínese que Ud. está delante de un espejo que cambia su apariencia o personalidad de una manera favorable. ¿Cómo está Ud. reflejado/a en el espejo? ¿Y cómo es Ud. en realidad?

---

*The answers to activity A in all **Repaso** sections are found in Appendix 8.

CAPITULO DOS 2

La comunidad humana

Jóvenes de La Habana, Cuba

Cada uno de nosotros pertenece a varias comunidades humanas. Para Ud., ¿qué significa la palabra «comunidad»? ¿Es lo mismo que «grupo» o significa otra cosa? ¿En qué se parecen estos conceptos o en qué son diferentes?

A continuación hay una lista de algunos factores que se pueden usar para agrupar a las personas en distintas formas. ¿Cuál(es) de estos factores se pueden aplicar a las personas de la foto de la izquierda? ¿Pertenece Ud. a un grupo determinado por alguno(s) de estos factores? ¿Qué otros factores puede Ud. añadir a la lista?

la familia	la nacionalidad
el sexo	la generación
la profesión u ocupación	la región geográfica
un interés especial (en los deportes, por ejemplo)	un grupo étnico
	una habilidad (para el baile, por ejemplo)
la religión	una experiencia compartida
la raza	
la orientación política	

- Entre estos grupos, ¿cuál es el más exclusivo? ¿Cuál es el que incluye a más personas? ¿Cuál es el más importante para Ud.? ¿Por qué?

- El famoso filósofo Sócrates dijo que él no era ateniense (*Athenian*) ni griego (*Greek*), sino ciudadano (*citizen*) del mundo. ¿Y Ud.? ¿Pertenece a grupos que incluyan a miembros de otras culturas? ¿otras religiones? ¿razas? ¿generaciones?

DESCRIBIR Y COMENTAR

■ Describa a las personas del dibujo. ¿Cómo son? ¿Qué hacen? ¿Qué grupos puede Ud. identificar? ¿Qué semejanzas y diferencias nota Ud. entre los diversos grupos?

■ ¿Observa Ud. en el dibujo ejemplos de conflicto entre los individuos? ¿Dónde? ¿Qué hacen? ¿Hay ejemplos de cooperación o colaboración entre las personas? ¿Dónde? ¿Qué pasa en estos intercambios?

■ En el dibujo hay una mezcla de lo tradicional y lo moderno. ¿Qué cosas representan lo tradicional? ¿lo moderno? ¿Se puede ver un aprecio por la cultura indígena? ¿Dónde, y en qué sentido? En este país, ¿existe la misma actitud hacia la cultura indígena?

VOCABULARIO

para conversar

el antepasado ancestor
apreciar to hold in esteem, think well of
   el aprecio esteem
compartir to share
con respecto a with respect to
el contraste contrast
el/la descendiente descendant
despreciar to look down on
   el desprecio scorn, contempt
discriminar (contra) to discriminate (against)

el/la indígena native (indigenous) inhabitant
el indio / la india Native American
(no) llevarse bien (con) to (not) get along well
   (with)
la mezcla mixture
lo moderno* modern things
la población population
la raza race
lo tradicional* traditional things

A ¿Qué palabra o frase del cuadro asocia Ud. con cada palabra o frase de la lista? Explique en qué basa su asociación. ¿Son sinónimos? ¿antónimos? ¿Es una palabra o frase un ejemplo de la otra?

1. el antepasado
2. el/la descendiente
3. el/la indígena
4. apreciar
5. compartir

6. lo tradicional
7. la raza
8. la mezcla
9. el conflicto
10. la población

generoso
la biología
el nieto
la combinación
el abuelo
los habitantes
el inmigrante
la historia
despreciar
llevarse bien

---

*Any adjective combined with **lo** expresses an abstract idea or quality. The English equivalent generally uses the adjective + *thing(s)* (in the sense of *aspect*) or *part*.

Prefiero lo tradicional a lo moderno.

I prefer traditional things over modern ones.

¡Eso es lo más interesante!

That's the most interesting part!

45

B En el pueblo donde vive Ud., ¿existen lugares como la plaza del dibujo de la página 44? En este país, ¿dónde se puede ver una situación como ésta? ¿Qué hace la gente en ese lugar? ¿Qué grupos (étnicos, generacionales, etcétera) suelen estar presentes? ¿Qué tiene Ud. en común con los miembros de esos grupos? ¿Tienen en común los antepasados? ¿la cultura? ¿la religión? ¿la edad? ¿otra cosa?

C ¿Conoce Ud. a sus abuelos? ¿a sus bisabuelos (*great-grandparents*)? ¿Qué sabe Ud. de ellos? ¿De dónde son? ¿Es Ud. descendiente de indígenas norteamericanos?

D ¿Se lleva Ud. bien con sus parientes? ¿Los visita con frecuencia? ¿Ellos lo/la visitan a Ud.? En general, entre los miembros de su familia, ¿hablan Uds. de asuntos (*issues*) políticos? ¿religiosos? ¿económicos? ¿De qué asuntos normalmente *no* hablan?

EXPLORACIONES

De entrada

Observe el dibujo de la fiesta de aniversario de Manuel e Isabel, e indique si las afirmaciones sobre lo que se hace en la fiesta son ciertas (**C**) o falsas (**F**).

		C	F
1.	Se baila sobre las mesas.	☐	☐
2.	No se come nada.	☐	☐
3.	Se fuman cigarros.	☐	☐
4.	Se canta en grupos.	☐	☐
5.	Se discute sobre los negocios.	☐	☐
6.	No se presentan regalos a Manuel e Isabel.	☐	☐
7.	Se nada en la piscina.	☐	☐
8.	Se sacan fotos de los abuelos.	☐	☐

Estas oraciones indican las acciones pero no especifican quién o quiénes las hacen, ¿verdad? A continuación Ud. va a repasar cómo construir oraciones semejantes a éstas.

⑥ IMPERSONAL *SE* AND PASSIVE *SE*

The pronoun **se** has many uses in Spanish. Here are two of the most frequent.*

A. The impersonal se

se + third-person singular verb

The impersonal **se** (**se impersonal**) is used with a third-person singular verb to express the impersonal English subjects *one, you, people* (*in general*), or *they.*

Será difícil tener una sociedad justa si **se considera** a ese grupo étnico como inferior.	*It will be difficult to have a just society if **you consider** that ethnic group inferior.*
Se dice que la comunicación y el respeto mutuo son la clave.	***They say** that communication and mutual respect are the key.*
Algunos quieren cambiar la visión negativa que **se tiene** de esta comunidad.	*Some want to change the negative view that **people have** of this community.*

Here, the use of **se** indicates that people are involved in the action of the verb, but no specific individuals are identified as performing the action.

B. The passive se†

$$
\begin{aligned}
&\textbf{se} + \text{third-person} \left\{ \begin{array}{l} \text{singular} \\ \text{plural} \end{array} \right\} \text{verb} + \text{noun} \\
&\text{noun} + \textbf{se} + \text{third-person} \left\{ \begin{array}{l} \text{singular} \\ \text{plural} \end{array} \right\} \text{verb}
\end{aligned}
$$

---

*You will learn more about the uses of **se** on pages 57, 244, and 271.
†You will learn more about the passive **se** construction on page 262.

The passive **se** (**se pasivo**) is very similar to the impersonal **se.** As with the impersonal construction, the agent of the action is either unknown or unimportant. The speaker simply wishes to communicate that an action is being done. The verb is in the third person singular or plural, depending on whether the thing acted upon is singular or plural.*

Entre algunos gitanos españoles **se hablan** el español y el caló.	*Among some Spanish gypsies Spanish and Caló (gypsy dialect) **are spoken.***
Se utiliza el caló cuando es conveniente guardar secretos.	*Caló **is used** when it is useful to keep secrets.*

En resumen

- In both the impersonal and the passive constructions, **se** indicates that *there is no specific agent or doer of the action.*

- In both constructions, *the verb is singular or agrees with the direct object.* If the direct object is plural, the verb is plural; otherwise, it is singular.

Práctica Cada una de las siguientes preguntas tiene un sujeto expresado. Reformúlelas sustituyendo el sujeto por el **se** pasivo o impersonal. ¡Cuidado! A veces usará (*you will use*) un verbo en singular y otras veces uno en plural. (Tendrá la oportunidad de contestar las preguntas en la próxima actividad.)

MODELO: ¿Creen muchas personas que la vida estudiantil es fácil? →
¿Se cree que la vida estudiantil es fácil?

1. ¿Creen muchas personas que todos los estudiantes universitarios consumen drogas?
2. En este país, ¿consideran muchas personas la diversidad como algo positivo?
3. En esta universidad, ¿habla la gente mucho de asuntos políticos o sociales?
4. ¿Dan fiestas en las residencias cada semana los estudiantes de primer año aquí?
5. En esta universidad, ¿escriben los estudiantes composiciones en todas las clases o solamente en las clases de inglés?
6. Normalmente en esta universidad la gente no trabaja mucho, ¿verdad?

Intercambios

A Utilice **se** para contestar las preguntas de la actividad anterior (*previous*). Luego, diga si Ud. está de acuerdo o no con esas opiniones, y explique por qué.

MODELO: ¿Se cree que la vida estudiantil es fácil? →
Sí, se cree que la vida estudiantil es fácil, pero no es cierto. La vida estudiantil presenta muchas dificultades y problemas.

---

*You will learn another way to form the passive voice, using **ser,** on page 262.

B ¡Necesito compañero! Trabajando en parejas, completen las siguientes oraciones con la forma apropiada de **se.** Luego, compartan sus opiniones con el resto de la clase.

> MODELO: En Italia _____. →
> En Italia se hacen muchos *westerns* y se come mucho espagueti.

1. En la clase de español _____.
2. En esta universidad _____.
3. En las calles de una ciudad grande _____.
4. En las escuelas secundarias _____.
5. En los países hispanos _____.
6. En los pasillos (*halls*) de mi residencia _____.
7. ¿ ?

C ¿Qué opina Ud.? Usando una expresión de la columna A y otra de la columna B, forme oraciones para completar las siguientes frases. Luego, explique sus respuestas.

En los EEUU, con respecto
1. a las relaciones interpersonales...
2. al mundo de los negocios...
3. al mundo académico...

A	B	
se aprecia(n)	la paciencia	la cooperación
se desprecia(n)	los prejuicios	la disciplina
se tolera(n)	el espíritu competitivo	las reacciones emocionales
se fomenta(n) (*is/are encouraged*)	la agresividad	la creatividad
	las diferencias individuales	el sentido del humor
	la objetividad	la independencia
	las responsabilidades personales	el respeto
	la tolerancia	el egoísmo

D Entre todos

- ¿En qué países del mundo se vive bien? ¿Qué se necesita para vivir bien? ¿Se puede vivir en los EEUU sin coche? ¿sin saber inglés? ¿sin saber leer?

- ¿En qué residencia de esta universidad se dan muchas fiestas? ¿Qué se hace en estas fiestas?

- ¿Qué clase de comida se come en este país? ¿en el sur de los EEUU? ¿en el oeste? ¿en los barrios asiáticos? ¿en los barrios latinos? ¿en su casa?

De entrada ⑦

¿Cómo se puede reaccionar en las siguientes situaciones? Escoja la respuesta que mejor complete cada oración de la próxima página.

1. Unos miembros del Club Español venden entradas para su concierto anual. Por eso, yo _____.

a. les vendo dos entradas   **b.** les compro dos entradas

2. Un estudiante de mi clase no tiene nada con qué escribir. Por eso, yo _____.

a. le quito el libro   **b.** le presto un bolígrafo

3. Carmen y Laura van a una reunión, entran y ven a su mejor amiga. Están muy contentas y por eso _____.

a. le escriben una tarjeta postal   **b.** le dan un beso y un abrazo

Al pie de cada uno de los dibujos de la página anterior se encuentran los pronombres «le» o «les». ¿Puede Ud. identificar en cada dibujo la parte a que se refieren estos pronombres? En la siguiente sección va a repasar los usos de los pronombres de complemento indirecto (*indirect object pronouns*) «le» y «les».

 INDIRECT OBJECTS

Remember that objects receive the action of the verb. The direct object is the primary object of the verbal action, answering the question *what?* or *whom?*

Los niños llevan **regalos** a la fiesta.	*The children take* (what?) ***gifts*** *to the party.*
¿Conocen Uds. a **la señora**?	*Do you know* (whom?) ***the lady?***

The indirect object (**el complemento indirecto**) is the person or thing involved in or affected by the action in a secondary capacity. The indirect object frequently answers the question *to whom?, for whom?,* or *from whom?*

Los niños le llevan regalos a **su amigo.**	*The children take gifts* (to whom?) *to **their friend.***
Ellos le piden dinero al **gobierno.**	*They request money* (from whom?) *from **the government.***
Paula les abre la puerta a **los niños.**	*Paula is opening the door* (for whom?) *for **the children.***

Note that in Spanish the indirect object noun is preceded by the preposition **a,** regardless of the corresponding English preposition.

A. Indirect object pronouns

The Spanish indirect object pronouns are identical to the direct object pronouns, except in the third person singular and plural.

me	*me, to me*	nos	*us, to us*
te	*you, to you*	os	*you all, to you all*
le	*him, to him* *her, to her* *you, to you*	**les**	*them, to them* *you all, to you all*

Mis padres **me** prestan dinero.	*My parents lend **me** money.*
Los señores García **le** escriben a **su hijo** con frecuencia.	*Mr. and Mrs. García write to **their son** frequently.*
«Dear Abby» **les** da consejos a **muchas personas.**	*"Dear Abby" gives advice to **many people.***

In sentences with **le,** as in the latter two examples, both the indirect object pronoun and its corresponding noun usually appear in the sentence together when the indirect object is mentioned for the first time. Once the meaning of the indirect object pronoun is clear, however, the indirect object noun can be dropped.

A PROPOSITO

Since third-person object pronouns may have more than one meaning, the ambiguity is often clarified by using a prepositional phrase with **a.**

Le doy el libro { a él.
a ella.

I'm giving the book { *to him.*
to her.

Les escribo { a ellos.
a Uds.

I'm writing { *to them.*
to you all.

The prepositional phrase with **a** is also used for emphasis.

Me da el libro **a mí**, no a **ella.**

He's giving the book to me, not to her.

Like direct object pronouns, indirect object pronouns

■ precede conjugated verbs and negative commands.

Siempre **me** escriben a principios del mes.	*They always write (to)* **me** *at the beginning of the month.*
No **me** escriba a esta dirección.	*Don't write (to)* **me** *at this address.*

■ attach to affirmative commands.

Escríba**me** a mi nueva dirección.	*Write (to)* **me** *at my new address.*

■ can precede or attach to infinitives and present participles.

No **le** voy a prestar el dinero. ⎫ No voy a prestar**le** el dinero. ⎬	*I'm not going to lend* **him** *the money.*
Les estoy escribiendo ahora mismo. ⎫ Estoy escribiéndo**les** ahora mismo. ⎬	*I'm writing (to)* **them** *right now.*

B. Indirect object pronouns with verbs of communication

With verbs of communication, *what is being communicated* is the direct object; *the person with whom one is communicating* is the indirect object.

Comprendo el ruso pero no **lo** hablo.	*I understand Russian but I don't speak* **it.**
Le hablo **a mi madre** todos los días.	*I speak to* **my mother** *every day.*
¿El informe? ¿**Lo** vas a escribir?	*The report? Are you going to write* **it**?
¿Tu amiga? ¿**Le** vas a escribir?	*Your friend? Are you going to write to* **her**?

Some common verbs of communication are **admitir, contestar, decir, escribir, gritar, hablar, preguntar,** and **telefonear.** Make sure you know their meanings before beginning the activities in this section.

Práctica Forme oraciones nuevas utilizando los sujetos entre paréntesis.

> MODELO: *Yo* te comprendo bien. ¿Por qué no *me* cuentas tu problema? (Juan) →
> *Juan* te comprende bien. ¿Por qué no *le* cuentas tu problema?

1. Aquí viene *Pablo.* ¿Por qué no *le* hablan Uds.? (María y Juan / Elena)
2. Aquí estoy *yo,* pues. ¿Por qué no *me* dices nada? (Fernando / ellos)
3. *Juan* tiene las entradas. ¿Por qué no *le* compran algunas? (yo / tú)
4. *Ellos* salen pronto para España. ¿Vas a escribir*les*? (nosotros / ella)

Intercambios

A En este dibujo se hace una crítica a la sociedad. Se presenta a un grupo de consumidores de un producto especial. Examine el dibujo para poder contestar las preguntas que siguen.

1. ¿Quiénes son los clientes de esta fábrica? ¿Qué «producto» les ofrece la fábrica?
2. ¿Por qué están el hombre y la mujer al fondo (*background*) con el técnico de computadoras? ¿Qué le explican? ¿Qué les muestra el técnico en la pantalla (*screen*) de la computadora?
3. ¿Qué crea el científico en su laboratorio que las personas esperan con tanto interés?
4. Cuando los bebés llegan a la sala de espera de los clientes, ¿qué les hace inmediatamente cada una de las empleadas? (curar el ombligo, poner talco, poner el pañal [*diaper*])
5. Al final, ¿qué le dan los nuevos padres a la empleada? ¿y qué les da ella a ellos a cambio (*in return*)?

Entre todos

■ ¿Qué opinas del mensaje de este dibujo? ¿Es cómico? ¿triste? ¿prometedor (*hopeful*)? ¿aterrador (*frightening*)? ¿Por qué?

■ ¿Qué problemas le puede traer a una sociedad una «fábrica de niños»? ¿Qué beneficios le puede traer? ¿Cómo sería (*would be*) la comunidad resultante? ¿Sería más diversa o más uniforme? Explica.

B Trabajando en grupos de tres o cuatro personas, contesten las preguntas generales a continuación para describir los dibujos. Incorporen complementos pronominales cuando sea posible. ¡Usen la imaginación y recuerden las estrategias para la comunicación!

■ ¿Quiénes son estas personas?   ■ ¿Dónde están?

■ ¿Cuál es la relación entre ellas?   ■ ¿Qué hacen?

■ ¿Cómo son físicamente?   ■ ¿Por qué lo hacen?

1. escuchar, explicar, hacer una pregunta, pasar un recado (*note*)

2. acabar de, dar las gracias, escribir, mandar

3. gritar, hacer la tarea, jugar

4. dar, leer, pedir

C ¡Necesito compañero! Una comunidad depende de la ayuda mutua, la cual refleja las necesidades y las capacidades de sus miembros. Por ejemplo: Yo te presto mis discos de jazz y tú me llevas al partido en tu coche. ¿En qué consiste la ayuda mutua en los siguientes casos? ¡Cuidado! En la mayoría de los casos hay que usar un pronombre de complemento directo o de complemento indirecto. Recuerden usar las estrategias para la comunicación si necesitan expresar una palabra que no recuerdan o no saben.

MODELO: el pueblo y el gobierno →
El pueblo le da dinero al gobierno. El gobierno le da servicios al pueblo.

1. el perro (o el gato) y el ser humano
2. los jóvenes y los mayores
3. la nación en general y un grupo con el cual te identificas o al cual perteneces
4. los estudiantes y los profesores

5. tú y tu hermano/a o compañero/a de cuarto

6. los atletas y la universidad

Compartan algunas de sus ideas con los otros grupos de la clase.

D ¡Necesito compañero!

Miren el anuncio de la derecha y examinen el texto con cuidado. Después, comenten las siguientes preguntas. Luego compartan sus respuestas con los otros grupos de la clase. ¿Hay mucha diferencia de opiniones?

1. Según Uds., ¿cuál es la profesión de esta persona? ¿Qué les da esa impresión?

2. ¿Qué le aceleró el corazón a este hombre? ¿Por qué le aceleró el corazón? ¿Por qué él le habló por teléfono y no en persona? ¿Cuándo va a volver a verla? ¿Qué piensan Uds. que le va a decir?

3. Usen la imaginación y describan a la hija de este hombre. ¿Cómo es ella? ¿Creen Uds. que él le va a llevar un regalito? ¿Qué le va a llevar?

4. ¿A quién va dirigido (*is directed*) este anuncio? ¿Cómo lo saben Uds.? ¿Qué les ofrece esta compañía a los consumidores? ¿Qué piensan Uds. del anuncio? ¿Les atrae el mensaje? Expliquen.

"*La conocí ayer. Se llama Maribel. Pelo negro, ojos claros, chinitos...No me habló una palabra pero su sola presencia me aceleró el corazón. Es la nueva mujer en mi vida...es mi hija. Ayer la conocí por teléfono. Por fin mañana la abrazaré.*"

En larga distancia, nadie le da la ayuda, calidad y años de experiencia de AT&T.

AT&T
La mejor decisión.

AT&T. 1991

De entrada ⑧

Mire con atención el dibujo de la próxima página y escoja la respuesta correcta para cada pregunta.

Vocabulario útil: el desamparado (*homeless person*), el juguete (*toy*), el mesero (*waiter*), el truco (*trick*)

1. ¿El niño le da el juguete a su hermanita?
   a. Sí, se lo da.
   b. No, no se lo da; se lo quita.
2. ¿La mujer le enseña los trucos a su perro?
   a. Sí, se los enseña.
   b. No, no se los enseña; se los escribe.
3. ¿El joven le pide dinero al desamparado?
   a. Sí, se lo pide.
   b. No, no se lo pide; se lo da.
4. ¿El mesero le echa encima el almuerzo a la cliente?
   a. Sí, se lo echa.
   b. No, no se lo echa; se lo sirve.

Todas las respuestas contienen dos pronombres: el primero hace referencia a una persona y el segundo hace referencia a una cosa. ¿Recuerda Ud. la diferencia entre estos tipos de pronombres? En la siguiente sección repasará (*you will review*) los usos de ambos.

⑧ SEQUENCE OF OBJECT PRONOUNS

When both a direct and an indirect object pronoun appear in a sentence, the indirect object pronoun (which usually refers to a person) precedes the direct object pronoun (which usually refers to a thing).

—No entiendo el problema. ¿**Me lo** puedes explicar?

*—I don't understand the problem. Can you explain **it to me**?*

—Sí, **te lo** explico ahora mismo.

*—Yes, I'll explain **it to you** right now.*

When the direct and indirect object pronouns are both in the third person, the indirect object pronoun (**le/les**) is replaced by **se.**

le/les +	lo la los las	→ **se** +	lo la los las

—María todavía no tiene los papeles.
—Bien. **Se los** envío.

—María still doesn't have the papers.
*—Fine. I'll send **them to her.***

—Los Rodríguez se mudan a una casa más grande.
—Ya lo sé. Mi compañía **se la** está construyendo.

—The Rodríguezes are moving to a bigger house.
*—I know. My company is building **it for them.***

—Esas familias necesitan comida y medicinas.
—De acuerdo. La agencia puede mandár**selas.***

—Those families need food and medicine.
*—Fine. The agency can send **them to them.***

Práctica En los siguientes diálogos entre Voz y Eco, hay una repetición innecesaria de algunos sustantivos. Cambie los sustantivos repetidos por los complementos pronominales adecuados.

MODELO: VOZ: ¿Les venden los indígenas su artesanía a los turistas?
ECO: Sí, les venden su artesanía a los turistas. →
Sí, se la venden.

1. VOZ: ¿Les explican los indígenas sus costumbres a los europeos?
ECO: Sí, les explican sus costumbres a los europeos.
2. VOZ: ¿Les quitan las tierras a los indígenas?
ECO: Sí, les quitan las tierras a los indígenas.
3. VOZ: ¿Prometen los europeos devolverles las tierras a los indígenas?
ECO: Sí, prometen devolverles las tierras a los indígenas pero nunca les entregan las tierras a los indígenas.
4. VOZ: ¿Le piden los indígenas cambios al gobierno?
ECO: Sí, le piden cambios al gobierno, pero éste no quiere hacer los cambios muy pronto.

---

*When two object pronouns attach to an infinitive, a written accent must be added to the infinitive so that the stress remains on the correct syllable.

Intercambios

A Imagínese que un amigo / una amiga le pregunta a Ud.: «¿A quién puedo darle las siguientes cosas? ¿A ti o a mi mejor amigo/a?» Contéstele según su preferencia, pero ¡cuidado! Es preferible guardar lo mejor para sí mismo/a (*yourself*) y darle el resto a la otra persona, como se hace en los modelos.

> MODELOS: ¿mucho trabajo? → Se lo puedes dar a él/ella.
> ¿un día de vacaciones? → Me lo puedes dar a mí.

Cosas: un boleto de lotería, una botella de champaña, un diccionario bilingüe, dinero, unos discos compactos de música clásica, una foto del presidente, los libros de física, un pasaje de ida (*one-way*) a Universal Studios, un reloj despertador (*alarm clock*)

Y ahora, imagínese que el mismo amigo / la misma amiga le pregunta: «¿A quiénes les puedo hacer los siguientes favores? ¿A ti y a tu mejor amigo/a o a otras dos personas?» Conteste según los modelos.

> MODELOS: ¿lavar la ropa? →
> Nos la puedes lavar a nosotros.
> ¿regalar un disco de Frank Sinatra? →
> Se lo puedes regalar a ellos.

Favores: conseguir entradas para la película *Toy Story,* dar una casa en Acapulco, enviar unas flores, limpiar el cuarto, preparar la cena, regalar unos calcetines morados (*purple*), servir pulpo (*octopus*)

B La comunicación entre la gente permite el intercambio de opiniones diversas. También permite apreciar las diferencias que existen entre todos. Trabajando con dos o tres compañeros de clase, háganse las siguientes preguntas y contéstenlas para averiguar cómo se comunican con otras personas. Luego compartan lo que han aprendido con los demás grupos. Usen los complementos pronominales siempre que puedan.

1. ¿Qué le dices a una persona en el momento de conocerla? ¿Le estrechas la mano o le das un beso en la mejilla (*cheek*)? ¿Cómo saludas a las personas cuando llegas a una fiesta? ¿A quiénes sueles saludar dando uno o dos besos?
2. ¿Tienes amigos de otros países? ¿De dónde son? ¿Les hablas en su propio idioma? ¿Te hablan ellos en inglés? ¿Te hablan de su país? ¿Qué te cuentan? ¿Qué información sobre este país compartes con ellos? ¿Qué clase de información les interesa más? ¿Les mandas mensajes de correo electrónico (*e-mail*) o los llamas por teléfono? ¿Por qué?
3. ¿A quién le pides ayuda cuando tienes un problema de salud? ¿un problema económico? ¿un problema en tus estudios? ¿un problema sentimental? ¿Para qué clase de problema te piden ayuda tus amigos?
4. ¿Cómo reaccionas si una persona desamparada te pide dinero en la calle? ¿si te pide comida? ¿si un miembro de una secta religiosa te pide dinero? ¿si un predicador o predicadora de barricada (*soapbox preacher*) te ofrece consejos?

- ¿Ud. le da sus discos compactos favoritos a su mejor amigo/a si se los pide? ¿Le da su suéter más nuevo? ¿Qué más le pide él/ella? ¿Se lo da? ¿Qué *no* le da en ninguna circunstancia? ¿Qué le da él/ella a Ud.?

- ¿Le compra flores a su novio/a? ¿Le canta canciones de amor? ¿Le compra diamantes? ¿Le escribe cartas románticas? ¿Se las escribe en español? ¿Qué le va a regalar para sus cumpleaños?

- ¿Siempre les hablo yo en español? ¿En qué lengua les explico la gramática? Cuando Uds. me hacen preguntas, ¿me las hacen en español? ¿Siempre me entregan (*hand in*) la tarea a tiempo? Cuando no lo hacen, ¿me dan excusas? ¿Me piden disculpas?

La lengua española y su historia

El español es la lengua romance que cuenta con mayor número de hablantes. Hoy en día más de 400 millones de personas lo hablan en el mundo. La historia del español revela el contacto con muchas otras lenguas y culturas. El rey Alfonso X el Sabio (*the Wise*) (1221–1284) es el primer rey que inicia el uso del español, en vez del latín, como la lengua de cultura.* Poco a poco, el **castellano** (de la región de **Castilla**) o sea, el español, se enriquece con aportaciones (*contributions*) de otras lenguas mientras se sigue formando. En 1492 Antonio de Nebrija, cuyo retrato (*picture*) aparece aquí, publica la primera *Gramática Castellana,* y así el español llega a ser la primera lengua que se estudia científicamente. Para los siglos XVI y XVII, el español se impone como lengua internacional.

¿Qué lenguas contribuyen directamente al desarrollo del español? ¿Qué vocablos (palabras) de esas otras lenguas todavía se usan en español? Lea con cuidado las siguientes afirmaciones acerca de la historia del español, y luego mire el vídeo y escuche el texto que lo acompaña para descubrir esta información.

¡A ver!

A Escoja la respuesta que mejor conteste cada oración.

1. En España, las tres lenguas que coexisten actualmente con el español son ____.
   a. el latín, el quechua y el rumano
   b. el catalán, el gallego y el vascuence (el euskera)
   c. el árabe, el náhuatl y el latín

2. A partir del siglo XV, ¿cuál de los siguientes grupos de lenguas tiene mayor impacto en el desarrollo del español?
   a. las lenguas romances
   b. las lenguas indígenas
   c. las lenguas norteamericanas

*Es decir, la lengua que se habla en las cortes y en las iglesias, y en que se escriben los libros y otros documentos.

3. Aproximadamente el 10 por ciento de las palabras españolas tiene origen _____.
   a. latín   **b.** portugués   **c.** árabe
4. El acontecimiento (*event*) que ayuda más a la expansión del español es _____.
   a. la llegada (*arrival*) de los españoles al continente americano
   b. la fundación de la Real Academia Española
   c. la independencia de los países hispanoamericanos

B Entre todos

■ ¿Por qué es tan importante el año 1492 para España y el idioma español? ¿Qué pasa ese año que es de importancia política? ¿y de importancia lingüística?

■ Cada una de las palabras inglesas modernas *campus, naive, broccoli* y *democracy* viene de una de las siguientes lenguas: italiano, griego, francés o latín. ¿Pueden Uds. adivinar (*guess*) a qué lengua pertenece cada una? ¿Qué opinan sobre las aportaciones que otras lenguas hacen al inglés? ¿Creen que es bueno que las lenguas sigan cambiando o que es mejor que no cambien con el tiempo y que resistan las influencias de afuera (*outside*)? Expliquen.

■ Según el segmento de vídeo que acaban de mirar, ¿piensan Uds. que el mundo hispano es lingüísticamente homogéneo? ¿Existe una sola cultura hispana en que se emplee exactamente el mismo léxico (*vocabulary*)? ¿Es esto posible? ¿Por qué sí o por qué no?

De entrada 9

El párrafo a continuación fue tomado del cuento «El indulto (*pardon*)», de la escritora española Emilia Pardo Bazán. Léalo y decida si este segmento representa (a) un diálogo, (b) una descripción o (c) una lista de acciones. Luego, explique su decisión.

Era medianoche y no había nadie en la pequeña plaza. Julia caminaba lentamente. Era una mujer alta y delgada. No parecía ni muy joven ni muy vieja. Tenía el pelo negro, ni muy largo ni muy corto. Mientras caminaba, pensaba en las actividades que había compartido (*she had shared*) allí con sus amiguitas (*childhood friends*). Durante el año escolar siempre venían a la plaza para almorzar. Compartían sus secretos y chismeaban (*gossiped*) de los asuntos que pasaban en el pequeño pueblo. Luego, como adolescentes, venían a la plaza con sus novios y hablaban de las cosas que iban a hacer y se reían y se divertían.

¿Piensa Ud. que la escena del párrafo se observaba regularmente en ese pueblo o que se vio una sola vez? En su opinión, ¿es una escena típica de todas las comunidades hispanas? Ahora subraye todos los verbos del párrafo. ¿En qué tiempo verbal están conjugados? ¿Sabe Ud. por qué?

9 THE IMPERFECT INDICATIVE

Events or situations in the past are expressed in two simple past tenses in Spanish: the imperfect (**el imperfecto**) and the preterite.*

A. Forms of the imperfect

Almost all Spanish verbs have regular forms in the imperfect tense.

-ar VERBS		-er/-ir VERBS			
tom**aba**	tom**ábamos**	quer**ía**	quer**íamos**	escrib**ía**	escrib**íamos**
tom**abas**	tom**abais**	quer**ías**	quer**íais**	escrib**ías**	escrib**íais**
tom**aba**	tom**aban**	quer**ía**	quer**ían**	escrib**ía**	escrib**ían**

In the imperfect, the first- and third-person singular forms are identical. There is no stem change or **yo** irregularity in any verb. Note the placement of accents and the familiar person/number endings **-s, -mos, -is,** and **-n.**

Only three Spanish verbs are irregular in the imperfect.

ser		ir		ver	
era	**éramos**	iba	**íbamos**	veía	veíamos
era**s**	erai**s**	iba**s**	ibai**s**	veía**s**	veíai**s**
era	era**n**	iba	iba**n**	veía	veía**n**

The verb **ver** is irregular only in that its stem retains the **e** of the infinitive ending in all persons.

B. Uses of the imperfect

The imperfect tense derives its name from the Latin word meaning *incomplete*. It is used to describe actions or situations that were not finished or that were in progress at the point of time in the past that is being described. The use of the imperfect tense to describe the past closely parallels the use of the present tense to describe actions in the present.

When the imperfect tense is used, attention is focused on the action in progress or on the ongoing condition, with no mention made of, or attention called to, the beginning or end of that situation. For this reason, the imperfect is used to describe the background for another action: the time, place, or other relevant information.

A PROPOSITO

The imperfect form of **hay** (**haber**) is **había** (*there was/were*).

---

*You will review the forms and uses of the preterite on page 83.

DESCRIPTION OF	PRESENT	PAST
an action or condition in progress	Leo el periódico. *I'm reading the paper.*	Leía el periódico. *I was reading the paper.*
an ongoing action or condition	La casa está en la esquina. *The house is on the corner.*	La casa estaba en la esquina. *The house was on the corner.*
the hour (telling time)	Son las ocho. *It is 8 o'clock.*	Eran las ocho. *It was 8 o'clock.*
habitual or repeated actions	Salgo con mi novio los viernes. *I go out with my boyfriend on Fridays.* Estudio por la mañana. *I study in the morning.*	Salía con mi novio los viernes. *I used to go out with my boyfriend on Fridays.* Estudiaba por la mañana. *I used to study in the morning.*
an anticipated action	Mañana tengo un examen. *Tomorrow I have an exam.* Vamos a ir a la playa. *We're going to go to the beach.*	Al día siguiente tenía un examen. *On the next day I had (was going to have) an exam.* Ibamos a ir a la playa. *We were going to go to the beach.*

Práctica Cambie los verbos en el presente al imperfecto.

Durante el siglo (*century*) pasado y la primera parte de éste, las diferencias entre la vida urbana y la rural son[1] más notables que en la época actual ya que (*since*) hay[2] menos contacto entre las dos zonas. En aquel entonces (*Back then*), la gente que vive[3] en el campo no tiene[4] la ventaja de los rápidos medios de comunicación; no ve[5] la televisión, ni escucha[6] la radio ni va[7] al cine. Estos tres medios de comunicación todavía no existen.[8] Muchos no saben[9] leer y por eso no leen[10] ni periódicos ni revistas. Las noticias culturales, políticas y científicas que reciben[11] los habitantes de las ciudades llegan[12] al campo con mucho retraso (*delay*). Los campesinos, especialmente si están[13] a bastante distancia de una ciudad, no se dan[14] cuenta de (*don't realize*) los cambios sociales que ocurren[15] en los centros urbanos. Al mismo tiempo, los de la ciudad muchas veces no entienden[16] ni pueden[17] apreciar los asuntos que les preocupan[18] a las personas que viven[19] en el campo.

Intercambios

A Trabajando con uno o dos compañeros de clase, completen las oraciones de la próxima página. Primero cambien los verbos indicados al imperfecto y luego digan si las oraciones expresan sus propios recuerdos cuando tenían diez años.

Cuando yo *era* un niño / una niña de 10 años...

1. la vida me (parecer) muy complicada.
2. (tener) los mismos intereses que tengo ahora.
3. (ser) consciente de ser miembro de un grupo étnico.
4. (obedecer) a mis padres en todo.
5. (preferir) estar con otros; no me (gustar) estar solo/a.
6. (buscar) aventuras con mis amigos.
7. (tener) miedo de los animales.
8. me (interesar) la historia de mis antepasados.

Y ahora ¿cómo son Uds.? Identifiquen por lo menos una oración a la que reaccionarían (*you would react*) de una forma diferente ahora.

B Entre todos

■ ¿Qué no podía hacer la mujer en 1900 que sí puede hacer ahora? ¿Qué otros grupos tienen más derechos/oportunidades ahora que tenían en 1900? ¿los indígenas norteamericanos? ¿los grupos inmigrantes? ¿los negros? ¿los obreros? ¿los viejos? ¿los jóvenes? ¿los hombres? ¿la policía? Justifique su opinión con ejemplos concretos.

■ ¿Qué no sabíamos en 1900 que sabemos ahora? ¿Qué inventos tenemos ahora que no teníamos entonces? ¿Qué problemas tenemos que no teníamos? ¿Qué problemas teníamos entonces que no tenemos ahora?

C ¡Necesito compañero! Hágale preguntas a su compañero/a para averiguar a quién acudía él/ella (*he/she turned to*) a la edad indicada en los siguientes casos y por qué. Se debe usar el imperfecto del verbo señalado y tratar de incorporar complementos pronominales en las respuestas.

MODELO: pedir dinero (13)
¿A quién le pedías dinero cuando tenías 13 años? →
Se lo pedía a mi hermano mayor porque él siempre lo tenía y no les decía nada a mis padres.

1. pedir dinero (13)
2. pedir consejos (académicos/sentimentales) (16)
3. dar consejos (académicos/sentimentales) (16)
4. contar chistes (10)
5. hacer favores especiales (10)
6. pedir protección/ayuda en caso de peligro (*danger*) o injusticia (8)

Entre todos Hagan una tabla de las respuestas más frecuentes. ¿Qué indican los resultados?

D Piense en un personaje famoso del pasado (puede ser de la televisión o del cine, de la literatura o de la historia) y luego escriba —en secreto— una breve biografía de él/ella. Incluya detalles sobre la personalidad y los rasgos físicos de esa persona, lo que hacía típicamente, por qué era famoso/a, etcétera. Después, el resto de la clase le hará preguntas a cada estudiante para adivinar el nombre de su personaje. Si nadie logra adivinar la identidad dentro de 3 ó 4 minutos, el/la estudiante puede revelarla leyendo la biografía que escribió. Para hacer sus preguntas, pueden utilizar las que están en la próxima página como modelos.

- ¿De dónde era? ¿Cuál era su nacionalidad?

- ¿Qué trabajo hacía que lo/la hizo famoso/a? ¿Tenía una profesión? ¿Cuál era?

- ¿Dónde vivía? ¿Vivía solo/a o con su familia?

- ¿Llevaba cierto tipo de ropa en particular (uniforme, hábito, disfraz [costume], ¿ ?)?

ESTRATEGIAS PARA LA COMUNICACION

¿Y tú? *The difference between an interview and a conversation*

Compare the following conversations.

—Hi! I'm Karen Jones. What's your name?	—Hi! I'm Karen Jones. What's your name?
—Paul Smith.	—Paul Smith.
—Are you a student here?	—Are you a student here?
—Yes.	—Yes, and you?
—What are you studying?	—Me, too. What are you studying?
—Chemistry.	—Chemistry, but I'm only in my second year.
—Oh! Are you taking Chem 452 this semester?	—Oh! Are you taking Chem 452 this semester?
—No.	—No, but I will have to next term. Are you a chem major, too?
—Oh. Well . . . See you around.	—No, biology, but we have several of the same requirements. Do you know . . .
—Bye.	

In the conversation on the left, it doesn't take Karen long to conclude that Paul is not very interested in continuing the exchange. Likewise, you may convey the same message if you merely answer questions with the minimum information necessary and never ask questions of your own in response. Note the difference some simple changes make in the second conversation (the one on the right) between Karen and Paul.

Remember, if you want to carry on a conversation with someone, you have to be an active participant in it.

Practice the preceding communication strategies in these situations.

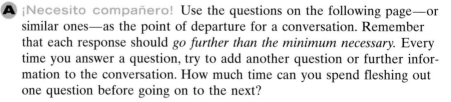

A ¡Necesito compañero! Use the questions on the following page—or similar ones—as the point of departure for a conversation. Remember that each response should *go further than the minimum necessary*. Every time you answer a question, try to add another question or further information to the conversation. How much time can you spend fleshing out one question before going on to the next?

1. ¿Vas a estudiar en la biblioteca esta noche?
2. ¿Sabes hablar francés?
3. ¿Vives en un apartamento o en una residencia?
4. ¿Qué deportes practicas?
5. ¿Quieres conocer a una persona famosa?

B Imagine that, while you were doing Activity A, the following problems arose with vocabulary: some words and phrases that you don't know exactly how to express in Spanish. How can you express these ideas without knowing the exact words?

1. I don't usually study at the library because *I live a couple of blocks away* and *the bus schedule is inconvenient.*
2. I speak it *quite fluently.*
3. I live in a *co-op.*
4. I'm more of a *spectator* than a player.
5. My parents already know a number of *celebrities.*

C Use the following questions (or others if you prefer) to strike up a conversation. Remember to use the strategies (1) to resolve linguistic difficulties and (2) to turn an interview into a conversation.

1. ¿Cuál es tu día favorito de la semana?
2. ¿Por qué estudias en esta universidad y no en _____?
3. ¿Cómo es tu familia?
4. ¿Qué piensas hacer este fin de semana?
5. ¿Tienes novio/a o esposo/a?

De entrada ⑩

¿Sabe Ud. quiénes son? Busque en la columna de la derecha lo que hacen o hacían los personajes de la lista de la izquierda. ¿Qué acción los caracteriza o caracterizaba?

1. _____ El lobo de «Caperucita Roja» (*"Little Red Riding Hood"*)
2. _____ Poncio Pilato
3. _____ Robin Williams en «Mrs. Doubtfire»
4. _____ Drácula
5. _____ La Madrastra de «La Bella Durmiente» (*"Sleeping Beauty"*)
6. _____ Sansón (el compañero de Dalila)

a. Se pone ropa de mujer.
b. Se lavó las manos.
c. Se miraba en el espejo constantemente.
d. Se pone la ropa de la abuelita.
e. No se cortaba el pelo.
f. Nunca se mira en un espejo.

¿Quién hace o realiza cada acción? ¿Y a quién afecta la acción? En todos estos casos, el individuo que realiza la acción también se ve afectado por ella. En la siguiente sección Ud. va a repasar estas construcciones reflexivas.

⑩ REFLEXIVE STRUCTURES

A structure is reflexive (**reflexivo**) when the subject and object of the action are the same.

Yo puedo ver**me** en el espejo.	*I can see **myself** in the mirror.*

A. Reflexive pronouns

The reflexive concept is signaled in English and in Spanish by a special group of pronouns. The English reflexive pronouns end in *-self/-selves;* the Spanish reflexive pronouns (**los pronombres reflexivos**) are identical to other object pronouns except in the third person singular and plural.

SUBJECT	REFLEXIVE	SUBJECT	REFLEXIVE
yo	me... a mí mismo/a	*I*	*myself*
tú	te... a ti mismo/a	*you*	*yourself*
él		*he*	*himself*
ella	se... a sí mismo/a	*she*	*herself*
usted		*you*	*yourself*
nosotros/as	nos... a nosotros/as mismos/as	*we*	*ourselves*
vosotros/as	os... a vosotros/as mismos/as	*you*	*yourselves*
ellos		*they*	*themselves*
ellas	se... a sí mismos/as	*you*	*yourselves*
ustedes			

Like other object pronouns, reflexive pronouns

■ precede conjugated verbs and negative commands.

Me lo pongo.	*I'll put it on.*
No **te lo** pongas.	*Don't put it on.*

■ attach to affirmative commands.

Ponga**selo,** por favor.	*Put it on, please.*

■ can attach to or precede infinitives and present participles.

Voy a quitár**melo** ahora. **Me lo** voy a quitar ahora.	*I'm going to take it off now.*
¿Por qué estás quitándo**telo** ahora? ¿Por qué **te lo** estás quitando ahora?	*Why are you taking it off now?*

B. Reflexive meaning

In English, reflexive meaning can be expressed without the reflexive pronoun, but in Spanish the use of reflexive pronouns is obligatory. The expressions **a mí mismo/a, a ti mismo/a,** and so forth, are optional and are added for emphasis.

NONREFLEXIVE	REFLEXIVE
El niño **mira** el juguete. *The child looks at the toy.*	El niño **se mira (a sí mismo)**. *The child looks at himself.*
Los pacientes **aprecian** a los médicos. *The patients think highly of the doctors.*	Los médicos **se aprecian (a sí mismos)**. *The doctors think highly of themselves.*
Corto el papel. *I cut the paper.*	**Me corto** un pedazo de manzana. *I'm cutting myself a piece of apple.*
Le escribiste a Carlos, ¿no? *You wrote to Carlos, didn't you?*	**Te escribiste** un recado, ¿no? *You wrote yourself a note, right?*

In a reflexive sentence, the subject may be the same as the direct object (the first two pairs of sentences in the preceding chart) or the same as the indirect object (the last two pairs of sentences).

Any verb that can take a direct object can be used with reflexive meaning.* Here are some of the most common.

afeitarse *to shave*	peinarse *to comb one's hair*
bañarse *to bathe*	pintarse *to put on makeup*
(des)vestirse *to (un)dress*	ponerse *to put on (clothing)*
ducharse *to shower*	quitarse *to take off (clothing)*
lavarse *to wash*	secarse *to dry*

Los hombres **se afeitan** todos los días.	*Men **shave** every day.*
¿Por qué no **te pones** el suéter?	*Why don't you **put on** your sweater?*

C. The reciprocal reflexive

The plural reflexive pronouns (**nos, os,** and **se**) can be used to express mutual or reciprocal actions, expressed in English with *each other*.

Nosotros **nos** escribimos muy a menudo.	*We write **to each other** very frequently.*

---

*Many verbs and expressions that use reflexive pronouns, such as **llevarse mal,** do *not* convey the idea of the subject doing something to or for itself. This section focuses on the use of reflexive pronouns to express (1) true reflexive actions and (2) reciprocal actions. You will study other functions of reflexive pronouns on page 244.

| Vosotros **os** veis con frecuencia, ¿no? | *You (all) see **each other** a lot, don't you?* |
| Van a encontrar**se** en el bar. | *They're going to meet (**each other**) in the bar.* |

Many sentences can be interpreted as having either reciprocal or reflexive meanings, as in this example.

| Leonardo y Estela **se miran** en el espejo. | *Leonardo and Estela **look at each other** in the mirror.* (reciprocal) *Leonardo and Estela **look at themselves** in the mirror.* (reflexive) |

When context is not sufficient to establish meaning, the reciprocal is indicated by the clarifying phrase **uno a otro** (**una a otra, unos a otros, unas a otras**).*

| Leonardo y Estela se miran **uno a otro** en el espejo. | *Leonardo and Estela look at **each other** in the mirror.* |

As you have learned, reflexive meaning is indicated by the clarifying phrase **a (nosotros/as, vosotros/as, sí) mismos/as.**

| Leonardo y Estela se miran **a sí mismos** en el espejo. | *Leonardo and Estela look **at themselves** in the mirror.* |

Práctica Conteste cada pregunta, primero según el dibujo y luego según los demás sujetos indicados.

Vocabulario útil: el pañuelo, el jabón, el espejo

1. ¿Qué hace? (la mujer, yo, tú)

2. ¿Qué hacían? (ellos, Uds., nosotros)

3. ¿Qué va a hacer? (la señora, tú, Ud.)

Intercambios

A Describa los siguientes dibujos con la forma correcta —o reflexiva o no reflexiva— de uno de los siguientes verbos: **bañar, matar, poner, quitar.**

---

*The use of definite articles in the clarifying phrase is optional: **Ellos se miran el uno al otro. Ellas se miran la una a la otra.**

Vocabulario útil: la reina, la serpiente, la nevada, la bota, el vaquero

1. 2. 3. 4.

Ahora, elija uno de los dibujos e invente una historia explicando por qué el individuo del dibujo hace lo que hace y describiendo las consecuencias de lo que hace.

B ¡Necesito compañero! Todos tenemos costumbres muy particulares, ¿verdad? Trabajando en parejas, háganse preguntas para averiguar en qué circunstancias cada uno de Uds. hace las siguientes acciones. Usen la forma de **tú** en las preguntas y los complementos pronominales para evitar la repetición innecesaria en las respuestas.

1. lavarse la cara con agua muy fría / muy caliente
2. comprarse un regalito
3. ponerse ropa vieja
4. ponerse ropa muy elegante
5. hablarse en voz alta
6. darse un baño largo y caliente
7. darse palmadas en la espalda (*pats on the back*)
8. gritarse

¿Son Uds. muy similares o muy diferentes? Cuando compartan su información con la clase, mencionen por lo menos *una* acción que *los dos* hacen cuando están en circunstancias semejantes.

C Describa estos dibujos usando los verbos indicados. Luego elija uno de los dibujos e invente una «catástrofe» que resulta de la acción descrita.

1. ladrar, mirar 2. abrochar 3. dar de comer 4. servir

D Examine los dibujos a continuación y haga oraciones usando el vocabulario indicado. ¿Cuáles de las acciones son reflexivas? ¿Cuáles no son reflexivas? ¿Hay también acciones recíprocas?

1. el vendedor / la cliente / pelear, gritar

2. los chicos / las chicas / saludar, abrazar

3. la mujer / bañar, relajar

4. las muchachas / mirar, hablar

5. la niña / las uñas / pintar

6. el mesero / el cliente / servir, devolver

De entrada

¿Cuál podría (*might*) ser el regalo perfecto para las siguientes personas? Lea lo que dice (o lo que se dice de) cada persona, y luego busque en la sopa de letras a continuación el regalo o regalos ideales para cada una.

Gabriela Sabatini afirma: «Me gusta jugar al tenis.»
Albert Einstein comenta: «Me gustan las matemáticas.»
Lucille Ball y Desi Arnaz dicen: «Nos gusta mirar la televisión.»
Un amigo (hablándote a ti): «A ti te gusta estudiar español, ¿no?»
El doctor Watson (hablando de Sherlock Holmes): «A él le gusta resolver los casos de crímenes misteriosos.»

A	B	V	U	X	T	C	L	A	S	E
S	R	T	Z	B	E	A	B	C	D	E
C	A	L	C	U	L	A	D	O	R	A
U	Q	V	W	X	E	Ñ	O	P	Q	R
P	U	A	B	V	V	C	D	E	F	G
I	E	H	I	L	I	B	R	O	S	J
S	T	C	L	L	S	D	M	N	O	D
T	A	N	E	Q	O	R	E	S	T	U
A	V	S	Y	S	R	B	D	O	F	C
S	Z	A	C	E	G	H	I	J	S	L

A continuación hay más sobre el verbo **gustar** y otros verbos (por ejemplo, **interesar, preocupar** e **importar**) que tienen la misma construcción gramatical.

11 *GUSTAR* AND SIMILAR VERBS

English has several verb pairs in which one verb expresses a positive feeling and the other a related negative feeling.

POSITIVE	NEGATIVE
I like that.	*I dislike that.*
That pleases me.	*That displeases me.*

Occasionally, in any given language, a positive form exists without the corresponding negative form, or vice versa. For example, English has no direct opposite for *disgust*. Following the pattern of the other word pairs, however, we could invent such a word: **gust,* meaning *to cause a positive reaction* (the opposite of *disgust*).

That *gusts me.	*That disgusts me.*
He *gusts you.	*He disgusts you.*

In the hypothetical sentence *That *gusts me,* the pronoun *that* is the subject, and *me* is the object.

A. Use of *gustar*

Spanish actually has such a word pair: **disgustar** has a counterpart, **gustar,** the equivalent of our invented English verb **to gust.* The Spanish sentence that corresponds to *That *gusts me* is **Eso me gusta.** Here, **eso** is the subject and **me** is the object. Changing the subject to **libro** produces the following sentence.

El libro me gusta.	*The book *gusts me.*

A PROPOSITO

A number of Spanish verbs follow the same pattern as **gustar.** Some of the ones you will hear and use most frequently are **caer bien/mal, disgustar, importar, interesar,** and **preocupar.**

Me caen muy bien todos mis vecinos.
I really like all of my neighbors.

Me disgusta la música «heavy».
Heavy metal music annoys me.

No me importa su reacción.
I don't care about his reaction.

Me interesa muchísimo la política.
I find politics very interesting.

Me preocupan los estudios.
I'm worried about my studies.

If the subject changes from **libro** to **libros,** the verb also changes from singular to plural, just as you would expect.

> Los libros me gustan.   *The books *gust me.*

In contrast to the English construction, in which the verb generally follows the subject, in the Spanish **gustar** construction the usual word order is to have the subject following the verb. The meaning, however, remains the same.

> Me gusta eso.   *That *gusts me.*
> Me gustan los libros.   *The books *gust me.*

The indirect object pronouns are used with **gustar.** As in other sentences that contain indirect objects, a prepositional phrase may be used to clarify or emphasize the object pronoun. This phrase may either follow or precede the verb.

> A ti te gusta el libro.   *The book *gusts you.*
> A nosotros nos gusta esquiar.*   *Skiing *gusts us.**
> A Lupe no le gustan los perros.   *Dogs don't *gust Lupe.*

B. Meaning of *disgustar, gustar,* and *caer bien/mal*

There are some important differences in the meaning of the verbs **disgustar** and **gustar. Disgustar** is not as emphatic as English *to disgust;* the verbs *to annoy* or *to upset* express its meaning more accurately. On the other hand, **gustar** expresses a strongly positive reaction—to such an extent that **gustar** is often avoided in some dialects of Spanish when talking about one's feelings toward other people. The expressions **caer bien** and **caer mal** are more commonly used in these dialects to describe the people that one likes or dislikes.

> Ese hombre **me cae bien,** pero esos tipos de allí **me caen** muy **mal.**   *That man over there **strikes me positively,** but those folks over there **strike me all wrong** (**rub me the wrong way**).*
>
> En serio, Diego no **me cae bien.**   *Really, **I** just **do** not **like** Diego.*

Práctica Forme oraciones nuevas, sustituyendo las palabras en letra cursiva por las que aparecen entre paréntesis.

1. Me gusta *la película.* (los libros de historia, comer, los deportes, lo moderno, las vacaciones, escribir composiciones en español)
2. *A nosotros nos* gustan las fiestas. (ella, ti, Ud., mí, ellos, él)

Intercambios

A Conteste cada pregunta a continuación, y también añada algunas otras, según sus propias preferencias y experiencias.

---

*When the subject is an action, Spanish uses the infinitive (**esquiar**), whereas English uses the gerund (*skiing*).

1. ¿Qué (no) le gusta a Ud.? (los libros de historia, comer chiles, la gente mentirosa, la comida de la cafetería universitaria, las películas románticas, ¿ ?)
2. ¿Qué (no) le preocupa? (las notas en la clase de español, el futuro, la cuenta telefónica, ¿ ?)
3. ¿Qué (no) le interesa? (el programa «Friends», los clubes exclusivos, aprender otro idioma, los deportes en la televisión, ¿ ?)

Entre todos

■ ¿Le gustan las fiestas? ¿Qué le gusta hacer en las fiestas?

■ ¿Le caen bien las personas honestas? ¿el presidente de los Estados Unidos? ¿los políticos en general? ¿los atletas profesionales?

■ ¿A quién(es) en la clase le(s) caen mal las personas ruidosas? ¿chistosas? ¿serias?

B Describa la reacción de cada persona hacia la cosa indicada. Use los verbos **gustar, disgustar, caer bien/mal, importar, preocupar** e **interesar** para hablar de las reacciones. Luego, justifique sus opiniones.

MODELO: yo: los deportes →
Me interesan mucho los deportes porque juego en el equipo universitario de baloncesto.

1. mi mejor amigo/a: el invierno
2. Papá Noel: los niños
3. mi amigo/a y yo: los exámenes finales
4. mis abuelos (padres): la música moderna
5. mi novio/a (esposo/a): los animales
6. yo: lo tradicional
7. tú: los regalos
8. los bibliotecarios: el ruido

C De pequeño/a, ¿era Ud. un niño típico / una niña típica o era diferente de sus amigos? Conteste las siguientes preguntas, indicando su propia reacción y también la de otros de su edad. Use las formas apropiadas de **gustar, interesar, disgustar** y **preocupar** en el imperfecto.

MODELOS: De niño/a, ¿le gustaba dormir la siesta por la tarde? →
Era un niño típico / una niña típica: a mí no me gustaba y a los otros niños tampoco les gustaba.

Era un niño / una niña diferente: a mí me gustaba pero a los otros niños no les gustaba.

1. ¿las verduras (*vegetables*)?
2. ¿las películas animadas de Walt Disney?
3. ¿la escuela?
4. ¿la tarea?
5. ¿tomar lecciones de música o de baile?
6. ¿leer?
7. ¿estar solo/a?
8. ¿las tiras cómicas con Batman?
9. ¿hacer cosas peligrosas?
10. ¿ponerse ropa elegante?

Ahora, nombre dos preferencias más: una que le *diferenciaba* de los otros de su edad y otra que le *identificaba* con ellos.

D ¡Necesito compañero! Háganse y contesten preguntas para describir su vida, sus gustos y sus preferencias de niño/a. Usen verbos en el tiempo imperfecto. Pueden incluir también sus propios detalles. ¡No se olviden de usar las estrategias para la comunicación!

> MODELO: vivir: el campo / la ciudad →
> —¿Vivías en el campo?
> —Sí, y me gustaba mucho porque...

1. vivir: con quién
2. llevarte bien: con los otros miembros de tu familia
3. gustar: ir al cine / al parque
4. tener: un perro / un gato; llamarse: el animal
5. gustar: asistir a la escuela
6. preferir: estar con tus amigos / estar solo/a
7. practicar: deporte; tomar: lecciones de baile o de música
8. apreciar más que nadie (*more than anyone*): a quién

Entre todos   En general, ¿era Ud. más feliz cuando era niño/a? ¿Era su vida más fácil o más difícil? ¿En qué sentido? ¿Cree Ud. que su vida era más interesante que ahora? Explique.

ENLACE

Sondeo

Con respecto a los asuntos sociales, ¿había en el pasado menos conflictos en el mundo? Hagan un sondeo entre los miembros de la clase para saber sus opiniones al respecto.

Primer paso: Recoger los datos

- Divídanse en tres grupos. Cada grupo se encargará de tres preguntas del cuestionario a continuación (el Grupo 1: las preguntas 1, 2 y 3; el Grupo 2: las preguntas 4, 5 y 6; el Grupo 3: las preguntas 7, 8 y 9).

- Cada uno de los miembros de cada grupo debe entrevistar a dos o tres compañeros de clase para obtener la información necesaria.

- Hagan las preguntas en el imperfecto, y utilicen la siguiente escala para anotar (*to jot down*) las opiniones de los entrevistados.

  1 = estoy de acuerdo   3 = no sé; no estoy seguro/a   5 = no estoy de acuerdo

- Los tres grupos deben entrevistar a todos los miembros de la clase, pero tengan cuidado de no hacerle la misma pregunta dos veces a la misma persona.

¿Estás de acuerdo o no? En los años cincuenta...

ENTREVISTADOS

	A	B	C
GRUPO 1 **1.** *haber* menos tensiones raciales.	☐	☐	☐
2. los indígenas norteamericanos *recibir* mejor trato.	☐	☐	☐
3. los inmigrantes *integrarse* mejor a la cultura norteamericana.	☐	☐	☐
GRUPO 2 **4.** los negros *tener* más derechos.	☐	☐	☐
5. las relaciones entre padres e hijos *ser* más estables.	☐	☐	☐
6. el problema de los desamparados no *existir*.	☐	☐	☐
GRUPO 3 **7.** la mujer *tener* más derechos.	☐	☐	☐
8. los gobiernos del mundo *ser* más democráticos.	☐	☐	☐
9. *haber* más tensiones y violencia entre los diferentes grupos étnicos.	☐	☐	☐

Segundo paso: Análisis de los datos

■ Después de hacer las entrevistas, fórmense de nuevo en los grupos.

■ Compartan la información obtenida y hagan una tabla de resumen para sus datos. Una persona de cada grupo debe servir de secretario/a para apuntar los resultados.

■ Finalmente, cada grupo debe poner su tabla de resumen en la pizarra para mostrarle los resultados a la clase.

¡OJO!

	EXAMPLES	NOTES
pensar **pensar en** **pensar de** **pensar que**	**Pienso**; luego existo. *I think; therefore, I am.*	Used alone, **pensar** means *to think,* referring to mental processes.
	Piensa (Cree) que se ha asimilado muy bien. *He thinks (He believes) that he is very well assimilated.*	**Pensar** is also synonymous with **creer,** meaning *to have an opinion about something.*
	¿**Piensan venir** con nosotros? *Are they planning to come with us?*	Followed by an infinitive, **pensar** means *to intend* or *to plan (to do something).*
	Pensaba en mi novio todo el día. *I thought about my boyfriend all day.*	**Pensar en** means *to have general thoughts (about someone or something).*

	EXAMPLES	NOTES
	¿Qué **piensas de** mi familia? *What do you think of (about) my family? (What is your opinion of it?)* **Pienso que** es una familia divertida. *I think it's a fun family.*	**Pensar de** indicates an opinion or point of view; it is generally used in questions, and frequently is answered with **pensar que**.
consistir en **depender de**	La clase **consiste en** ejercicios prácticos. *The class consists of practical exercises.* **Dependen de** sus hijos económica y emocionalmente. *They depend on their children financially and emotionally.*	The English expression to *consist of* is expressed in Spanish with **consistir en**. *To depend on* corresponds to Spanish **depender de**.
enamorarse de **casarse con** **soñar con**	**Se enamoró de** la hija de unos exiliados chilenos. *He fell in love with the daughter of Chilean exiles.* Mi abuelo **se casó** por segunda vez **con** una rusa. *My grandfather got married for the second time to a Russian woman.* **Soñó con** su esposo muerto. *She dreamed about (of) her dead husband.*	*To fall in love with someone* is expressed by **enamorarse de alguien**. *To marry* is expressed by **casarse**, followed by **con** when the person one marries is specified. English *to dream about (of)* is expressed in Spanish with **soñar con**.

Volviendo al dibujo El dibujo que aparece en esta página es el mismo que Ud. vio en la sección Describir y comentar. Examínelo y luego escoja la palabra que mejor complete cada oración de acuerdo con el contexto. ¡Cuidado! También hay palabras del capítulo anterior.

1. El chico en el centro mira a las chicas que pasan. El se enamora (a/con/de) una de ellas y quiere casarse (a/con/de) ella en el futuro. El piensa (de/en/que) ella todo el día. Sus amigos dicen que (busca/mira/parece) enfermo porque no come ni duerme bien. Su vida consiste (con/de/en) ir al trabajo y pensar (a/de/en) su novia. El chico

dice que su felicidad depende (a/de/en) ella y por eso él sueña (con/de/en) ella todas las noches. ¡Vaya chico!

2. Los hombres detrás del joven enamorado juegan al ajedrez. El juego consiste (a/de/en) mover las piezas para hacer un jaque mate al rey. Cada persona piensa (de/en/que) sus jugadas y las analiza con cuidado porque la victoria puede depender (a/de/en) su decisión.

3. Por generaciones, la gente de esta ciudad usó el reloj del ayuntamiento (*town hall*) para organizar su vida. Ahora el reloj ya no (funciona/trabaja), y desde entonces todos siempre llegan atrasados a sus citas. En este momento, ellos piensan (de/en/que) son las seis y diez de la tarde y por eso, nadie (funciona/trabaja). En realidad, son las tres y diez.

Repaso*

A Complete las oraciones con la forma correcta de **ser** o **estar** en el tiempo presente.

Nuestra imagen de los indígenas norteamericanos

Para muchos estadounidenses, los indígenas norteamericanos _____[1] figuras muy conocidas (*well known*) y misteriosas a la vez. Cuando los jóvenes todavía _____[2] en la escuela primaria, estudian la historia de estos «primeros americanos». Pocahontas, Hiawatha y Sitting Bull _____[3] nombres tan familiares como George Washington, Betsy Ross y Abraham Lincoln. Para ellos, los indígenas norteamericanos _____[4] solamente personajes (*characters*) históricos, románticos; _____[5] en los libros pero no en la vida real. Por eso ellos se sorprenden cuando leen sobre los conflictos entre los indígenas norteamericanos y el gobierno federal. Aunque muchos indígenas norteamericanos prefieren _____[6] invisibles, no todos _____[7] contentos con el estatus inferior que esto implica, y algunos lo rechazan. _____[8] triste notar que los conflictos de hoy _____[9] los mismos que los conflictos de años pasados: tierra y libertad.

B ¡Necesito compañero! Trabajando en parejas, háganse y contesten preguntas sobre su origen étnico. Luego compartan con la clase lo que han aprendido. Usen los siguientes puntos como guía y recuerden usar las formas de **tú**.

- de dónde son sus padres y otros parientes

- si algunos parientes todavía viven en otro país

- si conoce a alguno de ellos

- si tiene un antepasado famoso o interesante y cómo era

- si se habla o hablaba otro idioma en su casa

- si toda su familia suele o solía reunirse con frecuencia

- las costumbres —fiestas, comidas, etcétera— que hay o había en su familia que conservan rasgos de un grupo étnico determinado

---

*Activity A focuses on material from previous lessons; activity B reviews structures in the current lesson. The answers to activity A in all **Repaso** sections are found in Appendix 8.

CAPITULO TRES

3

La muerte y el mundo del más allá

Sopó (provincia de Bogotá), Colombia

La muerte es una experiencia que compartimos todos los seres humanos, pero la manera en que se responde a esta experiencia y las imágenes que se asocian con ella varían mucho de cultura a cultura y de individuo a individuo. De hecho, la muerte es uno de los temas que más revela las profundas diferencias culturales entre los hispanos y los norteamericanos; lo que una cultura acepta como natural y normal, es rechazado por la otra como algo mórbido y desagradable.

Esto no quiere decir que todos los hispanos respondan a la idea de la muerte de la misma manera. Por ejemplo, en México la mezcla de las creencias religiosas indígenas y europeas añadió una nueva dimensión que actualmente es un componente importante en la celebración del Día de los Muertos. Del mismo modo, en los países caribeños se ve la gran influencia de las religiones africanas en esa celebración.

¿Cómo reacciona Ud. a las siguientes acciones relacionadas con la muerte?

1 = totalmente aceptable   3 = totalmente inaceptable
2 = aceptable en cierto contexto   4 = no sé

a. _____ donar órganos vitales
b. _____ hacer chistes sobre la muerte
c. _____ ser incinerado/a (*cremated*)
d. _____ estar en el mismo cuarto con la urna que contiene las cenizas de una persona incinerada
e. _____ besar a una persona muerta
f. _____ conversar sobre un amigo / una amiga o pariente recién muerto/a
g. _____ visitar el cementerio
h. _____ practicar la eutanasia
i. _____ hacer el testamento (*will*)
j. _____ permitir que un pariente muera en casa en vez de que muera en el hospital

▪ ¿Cómo cree Ud. que sus abuelos responderían (*might respond*) a las preguntas de este cuestionario? ¿Reaccionarían igual que Ud.? ¿Por qué sí o por qué no?

▪ ¿Cree Ud. que un individuo de otra cultura (por ejemplo, un hispano, un ruso, un indígena norteamericano, un chino) respondería como Ud.? Si tiene amigos de otra cultura, hágales un pequeño sondeo para averiguarlo y luego comparta los resultados con sus compañeros de clase. (Vuelva a leer la página 74 del Capítulo 2 si no recuerda cómo hacer un sondeo.)

■ ¿En qué fecha ocurren estas escenas? ¿Son típicas de esta época las cosas que se hacen en la casa esa noche? ¿Qué actividades le parecen normales a Ud.? ¿Cuáles le parecen un poco raras? ¿Hace Ud. cosas parecidas en esa fecha?

■ ¿Quiénes son los personajes en estas escenas? ¿Qué hacen? Por ejemplo, ¿qué hace el fantasma en el comedor? ¿Quiénes llegan a la casa? ¿Qué les van a pedir a las personas que viven en la casa?

VOCABULARIO
para conversar

aceptar to accept
asustar to frighten
la bruja witch
  el Día de las Brujas* Halloween
la calavera skull
el cementerio cemetery
el Día de los Muertos (de los Difuntos)* All Souls'
  Day
el Día de todos los Santos* All Saints' Day
disfrazar to disguise
  el disfraz costume, disguise
los dulces candy, sweets
enterrar (ie) to bury
  el entierro burial, funeral
el esqueleto skeleton
el fantasma ghost

el luto mourning
  estar de luto to be in mourning; to be dressed in
    mourning (black or dark) clothes
el más allá life after death; the hereafter
el miedo fear
  tener miedo to be afraid
el monstruo monster
morir (ue, u) to die
  la muerte death
  el muerto / la muerta dead person
rechazar to reject
lo sobrenatural the supernatural
la travesura prank, trick
la tumba tomb, grave
el vampiro vampire
la vela candle

A ¿Qué palabra no pertenece al grupo? Explique por qué. (¡Cuidado! A veces hay más de una respuesta.)

1. el Día de los Difuntos, la Navidad, el cumpleaños, las Pascuas (*Easter*)
2. apreciar, aceptar, despreciar, querer
3. asustar, el miedo, los dulces, el monstruo
4. estar de luto, enterrar, el cementerio, el disfraz

B ¡Necesito compañero! Sigan el modelo de la página 82 para hacer un cuadro o mapa semántico para cada una de las palabras indicadas a continuación. Primero, pongan en el centro la palabra objeto (*target*), y luego completen el cuadro con todas las palabras o ideas que asocien con ella según las categorías indicadas. No es necesario limitarse a las palabras de la lista del vocabulario.

1. enterrar
2. disfrazar

3. la travesura
4. el luto

---

*The customs associated with Halloween in the United States and **el Día de los Muertos** in Hispanic countries are quite different. All Saints' Day (November 1) and All Souls' Day (November 2) are days when Hispanic Catholics, in general, honor the memory of dead friends and relatives by visiting the cemetery and placing flowers on their graves, celebrating Mass, and lighting candles to pray for their souls. These are solemn occasions, but in some countries they include elements that would seem out of place in this country: for instance, taking children to the cemetery to have a picnic there. It is important to remember that, even though many religious beliefs are shared throughout the Hispanic world, the specific customs celebrated during these days vary from country to country.

While the disguises and pranks of Halloween have long been a peculiarly U.S. tradition, they have begun to appear among the middle and upper-middle classes in parts of the Hispanic world. In Puerto Rico, Peru, and Colombia, for example, children celebrate **el Día de las Brujas** just like their U.S. counterparts.

MODELO: asustar $\longrightarrow$

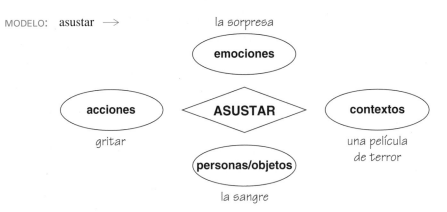

Ahora, comparen sus cuadros con los de los demás grupos. ¿Revelan experiencias muy semejantes o muy diferentes?

C Conteste las siguientes preguntas.

→ ■ Cuando Ud. era niño/a, ¿celebraba el Día de las Brujas? ¿de qué manera? ¿Salía disfrazado/a? ¿Qué disfraz solía llevar? ¿Prefería salir disfrazado/a de personaje real o ficticio? ¿Por qué? ¿Cuál era su disfraz favorito?

■ ¿Hacía Ud. travesuras el 31 de octubre? ¿de qué tipo? ¿Sabían de sus actividades sus padres?

■ Ahora que Ud. es mayor, ¿se celebra el 31 de octubre entre su grupo de amigos? ¿Cómo lo celebran Uds.?

EXPLORACIONES

De entrada   **12**

Anoche Mafalda se acostó muy temprano y empezó a soñar con un monstruo horrible y feroz. Narre el resto de lo que le ocurrió en la pesadilla (*nightmare*), poniendo las oraciones en orden cronológico según lo que sugieren los dibujos.

a. _____ La primera parte de la pesadilla terminó.

b. _____ Como resultado, el superpapá, fuerte y valiente, eliminó al monstruo horrible y feroz.

c. _____ De repente, el superpapá apareció al rescate (*to the rescue*) con un revólver en la mano.

d. _____ En la pesadilla, el monstruo la perseguía por todas partes.

e. _____ Al final de la pesadilla, apareció Manolito vendiendo dulces.

f. _____ Mafalda, muy feliz, abrazó al superpapá porque él la salvó.

g. _____ Parece que a Mafalda no le gustó ver a Manolito en su sueño.

h. _____ Por suerte, la pistola funcionó con una enorme explosión.

¿Reconoce Ud. las formas verbales acentuadas que se encuentran en esta narración? A continuación Ud. repasará cómo hablar de los sucesos en el pasado.

12 FORMS OF THE PRETERITE

In Chapter 2, you reviewed the forms and uses of the imperfect tense. The preterite (**el pretérito**) is the other simple past tense in Spanish.* It is used when the speaker focuses on the beginning or the end of an action in the past. Look at the preceding story about Mafalda again and note the uses of the preterite.

A. Verbs that are regular in the preterite

All regular verbs and all **-ar** and **-er** stem-changing verbs have regular preterite forms. These verbs use the stem plus the regular preterite endings. The preterite person/number endings are identical to those used in the present and imperfect tenses, except for the **tú** form, in which the ending is **-ste** rather than **-s.**

-ar VERBS	-er VERBS	-ir VERBS
hablé	corrí	escribí
hablaste	corriste	escribiste
habló	corrió	escribió
hablamos	corrimos	escribimos
hablasteis	corristeis	escribisteis
hablaron	corrieron	escribieron

Note the written accents on the first- and third-person singular forms. The **nosotros/as** forms of **-ar** and **-ir** verbs are identical in the present tense and in the preterite; context will determine meaning. **-Er** verbs, however, do show a present/preterite contrast in the **nosotros/as** form (**corremos/corrimos**).

A PROPOSITO

Verbs with infinitives that end in **-car, -gar,** and **-zar** have a spelling change in the first person singular of the preterite.

bus**car** → bus**qué**
lle**gar** → lle**gué**
comen**zar** → comen**cé**

When the stem of an **-er** or **-ir** verb ends in a vowel (for example, **leer, caer**), the **i** of the third-person preterite ending changes to **y.**

le + ió → leyó, leyeron
ca + ió → cayó, cayeron

Such verbs also require accent marks on the second-person singular and plural forms and on the first person plural of the preterite.†

leíste, leísteis, leímos
caíste, caísteis, caímos

---

*The uses of the preterite and the imperfect tenses are contrasted on page 93.
†These spelling changes and accent rules are practiced in the **Cuaderno.** They are also discussed in more detail in Appendices 1 and 2.

B. -*Ir* stem-changing verbs

On page 28 you reviewed the forms of -**ir** stem-changing verbs in the present tense. These verbs show a slightly different stem change in the preterite, but *in the third-person singular and plural forms only.*

PRESENT TENSE e → ie PAST TENSE e → i		PRESENT TENSE o → ue PAST TENSE o → u		PRESENT TENSE e → i PAST TENSE e → i	
preferí	preferimos	dormí	dormimos	pedí	pedimos
preferiste	preferisteis	dormiste	dormisteis	pediste	pedisteis
prefirió	prefirieron	durmió	durmieron	pidió	pidieron

Here are some of the most common verbs of this type.

divertirse (ie, i)
  (*to have a good
  time*)
dormir (ue, u)
medir (i, i)
mentir (ie, i)
	morir (ue, u)
	pedir (i, i)
	preferir (ie, i)
	reír(se) (í, i) (*to
	  laugh*)
	repetir (i, i)
		seguir (i, i)
		servir (i, i)
		sonreír (í, i) (*to
		  smile*)
		sugerir (ie, i)
		vestir(se) (i, i)

C. Verbs with irregular preterite stems and endings

All verbs in this category have irregular stems and share the same set of irregular endings. Note that these forms have *no written accents.* The preterite forms of **tener** and **venir** are examples of verbs of this category.

tener		venir	
tuve	tuv**imos**	vine	vin**imos**
tuv**iste**	tuv**isteis**	vin**iste**	vin**isteis**
tuv**o**	tuv**ieron**	vin**o**	vin**ieron**

The following verbs—and any compounds ending in these verbs (**poner** → **componer, hacer** → **deshacer,** and so on)—share the same endings as **tener** and **venir.**

andar:	**anduv-**	hacer:	**hic-**	querer:	**quis-**
decir:	**dij-**	poder:	**pud-**	saber:	**sup-**
-ducir:	**-duj-***	poner:	**pus-**	traer:	**traj-**
estar:	**estuv-**				

The preterite of **hay** (**haber**) is **hubo** (*there was/were*).

---

*Verbs with this form include **traducir** (**traduje, tradujiste, ...**), **conducir** (**conduje, condujiste, ...**), and **reducir** (**redujo, redujiste, ...**), among others.

D. *Dar, ir,* and *ser*

Dar is an **-ar** verb that uses the regular **-er** verb preterite endings. **Ser** and **ir** have identical preterite forms; context will determine meaning.

dar		ir/ser	
di	di**mos**	fui	fui**mos**
di**ste**	di**steis**	fui**ste**	fui**steis**
dio	die**ron**	fue	fue**ron**

Práctica Complete las siguientes oraciones según el modelo.

> MODELO: Hoy no pienso *comer,* pero ayer _____ mucho. →
> Hoy no pienso comer, pero ayer comí mucho.

1. Hoy no pienso *estudiar* (manejar, correr, leer, dormir), pero ayer _____ mucho.
2. Este año los estudiantes no *estudian* (ganan, juegan, pierden, salen), pero en noviembre del año pasado _____ mucho.
3. Este año tú no *tienes mucho dinero* (vives cerca, vas a Centroamérica, sigues muchos cursos, vienes a clase conmigo), pero en el otoño del año pasado _____.

Ahora complete estas oraciones, poniendo los verbos en el pretérito y también cambiando los sustantivos por la forma correcta de los complementos pronominales.

> MODELO: Pablo no quería *escuchar las cintas,* pero ayer _____. →
> Pablo no quería escuchar las cintas, pero ayer las escuchó.

4. Pablo no quería *traducir el párrafo* (repetir las palabras, darme los dulces, decirles la verdad, hacerle el favor, reírse), pero ayer _____.
5. Esta vez ellos no van a *asustarnos* (rechazar las ideas, servirles cerveza a los niños, traerle regalos a Marta, ver los disfraces, sonreírnos), pero la vez pasada _____.
6. Este año mi sobrinita no *se disfraza* (pedirles dulces a los vecinos, hacerle travesuras a su hermano, sacar fotos a los amiguitos), pero el año pasado _____.

Intercambios

A **¡Necesito compañero!** Cada año, la familia Sinmiedo y la familia Pelona compiten para hacer la mejor fiesta del Día de las Brujas en el barrio. A continuación aparece una descripción de lo que hace la familia Sinmiedo todos los años para asegurar el éxito (*success*) de su fiesta. Primero, cambien los verbos en el presente por el pretérito para indicar lo que los Sinmiedo habrán hecho (*probably did*) el año pasado, y luego contesten las preguntas que siguen.

La familia Sinmiedo da[1] una fiesta el Día de las Brujas, el 31 de octubre. Mis amigos y yo les ayudamos[2] con los preparativos (bueno, yo les ayudo[3] pero mis amigos llegan,[4] se sientan[5] a mirar la televisión y no hacen[6] nada). Los niños Sinmiedo decoran[7] la casa con papeles multicolores y ponen[8] globos (*balloons*) por todas partes. La señora Sinmiedo hace[9] unos brebajes (*brews*) terroríficos y se los sirve[10] a los invitados. Algunas personas traen[11] comida pero el señor Sinmiedo prepara[12] unas tapas (*snacks*) increíbles con una receta secreta. Yo toco[13] discos fúnebres y al final alguien cuenta[14] una historia de fantasmas. Algunos invitados beben[15] demasiado y todos comen[16] muchísimo. ¡Es[17] una fiesta tremenda!

Ahora indiquen cuál(es) de las siguientes cosas hizo la familia Pelona para tratar de ganar la competencia por la mejor fiesta. ¿Pueden añadir otras actividades también?

_____ La familia Pelona se disfrazó de la familia Addams (el gato hizo el papel de «La Cosa»).

_____ Construyeron un castillo (*castle*) como el de Drácula.

_____ Los hijos Pelona tiraron huevos a los vecinos.

_____ Proyectaron la película de *Rocky Horror Picture Show* toda la noche.

_____ Pusieron calabazas (*pumpkins*) en la entrada de la casa.

_____ Colocaron calaveras de verdad en el patio.

_____ Todos fueron a pedirles dulces a los vecinos.

_____ ¿ ?

Entre todos

■ En su opinión, ¿qué familia ganó la competencia? ¿Por qué?

■ ¿Qué hicieron Uds. el año pasado para el Día de las Brujas? Mencionen por lo menos tres cosas. Si dieron una fiesta, ¿se pareció a la de los Sinmiedo o a la de los Pelona?

B Trabajando en parejas, narren en el pretérito la secuencia de acciones que se presenta a continuación. Incorporen las expresiones indicadas en la próxima página y usen complementos pronominales cuando sea posible.

1.

2.

3.

4.

5.

6.

7.

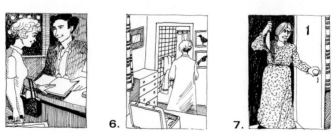

8.

La secuencia incluye una famosa escena de muerte de una película estadounidense muy conocida. ¿Pueden Uds. identificarla?

1. un día el jefe, confiarle (*to entrust*) dinero a la empleada
2. la mujer, decidir guardar (*to keep*) el dinero / poner el dinero en la bolsa / hacer las maletas
3. después, salir del pueblo en coche
4. llegar al Motel Bates
5. allí conocer a Norman / ellos, hablarse un rato / entonces ella, firmar su nombre / Norman, darle la llave de su habitación
6. en seguida ir a su habitación / decidir ducharse
7. Norman, disfrazarse de su madre / abrir la puerta / entrar al cuarto de la mujer
8. sorprenderla en la ducha / matarla a puñaladas (*to stab to death*)

C Entre todos

■ ¿Qué hizo Ud. ayer? ¿Hizo algo interesante el mes pasado? ¿el año pasado? Piense en un día muy feliz. ¿Qué sucedió? Ahora piense en un día terrible. ¿Qué pasó?

■ ¿Miró Ud. la televisión anoche? ¿Qué programas vio? ¿Cuál le gustó más? ¿menos? ¿Por qué? ¿Qué pasó en el programa? ¿Qué más hizo anoche?

■ Piense Ud. en la primera vez que salió con un chico / una chica. ¿Con quién salió? ¿Adónde fueron? ¿Cómo llegaron allí? ¿Qué hicieron? ¿Quién pagó la cuenta? ¿A qué hora volvieron a casa? ¿Besó Ud. al chico / a la chica? ¿Salió con él/ella otra vez? ¿Por qué sí o por qué no?

D Guiones Trabajando en grupos de tres o cuatro personas, narren en el pretérito la secuencia de acciones que se presenta a continuación. Usen el vocabulario indicado y otras palabras que Uds. crean necesarias. Cuando sea posible, traten de evitar la repetición innecesaria, usando complementos pronominales.

Una noche de Brujas

1. vestirse, peinarse, disfrazarse de
2. vestirla, pintarle la cara, disfrazarla de
3. ir de casa en casa, pedirles dulces a los vecinos, darles dulces los vecinos
4. asustar a los vecinos, hacer travesuras, divertirse mucho
5. volver a casa, comer demasiados dulces, ponerse enfermos

ESTRATEGIAS PARA LA COMUNICACION

Es una cosa para... *How to say what you don't know how to say*

A frequent problem in conveying ideas in another language is the lack of specific vocabulary to express what you want to say. When you are writing, you can usually look up words in the dictionary, but this is difficult if you are in the middle of a conversation. Here are some conversational strategies to use.

▪ Try to think of other ways to phrase your message so that the vocabulary and structures you *do* know will be adequate. Use shorter sentences and look for synonyms.

▪ Try defining or describing the concept with expressions such as **No sé la palabra, pero es una cosa para... Es una persona que... Es un lugar donde... Es así** (appropriate gesture) **de grande/alto/largo.** Sometimes, if you can express what the concept is *not,* your listener will be able to guess what it *is.* For example, even if you forget the word for *closed,* you may remember the words **no abierto.**

▪ If the person you are speaking to is bilingual, ask for help with **¿Cómo se dice... ?**

Practice the preceding communication strategies in these situations.

A ¡Necesito compañero! You probably don't know how to say the following phrases in Spanish exactly as they are in English. Restate them in Spanish words and structures that you *do* know.

1. He is a knowledgeable person.
2. She is well read.
3. He has been misquoted by the media frequently.
4. They are brewing coffee.
5. If you get the chance . . .
6. They are having a lot of difficulty with the task.
7. These outperform the others.
8. The report has to be proofread by a specialist.
9. The economically under-privileged require more aid.
10. I get light-headed at high altitudes.

B Define or describe the following words and expressions in Spanish.

1. envelope
2. Sweet 'n Low®
3. barbershop
4. weather forecaster
5. key chain
6. teaching assistant
7. day-care center
8. mobile home (house trailer)

De entrada

Dos compañeros hablan de algunos recuerdos, buenos y malos, de su vida. Antes del diálogo hay cuatro expresiones para indicar el tiempo que ha pasado (*has gone by*) desde que ocurrió cada uno de los sucesos que describen. Lea el diálogo y luego identifique la expresión que se relaciona mejor con cada suceso.

a. Ocurrió hace una hora. **c.** Ocurrió hace seis meses.
b. Ocurrió hace un mes. **d.** Ocurrió hace un año

RAMÓN: ¿Recuerdas que en un día como hoy el año pasado, el 31 de octubre, te robaron el coche[1]?

LUIS: ¡Claro que sí! Fue el mismo día en que mi prima te tiró un huevo porque tú la atacaste disfrazado de vampiro.[2]

RAMÓN: Oye, ¿sabes que poco después empezamos a salir juntos y el pasado abril nos hicimos novios[3]? Estamos muy felices.

LUIS: ¡Anda! Ella te dejó un mensaje a la 1:00.[4]

RAMÓN: ¡Ya son las 2:00! ¿Por qué no me lo dijiste antes?

Los eventos ocurrieron en el pasado, ¿no? Pero ¿en qué forma está el verbo (hacer) que indica el tiempo que ha pasado? ¿presente o pasado? Ahora Ud. va a repasar cómo se expresa cuánto tiempo ha pasado desde el momento en que ocurrió una acción.

13 *HACER* IN EXPRESSIONS OF TIME

The verb **hacer** is used in two different constructions related to time: to describe the duration of an action or event and to describe the amount of time elapsed since the end of an action or event.

A. *Hacer:* Duration of an action in the present

To describe the length of time that an action has been in progress, Spanish uses either of two constructions.

> **hace** + *period of time* + **que** + *conjugated verb in present tense*
> OR
> *conjugated verb in present tense* + **desde hace** + *period of time*

Hace dos años **que trabajo** aquí. } *I've been working (**I've worked**)*
Trabajo aquí **desde hace** dos años. } *here **for** two years.*

Questions about the duration of events can be phrased in two ways.*

¿Cuánto tiempo hace que trabajas aquí?	*How long have you been working here?*
¿Hace mucho tiempo / poco tiempo / un mes que trabajas aquí?	*Have you been working here for a long time / a short time / a month?*

B. *Hacer:* Time elapsed since completion of an action

To describe the amount of time that has passed since an action ended (corresponding to English *ago*), Spanish uses either of two patterns. Both are very similar to those used for actions in progress.

> **hace** + *period of time* + **que** + *conjugated verb in preterite*
> OR
> *conjugated verb in preterite* + **hace** + *period of time*

Since the focus is on a completed action, the verb for that action is conjugated in the preterite. **Hace**—present tense—is always used to measure the time.

Hace cuatro años **que vi** esa película.[†]
Vi esa película **hace** cuatro años.
} *I saw that film four years ago.*

Questions with the *ago* structure can be phrased in two ways.

¿Cuánto tiempo hace que viste esa película?	*How long ago did you see that movie?*
¿Hace mucho tiempo / poco tiempo / un mes que viste esa película?	*Did you see that film a long time ago / a short while ago / a month ago?*

Práctica Combine las dos oraciones de dos formas, usando expresiones con **hacer.**

MODELOS: Tengo diez años. Aprendí a leer a los seis años. →
Hace cuatro años que sé leer. (Sé leer desde hace cuatro años.)
Hace cuatro años que aprendí a leer. (Aprendí a leer hace cuatro años.)

1. Tengo veinticinco años. Empecé a asistir a la universidad cuando tenía veinte años.
2. Raúl tiene doce años. Aprendió a montar en bicicleta a los seis años.
3. La profesora fue a España en 1994 y todavía está allí.

---

*Note that English uses a perfect-tense form to describe the same situation: *I have been working, I have worked.*
[†]In spoken Spanish, **que** is frequently omitted in this structure: **Hace cuatro años vi esa película.**

A PROPOSITO

To describe an action, condition, or event that was ongoing at some point in the past—but is no longer—Spanish uses a version of the **hace** construction with a verb in the imperfect.

Hace cien años las mujeres no **tenían** el derecho de votar.
100 years ago women didn't have the right to vote (but they do now).

Hace dos años yo **estudiaba** en la universidad.
Two years ago I was studying (I studied) at the university (but I don't anymore).

4. La clase empezó a las once y ya son las doce menos diez.
5. El padre de Rafael se murió cuando Rafael tenía doce años. Ahora Rafael tiene veinte años.
6. Su único hijo se enfermó en 1992. Todavía está enfermo.

Intercambios

A Use información personal, o información sobre sus amigos o gente conocida, para formar oraciones según el contexto. Use una expresión de tiempo con **hacer.** Luego explique brevemente cada oración.

> MODELOS: una experiencia con lo sobrenatural →
> Leí un libro de cuentos de Edgar Allan Poe hace varios años. Los cuentos son buenos, pero ¡no me gusta lo sobrenatural!
>
> una preferencia personal →
> Hace muchos años que me gustan las alcachofas (*artichokes*). De niña, no me gustaban para nada.

1. una experiencia con lo sobrenatural
2. un episodio de gran importancia personal
3. una preferencia personal
4. una habilidad o capacidad común y corriente
5. un talento especial
6. la muerte de alguien importante
7. una experiencia feliz
8. una experiencia que Ud. prefiere olvidar
9. un episodio de gran importancia política o económica
10. ¿ ?

B ¡Necesito compañero! Háganse y contesten preguntas para descubrir la siguiente información. Luego, compartan lo que han aprendido con la clase.

1. ¿Cuánto tiempo hace que (tú) *aprendiste a leer*? (leer una buena novela, sacar la licencia de conducir, aprender a cocinar, conocer a una persona realmente estupenda, darle un regalo a alguien, llevar disfraz, hacer un viaje en avión)
2. ¿Cuánto tiempo hace que (tú) *vives en este estado*? (vivir en esta ciudad, no hacer un viaje, no tomar unas vacaciones, conocer a tu novio/a, tener esa ropa que llevas, asistir a esta universidad, estudiar español, no ver a tus padres)

C ¡Necesito compañero! En la próxima página se presentan cuatro esquelas (*death notices*), dos típicas de la cultura estadounidense y dos típicas de la hispana. ¿Qué semejanzas y contrastes pueden Uds. notar?

■ Primero, examinen con cuidado las esquelas en inglés, marcando en la tabla los datos (*data*) que se encuentran en por lo menos una de ellas.

■ Después examinen las esquelas en español, marcando en la tabla los datos que se encuentran en por lo menos una de ellas.

Jane Anderson Stone

A graveside service for Jane Anderson Stone, 58, will be held at 1 p.m. Friday at the Smalltown Cemetery. A resident of Smalltown, Mrs. Stone died Sunday at Smalltown Hospital.

Born June 17, 1939, in Kingsland, the daughter of John J. Anderson and the late Mary Burns Anderson, Mrs. Stone graduated from the University of Ourstate and taught in the Clearlake School District for 20 years.

Her survivors include her husband of 33 years, Peter M. Stone; her son William B. Stone of Shelton; daughters Roberta Crandall of Riverside and Margaret Westrick of Smalltown; and 7 grandchildren.

The family suggests that remembrances in Mrs. Stone's name be made to the National Cancer Foundation.

American Memorial is in charge of arrangements.

1.

Mark Brown

Gooden's sales manager

On Tuesday, Mark Brown, 73, died in Sunflower Hospital after a long battle with cancer.

Born in Chicago on December 15, 1924, he served in the U.S. Navy and was a longtime employee of Gooden's.

An avid golfer, Mr. Brown also enjoyed playing cards and was devoted to his family.

Mr. Brown was preceded in death by his wife, Louise Morrow Brown, and was the beloved father of Richard A. Brown of Albuquerque, N.M.

Friends may call at the Roses Funeral Home, 11234 Blues Ave. in Sunflower, on Thursday from 2 to 4 and 7 to 9 p.m. Funeral services will be held at 1 p.m. Friday at St. Paul's Church in Sunflower. Interment will be in St. Paul's Cemetery.

2.

✝

EL SEÑOR
DON JOSE MOCHON SANTIAGO
HA FALLECIDO EN LEON
EL DIA 29 DE JULIO DE 1990
a los sesenta y tres años de edad
Habiendo recibido los Santos Sacramentos y la bendición de Su Santidad

D. E. P.

Su esposa, doña Carmen Toha Abella; hijos, don Popi, don Paco, doña Marisa, doña María del Carmen y don Juanjo Mochón Toha; hijos políticos, don Amador, doña Lía y don Yeyo; madre política, doña María Rebull; hermanas, doña Anita, doña María Luisa y doña Consuelo; hermanos políticos, don Pedro, doña Monse, doña Conchita, doña Toñeta, doña Daidi, don Juan, doña María José, doña Teresa, don Alvaro, doña Adriana, don Manuel, don Rafael y don Vicente; nietos, tíos, sobrinos, primos y demás familia.

Suplican a usted asistan a las exequias y misa de funeral que tendrán lugar hoy, lunes, día 30 del corriente, a las doce de la mañana, en la iglesia parroquial de Santa Marina la Real, y seguidamente a dar sepultura al cadáver.

Capilla ardiente: Sala número 3. Calle Julio del Campo.
Casa doliente: San Juan de Prado, 3.

3.

✝
DON ENRIQUE CRIADO CRESPO
NOTARIO JUBILADO
FALLECIO CRISTIANAMENTE EN BARCELONA
a los setenta y tres años de edad
EL DIA 29 DE JULIO DE 1990
D. E. P.

Sus afligidos esposa, hijos y demás familia, al participar a sus amigos y conocidos tan sensible pérdida, les suplican un recuerdo en sus oraciones y la asistencia al acto del entierro, que tendrá lugar mañana, día 31, a las once de la mañana, en las capillas del I.M.S.F., área de Collserola (provincia de Barcelona), donde se celebrará la ceremonia religiosa. No se invita particularmente.

4.

		EEUU		ESPAÑA	
¿Qué información se incluye?		1	2	3	4
1. el nombre de la persona que murió		☐	☐	☐	☐
2. su dirección		☐	☐	☐	☐
3. la fecha en que murió		☐	☐	☐	☐
4. el lugar donde falleció (murió)		☐	☐	☐	☐
5. la causa de su muerte		☐	☐	☐	☐
6. su edad cuando murió		☐	☐	☐	☐
7. el lugar de su nacimiento		☐	☐	☐	☐
8. la profesión de sus hijos		☐	☐	☐	☐
9. el nombre de sus parientes cercanos		☐	☐	☐	☐
10. alguna información sobre su vida		☐	☐	☐	☐
11. la hora y el lugar del entierro		☐	☐	☐	☐
12. la hora y el lugar de la ceremonia fúnebre		☐	☐	☐	☐
13. otros datos o características:					
■ ¿ ?		☐	☐	☐	☐
■ ¿ ?		☐	☐	☐	☐

Ahora, analicen su tabla. ¿Qué información encontraron Uds. en las esquelas de ambas culturas? ¿Hay información o elementos que encontraron sólo en las esquelas de una cultura? Expliquen.

Entre todos

■ ¿Nota Ud. algún vocabulario especial en estas esquelas? Con respecto al estilo o formato, ¿qué semejanzas y diferencias nota entre las esquelas de ambas culturas?

■ En su opinión, ¿qué sugieren estas semejanzas y diferencias con respecto a las culturas estadounidense e hispana?

De entrada   (14)

Se dice que la manera en que una persona muere revela mucho de su vida.
¿Está Ud. de acuerdo? ¿Cómo cree Ud. que murió cada individuo de la lista
a continuación?

1. _____ un soldado	**a.** Estaba corrigiendo exámenes y tuvo un ataque al corazón cuando leyó «no sabo» como respuesta a una pregunta.
2. _____ un empollón	
3. _____ una monja (*nun*)	
4. _____ un médico	**b.** Su amigo el dentista le dio (*smacked*) en la cabeza con una pelota mientras jugaban al golf un jueves.
5. _____ un profesor de español	

c. Perdió el trabajo y se suicidó. Fue en el año 2892, cuando todas las naciones del mundo se declararon pacifistas.

d. Mientras rezaba, llegó un ángel y se la llevó directamente al cielo.

e. Pasaba tanto tiempo en la biblioteca que murió por falta de vitamina D.

En las oraciones anteriores se encuentran diferentes usos del pretérito y del
imperfecto. ¿Puede Ud. identificar algunos? A continuación Ud. va a repasar
detalladamente estos usos de los tiempos del pasado.

(14) PRETERITE/IMPERFECT CONTRAST

When describing events or situations in the past, Spanish speakers must
choose between the preterite and the imperfect. The choice depends on the
aspect of the event or situation that the speaker wants to describe.

A. Beginning/end versus middle

In theory, every action has three phases or aspects: a beginning (**un
comienzo**), a middle (**un medio**), and an end (**un fin**). When a speaker focuses
on the beginning or the end of an action, the preterite is used. When he or
she focuses on the middle (a past action in progress, a repeated past action,
or a past action that has not yet happened), the imperfect is used. Read the
text on page 94 carefully, paying attention to the uses of the preterite and the
imperfect.

Era[1] el 31 de octubre y todos los niños **estaban**[2] muy emocionados. A las dos y media, **salieron**[3] de la escuela y **caminaron**[4] hacia sus casas. Mientras **caminaban**,[5] **hablaban**[6] de las actividades que siempre **hacían**[7] en esa noche. También **planeaban**[8] algunas travesuras que **iban**[9] a hacer. De repente, **vieron**[10] que una extraña figura se **acercaba**.[11] **Parecía**[12] una mezcla de animal y de monstruo: **tenía**[13] la cabeza de Frankenstein y **llevaba**[14] una enorme capa negra como un vampiro. Pero **caminaba**[15] sobre cuatro patas. Asustados, los niños lo **miraron**[16] en silencio por unos instantes. Luego, todos **gritaron**[17] y **corrieron**[18] en mil direcciones para escapar. **Desaparecieron**[19] rápidamente sin notar que debajo de la capa **meneaba**[20] alegremente la cola de un perro que también **quería**[21] salir esa noche para recibir dulces o hacer travesuras.

It was[1] *October 31*[st] *and all the children were*[2] *very excited. At 2:30, they left*[3] *school and walked*[4] *toward their houses. While they walked,*[5] *they talked*[6] *about the activities they always did*[7] *on that night. They also planned*[8] *some tricks that they were going*[9] *to play. All of a sudden, they saw*[10] *that a strange figure was approaching.*[11] *It seemed like*[12] *a mixture of animal and monster: it had*[13] *the head of Frankenstein and wore*[14] *a huge black cape like a vampire. But it was walking*[15] *on four legs. Frightened, the children looked at*[16] *it in silence for a few seconds. Then everyone began to shout*[17] *and run*[18] *in a thousand directions to escape. They disappeared*[19] *rapidly without noticing that underneath the cape was happily wagging*[20] *the tail of a dog who also wanted*[21] *to go out that night to trick or treat.*

[1]middle: in progress [2]middle: in progress [3]end [4]beginning: set off [5]middle: in progress [6]middle: in progress [7]middle: repeated [8]middle: in progress [9]middle: not yet happened [10]beginning: the action of seeing continues after this point [11]middle: in progress [12]middle: in progress [13]middle: in progress [14]middle: in progress [15]middle: in progress [16]end [17]beginning [18]beginning [19]end [20]middle: in progress [21]middle: in progress

B. Context of usage

The contrast between middle and non-middle helps to explain why certain meanings are usually expressed in the preterite while others are generally expressed in the imperfect.

■ Emotions, mental states, and physical descriptions are generally expressed in the imperfect. This information is usually included as background or explanatory material—conditions or circumstances that are *ongoing* or *in progress* at a particular time.

> **Era** el 31 de octubre y todos los niños **estaban** muy emocionados.
> La figura **parecía** una mezcla de animal y de monstruo: **tenía** la cabeza de Frankenstein y **llevaba** una enorme capa negra como un vampiro.
> El perro también **quería** salir para recibir dulces o hacer travesuras.

Descriptions of weather and feelings are often included as background "circumstances" or "explanations."*

---

*See Appendix 7 for a review of some of these common idiomatic expressions with **hacer** and **tener.**

- When a story is narrated, several successive actions in the past are expressed in the preterite. Here the focus is usually on each individual action's having *taken place* (i.e., having begun or been completed) before the next action happens.

    > A las dos y media, **salieron** de la escuela y **caminaron** hacia sus casas. **Gritaron** y **corrieron** en mil direcciones. **Desaparecieron** rápidamente.

- Actions that are considered simultaneous are expressed in the imperfect: the focus is on two (or more) actions *in progress* at the same time.

    > Mientras **caminaban, hablaban** de las actividades de esa noche. También **planeaban** algunas travesuras.

- When an ongoing action in the past is interrupted by another action, the ongoing action is expressed in the imperfect. The interrupting action is expressed in the preterite.

    > Mientras **caminaban, hablaban** de las actividades de esa noche. De repente, **vieron** que una extraña figura se **acercaba.**

- When the endpoint or the duration of an action is indicated, the preterite is used, regardless of whether the action lasted a short time or a long time.

    > Asustados, los niños lo **miraron** en silencio por unos instantes.

C. Meaning changes with tense used

In a few cases, two distinct English verbs are needed to express what Spanish can express by the use of the preterite or the imperfect of a given verb. Note that, in all of the following examples, the preterite expresses an action at either its beginning or ending point, while the imperfect expresses an ongoing condition.

	PRETERITE: ACTION	IMPERFECT: ONGOING CONDITION
conocer	**Conocí** a mi mejor amigo en 1990. *I met* (action that marks the beginning of our friendship) *my best friend in 1990.*	Ya **conocía** a mi mejor amigo en 1990. *I already knew* (ongoing state) *my best friend in 1990.*
pensar	De repente, **pensé** que era inocente. *Suddenly it dawned on me* (action that marks the beginning of knowing) *that he was innocent.*	**Pensaba** que era inocente. *I thought* (ongoing opinion) *that he was innocent.*
poder	**Pude** dormir a pesar del ruido de la fiesta. *I managed* (*was able*) *to sleep* (action of sleeping takes place) *despite the noise from the party.*	**Podía** hacerlo pero no tenía ganas. *I was able* (had the ability) *to do it but I didn't feel like it.* (Being able to do something and actually doing it are two separate things.)

	PRETERITE: ACTION	IMPERFECT: ONGOING CONDITION
no querer	Me invitó al teatro, pero **no quise** ir. *She invited me to the theater, but I refused to go.* (Action—saying no—takes place.)	Me invitó al teatro, pero **no quería** ir. *She invited me to the theater, but I didn't want to go.* (This describes only your mental state; wanting or not wanting to do something and actually doing it are separate things.)
querer	El vendedor **quiso** venderme seguros; me costó mucho trabajo deshacerme de él. *The salesman tried to sell me insurance* (act of trying to sell took place); *it took a lot of hard work to get rid of him.*	El vendedor **quería** venderme seguros, pero se le olvidaron los formularios. *The salesman wanted to sell me insurance* (mental state only), *but he forgot the forms.*
saber	Elvira **supo** que Jaime estaba enfermo. *Elvira found out* (action that marks the beginning of knowing) *that Jaime was sick.*	Elvira **sabía** que Jaime estaba enfermo. *Elvira knew* (ongoing awareness) *that Jaime was sick.*
tener	**Tuve** una fiesta ayer. *I had* (action takes place) *a party yesterday.*	**Tenía** varios buenos amigos mientras estaba en la escuela. *I had* (ongoing situation) *several good friends while I was in school.*
tener que	**Tuve que** ir a la oficina anoche. *I had to go* (and did go) *to the office last night.*	**Tenía que** ir a la oficina. *I was supposed to go* (mental state, no action is implied one way or the other) *to the office.*

Práctica Lea el siguiente párrafo y decida si los verbos entre paréntesis indican el medio de la acción o no. Luego dé la forma correcta de cada verbo (pretérito o imperfecto) según el caso.

La historia de un ex novio

I used to have (**tener**)[1] a boyfriend named Hector. He was (**ser**)[2] very tall and handsome, and we used to spend (**pasar**)[3] a lot of time together. We would go (**ir**)[4] everywhere together. That is, until he met (**conocer**)[5] a new girl, Jane. He talked to her (**hablarle**)[6] once and then invited her (**invitarla**)[7] to a big dance. He told me (**decirme**)[8] that it was because he felt sorry for her (**tenerle compasión**),[9] but I didn't believe him (**creérselo**).[10] I wanted (**querer**)[11] to kill him! But I decided (**decidir**)[12] to do something else. Since I knew (**saber**)[13] where she lived (**vivir**),[14] I went (**ir**)[15] over to her house to tell her what a rat Hector was (**ser**).[16] But when I got there (**llegar**),[17] I saw (**ver**)[18] that his car was (**estar**)[19] parked in front. I got (**ponerme**)[20] so angry that I started (**empezar**)[21] to slash his tires. Just then, Hector came out (**salir**)[22] of the house. When he saw me (**verme**),[23] he yelled (**gritar**)[24] and ran (**correr**)[25] toward me. . . .

(*Continúa en Repaso, Capítulo 6.*)

Intercambios

A La siguiente historia describe los recuerdos de una puertorriqueña acerca del Día de los Muertos durante los primeros años de su vida, antes de mudarse (*moving*) a los Estados Unidos. Lea la historia por completo y luego escoja la forma correcta del verbo según el contexto. Al final, conteste las preguntas que siguen.

Hace 13 años que vivo en los Estados Unidos, pero los primeros 17 años de mi vida los viví en la casa grande de madera frente al cementerio. Desde una de las ventanas de mi cuarto siempre (pude/podía)[1] ver los portones (*gates*) del cementerio. Casi cada día, había uno o dos entierros y desde mi ventana (conté/contaba)[2] las coronas (*wreaths*) de flores y (observé/observaba)[3] a mucha gente llorar.

Una costumbre de mi abuela paterna (fue/era)[4] ir al cementerio el Día de los Santos o el Día de los Muertos. Ella siempre (puso/ponía)[5] flores y velas en las tumbas de los parientes muertos, parientes que yo nunca (conocí/conocía)[6] porque (murieron/morían)[7] antes de nacer (*was born*) yo. Frente a alguna tumba, yo (vi/veía)[8] que los labios de mi abuela se (movieron/movían).[9] Ella (rezó/rezaba)[10] (*would be praying*) por el descanso de las almas de sus parientes pues (fue/era)[11] muy devota.

Recuerdo una vez, cuando yo (tuve/tenía)[12] ocho años, mis primos, e inclusive mi padre, (compraron/compraban)[13] velas. Pero ellos no las (pusieron/ponían)[14] en las tumbas ni tampoco (rezaron/rezaban).[15] Sin que nadie los observara, las (pusieron/ponían)[16] en el mismo medio de la carretera (*road*), se (escondieron/escondían)[17] detrás de las murallas (*walls*) del cementerio y (empezaron/empezaban)[18] a hacer ruidos extraños. La gente que esa noche pasó por allí y (vio/veía)[19] las velas encendidas y (oyó/oía)[20] los ruidos (comenzó/comenzaba)[21] a correr asustada, mientras que detrás de las murallas del cementerio, mis primos y mi papá se (rieron/reían)[22] sin parar. Todavía nos reímos cuando recordamos esa noche.

- ¿A Ud. le han contado sus padres la historia de alguna travesura que ellos hicieron cuando eran jóvenes? ¿Qué travesura hicieron?

- Cuando Ud. escuchó la historia por primera vez, ¿pensó que era cómica? ¿Qué piensa ahora?

B Lea el siguiente párrafo y conjugue los verbos indicados según el contexto.

Cuando yo (ser)[1] más joven, (gustarme)[2] mucho ir a leer a la vieja biblioteca de mi pueblo. Yo (creer)[3] que la biblioteca (ser)[4] un lugar misterioso porque (haber)[5] muchos libros antiguos y porque todo el mundo (hablar)[6] en voz baja. En días lluviosos y oscuros, el edificio (parecer)[7] embrujado (*bewitched*). Generalmente yo (ir)[8] por las tardes porque entonces (ver)[9] al Sr. Panteón, un bibliotecario muy extraño y algo lúgubre (*gloomy*), tan flaco (*skinny*) que (parecer)[10] un esqueleto. Me (hablar)[11] de la historia de la biblioteca y me (ayudar)[12] a alcanzar los libros en los estantes más altos. Un día cuando yo (llegar),[13] (notar)[14] que el Sr. Panteón no (estar).[15] (Poner)[16] mi mochila en una mesa; (ir)[17] a pedirle ayuda a otro bibliotecario. Pero todos (estar)[18] ocupados y nadie (poder)[19] ayudarme. Frustrado, yo (decidir)[20] regresar a casa, y (volver)[21] a la mesa para recoger mi mochila. Pero, ¡qué raro! Al lado de la mochila, amontonados (*piled up*) con cuidado, (estar)[22] los libros... ¿Cómo (llegar)[23] allí?

Entre todos

■ ¿Qué pasó? ¿Cómo explica Ud. que los libros que los otros bibliotecarios no pudieron encontrar estaban en la mesa? ¿Quién los puso allí?

■ ¿A quién en la clase le ha pasado algo semejante? Cuénteselo a la clase.

C ¿Recuerda Ud. la secuencia de acciones que se describió en la página 86? Aquí se han agregado (*have been added*) algunos detalles descriptivos que sirven de fondo (*background*) a las acciones principales. Narre el cuento de nuevo, cambiando los verbos en letra cursiva al imperfecto o al pretérito, según sea apropiado. Si puede, añada más detalles a la historia.

1. un día, el jefe, *confiarle* dinero a la empleada / ella, *llamarse* Marian / *ser* una mujer joven y ambiciosa / pero no *estar* satisfecha / *querer* un cambio en su vida
2. la mujer, *deber* depositar el dinero / *decidir* guardarlo / ya que *tener* miedo de las autoridades / *necesitar* salir del pueblo inmediatamente / *poner* el dinero en la bolsa / *hacer* las maletas
3. después, ella, *salir* del pueblo en coche / *estar* nerviosa
4. la mujer, *estar* cansada / *llegar* al Motel Bates / en el motel, *haber* habitaciones vacantes / ella, *pensar* que allí *poder* descansar un poco antes de continuar su viaje / *haber* una enorme casa cerca / *llover* y *hacer* mal tiempo
5. en el hotel, la mujer, *conocer* a Norman / él, *ser* un joven guapo y tímido / *parecer* simpático / ellos, *hablarse* un rato / entonces ella, *firmar* su nombre en el registro / no *haber* otros huéspedes (*guests*) en el motel / Norman, *darle* la llave de su habitación

6. en seguida, ella, *ir* a su habitación / *tener* hambre / *pensar* salir a comer algo más tarde / por eso, *decidir* ducharse

7. Norman, *vivir* solo con su madre / madre, *estar* muerta / Norman, *estar* un poco demente (loco) / *tener* dos personalidades / *disfrazarse* de su madre / *abrir* la puerta / *entrar* al cuarto de la mujer mientras ella *ducharse*

8. ella, no *darse* cuenta del peligro / Norman, *sorprenderla* en la ducha / *matarla* a puñaladas

D ¡Necesito compañero! Usando los verbos indicados, y añadiendo otros detalles necesarios, narren una pequeña historia para cada uno de los dibujos a continuación. (Para el número 6, tienen que hacer un dibujo e inventar su propia historia.) Antes de empezar, decidan qué aspecto de cada acción (el medio de la acción o no) quieren indicar y conjuguen cada verbo en el pretérito o en el imperfecto según el caso.

1. ser las doce / jugar / llamar / no tener hambre / preferir jugar

2. recibir corbata de su tía / ser muy fea / no gustarle / decidir devolverla / hablar con la dependienta / ver a su tía

3. tener unos 10 años / ser un muchacho travieso (*mischievous*) / siempre hacer cosas que no deber hacer / encontrar unos cigarrillos / fumar / llegar su madre

4. ser una noche oscura / hacer muy mal tiempo / estar solos en la casa / leer / oír unos ruidos extraños / estar asustados / no querer ir a investigar

5. ser su aniversario / ir a comer a un restaurante elegante / pedir una gran comida / estar muy contentos / abrir la cartera para pagar la cuenta / descubrir / no tener / no aceptar tarjetas de crédito / tener que lavar los platos

6. ¿ ?

E ¡Necesito compañero! Háganse y contesten preguntas para descubrir la siguiente información sobre la niñez. Recuerden usar las formas de **tú** en las preguntas. ¡No se olviden de usar las estrategias para la comunicación! Luego, compartan con la clase lo que han aprendido sobre la niñez de su compañero/a.

1. una cosa que le gustaba muchísimo
2. un lugar que le parecía especial
3. una persona que influía mucho en su vida de una manera positiva
4. algo que tenía que hacer todos los días y que no le gustaba
5. algo que hizo sólo una vez pero que le gustó mucho
6. una cosa con la que siempre tenía mucho éxito
7. una ocasión en que estaba muy orgulloso/a de sí mismo/a
8. una cosa buena que hizo para otra persona

F Es natural que la muerte de un amigo o pariente afecte profundamente a una persona; pero a veces la muerte de un desconocido también puede tener un enorme impacto. Así ocurrió en 1995, cuando fue asesinada Selena Quintanilla, la joven reina de la música tejana (*Tex-Mex*). A continuación uno de los admiradores de Selena escribe acerca de ella. Lea el texto y cambie los verbos entre paréntesis al pretérito o al imperfecto según el contexto. Luego, conteste las preguntas que siguen.

La música de Selena me introdujo a un mundo nuevo cuando la oí por primera vez. Yo nací en Puerto Rico, pero Selena y su música tejana me hablaron de una manera muy especial.

Selena (nacer)[1] el 16 de abril de 1971 en Lake Jackson, Texas, en una familia de músicos. De niña, Selena (asistir)[2] a los ensayos (las sesiones de práctica) de su padre y sus hermanos mayores. A los seis años, Selena le (decir)[3] a su papá que ella (querer)[4] cantar en el grupo también, pero su padre (contestarle)[5] que (ser)[6] demasiado pequeña. Unos años después, Selena por fin (convencer)[7] a su padre y (empezar)[8] a tocar con ellos en las ferias locales. Toda la familia (trabajar)[9] mucho. Cuando yo (conocer)[10] a Selena y (oírla)[11] cantar por primera vez, ella ya (tener)[12] fama no sólo en el estado y en la comunidad tejana sino que (atraer)[13] atención nacional también. Además de ser una cantante buenísima, (ser)[14] guapa, simpática y (tener)[15] una gran energía. Se había casado (*she had gotten married*) recientemente y (estar)[16] muy enamorada de su esposo. A mí me impresionó mucho leer que Selena (decidir)[17] aprender español porque (querer)[18] servir de modelo a los jóvenes hispanos. Y ella (aprenderlo)[19] muy bien.

Para 1995, Selena cantaba tanto en español como en inglés, cultivando la música tejana y también la del *cross-over* a la música popular mayoritaria (*mainstream*). Todo (prometer)[20] una carrera feliz para Selena después de muchos años de trabajo duro. Pero el día 31 de marzo, por razones que yo no entiendo ni voy a entender nunca, la fundadora de un club de admiradores (matar)[21] a Selena en Corpus Christi, Texas. La muerte de Selena (afectarme)[22] mucho. Es verdad que había sido (*she had been*) una figura famosa, pero fue mucho más que una simple estrella de rock. En realidad, ella servía de modelo a muchísimos jóvenes hispanos por sus valores familiares, por su respeto a la cultura hispana y la lengua española y por su amor a la vida. El jurado (declarar)[23] culpable a Yolanda Saldívar de la muerte de Selena, pero nadie puede devolverle la vida ni reemplazarla.

- ¿Qué opinión tenía de Selena la persona que escribió este texto? ¿Qué características de Selena le impresionaron más?

- ¿Cuándo oyó Ud. de Selena por primera vez? ¿La escuchó cantar alguna vez? ¿Le gustó? ¿Por qué sí o por qué no?

- ¿Qué otras figuras públicas —cantantes, deportistas, actores, etcétera— han muerto jóvenes? ¿Cuándo murieron? ¿De qué o cómo murieron? ¿Cómo reaccionó el público? En su opinión, ¿cuáles de ellos eran excelentes modelos para la juventud? Explique.

El Día de los Difuntos en Oaxaca, México

VIAJE CULTURAL

En todo el mundo hispano se celebra el Día de los Difuntos (el Día de los Muertos), pero la forma en que se celebra varía de país a país e incluso de una región a otra dentro de un mismo país. La manera en que se celebra este día en Oaxaca, México, es muy particular. Allí existe una herencia (*heritage*) religiosa indígena muy arraigada (*deeply rooted*). Su celebración del Día de

los Difuntos es el resultado del sincretismo, o sea, la unión, entre el culto a los muertos que tenían los pueblos prehispánicos y las creencias cristianas que los conquistadores trajeron posteriormente al continente americano. El Día de los Difuntos, los oaxaqueños visitan las tumbas de sus familiares muertos en el cementerio y se quedan (*remain*) allí por varias horas. Para ellos, la muerte no es el fin de la vida sino (*but rather*) una continuación de la existencia del ser humano.

¿Qué hacen particularmente los oaxaqueños el Día de los Muertos? Mientras mira y escucha el vídeo, preste atención especial a las imágenes extraordinarias que se presentan para descubrir más sobre esta celebración.

¡A ver!

A ¿Cuáles de las siguientes costumbres y creencias del Día de los Difuntos puede Ud. identificar como propias de los oaxaqueños?

1. ☐ La gente pone velas y flores en las tumbas y reza por las almas (*souls*) de los muertos.
2. ☐ Se dedican dos días del mes de noviembre a la memoria de los muertos.
3. ☐ Los adultos, igual que los niños, visitan el cementerio por la noche.
4. ☐ Todos se disfrazan de brujas y fantasmas.
5. ☐ Se cree que los muertos regresan a la vida el primer día de noviembre.
6. ☐ La creación de los altares demuestra el amor que se les tiene a los difuntos.
7. ☐ Los niños van de tumba en tumba pidiéndole dulces a la gente en el cementerio.
8. ☐ Se hacen altares para los difuntos frente a casas y restaurantes.

 B ¡Necesito compañero! Trabajando en parejas, comenten los siguientes temas. Luego compartan sus comentarios con el resto de la clase. ¿Qué dicen sus compañeros?

■ En muchas películas norteamericanas cómicas o de terror, hay escenas en que una pareja de enamorados o un grupo de amigos va a un cementerio para hacer una fiesta o por algún otro motivo. Allí siempre les pasa algo extraño, cómico o terrible. ¿Recuerdan Uds. alguna escena cinematográfica como ésta? ¿Qué pasó? ¿Han visitado Uds. (*Have you visited*) algún cementerio por la noche? ¿Con qué propósito fueron allí? ¿Cómo fue la experiencia? Si nunca han visitado un cementerio por la noche, ¿cuál es su reacción cuando pasan frente a uno? ¿Sienten miedo? ¿Por qué sí o por qué no?

■ En Oaxaca coexisten 14 lenguas distintas, numerosos grupos indígenas y comidas muy variadas. A pesar de estas diferencias, la devoción manifestada durante la celebración del Día de los Difuntos une (*unites*) a la gente. ¿Existe alguna celebración en su estado o país de origen en la cual la gente se olvida de sus diferencias y todos participan en la celebración? ¿Cuál es el espíritu de esa celebración: de júbilo (alegría), de patriotismo o de conmemoración? ¿Qué se celebra o a quién(es) se recuerda? ¿Qué ocurre en la celebración?

■ Los oaxaqueños hacen altares para los difuntos en donde ponen, entre otras cosas, velas, flores y algún objeto favorito de la persona muerta. ¿Se hace algo parecido cuando ocurren tragedias nacionales en los Estados Unidos? (Piensen en Oklahoma City en 1995, en las Olimpíadas de Atlanta en 1996, en los aviones que se han estrellado [*have crashed*], etcétera.) ¿Qué propósito tienen estas manifestaciones de apoyo y simpatía? Comenten.

De entrada ⑮

Mire el dibujo de abajo. ¿Por qué cree Ud. que este ser (*being*) anda vestido de esta manera? A continuación hay algunas conjeturas acerca de cómo era mientras vivía. Indique cuáles de éstas le parecen a Ud. probables (**P**) y cuáles le parecen improbables (**I**).

1. ____ Era un individuo que se preocupaba mucho por su posición social.
2. ____ Trabajaba con organizaciones que se dedicaban a los pobres y los enfermos.

3. _____ Su esposa, con quien vivió por 20 años, tenía obsesión por economizar electricidad.

4. _____ Era un hombre tímido a quien no le gustaba nada atraer la atención de los demás.

5. _____ Su casa, que era muy humilde, tenía un sistema de energía solar.

6. _____ Era una persona que se miraba en el espejo con frecuencia.

¿En qué estarán pensando los otros ángeles con gafas oscuras? Les parecerá que hay mucha luz, ¿verdad? A continuación Ud. va a ser iluminado/a (*enlightened*) con los usos de **que** y **quien(es)** para hacer oraciones complejas.

15 RELATIVE PRONOUNS: *QUE, QUIEN*

A series of short sentences in a row sounds choppy; often there are no smooth transitions from one idea to another. By linking several short sentences together to make longer ones, you can form sentences that have a smoother, more fluid sound.

A. Simple versus complex sentences

A *simple sentence* consists of a subject and a verb.

David compró el disfraz.	**David bought** the costume.
El disfraz estaba en la tienda.	**The costume was** in the store.
El muerto era médico.	**The deceased was** a doctor.
Enterraron al muerto ayer.	**They buried** the deceased man yesterday.

A *complex sentence* is really two sentences: a main sentence (**la oración independiente/principal**) and a second sentence (**la oración dependiente/subordinada**) set inside (embedded in) the main sentence. The two sentences are joined by a relative pronoun (**un pronombre relativo**).

Two Sentences	David compró **el disfraz.** **El disfraz** estaba en la tienda.	**El muerto** era médico. Enterraron **al muerto** ayer.
Embedded Element	**que** estaba en la tienda	**que** enterraron ayer
Complex Sentence	David compró **el disfraz que** estaba en la tienda. *David bought **the costume that** was in the store.*	**El muerto que** enterraron ayer era médico. ***The deceased man that** they buried yesterday was a doctor.*

Note that the same noun is present in both sentences. When the two are joined, the repeated noun is replaced by a relative pronoun. The embedded sentence is then inserted into the main sentence following the noun to which it refers.

B. *Que* versus *quien*

There are three principal relative pronouns in English: *that, which,* and *who/whom.* In Spanish, all three are usually expressed by the relative pronoun **que.**

A PROPOSITO

Laura leyó el libro **que** compró.	*Laura read the book **that** she bought.*
Mi coche, **que** está estacionado allí, es azul.	*My car, **which** is parked there, is blue.*
Este es el artículo de **que** te hablé.	*This is the article **that** I spoke to you about.*
Vi al hombre **que** estaba aquí ayer.	*I saw the man **who** was here yesterday.*

Although *who/whom* is usually expressed in Spanish by **que,** in two cases *who/whom* may be expressed by **quien(es).**

1. When *who/whom* introduces a nonrestrictive clause.

Julia, **quien** (**que**) no estuvo ese día, fue el líder del grupo.	*Julia, **who** was not there that day, was the leader of the group.*
Carmen y Loren, **quienes** (**que**) hoy viven en Newark, son de Cuba.	*Carmen and Loren, **who** today live in Newark, are from Cuba.*

Nonrestrictive clauses, which are always set off by commas, are embedded in sentences almost as an afterthought or an aside. If they are removed, the essential meaning of the sentence remains unchanged. When the replaced element is a person, either **que** or **quien(es)** may be used to introduce the clause. While **que** is more common in spoken language, **quien(es)** is preferred in writing.

2. When *whom* follows a preposition or is an indirect object.*

No conozco al hombre **de quien** hablaba.	*I don't know the man he was talking **about** (**about whom** he was talking).*
La persona **a quien** vendimos el auto nos lo pagó en seguida.	*The person we sold the car **to** (**to whom** we sold the car) paid us for it immediately.*

In colloquial English we often end sentences and clauses with prepositions: *I don't know the man he was talking **about;** The person we sold the car **to** paid us for it immediately.* In Spanish, however, *a sentence may never end with a preposition.* When a prepositional object is replaced by a relative pronoun, the preposition and pronoun are both moved to the front of the embedded sentence, as in the following examples from more formal English: *I don't know the man **about whom** he was talking; The person **to whom** we sold the car paid us for it immediately.*

---

*When *whom* is a direct object, **quien** can be used, but in contemporary speech it is more common to omit the object marker and introduce the embedded element with **que: La persona a quien vimos allí es muy famosa.** → **La persona que vimos allí es muy famosa.**

Relative pronouns are often omitted in English.

The car (that) we bought isn't worth anything.
He doesn't know the man (that) we were talking with.

In contrast, the relative pronouns are never omitted in Spanish.

El coche que compramos no vale nada.
No conoce al hombre con quien hablábamos.

En resumen

■ If it is *possible* to use a relative pronoun in English, it is *necessary* to use one in Spanish.

■ Unless there is a preposition or a comma, always use **que.**

Práctica Complete las siguientes oraciones con **que** o **quien(es)** según el contexto.

1. Mucha gente desprecia a las personas _____ son algo diferentes.
2. Las películas _____ más me asustan son las de Stephen King.
3. Hay muchos rasgos _____ compartimos con esos grupos étnicos.
4. Estoy segura de que la mujer con _____ hablan es una bruja.
5. ¿Cuáles son las características _____ se asocian con lo sobrenatural?
6. Los indígenas de _____ hablábamos son descendientes de los primeros habitantes del continente.
7. La noche del 31 de octubre muchos niños, _____ llevan disfraces distintos, van de casa en casa pidiendo dulces.
8. Los esqueletos y calaveras con _____ se decora la casa simbolizan la muerte.

Intercambios

A Junte los siguientes pares de oraciones, omitiendo la repetición innecesaria por medio de pronombres relativos apropiados.

MODELO: El cementerio es el famoso Forest Lawn. Hablaron del cementerio. →
El cementerio de que hablaron es el famoso Forest Lawn.

1. Los disfraces representan brujas, esqueletos y fantasmas. Los niños llevan los disfraces el 31 de octubre.
2. En los EEUU hay muchas personas. Estas personas tienen miedo de la muerte.
3. Pienso invitar a la fiesta a todas las personas. Trabajo con estas personas.
4. La muerte es un tema. No se habla mucho de este tema en los EEUU.
5. Todas las personas eran parientes del muerto. Estas personas asistieron al entierro.
6. La mezcla de razas constituye un elemento característico de la cultura nacional. Esta mezcla resultó de la conquista.

B Guiones Trabajando en grupos de tres o cuatro personas, narren una breve historia para la secuencia de dibujos en la próxima página. Utilicen el pretérito y el imperfecto, y traten de usar complementos pronominales y los pronombres relativos para evitar la repetición innecesaria. ¡No se olviden de utilizar las estrategias para la comunicación!

Vocabulario útil: la bibliotecaria, darse cuenta, llamar, el equipo antifantasma, proteger, medir, combatir, los rayos láser, estar satisfecho

LENGUAJE Y CULTURA

Hay muchas expresiones en inglés en que se usa la palabra *dead* pero que no tienen nada que ver con la muerte. Explique en español el significado de las siguientes frases.

1. dead wrong
2. dead set against
3. a dead ringer for . . .
4. a deadbeat
5. dead center
6. the dead of winter

En cambio, muchas frases que sí se relacionan con la muerte y la vejez (*old age*) disfrazan su verdadero significado. Ahora explique la relación que tiene cada una de las siguientes expresiones con la muerte.

1. funeral home/parlor
2. to buy the farm
3. rest home
4. memorial park

ENLACE

Escenarios

Imagínese que Ud. acaba de morir, pero como la reencarnación del alma es un hecho, tiene la oportunidad de volver a la vida, *si quiere*. Es posible regresar a la Tierra con la misma identidad que se tenía o con una nueva.

¡Necesito compañero! Use las siguientes preguntas para entrevistar a un compañero / una compañera de clase para averiguar cómo esa persona va a reaccionar frente a esta situación. No se olviden de usar las estrategias para la comunicación.

1. ¿Vas a regresar o no? (Si él/ella dice que no, pídale que le dé una explicación del motivo de su decisión; si dice que sí, continúe con la pregunta número 2.)
2. Examina la lista a continuación de identidades que puedes asumir en tu segunda vida. ¿Cuál prefieres? ¿Por qué? (Si él/ella no encuentra

ninguna alternativa aceptable, puede inventar otra.) ¿Y cuál no quieres en ninguna circunstancia? ¿Por qué no?

- alguien que va a cambiar la historia del mundo
- un delfín
- alguien que va a ser requeterrico (muy, muy rico) y famoso
- alguien con un talento extraordinario que podrá hacer algo mejor que nadie (*better than anyone else*)
- un ser humano del sexo opuesto

- una rosa
- un árbol
- un individuo admirado y querido por todos los que lo conocen
- una persona inmortal
- un pájaro

 Entre todos Comparen los resultados de su entrevista con el resto de la clase. ¿Cómo reacciona la mayoría de los miembros de la clase ante la posibilidad de volver a la vida después de morir? ¿Hay alguna identidad escogida por la mayoría? ¿Cuál es? ¿Y cuál es la identidad que menos escogieron?

¡OJO!

	EXAMPLES	NOTES
hora **vez** **tiempo**	¿Qué **hora** es? ¿No es **hora** de comer? *What time is it? Isn't it time to eat?* Estudié dos **horas** anoche. *I studied for two hours last night.* He estado en Nueva York muchas **veces.** *I've been in New York many times.* No tengo **tiempo** para ayudarte. *I don't have time to help you.* Nunca llegan **a tiempo.** *They never arrive on time.*	The specific time of day or a specific amount of time is expressed with the word **hora.** *Time* as an *instance* or *occurrence* is **vez,** frequently used with a number or other indicator of quantity. **Tiempo** refers to *time* in a general or abstract sense. The Spanish equivalent of *on time* is **a tiempo.**
el cuento **la cuenta**	**El cuento** es largo pero muy interesante. *The story is long but very interesting.* Mi padre me pidió **la cuenta** y después me la devolvió; no la pagó él. *My father asked me for the bill and then gave it back to me; he didn't pay it.*	**Cuento** means *story, narrative,* or *tale.* **Cuenta** means *bill (money owed), calculation,* or *account.*

	EXAMPLES	NOTES
pagar **prestar atención** **hacer caso** **hacer una visita**	Tuvimos que **pagar** todos los gastos de su educación. *We had to pay for all the expenses related to his education.* Los estudiantes nunca **prestan atención** a sus maestros. *Students never pay attention to their teachers.* No le **hagas caso;** es tonto. *Don't pay any attention to him; he's a fool.* Vamos a **hacerle una visita** este verano. *We're going to pay her a visit this summer.*	The verb **pagar** expresses *to pay for* (*something*). Note that the preposition is included in the meaning of the verb; it is not necessary to add **por** or **para**. To *pay attention* (and *not let one's mind wander*) is expressed with **prestar atención**. To *pay attention* in the sense of *to heed* or *to take into account* is **hacer caso (de)**. The equivalent of *to pay a visit* is **hacer una visita**.

A Volviendo al dibujo Los siguientes párrafos se refieren al dibujo que se ve a continuación. Elija la palabra o expresión que mejor complete cada oración. ¡Cuidado! También hay palabras de los capítulos anteriores.

1. El abuelo fantasma les leía a los fantasmitas (un cuento / una cuenta) de horror del día en que él conoció a la abuela. El les dijo que se enamoró (con/de/en) ella una noche tormentosa. El quería hablarle pero ella no le (hacía/pagaba/prestaba) caso. Después de muchos intentos, finalmente la futura abuela fantasma lo (buscó/miró) y se enamoró (con/de/en) él; poco después ellos (se casaron / casaron). Uno de los nietos fantasmitas, el más (bajo/breve/corto) de ellos, pensaba (de/en/-) lo horrorosa que era la historia. El gato pensaba (de/en/-) que mejor era cerrar los ojos porque ya era (hora/tiempo/vez) de dormir.

2. El fantasma, la bruja y el vampiro estaban tan ocupados comiendo que no (realizaron / se dieron cuenta) de que había niños que los (miraban/parecía) por la ventana. El vampiro (miraba/parecía) algo perplejo (*confused*). «¿Qué es eso?», le preguntó al fantasma, quien le ofrecía un plato al esqueleto. «Es mi pan especial», le contestó el fantasma, «y (funcioné/trabajé) todo el día preparándolo». El esqueleto quería comer tranquilamente su cena, que consistía (con/de/en) leche, yogurt y queso. La bruja lo (miraba/parecía) insistentemente; ella pensaba (de/en/que) el esqueleto comía mucho pero permanecía demasiado delgado.

3. El Día de las Brujas, los niños del barrio querían (hacer/pagar/prestar) una visita a sus vecinos para pedirles dulces. Cuando llegaron, les (buscó/miró/pareció) que sus vecinos estaban celebrando el Día de las Brujas también y tocaron (*they knocked*) a la puerta con entusiasmo. Desafortunadamente, (esta hora / este tiempo / esta vez) nadie les (hizo/pagó/prestó) atención.

4. Finalmente, los personajes de este cuadro (realizaron / se dieron cuenta de) su Gran Plan para la noche: una reunión terrorífica. Ellos siempre trataban de tener una reunión (baja/breve/corta), pero todo dependía (con el / del / en el) lobo y la luna llena. Estaban muy contentos de estar juntos y hablaban mientras comían. La cena consistía (con/de/en) sopa y pan. La momia quería mantequilla para su pan y el monstruo gustosamente se la (buscó/miró) en el refrigerador.

 B Entre todos

■ De niño/a, ¿te leían cuentos tus padres en voz alta? ¿Qué cuentos te gustaban más: los de hadas, los de acción y de aventuras, los de fantasmas o los de terror? ¿Todavía te gusta ese tipo de cuento? ¿Te gusta escuchar los cuentos narrados (por ejemplo, en «books on tape») o prefieres leerlos?

■ Cuando eras más joven, ¿pagaban tus padres todos tus gastos? En general, ¿qué tipo de gasto tenías que pagar tú personalmente? En tu opinión, ¿quién debe pagar la cuenta cuando un hombre y una mujer salen juntos? Cuando tú quieres pagar (o insistes en *no* pagar), ¿qué hace tu pareja? ¿Se molesta o le da igual? En los siguientes casos, ¿quién debe pagar, tú o la persona que está contigo? ¿Por qué?

la primera cita	una cita con unos amigos íntimos
una cita con tu novio/a (de hace algún tiempo)	una cita con tus padres

¿Hay situaciones en que el uno o el otro *deba* pagar? Explica.

Repaso

A En el siguiente diálogo, hay mucha repetición innecesaria de complementos. Léalo por completo y luego elimine los complementos innecesarios, sustituyéndolos por los pronombres y adjetivos apropiados.

Una conversación en la clase de español del profesor O'Higgins

O'HIGGINS: Bueno, estudiantes, es hora de entregar (*turn in*) la tarea de hoy. Todos tenían que escribirme una breve composición sobre la originalidad, ¿no es cierto? ¿Me escribieron la composición?

JEFF: Claro. Aquí tiene Ud. la composición mía.

O'HIGGINS: Y Ud., señora Chandler, ¿también hizo la tarea?

CHANDLER: Sí, hice la tarea, profesor O'Higgins, pero no tengo la tarea aquí.

O'HIGGINS: Ajá. Ud. dejó la tarea en casa, ¿verdad? ¡Qué original!

CHANDLER: No, no dejé la tarea en casa. Sucede que mi hijo tenía prisa esta mañana, el carro se descompuso (*broke down*) y mi marido llevó el carro al garaje.

O'HIGGINS: Ud. me perdona, pero no veo la conexión. ¿Me quiere explicar la conexión?

CHANDLER: Bueno, anoche, después de escribir la composición, puse la composición en mi libro como siempre. Esta mañana salimos, mi marido, mi hijo y yo, en el coche. Siempre dejamos a Paul —mi hijo— en su escuela primero, luego mi marido me deja en la universidad y entonces él continúa hasta su oficina. Esta mañana, como le dije, mi hijo tenía mucha prisa y cogió mi libro con sus libros cuando bajó del coche. Desgraciadamente no vi que cogió mi libro. Supe que cogió mi libro cuando llegamos a la universidad. Como ya era tarde, no pude volver a la escuela de mi hijo. Así que mi marido se ofreció a buscarme el libro. Pero todavía no me ha traído el libro. Yo llamé a mi marido antes de la clase para saber el motivo de su retraso (*delay*) y él me explicó que en la ruta se descompuso el carro y que tuvo que dejar el carro en el garaje. Pero ahora también era muy tarde para él y no le quedaba tiempo para traerme el trabajo y llegar a su oficina a tiempo. Entonces...

O'HIGGINS: Entonces, ¿quién tiene su tarea ahora? ¿Tiene su tarea su hijo?

CHANDLER: No, mi marido tiene mi tarea. El recogió la tarea en la escuela de mi hijo, pero no pudo traerme la tarea antes de clase. El carro se descompuso y él...

O'HIGGINS: ...tuvo que llevar el carro al garaje. Bueno, Ud. me puede traer la tarea mañana, ¿no?

CHANDLER: Sin duda, profesor. Le traigo la tarea tan pronto como llegue a la universidad. A Ud. le va a gustar. En mi composición propongo algunas maneras creativas para combatir el aburrimiento de la rutina diaria.

O'HIGGINS: Me parece un tema extraordinariamente apropiado pero... ¡espero que sea breve!

B Imagínese que acaban de morirse las siguientes personas.

1. un hombre muy rico y muy tacaño (*stingy*)
2. un don Juan
3. una mujer que miente mucho
4. el dictador de un país muy pobre
5. una mujer que no cree en Dios

Al llegar al más allá, tienen que justificar, frente a San Pedro, su comportamiento en la Tierra para poder entrar al cielo. Es necesario comentar lo bueno... y también lo malo. Para comenzar, complete las oraciones a continuación de la forma en que lo harían (*would do*) estas personas recién muertas. Añada información para completar las historias.

Yo siempre _____, pero una vez _____.
Yo nunca _____, pero un día _____.
Yo solía _____, pero en 1990 _____.

Y Ud., ¿qué le diría (*would you say*) a San Pedro sobre su vida para que él le permitiera entrar al cielo?

CAPÍTULO CUATRO

4

La familia

San Miguel de Allende, México

La familia, según muchos sociólogos, es la unidad social fundamental, la primera y la más básica de todas las relaciones humanas. Todos tenemos una familia, y también imágenes, sensaciones y emociones siempre que (*every time*) pensamos en la idea de «familia».

¿Pero tenemos todos las mismas imágenes? En su opinión, ¿qué elementos de la siguiente lista son fundamentales en una familia? ¿Hay también elementos deseables (*desirable*) pero no necesarios? ¿admisibles o inadmisibles? ¿Cuáles son inevitables? Utilice las siguientes siglas (*initials*) para clasificar cada elemento. Puede escribir más de una sigla para cualquier elemento, si le parece necesario.

D = deseable	A = admisible	F = fundamental
ID = indeseable	IA = inadmisible	IE = inevitable

_____ la competencia (*competition*)	_____ el individualismo	_____ la cooperación
_____ la seguridad económica	_____ pasar tiempo juntos	_____ la seguridad afectiva
_____ ningún hijo	_____ muchos hijos	_____ de uno a tres hijos
_____ un hogar (*home*)	_____ una casa	_____ un apartamento
_____ la democracia	_____ la tiranía	_____ la autoridad
_____ un padre y una madre	_____ sólo uno de los padres	_____ padres del mismo sexo
_____ la flexibilidad	_____ la tolerancia	_____ el sentido del humor
_____ las discusiones (*arguments*)	_____ las peleas (*fights*)	_____ las tensiones
_____ la unión	_____ la disciplina	_____ roles bien definidos
_____ las creencias religiosas	_____ la unidad religiosa	_____ opiniones diferentes

Ahora, comparta sus opiniones con el resto de la clase. ¿Hay diferencias de opinión entre Uds.? ¿Qué revela esto sobre el concepto de «familia»?

■ ¿Qué pasa en cada uno de estos dibujos? ¿Dónde están las personas y qué hacen? ¿En qué dibujos aparecen parientes viejos? ¿En qué dibujos hay conflictos generacionales? ¿Cómo se van a resolver? Compare y contraste las emociones que se presentan en los dibujos.

■ Identifique a cada uno de los parientes que aparecen en el dibujo C. ¿Qué pasa en la reunión? ¿Qué hacen las personas? ¿Ocurren en la familia de Ud. escenas similares? ¿Cuándo?

VOCABULARIO
para conversar

bien educado/a, mal educado/a* well-mannered, ill-mannered
el cariño affection
   cariñoso/a affectionate
casarse con to marry
castigar to punish
   el castigo punishment
criar to raise, bring up
   la crianza childrearing
cuidar to take care of
disciplinar to discipline
   la disciplina discipline
divorciarse de to divorce
   el divorcio divorce
enamorarse (de) to fall in love (with)
estar a cargo (de) to be in charge (of)
golpear to hit
el hijo único / la hija única only child
el huérfano / la huérfana orphan
llevar una vida (feliz/difícil) to lead a (happy/difficult) life
el matrimonio matrimony; married couple
mimar to indulge, spoil (*a person*)
el noviazgo courtship
el novio / la novia boyfriend/girlfriend; fiancé(e)

la pareja couple; partner
pelear(se) to fight
portarse bien/mal to behave/misbehave
la sangre blood
el viudo / la viuda widower/widow

Los parientes

el abuelo / la abuela grandfather/grandmother
el bisabuelo / la bisabuela great-grandfather/great-grandmother
el bisnieto / la bisnieta great-grandson/great-granddaughter
el cuñado / la cuñada brother-in-law/sister-in-law
el esposo / la esposa husband/wife; spouse
el hermano / la hermana brother/sister
el marido husband
la mujer wife
el nieto / la nieta grandson/granddaughter
la nuera daughter-in-law
los padres parents
el primo / la prima cousin
el sobrino / la sobrina nephew/niece
el suegro / la suegra father-in-law/mother-in-law
el tío / la tía uncle/aunt
el yerno son-in-law

A ¡Necesito compañero! Trabajando en parejas, hagan un cuadro o mapa semántico para las siguientes palabras y expresiones. Escriban en el centro del cuadro la palabra objeto, y luego complétenlo con todas las ideas que asocien con ella en las cuatro categorías indicadas en el modelo de la página 116. No es necesario limitarse a las palabras de la lista del vocabulario.

---

*Many native Spanish speakers from Spain use **estar** with **educado/a;** many Latin Americans use **ser.**

MODELO: mimar →

egoísta, malcriado

consecuencias

1. enamorarse
2. pelearse
3. portarse bien

razones

MIMAR

acciones

amor

permitirle todo

personas

los niños pequeños

B ¡Necesito compañero! Es fácil ver que varias de las palabras y expresiones de la lista del vocabulario sugieren un orden cronológico: el noviazgo, el matrimonio, el divorcio. De las 46 palabras y expresiones de la lista, ¿cuántas pueden Uds. poner en orden cronológico? Trabajando en parejas, hagan una cronología para todas las palabras que puedan. Pero, ¡prepárense para explicarle sus decisiones a la clase!

C Explique la diferencia entre cada par de palabras.

1. el noviazgo / el matrimonio
2. los padres / los parientes
3. los suegros / los sobrinos

4. un huérfano / un viudo
5. el padre o la madre / los padres
6. la cuñada / la nuera

D Defina brevemente en español cada uno de los términos que se refieren a «los parientes».

MODELO: el abuelo →
Mi abuelo es el padre de mi padre o de mi madre.

NO VAYAS A OFENDERTE, ELCIRA, PERO ¿NOSOTROS ÉRAMOS AMIGOS, PARIENTES, ESPOSOS O QUÉ?

Describa la conversación que tiene lugar en este dibujo. ¿Quiénes son los dos individuos que hablan? ¿Es cómico o triste el dibujo?

E Entre todos

■ Cuando Ud. era niño/a, ¿qué actividades se hacían con frecuencia en su familia? ¿Había muchas actividades en que participaba toda la familia?

■ ¿Qué actividades eran típicas del verano? ¿del fin de semana?

■ ¿Había tareas domésticas de las que Ud. y sus hermanos estaban a cargo?

---

*See Appendix 5 for more information about patterns of agreement.

A PROPOSITO

Possessive adjectives precede the noun to which they refer and agree with it in number and, in the case of **nuestro** and **vuestro,** gender.*

mi, mis   *my*
tu, tus   *your*
su, sus   *his, her, your, its*
nuestro/a/os/as   *our*
vuestro/a/os/as   *your*
su, sus   *their, your*

De entrada

Muchos sociólogos creen que la televisión y la radio tienen tanta influencia como la familia (o incluso mayor) sobre la conducta de los jóvenes de hoy. Observe este dibujo y conteste las preguntas.

1. ¿Quién desea un lavaplatos? ¿Quién quiere un auto deportivo?
2. ¿Qué desea la hija? ¿Qué piensa el padre?
3. ¿Por qué desean y piensan estas cosas los miembros de esta familia? ¿Cuál(es) de ellos representa(n) estereotipos?
4. ¿Qué efecto tiene la televisión en la vida familiar? ¿Tiene consecuencias económicas? ¿de comunicación e integración? ¿de valores (*values*) y deseos? Explique.

¡Cómprelo!
¡Hágalo!
¡Vengan!

¡Regálensela!
¡Pídalas!
¡Condúzcalo!

Ahora, mire los verbos que salen del televisor. ¿Qué verbos corresponden a cada deseo de la familia? ¿En qué forma están? Y ¿dónde van los complementos pronominales con estas formas verbales? A continuación hay una explicación de estas formas verbales, comunes en los anuncios y también en la vida familiar.

16 IMPERATIVES: FORMAL DIRECT COMMANDS

The imperative (**el imperativo**) is used to express direct commands (**los mandatos directos**). It has four basic forms in Spanish: third-person formal **Ud.** (**Uds.**) commands, and second-person informal **tú, (vosotros/as)** commands.*

A. Forms of formal commands

To form singular formal (**Ud.**) commands, start with the **yo** form of the present indicative. Change the **-o** ending to **-e** for **-ar** verbs, and to **-a** for **-er** and **-ir** verbs. To form plural formal (**Uds.**) commands, add the **-n** ending to the singular command.

---

*You will review the forms and uses of informal commands on page 132.

Verbs that end in **-car, -gar,** and **-zar** have a spelling change in the formal command form.

-car: buscar → busco → bus**que**
-gar: llegar → llego → lle**gue**
-zar: empezar → empiezo → empie**ce**

For more information on this type of spelling change, see Appendix 2.

	PRESENT INDICATIVE	COMMANDS	
	yo	**Ud.**	**Uds.**
-ar verbs	habl**o** → piens**o** →	habl**e** piens**e**	habl**en** piens**en**
-er verbs	com**o** → teng**o** →	com**a** teng**a**	com**an** teng**an**
-ir verbs	viv**o** → oig**o** →	viv**a** oig**a**	viv**an** oig**an**

The use of **Ud./Uds.** makes the command more formal or more polite, but this use is optional.

> **Hable** más despacio, por favor.   ***Speak*** *more slowly, please.*
> ¡No **coman** Uds. esa fruta!   *Don't **eat** that fruit!*

If the present indicative **yo** form of a verb does *not* end in **-o** (for example, **sé** or **voy**), the verb will have an irregular command stem. The endings, however, follow the same pattern as those for regular verbs.

A PROPOSITO

In modern Spanish, the infinitive is increasingly used for impersonal commands, such as those on signs in public places.

No fumar.
No smoking.

No entrar.
Do not enter.

	PRESENT INDICATIVE	COMMANDS	
	yo	**Ud.**	**Uds.**
dar	doy →	dé	den
estar	estoy →	esté	estén
ir	voy →	vaya	vayan
saber	sé →	sepa	sepan
ser	soy →	sea	sean

B. Placement of pronouns with formal commands

Object and reflexive pronouns attach to affirmative commands and precede negative commands.

> ¿Esos libros? Pónga**los** allí.   *Those books? Put **them** over there.*
>
> ¿Esas cosas viejas? No **las** ponga aquí.   *Those old things? Don't put **them** here.*
>
> Este vino está muy bueno. Sírva**noslo** ahora, por favor.   *This wine tastes very good. Serve **it to us** now, please.*
>
> Este vino está muy bueno, pero no **nos lo** sirva ahora.   *This wine tastes very good, but don't serve **it to us** now.*
>
> ¡No **se** bañe con cualquier jabón! ¡Báñe**se** con Cristal!   *Don't bathe with just any soap! Bathe with Cristal!*

A PROPOSITO

Attaching a pronoun or pronouns to the command form changes the number of syllables in the word. For this reason, a written accent is required on the penultimate (next-to-last) syllable of the basic command form.*

ponga → póngalo, póngamelo

Práctica Los Señores Gambas están en la oficina del consejero familiar. Cambie las siguientes sugerencias del consejero por mandatos formales directos. ¡Atención! Hay mandatos en singular y en plural.

> MODELO: Señores Gambas, Uds. deben leer mi libro sobre la crianza de los niños. →
> Lean Uds. mi libro sobre la crianza de los niños.

1. Señor Gambas, Ud. nunca debe gritar a sus hijos.
2. Señores Gambas, Uds. deben enseñarles a ser responsables.
3. Señora Gambas, Ud. no debe mimarlos.
4. Señores Gambas, Uds. no deben comprarles pistolas ni otros juguetes violentos.
5. Señora Gambas, Ud. debe obligarlos a tomar clases de música y de gimnasia.
6. Señores Gambas, Uds. no deben discutir delante de los niños.
7. Señores Gambas, Uds. deben dar igual trato (*treatment*) a los niños y a las niñas.
8. Señor Gambas, Ud. debe pasar más tiempo con los hijos porque la relación entre padre e hijos es muy importante.

Intercambios

A ¿Qué sugerencias ofrece Ud. para resolver las siguientes situaciones? Use mandatos formales y dé por lo menos un mandato afirmativo y un mandato negativo para cada situación.

> MODELO: Tengo hambre. →
> Cómase un biftec con patatas fritas. Pero si Ud. está a dieta, haga algún ejercicio físico y no piense en la comida.

1. Tengo un examen mañana.
2. Tengo dolor de cabeza.
3. Estamos casados pero no estamos contentos.
4. Tenemos que ir a Nueva York.
5. No sé qué llevar a una fiesta elegante.
6. No tengo dinero y necesito pagar el alquiler (*rent*) de la casa.
7. Mi esposo/a está muy enfadado/a conmigo.

---

*The one-syllable **dar** commands are exceptions to this rule. The **Ud.** command always has an accent to distinguish it in spelling from the preposition **de** (*of, from*): **dé, déme, démelo.** The **Uds.** command form has an accent only when two pronouns are added: **den, dense, dénselo.** See Appendix 1 for more information.

B **¡Necesito compañero!** Imagínese que Ud. y su compañero/a trabajan para la revista mensual española *Mamás y Papás* en la sección que les ofrece consejos a los nuevos padres, contestando sus cartas en la revista. Han llegado las siguientes cartas. ¿Qué les recomiendan Uds. a los padres en cada caso? Traten de ofrecer por lo menos dos sugerencias, en forma de mandato, para cada caso. ¿Qué dicen las otras parejas al respecto?

Nietos imposibles

Los hijos de mi nuera son insoportables. Aunque los quiero mucho —al fin y al cabo son mis nietos— me molesta que no tengan ningún sentido de la responsabilidad ni de sus obligaciones ni deberes. Su madre les hace todo, y cuando le digo que les debe pedir que la ayuden con los quehaceres domésticos, me dice que ella, de niña, odiaba este tipo de trabajo y que no quiere someter a sus hijos a la misma situación. ¿Cómo puedo convencerla de que los niños sí deben compartir el trabajo de casa aunque lo odien?

Mi hijo se deja dominar

Supongo que no escriben muchos hombres a este consultorio, pero no soporto más observar cómo mi hijo Jaime, de tres años, se deja dominar por otro chico, uno o dos años mayor que él, hijo de unos vecinos. ¿Qué les parece, por ejemplo, la siguiente escena? Mi hijo está tranquilamente jugando con su caja de construcciones; cuando aparece el otro, acapara todos los tacos y se pone a construir un garaje. Y Jaime no sólo se lo permite, sino que incluso le mira embelesado y le alcanza los taquitos. ¿Se convertirá en un ser sin voluntad propia?

Un niño difícil

Nuestro hijo Aaron es muy cariñoso y colaborador en casa, pero en el colegio va siempre mal, y ya ha repetido 2° de EGB. Al principio de cada curso, los profesores nos dicen que es aplicado, aunque le cuesta aprender, y al final nos dicen que es problemático, malhablado y que no se esfuerza. ¿Por qué es tan diferente en casa y en el colegio? ¿Tendríamos que ser más severos con él? ¿Sería bueno que le cambiásemos de centro?

C **Entre todos** De nuevo les toca a los miembros de la clase ser consejeros. ¿Qué línea de conducta (*course of action*) sugieren Uds. en las siguientes circunstancias? ¡Atención! Las respuestas deben hacerse con mandatos formales.

1. Un amigo quiere algo más que amistad conmigo y yo no quiero eso. Hoy me compró un regalo muy caro. ¿Lo guardo (guardar: *to keep*) o se lo devuelvo?
2. Quiero salir con un chico que todavía no parece saber que existo. ¿Lo llamo yo o espero hasta que él se fije en mí (*he notices me*)?
3. Mi novia fuma mucho y esto me irrita terriblemente. Hemos hablado de esto muchas veces pero la situación no cambia. ¿Lo aguanto (aguantar: *to put up with*) o hago algo más drástico?
4. Este semestre mis notas son terribles. ¿Se lo explico a mis padres o no les digo nada?
5. Mis padres no me comprenden para nada y siempre tenemos tensiones y conflictos. ¿Busco ayuda profesional para toda la familia o no hago nada?
6. Cuando estoy en casa de mis padres, ellos me imponen reglas de conducta estrictas. ¿Obedezco sus reglas o sigo mis propias preferencias?
7. Tengo un hermano menor que me ha dicho, en confianza, que está experimentando con las drogas. ¿Se lo digo a mis padres o le guardo el secreto?
8. Mi hermana menor tiene 16 años; es muy mala estudiante y quiere abandonar la escuela para buscar trabajo. ¿La animo (animar: *to encourage*) o la desanimo?

De entrada

Mire otra vez los dibujos de la página 114. ¿Con cuáles de ellos asocia Ud. las siguientes oraciones? ¿Quién las dice en cada escena? ¿Está Ud. de acuerdo con estas oraciones? Explique sus respuestas.

1. No me gusta que *se peleen*. Voy a castigarlos para que *se porten* bien.
2. Ya es tarde, y queremos que nuestra hija *se acueste*. Tú la mimas demasiado.
3. Te recomiendo que *cambies* de apariencia si quieres llevar una vida normal.
4. Mis hijos ya son adultos y tienen su propia vida. Es natural que no me *visiten*.

Los verbos en letra cursiva están conjugados en el modo subjuntivo. ¿Observa Ud. alguna similitud entre estas formas y los mandatos formales? ¿Cuál es? ¿Sabe Ud. por qué se usa el subjuntivo en los casos anteriores? La siguiente explicación puede aclarar sus dudas al respecto.

17 THE SUBJUNCTIVE MOOD: CONCEPT; FORMS OF THE PRESENT SUBJUNCTIVE

A. The subjunctive mood: Concept

As you know, one way to indicate that you want someone to do something is to give a direct command.

—Tóquelo de nuevo, Sam.　　　　—*Play it again, Sam.*

Commands are not always stated directly, however.

—¿Cómo?　　　　　　　　　　—*What?*
—Quiero que Ud. lo toque　　　—*I want you to play it again.*
　de nuevo.

The idea of a command is present in the last sentence, but it is now part of (embedded in) a longer sentence that begins with **Quiero que.** Embedded commands can be used to give orders to anyone.

Quiere que **nosotros estemos** aquí.　　*She wants **us to be** here.*
Es necesario que **yo hable** con　　　　*It's necessary for **me to talk** to*
　el jefe primero.　　　　　　　　　　　*the boss first.*
Prefieren que **los niños lleven**　　　　*They prefer (that) **the children***
　botas.　　　　　　　　　　　　　　　　***wear** boots.*

The forms used to express both direct and embedded commands are part of a general verbal system called the subjunctive mood (**el modo subjuntivo**).

A *mood* designates a particular way of perceiving an event. (A *tense,* in contrast, indicates when—present, past, future—an event takes place.) The present, preterite, and imperfect forms you have studied thus far are part of the indicative mood (**el modo indicativo**), which signals that the speaker perceives an event as fact or objective reality. In contrast, the subjunctive mood describes what is beyond the speaker's experience or knowledge, what is unknown. In the preceding Spanish sentences, note that the information conveyed by the subjunctive forms—**estemos, hable, lleven**—is not fact, but rather someone's wish that an event take place, with the possible fulfillment of that wish still in the future.

B. The subjunctive mood: Requirements for use

Two conditions must be met for the subjunctive to be used: (1) the sentence must contain a subordinate clause, and (2) the main clause must communicate certain messages.

1. A clause (**cláusula**) is a grammatical construction that contains a subject and a conjugated verb. A simple sentence expresses a complete thought in one clause. Each of the following sentences, on the other hand, contains two clauses: a main (independent) clause and a subordinate (dependent) clause.

<table>
<tr><td>Buscamos un dueño **que nos permita tener perro.**</td><td>*We're looking for a landlord **who will let us have a dog.***</td></tr>
<tr><td>Nunca castigan al chaval **a menos que haya lastimado a alguien.**</td><td>*They never punish the youngster **unless he has hurt someone.***</td></tr>
</table>

The main clause, like a simple sentence, expresses a complete thought; the subordinate clause (in boldface type in the preceding examples) does not. Subordinate clauses are usually introduced by words such as **que, porque, cuando,** and **donde.**

2. The subjunctive occurs in the subordinate clause only when the main clause communicates certain messages. There are basically three types of these messages.

a. The subordinate clause refers to something that is not considered real or factual, in the sense that (1) it is only the speaker's desire that something happen (persuasion); (2) the speaker has no real information about a topic (doubt); or (3) the speaker is describing something unknown or nonexistent.

<table>
<tr><th colspan="2">PERSUASION</th></tr>
<tr><td>Espero **que no lo mimen.**
I hope they don't spoil him.</td><td>I don't know for sure whether *they will* spoil the child. The action is outside my experience.</td></tr>
</table>

The subjunctive, with few exceptions, occurs only in subordinate clauses. The exceptions include sentences that begin with **tal vez, quizá(s),** and **ojalá,** which are followed by the subjunctive even though there is no subordinate clause.

Tal vez (Quizás) **llueva** mañana.
Maybe it will rain tomorrow.

Ojalá **traiga** el impermeable.
I hope he brings his raincoat.

DOUBT	
Dudamos **que siempre se porten bien.** *We doubt that they always behave themselves.*	We don't have definite information about their behavior, so we cannot say for sure.

DESCRIPTION OF SOMETHING UNKNOWN OR NONEXISTENT	
¿Hay alguien en tu familia **que hable ruso**? *Is there anyone in your family who speaks Russian?*	I'm asking because I don't know whether such a person actually exists.
Piensan tener otro niño **cuando la nena sea un poquito mayor.** *They are thinking about having another child when their little girl is a bit older.*	Their having another child is going to happen at some unspecified time in the future; since it is in the future, the event is beyond our experience.

b. The main clause makes a value judgment or expresses an emotional reaction.

VALUE JUDGMENT/EMOTIONAL REACTION	
Es increíble **que ganes tanto dinero.** *It's incredible (unbelievable) that you earn so much money.*	The main clause is a comment on or judgment about the information in the subordinate clause.

c. The subordinate clause does not describe an actual situation or event, but rather the conditions under which the event will take place.

CONDITIONS NECESSARY FOR AN EVENT	
Vamos a la playa cada verano **con tal de que nuestros hijos salgan bien en todas sus clases.** *We go to the beach each summer provided that our children do well in all their classes.*	The subordinate clause doesn't say that the children *have* done well in their classes; it states only that if this condition or circumstance should exist, then the event in the main clause takes place.

In this chapter, you will practice the use of the subjunctive with persuasion: the main clause expresses a desire or need on the part of one person, and the subordinate clause does not describe an actual, real action but only the action that the speaker hopes will occur.

A PROPOSITO

The subjunctive occurs in some English sentences, too.
I prefer that *she be* home by twelve o'clock.
We insist that *he turn in* the keys.
There are few direct correspondences, however, between the use of the subjunctive in English and in Spanish. In most cases, the subjunctive in Spanish is expressed in English by the indicative or an infinitive.
Esperamos que **esté** en casa para las doce.
We hope that she is home by twelve o'clock.
Quiere que las **mandemos.**
He wants us to send them.

Práctica ¿Cuáles de las siguientes oraciones tienen dos cláusulas? Identifique la cláusula principal y la cláusula subordinada en cada caso.

1. Los vecinos que viven al lado hacen mucho ruido.
2. Por lo general, mis amigos y yo estudiamos en la biblioteca y luego regresamos a casa.
3. ¿Conoces al hombre que acaba de llegar?
4. Creo que se llama Méndez.
5. Van a llegar tarde porque tuvieron que salir tarde.
6. Quería venir pero no pudo.
7. Es importante considerar el asunto desde varias perspectivas.
8. Nadie sabía dónde vivía el viejo.

C. The present subjunctive: Forms

PROPOSITO

The spelling changes indicated for the formal direct commands appear in all forms of the present subjunctive.

bus**que**, bus**que**s...
lle**gue**, lle**gue**s...
empie**ce**, empie**ce**s...

See Appendix 2 for more information.

To form the present subjunctive, start with the **yo** form of the present indicative. Change the **-o** ending to **-e** for **-ar** verbs and to **-a** for **-er** and **-ir** verbs. Most verbs that have a spelling change in the **yo** form of the present indicative show that change in all forms of the present subjunctive.

INFINITIVE	PRESENT INDICATIVE: yo	PRESENT SUBJUNCTIVE: yo
hablar	habl**o** →	habl**e**
comer	com**o** →	com**a**
vivir	viv**o** →	viv**a**
poner	pong**o** →	pong**a**
conocer	conozc**o** →	conozc**a**

The **yo** and **Ud./él/ella** forms of the present subjunctive are the same. The other forms are made by adding the familiar person/number endings (**-s, -mos, -is, -n**) to the **yo** form.

PRESENT SUBJUNCTIVE			
hable	habl**emos**	ponga	pong**amos**
habl**es**	habl**éis**	pong**as**	pong**áis**
hable	habl**en**	ponga	pong**an**
coma	com**amos**	conozca	conozc**amos**
com**as**	com**áis**	conozc**as**	conozc**áis**
coma	com**an**	conozca	conozc**an**
viva	viv**amos**		
viv**as**	viv**áis**		
viva	viv**an**		

In **-ar** and **-er** stem-changing verbs, the pattern of stem change is the same as in the present indicative: all forms change except **nosotros/as** and **vosotros/as.**

pensar		volver	
piense	pensemos	vuelva	volvamos
pienses	penséis	vuelvas	volváis
piense	piensen	vuelva	vuelvan

-Ir stem-changing verbs show the present indicative stem change in the same persons in the present subjunctive. In addition, they show the preterite stem change (**e → i, o → u**) in the **nosotros/as** and **vosotros/as** forms.

pedir		dormir	
pida	pidamos	duerma	durmamos
pidas	pidáis	duermas	durmáis
pida	pidan	duerma	duerman

All verbs whose present indicative **yo** form does not end in **-o** have irregular present subjunctive stems. The endings, however, follow the same pattern as those of regular verbs.

dar	estar	ir	saber	ser
dé*	esté	vaya	sepa	sea
des	estés	vayas	sepas	seas
dé	esté	vaya	sepa	sea
demos	estemos	vayamos	sepamos	seamos
deis	estéis	vayáis	sepáis	seáis
den	estén	vayan	sepan	sean

The present subjunctive of **hay** is **haya.**

Práctica[†] Cambie los infinitivos por la forma indicada del presente de subjuntivo.

1. La profesora prefiere que yo (hablar español, escribir una composición, no dormirse sobre el escritorio, estar contento/a, venir a clase todos los días).
2. Nuestros padres quieren que nosotros (portarse bien, comer muchas legumbres, volver temprano, ser alegres, no decir mentiras).
3. Yo sugiero que Ud. (lavarse las manos antes de comer, cerrar la puerta, pedir la paella, hacer mucho ejercicio, ir a casa de sus padres).
4. Es importante que ellos (respetar las leyes, leer muchos libros, abrir la puerta, dar una caminata, ver una buena película).

---

*As in the formal command, the first- and third-person singular form **dé** has a written accent to distinguish it from the preposition **de.**
[†]There are more exercises on this grammar point in subsequent sections.

Since the first- and third-person singular forms of the present subjunctive are identical, subject pronouns are used when necessary to avoid ambiguity.

¿Quieres que vaya **yo** o prefieres que vaya **ella**? *Do you want me to go, or do you prefer that she go?*

5. Espero que tú (mandarle una carta a tu abuela, no discutir con tus parientes, sugerir un buen restaurante, salir con ese chico / esa chica interesante de tu clase, saber las conjugaciones del presente de subjuntivo).

6. Quizás vosotros (beber demasiado alcohol, asistir a muchos conciertos, recordar el pasado, seguir las reglas de la sociedad, reírse mucho).

18 USES OF THE SUBJUNCTIVE: PERSUASION

A

PROPOSITO

Verbs of communication, like **decir** and **escribir** (page 52), can either transmit information or convey a request. When information is transmitted, the indicative is used in the subordinate clause; when a request is conveyed, the subjunctive is used in the subordinate clause.

INFORMATION:

El les dice que **van** al parque.

He tells them (that) they are going to the park.

REQUEST:

El les dice que **vayan** al parque.

He tells them to go to the park.

As you know, the subjunctive occurs in subordinate clauses only when the main clause communicates certain messages. One of these is *persuasion:* a request that someone else do something. The action that may or may not occur as a result of the request is expressed with the subjunctive because it is outside the speaker's experience or reality.

Esperan que llevemos una vida feliz.	***They hope*** *(that) we lead a happy life.*
Prefiero que no me visiten con tanta frecuencia.	***I prefer*** *that they not visit me so frequently.*
Es necesario que disciplinen a sus hijos.	***It is necessary*** *that you discipline your children.*

It is impossible to provide a list of all the verbs that express persuasion; remember that it is the *concept* of persuasion in the main clause that results in the use of the subjunctive in the subordinate clause. The following expressions of persuasion occur in the exercises in this chapter. Make sure you know their meanings before beginning the exercises.

es importante que	aconsejar que	pedir (i, i) que
es (im)posible que	decir (i, i) que	permitir que
es (in)admisible que	desear que	preferir (ie, i) que
es necesario que	escribir que	prohibir que
es obligatorio que	esperar que	querer (ie) que
es preferible que	insistir en que	recomendar (ie) que
importa que	mandar que	sugerir (ie, i) que

Intercambios

A En el párrafo a continuación un adolescente expresa sus opiniones sobre la crianza de los hijos. ¿Cuántos ejemplos del subjuntivo para persuadir puede Ud. identificar?

¿Jóvenes alguna vez? ¿Los padres? ¡Imposible! Les encuentran defectos a mis amigos; me critican la ropa, el peinado (*hairstyle*), la música... En fin, me lo critican todo. Me prohíben salir durante la semana pero no me dejan hablar mucho por teléfono. No hacen caso de mis problemas e incluso me critican delante de mis amigos.

Definitivamente no voy a ser como ellos. Voy a dejar que mis hijos hablen todo lo que quieran por teléfono porque la comunicación es importante. Voy a dejar que se vistan como quieran y que se peinen a su gusto. Al fin y al cabo (*After all*), ¡es su pelo! Si tienen problemas, quiero que me los cuenten y que tengan confianza en mí. Es imprescindible (absolutamente necesario) que nunca los critique delante de sus amigos y que les dé mucha libertad personal, pues así aprenderán (*they will learn*) a ser personas felices e independientes.

Mi madre me dice que ella se hizo las mismas promesas a mi edad, pero no me lo creo. Todas las madres dicen eso.

- ¿Está Ud. de acuerdo con los puntos de vista de este adolescente? ¿Por qué sí o por qué no?

- ¿Qué cosas les permiten sus padres a Ud. y a sus hermanos? ¿Qué cosas les prohíben o les critican?

- Y Ud., ¿va a permitirles y prohibirles las mismas cosas a sus hijos? Explique.

B María Luisa se prepara para su primera cita. Todos sus parientes y amigos le dan consejos. Explique los consejos que le dan, siguiendo el modelo.

> MODELO: padre: decir / volver temprano →
> Su padre le dice que vuelva temprano.

1. madre: aconsejar / ir con otra pareja
2. hermano menor: pedir / no volver temprano
3. hermana mayor: decir / ponerse una falda larga y botas
4. abuela: recomendar / tener cuidado porque hay mucho tráfico
5. mejor amiga: sugerir / llevar un perfume exótico
6. chico con quien va a salir: pedir / traer dinero

Y ¿qué le aconseja Ud. a María Luisa que haga para prepararse para su primera cita?

C Los padres siempre les dan consejos a sus hijos para ayudarles a resolver sus problemas. ¿Qué consejos típicos le dan sus padres a Ud. en las siguientes situaciones?

> MODELO: Si alguien me golpea, me dicen que _____ . →
> Si alguien me golpea, me dicen que le devuelva la bofetada (*hit him or her back*).

1. Si voy a llegar tarde a casa, me piden que _____ .
2. Si una persona desconocida me habla, me dicen que _____ .
3. Si mi hermano/a menor me molesta, me recomiendan que _____ .
4. Si voy a entrar en una tienda de porcelanas, me piden (¡por favor!) que _____ .
5. Si voy a pasar la noche en casa de un amigo / una amiga, me mandan que _____ .
6. *Invente Ud. una situación para que sus compañeros sugieran consejos.*

D Guiones Trabajando en grupos de tres o cuatro personas, describan lo que quieren las personas en los dibujos de la próxima página. Usen las preguntas a continuación como guía y añadan todos los detalles que necesiten. Después, inventen un breve diálogo para acompañar cada dibujo.

- ¿Cómo son las personas?
- ¿Quiénes son? (¿Cuál parece ser la relación entre ellos?)
- ¿Dónde están?
- ¿Cuál es el dilema?
- ¿Cómo van a resolverlo?

1. **Vocabulario útil:** el chicle, hacer cola, pagar la cuenta, el supermercado

2. **Vocabulario útil:** espiar, no querer, la pareja, pedir la mano

3. **Vocabulario útil:** dejarlos solos, hablar sin parar, los novios

4. **Vocabulario útil:** dejar en paz, jugar al fútbol, ocupado

La mujer de esta tira cómica parece seguir las reglas y los papeles de una esposa en una familia tradicional. ¿Cuáles son los «mandamientos» para las mujeres y para los hombres en este tipo de familia? ¿Hay otros papeles y reglas en la familia de Ud.?

E Por lo general, en cada familia hay reglas que obedecer y papeles que los miembros de la familia adoptan. Utilizando las expresiones entre paréntesis y formando oraciones con el subjuntivo, explique las siguientes reglas de una familia tradicional. Después, explique cómo es la situación en su propia familia, o cómo piensa que va a ser cuando Ud. tenga hijos.

MODELO: (es preferible) los hombres hacer las reparaciones de la casa → En la familia tradicional, es preferible que los hombres hagan las reparaciones de la casa. En mi propia familia, es importante que todos —hombres y mujeres— ayudemos a reparar la casa. Cuando yo tenga hijos, voy a permitir que las muchachas participen en todos los trabajos de la casa.

1. (es preferible) las mujeres hacer toda la limpieza de la casa
2. (es necesario) los hermanos menores obedecer a los mayores
3. (es importante) los hermanos mayores dar buen ejemplo a los menores
4. (es deseable) la madre quedarse (*stay*) en casa para criar a los hijos
5. (es obligatorio) los hijos estar en casa por la noche a cierta hora (*a specific time*)

6. (es preferible) los padres escoger la ropa y el peinado de los hijos

7. (es inadmisible) los hijos imponer reglas a los padres

F Divídanse en grupos de tres o cuatro estudiantes. Su profesor(a) les asignará uno de los siguientes temas para comentar. Después, compartan sus conclusiones con el resto de la clase.

1. La vida familiar está llena de conflictos entre sus miembros. Por ejemplo, ¿creen Uds. que hay riñas (*quarrels*) y peleas en todas las familias? ¿Es normal o natural esto? ¿O indica un problema grave? ¿Qué pueden hacer los padres para evitar los conflictos entre sus hijos? ¿Cómo pueden fomentar (*promote*) la cooperación entre ellos? ¿Es importante que haya autoridad y disciplina? ¿Por qué sí o por qué no?

2. ¿Hasta qué punto presenta la televisión a la familia norteamericana tal como es en realidad? Identifiquen algunas comedias, series y telenovelas que tratan el tema de la vida familiar. ¿Qué tipos de familia se representan en esos programas? ¿Qué tipos de familia *no* se representan, normalmente? ¿Qué pueden Uds. inferir de esto?

3. ¿Hay realmente una separación entre las generaciones? Señalen las actitudes típicas de los miembros de la generación de sus padres con respecto a temas como la educación sexual, la homosexualidad, el matrimonio interracial, la pena capital, el aborto, etcétera. Y ¿cuál es la actitud más común de su propia generación hacia estos temas? Si algún día Uds. tienen hijos, ¿cuál creen que será su actitud?

4. Muchos políticos hoy día utilizan el tema de los valores familiares como punto clave de sus campañas. Pero ¿se refieren todos a las mismas ideas? Hagan una lista de esos valores y pónganlos en orden según la importancia que les dan Uds. ¿Es deseable que los gobiernos (nacionales o estatales) fomenten o regulen esos valores? ¿Hasta qué punto? ¿Cómo deben hacerlo? ¿O es necesario que otros grupos (la comunidad, la familia o incluso el individuo mismo) asuman esa responsabilidad? Expliquen.

ESTRATEGIAS PARA LA COMUNICACION

Por favor *How to get people to do things*

You have practiced the use of formal direct commands, polite questions, and embedded (*implied*) commands (**Es necesario que... , Quiero que...**) to convey requests to others. Another way to communicate a request is to use an expression of obligation. One such expression that you have already practiced is **deber** + *infinitive,* which suggests that a person has a duty to perform a certain action. A more forceful expression that indicates personal or individual obligation is **tener que** + *infinitive.* **Hay que** + *infinitive* indicates necessity in a general or impersonal sense. It may also express *to have to do something* when no specific person is indicated as performing the action.

Debes decirme la verdad.   *You should (ought to) tell me the truth.*

No deben estar fuera a estas horas.	*They shouldn't (ought not to) be out at this hour.*
Ud. tiene que hacerlo.	*You have to (must) do it.*
Uds. tienen que ayudarme.	*You have to (must) help me.*
Hay que tomar el autobús número cinco.	*It's necessary to (One must) take bus number five.*
Hay que estudiar mucho para aprobar el examen.	*One has to (It is necessary to) study a lot in order to pass the test.*

A Practice these expressions by rephrasing each of the following formal direct commands in at least two ways.

1. Salga Ud. por esta puerta.
2. Entregue el trabajo inmediatamente.
3. Baje Ud. en la avenida Juárez.
4. Compre los libros para mañana.
5. Beba Ud. menos alcohol.
6. Lleve siempre el carnet (*card*) de identidad.

B ¡Necesito compañero! Work with a partner to prepare a brief dialogue for one of the following situations. Based on the context, decide whether it is necessary to use the subjunctive, the expressions of obligation you just learned, or formal direct commands.

1. A foreigner wants to know what to do in order to be admitted to a university in the United States.
2. You are instructing the babysitter (**el niñero / la niñera**) on what to do with your child while you are out.
3. You are giving a talk to a group of young parents about how to raise their children.
4. You are doctors instructing an elderly patient on how to maintain good health.

VIAJE CULTURAL

La «Casa de la Madre Soltera (*Single*)» en Guayaquil, Ecuador

Esther Guarín de Torres es una estudiante de derecho (*Law*). Ella vivió en carne propia (personalmente) el calvario (*suffering*) de muchas mujeres embarazadas (*pregnant*) y desamparadas (abandonadas) que deambulan (*wander*) por las calles sin protección. Aunque Esther tenía pocos recursos económicos, quería ofrecer a las futuras madres un albergue (*shelter*) en donde dar a luz (*to give birth*). Por esta razón, ella fundó en Guayaquil la «Casa de la Madre Soltera».

¿Por qué es tan importante esta casa para las jóvenes solteras en estado de embarazo? Mire el vídeo y escuche el texto que lo acompaña para descubrir los servicios y beneficios que se les ofrecen allí.

¡A ver!

A Según este segmento de vídeo, ¿cuáles de los siguientes servicios o beneficios reciben las mujeres que se albergan en la «Casa de la Madre Soltera»?

1. ☐ un ambiente familiar de comprensión y cariño
2. ☐ ayuda de la policía contra los parientes abusivos
3. ☐ orientación maternal
4. ☐ entrenamiento (*training*) en carreras artesanales (*handcrafting*) y técnicas
5. ☐ ayuda económica para asistir a la universidad
6. ☐ un lugar seguro en donde dar a luz
7. ☐ alimentación y albergue
8. ☐ ayuda legal para arreglar la adopción de los hijos

B Entre todos

- Cuando Esther presenta a María en la casa, le muestra a las otras residentes y le dice: «Ellas son tu familia.» ¿Qué hace que este grupo de mujeres forme una familia? ¿Qué otros modelos de familias no relacionadas por la sangre conocen Uds.?

- ¿Qué opinan Uds. de la labor de Esther? ¿En qué consiste el problema que ella quiere ayudar a resolver? ¿Es éste un problema exclusivo de los países del Tercer mundo, o existe también en los países más industrializados? ¿Creen Uds. que este tipo de hogar, o este tipo de esfuerzo individual, es una buena manera de resolver el problema? ¿Qué otras posibles soluciones hay? ¿Qué programas conocen Uds. en los Estados Unidos para ayudar a las madres solteras o desamparadas? ¿Qué problemas experimentan estos programas?

- ¿Qué asocian Uds. con el concepto de la «madre soltera»? ¿Cómo era la vida de ella antes de ser madre? ¿Cómo va a ser su vida después? ¿Son semejantes o diferentes estas asociaciones de las que se hacían hace 50 años? ¿y de las que se hacían hace 200 años?

19 IMPERATIVES: INFORMAL DIRECT COMMANDS

Unlike formal (**Ud./Uds.**) commands, the informal **tú** and **vosotros/as** commands have two different forms: one for affirmative and one for negative.

With only a few exceptions, affirmative **tú** commands are identical to the third-person singular present indicative forms. Meaning is made clear by context.

AFFIRMATIVE tú COMMANDS		
-ar VERBS	**-er VERBS**	**-ir VERBS**
hablar: habl**a** pensar: piens**a**	comer: com**e** entender: entiend**e**	vivir: viv**e** pedir: pid**e**

The following verbs have irregular affirmative **tú** command forms.

decir:	**di**	ir:	**ve**	salir:	**sal**	tener:	**ten**
hacer:	**haz**	poner:	**pon**	ser:	**sé**	venir:	**ven**

The negative **tú** command for all verbs is the same as the second-person singular form of the present subjunctive.

NEGATIVE tú COMMANDS		
-ar VERBS	**-er VERBS**	**-ir VERBS**
hablar: no habl**es** pensar: no piens**es** almorzar: no almuerc**es**	comer: no com**as** entender: no entiend**as** hacer: no hag**as**	vivir: no viv**as** pedir: no pid**as** salir: no salg**as**

The **vosotros/as** affirmative commands for all verbs are formed by replacing the **-r** ending of the infinitive with **-d.**

AFFIRMATIVE vosotros/as COMMANDS		
-ar VERBS	**-er VERBS**	**-ir VERBS**
hablar: habl**ad** pensar: pens**ad** almorzar: almorz**ad**	comer: com**ed** entender: entend**ed** hacer: hac**ed**	vivir: viv**id** pedir: ped**id** salir: sal**id**

Negative **vosotros/as** commands, like negative **tú** commands, are the same as the corresponding form of the present subjunctive.

NEGATIVE vosotros/as COMMANDS		
-ar VERBS	**-er VERBS**	**-ir VERBS**
hablar: no habl**éis** pensar: no pens**éis** almorzar: no almorc**éis**	comer: no com**áis** entender: no entend**áis** hacer: no hag**áis**	vivir: no viv**áis** pedir: no pid**áis** salir: no salg**áis**

En resumen

Remember that, with the exception of affirmative **tú** and affirmative **vosotros/as** commands, all command forms are identical to the corresponding forms of the present subjunctive.

COMMAND FORMS OF hablar			
PERSON	SUBJUNCTIVE	NEGATIVE COMMANDS	AFFIRMATIVE COMMANDS
tú	hables	no hables	habl**a**
vosotros/as	habléis	no habléis	habl**ad**
Ud.	hable	no hable	hable
Uds.	hablen	no hablen	hablen

Práctica A veces los padres no están de acuerdo sobre lo que debe o no debe hacer su hijo/a. Cuando este niño / esta niña le hace las siguientes preguntas a su mamá, recibe una respuesta negativa, pero cuando se las hace a su papá, recibe una respuesta afirmativa. Trabajando en grupos de tres, alternen los papeles de niño/a, madre y padre, incorporando complementos pronominales en las respuestas cuando sea posible. Sigan el modelo.

> MODELO: ESTUDIANTE 1 (niño/a): ¿Puedo mirar *Viaje a las estrellas*?
> ESTUDIANTE 2 (madre): No, no lo mires.
> ESTUDIANTE 3 (padre) : Sí, míralo.

1. ¿Puedo poner los discos?
2. ¿Puedo comer estos chocolates?
3. ¿Tengo que hacer la cama?
4. ¿Puedo beber esta cerveza?
5. ¿Puedo ir al cine?
6. ¿Puedo cortarme el pelo?
7. ¿Puedo salir a jugar?
8. ¿Puedo ponerme mi mejor ropa ahora?

Intercambios

A Complete las siguientes oraciones con las recomendaciones que Ud. considere adecuadas para su hermano/a menor. Utilice la forma apropiada del mandato familiar (*informal*).

1. Si quieres tener muchos amigos, (no) _____.
2. Si no quieres tener problemas con papá y mamá, (no) _____.
3. Si no quieres enfermarte, (no) _____.
4. Si quieres llevarte bien conmigo, (no) _____.
5. Si quieres evitar los problemas románticos, (no) _____.

B **¡Necesito compañero!** Es posible que el mandato sea la forma verbal que los niños escuchan con más frecuencia. Trabajando en parejas, hagan una lista de los mandatos (por lo menos *dos* para cada situación) que los niños suelen oír en las siguientes situaciones. Traten de usar tantos verbos diferentes como puedan.

1. en la escuela
2. en una tienda elegante
3. en la iglesia o en el templo
4. en un restaurante o en una cafetería
5. en un vehículo (coche, tren, autobús, avión, etcétera)

C Pablo es un joven típico. Como todos los jóvenes, tiene que aguantar los regaños (*nagging*) y críticas de sus padres y demás parientes sobre su conducta y sus modales (*manners*). ¿Qué les responde Pablo a sus parientes cuando le hacen los comentarios a continuación? Contésteles por él, usando tantos mandatos diferentes como pueda. Siga el modelo.

> MODELO: EL HERMANO MENOR: ¡No tienes ninguna paciencia conmigo y además eres demasiado mandón (*bossy*)! →
> PABLO: ¡Déjame en paz! ¡No te quejes tanto! ¡Sal de mi cuarto!

1. LA MADRE: ¡Con esos modales nunca te van a invitar a ningún lado, Pablito!
2. EL PADRE: ¡¿Cómo vas a hacerte abogado con estas notas tan desastrosas?!
3. LA HERMANA MAYOR: ¡Pareces un payaso (*clown*) perdido con esa ropa y ese peinado!
4. LA ABUELA: ¡Nunca puedes encontrar nada porque tu habitación está hecha un lío (*mess*)!

Ahora invente los comentarios o quejas que le hacen a Pablo otras dos personas, dejando que sus compañeros de clase les contesten con los mandatos apropiados.

D **Guiones** Trabajando en grupos de tres o cuatro personas, describan lo que pasa en los dibujos de la próxima página. Usen las siguientes preguntas como guía para expresar el mandato más común que se usaría (*would use*) en cada situación. ¡Atención! En cada caso es necesario decidir si el mandato más apropiado es para **Ud., Uds.** o **tú.**

Vocabulario útil: el periódico, el sillón, fumar, el humo, toser (*to cough*), la biblioteca, hacer ruido, molestar, el camarero, una cena elegante, una cena informal, pedir

■ ¿Quiénes son las personas?

■ ¿Dónde están?

■ ¿Cuál es el dilema?

■ ¿Cómo se va a resolver?

■ ¿Qué mandato van a usar?

Entre todos ¿Pueden Uds. expresar los mensajes *de otra manera sin usar un mandato directo*? Recuerden usar las estrategias para la comunicación.

ENLACE

Escenarios

Primer paso: Leer y comentar

Lea el siguiente texto sobre la importancia de los hermanos para aprender a vivir en la sociedad. No es necesario que Ud. entienda todas las palabras, sino que capte la idea general. Después de leer, trabaje con tres compañeros de clase para contestar las preguntas que siguen el texto.

Hermanos

MAESTROS, RIVALES, AMIGOS...

A través de los hermanos se aprende a compartir y a defender lo propio; a ganar y a perder; a escuchar y a ser oído. Con los hermanos se aprende, ante todo, a vivir en sociedad.

La palabra *hermano* implica ante todo, solidaridad. Pero también la rivalidad y los celos son actitudes propias del vínculo fraternal. No cabe duda de que nuestro primer campo de experimentación de lo que podríamos llamar el «vivir en sociedad», es la familia, y los vínculos que en ella se establezcan van a ser el «molde» que utilizaremos posteriormente para tomar contacto y relacionarnos con las demás personas que nos rodeen. Es algo así como una primera toma de contacto con algo nuevo, que sin duda, marcará la pauta futura de nuestras relaciones sociales en todos los ámbitos.

■ Según el texto, ¿cómo contribuyen los hermanos al desarrollo (*development*) de una persona? ¿Están Uds. de acuerdo con esta teoría? ¿Por qué sí o por qué no?

- ¿Cuáles son algunas de las ventajas de ser hijo único o hija única? Y ¿cuáles son algunas de las desventajas?
- El texto menciona tres papeles que desempeñan los hermanos: el de maestro/a, el de rival y el de amigo/a. ¿Cuál de éstos consideran Uds. el más característico? ¿Por qué?

Segundo paso: Representar

Trabajando en los mismos grupos, preparen una dramatización del papel que Uds. consideran el más característico. También pueden incluir otros aspectos de la vida familiar que les parezcan polémicos (*controversial*), interesantes o divertidos. Pueden representar una familia tradicional o no tradicional. Empleen los mandatos, el subjuntivo y las estrategias para la comunicación siempre que sea posible.

 Entre todos Después de que cada grupo presente su dramatización ante el resto de la clase, coméntenla. Utilicen como guía las preguntas a continuación.

- ¿Cuál es el papel que este grupo escogió como el más característico de los hermanos (maestros, rivales o amigos)?
- ¿Qué otros conflictos o situaciones de la vida familiar representó este grupo? ¿Cómo se pueden resolver?
- ¿Qué tipo de familia representó el grupo? ¿En qué es «típica» esa familia? ¿En qué es «atípica»?
- ¿Qué valores familiares presentó el grupo? ¿Qué tipo de autoridad observaron en esa familia? ¿Cómo eran las relaciones entre los varios miembros de la familia? ¿Es éste el tipo de familia que Uds. desean formar en el futuro? ¿Por qué sí o por qué no?

¡OJO!

	EXAMPLES	NOTES
soportar mantener apoyar sostener	No puedo **soportar** su actitud. *I can't stand her attitude.*	**Soportar** means *to tolerate* or *to put up with*.
	Mi tío rico **mantiene** a toda la familia. *My rich uncle supports the whole family.*	**Mantener** means *to support financially*.
	La **apoyo** en la campaña política actual. *I'm supporting her in the current political campaign.*	**Apoyar** means *to support* in the sense of *to back* or *to favor*.
	El **sostiene** al niño en sus brazos. *He holds the child in his arms.*	*To support* in the physical sense of *hold* or *hold up* is expressed by **sostener**.

	EXAMPLES	NOTES
cerca **cercano/a** **íntimo/a** **unido/a**	Nuestra casa está muy **cerca de** la playa. *Our house is very close to the beach.* La ciudad más **cercana** es Albuquerque. *The closest city is Albuquerque.* Mi pariente más **cercano** es mi padre. *My closest relative is my father.* Elena y Mercedes son amigas **íntimas.** *Elena and Mercedes are close friends.* En general, la familia hispanoamericana es muy **unida.** *In general, the Latin American family is very close-knit.*	When *close* refers to the physical proximity of people or objects, Spanish uses **cerca** (adverb), **cerca de** (preposition), or **cercano/a** (adjective). **Cercano/a** can also describe the degree of blood relationship between relatives. When *close* describes friendship or emotional ties, **íntimo/a** is used. **Unido/a** expresses the closeness of family ties (but not blood relationships).
importar **cuidar**	¿Te **importa** si abro la ventana? *Do you care (mind) if I open the window?* —¿A qué hora salimos? —No me **importa.** *—What time shall we leave?* *—I don't care. (It doesn't matter.)* La señora Pérez **cuidó** a su madre por muchos años. *Mrs. Pérez cared for her mother for many years.* Si no **te cuidas,** te vas a enfermar. *If you don't take care of yourself, you're going to get sick.*	When *to care* has the meaning of *to be interested in,* it is expressed in Spanish by **importar.** This construction works just like **gustar:** the person who is interested is expressed by an indirect object pronoun, and the subject of the verb is the item that causes the interest. This construction is often equivalent to the English expressions *to mind* or *to matter to.* *To care for* or *to take care of* is expressed with **cuidar.** When used reflexively, it means *to take care of oneself.*

A Volviendo al dibujo Elija la palabra que mejor complete cada oración. ¡Cuidado! También hay palabras de los capítulos anteriores.

Toda mi familia estuvo presente cuando me gradué en la universidad. Esto no me sorprendió, porque somos muy (cercanos/unidos)[1] y siempre nos (apoyamos/mantenemos)[2] mutuamente. Mi hermano, que también es mi amigo (íntimo/unido),[3] (miraba/parecía)[4] un loco sacando fotos de todo. ¡Mis padres estaban tan emocionados! Ellos (funcionaron/trabajaron)[5] muy duro para (mantenerme/soportarme)[6] y pagar mis estudios, pues les

(cuida/importa)[7] mucho que sus hijos reciban una educación universitaria. Creo que todos soñábamos (con/de/en)[8] ese momento tan especial. También mi hermanita, quien asiste a una escuela (cercana/íntima)[9] a mi universidad, participó con mucho interés en el acontecimiento.

Cuando pienso (de/en)[10] todo el afecto que mi familia expresó en ese momento, me considero muy afortunada. Es normal que a veces tengamos problemas, y hay días en que no puedo (mantener/soportar)[11] el carácter de mi madre o los chistes de mi hermano. También tengo que sacrificar algunas noches para (cuidar/importar)[12] a mi hermanita cuando mis padres salen. Sin embargo, todos ellos me han enseñado que la vida familiar consiste (de/en)[13] dar y recibir apoyo y comprensión.

B Entre todos

- ¿Quién es su pariente más cercano? ¿Vive Ud. cerca de él/ella? Si no, ¿lo/la visita con frecuencia? ¿Tiene Ud. una familia grande? ¿muy unida? ¿Tiene un amigo íntimo / una amiga íntima entre sus parientes?

- ¿Cree Ud. que se ha hecho (*has become*) más difícil ser padre/madre en la actualidad? ¿Es más difícil criar a una familia hoy que en el pasado? Explique. ¿Cuáles son algunos de los problemas que tienen los padres actuales que no tenían los padres de ellos?

- En su opinión, ¿quién de sus compañeros de clase va a ser famoso/a? ¿rico/a? ¿abogado/a? ¿vagabundo/a (*bum*)? ¿inventor(a)? En este momento, ¿a sus padres les importan sus planes para el futuro? ¿Están ellos de acuerdo con sus planes?

Repaso

A Complete la historia de la página 139, dando la forma correcta del verbo. Cuando se dan varias palabras entre paréntesis, escoja la palabra apropiada.

Los paseos (*walks*) **con mi abuelo**

Durante los últimos años de su vida, mi abuelo vivió con mi tía Georgina, su única hija soltera. Cuidar de mi abuelo (ser)[1] una labor difícil, y mi tía siempre (mirar/parecer)[2] cansada. Un día, ellos dos (llegar)[3] a mi casa con una maleta.

—Norah, yo (ser/estar)[4] muy cansada, y el médico me recomienda que (tomar)[5] unas vacaciones. Por favor, (tú: cuidar)[6] a papá durante esta semana. No (tú: olvidar)[7] darle su medicina. También es importante que (él: salir)[8] a caminar todos los días —(decirle)[9] mi tía a mi madre.

—Papá, (Ud.: portarse)[10] bien, y no (hablar)[11] demasiado —le dijo a mi abuelo—. Nos vemos en una semana.

Sin mucho entusiasmo, mi madre (recibir)[12] a mi abuelo, con (que/quien)[13] no se llevaba muy bien. A mí tampoco (gustarme)[14] la idea, porque mi madre (decidir)[15] darme mi habitación y yo (tener)[16] que dormir en el cuarto de mi hermano.

A la mañana siguiente, después del desayuno, mi madre (decirme):[17] —Miguel, tu abuelito quiere que (tú: ir)[18] al parque con él. ¡No (preocuparte)[19]! Va a ser un paseo (bajo/corto).[20]

Yo no (querer)[21] salir con un anciano (que/quien)[22] me era prácticamente desconocido, pero (ponerme)[23] la chaqueta y (salir)[24] con él.

Esa mañana (hacer)[25] sol, y el parque (ser/estar)[26] lleno de vida. Al principio, (nosotros: caminar)[27] en silencio, pero después mi abuelo (comenzar)[28] a hablarme de sus viajes y aventuras y (él: preguntarme)[29] sobre mis amores. Descubrí con sorpresa que él (ser/estar)[30] más comprensivo (*understanding*) que mis padres, y que (escucharme)[31] con interés. Además, siempre (él: tener)[32] una historia interesante que se relacionaba con mis propias experiencias.

Durante esa semana, salí todas las mañanas de paseo con mi abuelo, mi nuevo amigo. Después, cuando (él: volver)[33] a casa de mi tía, yo (visitarlo)[34] con frecuencia.

—Abuelo, ¡(Ud.: contarme)[35] una historia! —yo (pedirle)[36] cada (tiempo/vez)[37] que salíamos a caminar.

B **¡Necesito compañero!** Trabajando en parejas, háganse preguntas con el subjuntivo para averiguar qué tipo de padres/madres Uds. serán (*may be*) en el futuro. Háganse otras preguntas para explicar las respuestas de «depende».

¿Vas a permitir que tus hijos...?

1. fumarse (*to cut*) las clases	Sí	No	Depende
2. usar drogas alucinógenas	Sí	No	Depende
3. ver mucho la televisión	Sí	No	Depende
4. ponerse aretes y hacerse tatuajes (*tattoos*)	Sí	No	Depende
5. llevar la ropa que quieran	Sí	No	Depende

¿Vas a insistir en que tus hijos...?

1. asistir a la universidad	Sí	No	Depende
2. trabajar desde la adolescencia	Sí	No	Depende
3. ayudar en casa	Sí	No	Depende
4. tener buenos modales	Sí	No	Depende
5. aprender otro idioma	Sí	No	Depende

CAPITULO CINCO

5

Geografía, demografía, tecnología

Medellín, Colombia

La geografía influye mucho en el estilo y en el nivel de vida de los habitantes de un lugar. En las ciudades, los sistemas de transporte público generalmente son mejores que los de las regiones rurales. También, los sistemas de comunicación (el teléfono y la televisión, por ejemplo) suelen estar más avanzados en las ciudades que en las regiones rurales. Por otro lado, el contexto rural ofrece una vida más tranquila, con menos crimen y contaminación.

En su opinión, ¿cuáles de las personas que se nombran a continuación preferirían (*would prefer*) vivir en la ciudad? ¿en una región rural? ¿en ambos lugares? ¿Por qué?

1. un labrador (*farmer*)
2. un aficionado al cine
3. un adolescente
4. un matrimonio jubilado (*retired*)
5. una veterinaria
6. un periodista
7. una niña de 8 años
8. un científico
9. una deportista
10. un cirujano cardiólogo

■ ¿Dónde prefiere vivir Ud., en una ciudad grande o en el campo?

■ ¿Qué aspectos de la vida urbana le agradan (gustan) más? ¿Cuáles le desagradan? ¿Por qué?

■ ¿Qué le gusta de la vida rural? ¿Qué no le gusta?

■ En el dibujo A, ¿qué tipo de diseño le muestra el arquitecto al urbanista? ¿Qué problemas piensan resolver o eliminar? Para ellos, ¿cómo es la vivienda ideal?

■ ¿Quiénes son las personas que se ven en los dibujos B y C? ¿Qué necesidades tienen? Para ellos, ¿cómo es la vivienda ideal? ¿Cómo cambia la situación al mudarse a su nuevo apartamento (dibujo C)? ¿Están todos contentos? ¿Por qué sí o por qué no?

■ ¿Qué pasa en el dibujo D? ¿Cree Ud. que el nuevo diseño va a responder mejor a las necesidades de los clientes? ¿Por qué sí o por qué no? ¿Qué información deben tener en cuenta el arquitecto y el urbanista para mejorar el diseño?

VOCABULARIO
para conversar

la alfabetización literacy
el analfabetismo illiteracy
  analfabeto/a illiterate
el arquitecto / la arquitecta architect
el barrio bajo, el suburbio slum
culto/a well-educated*
desnutrido/a undernourished
diseñar to design
  el diseño design
el edificio building
en vías de desarrollo developing
el hambre hunger
instruido/a* well-educated
el medio ambiente environment
la modernización modernization
plantear to pose, present (*a problem*)
la población population
  la despoblación rural movement away from the
    countryside
  la sobrepoblación overpopulation
la pobreza poverty
el porvenir future
los recursos resources
resolver (ue) to solve, resolve
la tecnología technology
tener en cuenta to take into account; to keep in
    mind
urbanizar to urbanize
  el urbanismo urban development; city planning
  el/la urbanista developer; city planner
  la urbanización migration into the cities; subdivi-
    sion or residential area
la vivienda housing; dwelling place

Las computadoras [†]

las aplicaciones applications
  la autoedición desktop publishing
  la base de datos database
  la hoja de cálculo spreadsheet
  el procesador de textos word processor
el correo electrónico e-mail
  el mensaje de correo electrónico e-mail message
el disco, el disquete diskette
  el disco duro hard drive
en línea, on-line on-line
el hardware hardware
imprimir to print
  la impresora printer
la informática computer science
la memoria memory
el módem modem
el monitor monitor
la multimedia multimedia
la pantalla screen
programar to program (*with a computer*)
  la programación programming
el ratón mouse
la red net(work)
  la red local local area network (LAN)
  navegar la red to "surf the net"
  trabajar en red to be networked
el software software
la superautopista de la información information
    superhighway
el teclado keyboard

Si Ud. quiere más vocabulario útil respecto a la computadora, ¡haga la actividad E en la página 163!

A ¿Qué palabra(s) de la lista del vocabulario completa(n) cada serie de la
próxima página? ¿Por qué?

---

*Remember that **educado/a** means *educated* in the sense of *well-mannered.* Both **culto/a** and **instrui-
do/a** are used with **ser.**
[†]The vocabulary for computers, like that for many specialized fields, varies from country to country.
In Spain, for example, the word for *computer* is **el ordenador;** in Latin America, **la computadora** is
more frequent. In addition, a number of terms are commonly expressed with the English term: **el
hardware, el software.**

1. la vivienda, la pobreza, la sobrepoblación, _____
2. la modernización, la tecnología, la informática, _____
3. Apple, IBM, Gateway, _____
4. la casa, el apartamento, el condominio, _____
5. la pantalla, el teclado, el disco duro, _____

B A continuación hay una serie de oraciones que intentan definir algunas de las palabras del vocabulario. ¿Son exactas o inexactas las definiciones? ¿Qué modificaciones puede Ud. sugerir para las que encuentra inexactas?

1. Carlos tiene cuatro años. No sabe leer ni escribir. Es analfabeto.
2. Una persona desnutrida no come mucho.
3. Pilar acaba de graduarse en la escuela secundaria. Es muy inteligente. Es una persona instruida.
4. Un país en vías de desarrollo es muy pobre; no tiene muchos recursos económicos.
5. El hambre es lo que tiene una persona antes de comer; después de comer, ya no tiene hambre.

C ¡Necesito compañero! Estudien cada palabra de la primera columna y expliquen la relación que tiene con cada una de las palabras de la segunda columna. Puede haber varias relaciones posibles para cada pareja.

> MODELO: los arquitectos / el urbanismo →
> El urbanismo crea trabajos para los arquitectos.

1. los arquitectos	el diseño el edificio la tecnología el urbanismo
2. la sobrepoblación	la despoblación rural el hambre la urbanización el agotamiento (*using up*) de los recursos naturales
3. el analfabetismo	la inmigración la pobreza la instrucción el desarrollo económico

D ¿Cuánto saben Ud. y sus compañeros sobre las computadoras? ¡Vamos a ver! Escoja cinco palabras de la lista del vocabulario que se relacionan con las computadoras y escriba una breve definición, en español, de cada una. Luego, lea sus definiciones en voz alta para que sus compañeros puedan adivinar las palabras. ¿Quién puede adivinar el mayor número de palabras?

E ¿Cree Ud. que el ambiente en que se vive afecta mucho a las personas? ¿En qué sentido? ¿Nos afecta la arquitectura? ¿Cómo se siente Ud. en los siguientes lugares?

1. un cuarto sin ventanas
2. un lugar donde todos los muebles son de metal, vidrio (*glass*) o plástico
3. un lugar donde todos los muebles son de madera
4. un cuarto pintado de rojo/amarillo/azul/blanco

LENGUAJE Y CULTURA

En español, «slum» se expresa con una frase descriptiva como «barrio bajo» o «barrio muy pobre». También, y en esto se ve un interesante contraste cultural, se puede usar la palabra «suburbio».

En los Estados Unidos, los barrios pobres generalmente se encuentran dentro de las ciudades, a veces en el centro mismo de la ciudad, en los sectores más viejos y deteriorados; en cambio, los suburbios son los distritos residenciales más nuevos, se encuentran en las afueras de la ciudad, y es allí donde suele vivir la gente más adinerada. En contraste, en muchas partes del mundo hispano las direcciones de más prestigio están en el centro de la ciudad, mientras que los barrios donde vive la gente pobre están en las afueras, en los suburbios.

De entrada   20

Hay quienes opinan que la tecnología es una maravilla, una de las grandes contribuciones de la edad moderna a la humanidad, mientras que otros opinan que es una fuerza deshumanizante y enemiga. ¿Qué opinan los diferentes hombres del dibujo a continuación?

¿Está Ud. de acuerdo con ellos? Utilice la siguiente escala para indicar su opinión.

1 = estoy de acuerdo   3 = no sé, no estoy seguro/a   5 = no estoy de acuerdo

a. _____ Los tecnólogos, de quienes dependemos mucho hoy en día, con frecuencia actúan sin considerar las consecuencias de sus inventos.

b. _____ La computadora es un aparato que todo el mundo debe saber utilizar.

c. _____ La tecnología es útil, pero el arte es indispensable: algo sin el cual una cultura no puede sobrevivir.

d. _____ Las relaciones humanas se fortalecen (*get stronger*) a causa de la tecnología, la cual facilita el contacto y la comunicación entre los individuos.

e. _____ Los individuos que critican la tecnología en realidad no la entienden.

En las oraciones anteriores hay varios ejemplos de pronombres relativos. ¿Puede Ud. identificarlos todos? Si no, no se preocupe; en la siguiente sección, va a repasar las formas y los usos de los pronombres relativos.

20 MORE RELATIVE PRONOUNS

A. Review of *que* and *quien*

Remember that complex sentences are frequently formed in Spanish by combining two simple sentences with the relative pronouns **que** and **quien** (pages 104–106).

> David compró **la computadora. La computadora** estaba en la tienda. →
> David compró **la computadora que** estaba en la tienda.

■ English *that, which,* and *who* are generally expressed in Spanish by **que.**

Hay muchos problemas **que** la tecnología ayuda a resolver.	*There are many problems that technology helps to solve.*
La memoria de una computadora, **que** funciona más o menos como la nuestra, es probablemente su aspecto más importante.	*A computer's memory, which functions more or less like our own, is probably its most important part.*
Todos los arquitectos **que** colaboraron en el diseño recibieron un premio.	*All the architects who collaborated on the design received a prize.*

■ **Quien,** which can refer only to people, *may* be used after a comma (that is, in a nonrestrictive clause) and *must* be used after a preposition to express *who* or *whom.*

Los programadores, **que (quienes)** trabajaron todo el fin de semana, por fin pudieron resolver el problema.	*The programmers, who worked all weekend, finally managed to solve the problem.*
¡Ese es el actor de **quien** hablábamos!	*That's the actor we were talking about (about whom we were talking)!*

B. *Que* and *cual* forms: Referring to people and things more formally

The simple relative pronouns **que** and **quien** are preferred in speaking in most parts of the Hispanic world. But after a preposition or a comma, English *that, which,* and *who* can also be expressed by compound forms, which are used in writing and in more formal situations by many native speakers.*

■ As these examples show, the compound relatives, or "long forms," can refer to *both* people and things. Through the definite article they show gender and number agreement with the noun to which they refer.

---

*Since the **que** and **cual** forms are largely limited to written Spanish and to use in formal situations, the majority of practice with them in the *Pasajes* series is in the **Cuaderno.**

| | TO REFER TO | |
	PEOPLE	THINGS
	After a Preposition	
informal quien que	Acaba de llegar el arquitecto **con quien** trabajamos el año pasado. *The architect (that) we worked with last year just arrived.*	¿Cuáles son los recursos **con que** podemos contar? *What are the resources (that) we can count on?*
formal el/la que los/las que el/la cual los/las cuales	Acaba de llegar el arquitecto **con el que** (**con el cual**) trabajamos el año pasado. *The architect with whom we worked last year just arrived.*	¿Cuáles son los recursos **con los que** (**con los cuales**) podemos contar? *What are the resources on which we can count?*
	After a Comma	
informal quien que	Van a mandar la comida a los pobres, **quienes** (**que**) la necesitan más. *They're going to send the food to the poor, who need it most.*	Los problemas, **que** se plantearon ayer, fueron comentados por todos. *The problems, which were posed yesterday, were discussed by all.*
formal el/la que los/las que el/la cual los/las cuales	Van a mandar la comida a los pobres, **los que** (**los cuales**) la necesitan más. *They're going to send the food to the poor, who need it most.*	Los problemas, **los que** (**los cuales**) se plantearon ayer, fueron comentados por todos. *The problems, which were posed yesterday, were discussed by all.*

■ Like the relative pronoun **quien(es),** the long forms can occur *only* after a preposition or a comma. When there is no preposition or comma, only **que** can be used.

■ In many cases, **que** and **cual** forms are interchangeable; choosing between them is, to some extent, a matter of personal preference. There are some contexts, however, where one or the other is necessary or preferred.

Práctica Complete las siguientes oraciones con **que, quien(es)** o una forma de **el que / el cual,** según el contexto. ¡Cuidado! A veces puede haber más de una respuesta correcta.

1. Los jóvenes _____ acaban de entrar son mis vecinos.
2. ¿Cuáles son los recursos a _____ te refieres?
3. El dueño es un individuo _____ posee algunos recursos.
4. Mis bisabuelos, _____ llegaron a este país en 1920, vinieron de Italia.
5. Las personas para _____ se construyeron estos apartamentos merecen (*deserve*) mucho más.
6. Esa no es la manera en _____ Ud. debe hablarme.

Intercambios

A Junte los siguientes pares de oraciones usando **que, quien(es)** o la forma apropiada de **el que** / **el cual,** según el contexto. ¡Cuidado con la colocación (*placement*) de las preposiciones! Luego, indique si Ud. está de acuerdo o no. Siga el modelo.

> MODELO: El hambre y la desnutrición son problemas graves. Encontramos estos problemas principalmente en los países en vías de desarrollo. →
>
> El hambre y la desnutrición son problemas graves que encontramos principalmente en los países en vías de desarrollo. No estoy de acuerdo; es verdad que son problemas graves, pero los encontramos en casi todo el mundo.

1. Los individuos tienen miedo del futuro. Esos individuos pueden perder su trabajo por causa de la tecnología.
2. Los avances tecnológicos «pequeños» nos afectan más que ningún otro invento. Utilizamos los avances pequeños todos los días.
3. Los ambientalistas (*environmentalists*) son unos extremistas. Es muy difícil trabajar con ellos.
4. Los individuos odian la tecnología. Esos individuos pueden ser realmente peligrosos.
5. Sueño con un mundo ideal. En ese mundo los seres humanos respetan y protegen la naturaleza y el medio ambiente.

B Defina las siguientes palabras y frases en español. ¡Cuidado con los pronombres relativos!

1. un huérfano / una huérfana
2. un compañero / una compañera de cuarto
3. una mochila (*backpack*)
4. una pluma, un lápiz y un bolígrafo
5. una cartera
6. un arquitecto / una arquitecta

C ¡Necesito compañero! ¿Qué (no) les gustaría a Uds. (*would you* [*not*] *like*) en el futuro? Trabajando en parejas, háganse y contesten preguntas para averiguar sus preferencias, y la razón de ellas. Luego compartan con la clase lo que han aprendido. Cuidado con las formas de los pronombres relativos, y recuerden que en español nunca se puede terminar una oración o cláusula con una preposición.

> MODELO: persona / hablar con →
> —¿Quién es la persona con quien te gustaría hablar algún día?
> —El presidente, porque quiero hacerle algunas sugerencias.

1. persona / hablar con
2. lugar / hacer un viaje a
3. problema / resolver
4. película / ver
5. compañía / trabajar para
6. libro / leer
7. persona / conocer a
8. lugar / vivir en
9. lugar / *no* vivir en
10. invento / vivir sin
11. invento / *no* vivir sin
12. persona / salir con

De entrada

21

En su opinión, ¿cómo va a ser la sociedad en el año 2025? Indique si las siguientes afirmaciones le parecen probables (**P**) o improbables (**I**).

	P	I
1. La gente se lleva bien; nunca hay conflictos ni guerras.	☐	☐
2. Algunas personas fuman cigarrillos, pero nadie bebe bebidas alcohólicas.	☐	☐
3. Los estudiantes ya no viajan a las universidades ni visitan las bibliotecas: desde su casa, obtienen electrónicamente toda la información que necesitan.	☐	☐
4. Todavía hay sobrepoblación pero hay menos analfabetismo.	☐	☐
5. Nadie que no tenga título universitario puede encontrar trabajo ya que los autómatas (*robots*) hacen todos los trabajos que antes hacían los obreros.	☐	☐
6. Apenas existen las enfermedades graves (ni siquiera el SIDA), pero el resfriado (*common cold*) es todavía problemático.	☐	☐

¿Reconoce Ud. las expresiones positivas y negativas que se encuentran en las oraciones anteriores? En la siguiente sección va a poder repasarlas todas.

21 POSITIVE, NEGATIVE, AND INDEFINITE EXPRESSIONS

A. Patterns for expressing negation

Negation is expressed in Spanish with one of two patterns.

1. **no** + *verb*
     No trabajaron.   *They did**n't** work.*
     no + *verb* + *negative word*
     No hicieron **nada.**   *They did **nothing.** (They did**n't** do **anything.**)*

2. *negative word* + *verb*
     Nadie viene.   ***Nobody** is coming.*
     negative word + *verb* + *negative word*
     Yo **tampoco** veo a **nadie.**   *I don't see anyone **either.***

There must always be a negative before the verb: either **no** or another negative word such as **nadie** or **tampoco.** Additional negative words may follow the verb. Unlike standard English, Spanish can have two or more negative words in a single sentence and maintain a negative meaning. Once a negative is placed before the verb, all indefinite words that follow the verb must also be negative.

No vi a **nadie**.	*I did**n't** see **anyone**.*
Nunca hace **nada** por **nadie**.	*He **never** does **anything** for **anyone**.*

The following chart shows the most common positive and negative expressions.

POSITIVE		NEGATIVE	
algo	*something*	nada	*nothing*
alguien	*someone*	nadie	*no one*
algún (alguno/a/os/as)	*some*	ningún (ninguno/a/os/as)	*none, no*
también	*also*	tampoco	*neither*
siempre	*always*	nunca, jamás	*never*
a veces	*sometimes*		
o	*or*	ni	*nor*
o... o	*either . . . or*	ni... ni	*neither . . . nor*
aun	*even*	ni siquiera	*not even*
todavía	*still*	ya no	*no longer*
		todavía no	*not yet*
		apenas	*hardly*

B. *Alguno/Ninguno* and *alguien/nadie*

■ **Alguno/Ninguno** mean *someone / no one* or *something/nothing* from a particular group; **alguien/nadie** express *someone / no one* without reference to a group.

Alguien/Nadie llama a la puerta.	***Someone / No one** is knocking at the door.*
Hay tres niños en casa. **Alguno** (de ellos) va a abrir la puerta.	*There are three children at home. **Someone** (one of them) will open the door.*
La compañía ha probado varios diseños nuevos, pero **ninguno** (de ellos) funciona bien.	*The company has tried various new designs, but **none** (of them) works very well.*

■ **Alguno/Ninguno** and **alguien/nadie** must be preceded by the personal **a** when they function as direct objects.

Veo **a alguien** en el pasillo.	*I see **someone** in the hall.*
No conozco **a ninguno** (de ellos).	*I don't know **any** (of them).*

■ As adjectives, **alguno/ninguno** agree in number and gender with the nouns they modify. They shorten to **algún/ningún** before masculine singular nouns.

Hay **algunos chicos** de España en esa clase.	*There are **some guys** from Spain in that class.*
No tengo **ningún amigo.**	*I don't have **any friends**.*

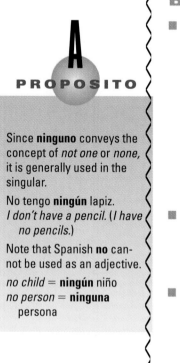

A

P R O P O S I T O

Since **ninguno** conveys the concept of *not one* or *none*, it is generally used in the singular.

No tengo **ningún** lapiz.
I don't have a pencil. (I have no pencils.)

Note that Spanish **no** cannot be used as an adjective.

no child = **ningún** niño
no person = **ninguna** persona

C. Other positive, negative, and indefinite expressions

■ When two subjects are joined by **o... o** or **ni... ni,** the verb may be either singular or plural. Native speakers of Spanish tend to make the verb plural when the subject precedes the verb and singular when the subject follows.

Ni mi padre **ni** mi madre me visitan.

No me visita **ni** mi padre **ni** mi madre.

> **Neither** my father **nor** my mother visits me.

■ **Algo/Nada** can be used as adverbs to modify adjectives.

Pues, sí, es **algo** interesante.

> Well, yes, it's **somewhat** interesting.

No, no es **nada** interesante.

> No, it isn't interesting **at all.**

■ English *more than* (*anything, ever, anyone*) is expressed with negatives in Spanish: **más que (nada, nunca, nadie).**

Más que **nada,** me gusta leer.

> More than **anything,** I like to read.

Práctica Algunas de las siguientes oraciones son afirmativas y otras son negativas. Siguiendo el modelo, modifíquelas para que las afirmativas sean negativas y viceversa.

MODELO: Nadie viene mañana. →
Alguien viene mañana.

1. Nadie quiere que tú te vayas.
2. Todavía tengo el regalo que mi ex novio me dio.
3. Los viejos no viven aquí tampoco.
4. ¡No voy jamás a conciertos de música rock!
5. ¿Conoces a alguien que me pueda ayudar?
6. Ninguna casa es perfecta.
7. Todavía están buscando una computadora; no les gusta ninguna de éstas.
8. La modernización y la tecnología siempre son la respuesta.

Intercambios

A Siempre hay opiniones pesimistas y también optimistas sobre cualquier tema. ¿Qué diría (*would say*) un(a) pesimista con respecto a los temas a continuación? Y ¿qué diría un(a) optimista? Trate de usar diferentes expresiones positivas y negativas en cada oración.

MODELO: el hambre en el mundo →
UN(A) PESIMISTA: Nunca vamos a resolver el problema del hambre.
UN(A) OPTIMISTA: Algún día vamos a encontrar una solución.

1. el agotamiento de los recursos naturales
2. la energía solar

3. la medicina alternativa

4. la pobreza

5. la tecnología y la industrialización

B ¿Se preocupa Ud. por el medio ambiente? ¿Es activista? ¿Cuáles de las siguientes oraciones describen sus sentimientos y opiniones al respecto? Coméntelas, cambiando el adverbio o el adjetivo si es necesario para que la oración sea más exacta.

EL PAPEL NUNCA ES BASURA... PUEDE UTILIZARSE DE NUEVO.

MODELO: *A veces* trato de comprar productos que no contaminan el medio ambiente. →
No es cierto para mí. *Siempre* trato de comprar productos que no contaminan el medio ambiente.

1. *Siempre* estoy dispuesto/a a pagar más por productos que no contaminan el ambiente.
2. Trato de reciclar *todo* el papel que utilizo.
3. No voy a comprar *ningún* producto desechable (*disposable*), *ni siquiera* los pañales.
4. Cuando veo artículos sobre la ecología en *algún* periódico o alguna revista, *a veces* los leo.
5. *Ya no* reciclo los envases de vidrio y de lata.
6. *Todavía no* estoy dispuesto/a a conducir menos (y menos rápido) para reducir la contaminación del aire.

C ¡Necesito compañero! A medida que nos modernizamos, y con la ayuda de la tecnología, esperamos que nuestra vida sea cada vez más fácil. ¿Hasta qué punto dependen Uds. de la tecnología? ¿Cuál de los siguientes inventos ha tenido (*has had*) el mayor impacto en su vida? Para investigar el tema, sigan los pasos a continuación.

■ Primero, examinen la tabla de inventos a continuación, y agreguen por lo menos tres más.

■ Después, entrevístense para averiguar con qué frecuencia Uds. utilizan los inventos de la tabla. Indiquen sus respuestas con una X.

	CON MUCHA FRECUENCIA	A VECES	APENAS	NUNCA	TODAVIA NO, PERO EN EL FUTURO	YA NO
la computadora						
la videocasetera						

	CON MUCHA FRECUENCIA	A VECES	APENAS	NUNCA	TODAVIA NO, PERO EN EL FUTURO	YA NO
el tocadiscos						
el televisor en blanco y negro						
el tren						
el Velcro						
el correo electrónico						
el teléfono inalámbrico (*cordless*)						
el horno (*oven*) convencional						
¿ ?						
¿ ?						
¿ ?						

- Luego, analicen los inventos que Uds. utilizan con mayor frecuencia. ¿Cuál(es) de ellos ha(n) tenido el mayor impacto en su vida? ¿Por qué?

- Finalmente, compartan los resultados de su entrevista y análisis con los demás miembros de la clase. ¿Hay mucha diferencia de opiniones? Comenten.

D Entre todos

- Algunos de los inventos que nos facilitan la vida no son realmente resultado de ninguna investigación científica sino que son producto de la casualidad (*chance*) o fruto del ingenio humano para resolver las pequeñas molestias (*hassles*) de todos los días. ¿Cuáles de los inventos de la actividad anterior son de este tipo? ¿Y cuáles son resultado de la investigación científica?

- En la próxima página hay descripciones de unos cuantos inventos, clasificados por orden alfabético. ¿Pueden Uds. emparejar cada descripción con el invento correspondiente de la siguiente lista?

el abrelatas
los alimentos enlatados
la calculadora
el chupete (*pacifier*)
el frigorífico

el jabón
las lentillas
los pañales desechables
la penicilina
la pila eléctrica

el plástico
el semáforo
el televisor
las tiras adhesivas
el Velcro

❶ Inspirado en el sistema de señales codificado por Gran Bretaña en 1818, la señalización de las calles por... tricolores comienza en el campo inglés en 1838. Después la ciudad de Londres aplica, a partir de 1868, un sistema análogo para intentar organizar la circulación. En los Estados Unidos, en un intento por canalizar su gran parque automovilístico, aparecen en Cleveland, en 1914, los... bicolores, y después los tricolores en Nueva York. En París la primera señal luminosa empieza a funcionar el 5 de mayo de 1923. Es una luz roja acompañada de una pequeña campanilla, que se activa manualmente. La luz verde y la naranja serán utilizadas 10 años más tarde.

❷ Aunque puedan parecer un invento de la tecnología moderna, ya se conocían en el Renacimiento. Leonardo Da Vinci fue el primero a que se le ocurrió la idea, pero sólo se decidió a experimentar con ella. Sin embargo, el francés Descartes aprovechó las ocurrencias del genio italiano y las empleó por primera vez con fines terapéuticos, aunque no obtuvo demasiado éxito. Hasta finales del siglo XIX no se emplearon para corregir la miopía y fue en 1937 cuando se sustituyó el vidrio puro por el plástico. Desde entonces la tecnología se ha encargado de reducirlas, perfeccionarlas y hasta hacerlas desechables, de usar y tirar.

❸ Gracias a este sistema revolucionario de adherencia, obra de un montañero suizo en los años 50, podemos prescindir de los botones, cremalleras e incluso cordones en algunas prendas de vestir. Basta con unir cada una de las partes del mismo a la ropa para que ésta quede bien sujeta y no se pueda desprender fácilmente. Para quitarla, tan sólo hay que tirar de un extremo con mucha fuerza y la prenda quedará desabrochada.

❹ Este artilugio tan sumamente útil, que más de una vez nos ha sacado de un apuro al permitirnos preparar rápidamente una comida, data de la década de los 60 del siglo XIX. Lo curioso del invento es que apareció cincuenta años más tarde que las latas. Así de sorprendente e insólito.

❺ Fue un hallazgo muy curioso de un empleado de la firma Johnson & Johnson para curar los cortes que se hacía su mujer en la cocina. Esta brillante idea de cortar en trozos pequeños los vendajes quirúrgicos y pegarlos a continuación en una tira adhesiva se le ocurrió en 1920 cuando estaba en su casa y su mujer sufrió un accidente doméstico. Cuando el Presidente de la empresa se enteró de su invento, no dudó ni un momento de la rentabilidad del mismo y a partir de entonces se empezó a comercializar este pequeño vendaje provisional.

❻ Su origen se remonta a la necesidad de una madre neolítica de calmar los llantos de su retoño. Los expertos afirman que el primer... fue un hueso. Hasta hace cincuenta años cualquier cosa valía para sosegar a los bebés, pero el... con la forma que lo conocemos tiene cinco décadas.

■ ¿Cuál de los inventos descritos les parece que ha tenido el mayor impacto en la vida humana? ¿Por qué?

■ Muchos de los inventos que aparecen en la lista de la página anterior han facilitado la vida, de eso no cabe duda. Sin embargo, algunos de ellos también han creado problemas que afectan el medio ambiente. ¿Cuáles de esos inventos relacionan Uds. con problemas ecológicos? Digan cuál es el problema en cada caso.

ESTRATEGIAS PARA LA COMUNICACION

¡No me gusta nada! *More about likes and dislikes*

As you know, the English verb *to like* is generally expressed in Spanish with **gustar.** Likes and dislikes exist in varying degrees, however. Sometimes you may want to change the way you communicate your likes and dislikes according to the context of the conversation.

For example, if a professor recommended a movie to you that you subsequently saw and heartily disliked, which of the following would be a better response to your professor's question, "How did you like it?"

La película me dio asco. Fue una
    pérdida total de tiempo.
A mí no me gustó tanto como
    a Ud.

*The movie made me sick. It
    was a complete waste of time.
I didn't enjoy it as much as
    you did.*

Here are some useful expressions for talking about your likes and dislikes. Note that all are conjugated like **gustar.**

STRONGLY POSITIVE	POSITIVE	NEUTRAL	NEGATIVE	STRONGLY NEGATIVE
encantar *to delight* fascinar *to fascinate*	gustar *to be pleasing to* importar *to matter to, to be important to* interesar *to be interesting to*	dar igual *to be the same to* no importar *to not matter to, to not be important to*	no gustar *to not be pleasing to*	ofender *to be offensive to* disgustar *to annoy, to irk* molestar *to bother, to annoy* dar asco *to sicken* no gustar nada* *to be very unpleasing to*

Todo este ruido nos molesta.
Me fascinaron sus diseños.
—¿Prefieres café o té?
—Me da igual.

*All this noise bothers us.
Your designs fascinated me.
—Do you prefer coffee or tea?
—It's all the same. (It doesn't
    matter to me.)*

A ¡Necesito compañero! Working with a partner, ask and answer questions to find out each others' likes with respect to the following.

¿Cuál es tu reacción a... ?

1. las películas de ciencia ficción
2. la música de Madonna
3. los chistes étnicos o sexuales
4. la política (*the policies*) del presidente
5. la comida que se sirve en la residencia estudiantil
6. las personas que fuman en los lugares donde se prohíbe fumar
7. las personas que hablan durante las películas
8. el arte de Escher / Picasso / Andy Warhol

---

*The verb **odiar** (*to hate*) is used by most native speakers of Spanish to express extremely strong passion—of the type that might lead to murder, for example. A strong dislike of something such as a food or a household chore can be expressed by **detestar** (*to detest*).

B ¡Necesito compañero! Work with your partner to decide how each of the people indicated will react to each phenomenon. Later, share your decisions with the rest of the class, justifying them briefly.

1. FENOMENO: la desnutrición
   INDIVIDUOS: unos desamparados, el dueño / la dueña de un supermercado, un(a) activista
2. FENOMENO: la tecnología
   INDIVIDUOS: unos campesinos (*country people*), un obrero / una obrera (*worker*), un médico / una médica, un(a) estudiante
3. FENOMENO: la exploración del espacio
   INDIVIDUOS: unos científicos, un(a) militar, un(a) pobre, un hombre / una mujer «corriente» (*man/woman on the street*)

VIAJE CULTURAL

Los bosques, defensas del planeta

Se sabe que los bosques suministran (*supply*) muchos recursos y que son una de las defensas más importantes para la conservación del planeta Tierra. Sin embargo, los árboles de los bosques se derriban (*are being cut down*) en grandes cantidades para emplearlos como combustible (*fuel*) y para fines industriales. Según algunos pronósticos, de seguir cortando (*if we continue to cut*) los árboles a la razón (*rate*) actual, los bosques habrán desaparecido (*will have disappeared*) para el año 2025. Sólo habrá (*there will be*) unos

cuantos santuarios de árboles como reliquias (*relics*) del pasado. Pero aunque la situación es crítica, no es del todo desesperada, ya que tanto los gobiernos como muchos individuos se han dado cuenta (*have realized*) del peligro y están intentando salvar lo que queda de los grandes bosques del pasado y asegurar que los terrenos deforestados vuelvan a su estado de bosque primario.

¿Qué dicen los estudiosos (*knowledgeable*) del tema sobre el tiempo que tarda una parcela (*plot*) en volver a su estado original de bosque primario? ¿Cómo podemos ayudar a salvar los bosques? Lea con cuidado las siguientes afirmaciones. Después, mire el vídeo y escuche el texto que lo acompaña para saber las respuestas a estas preguntas.

¡A ver!

A ¿Son ciertas (**C**) o falsas (**F**) las siguientes afirmaciones? Corrija las oraciones falsas.

	C	F
1. Para que una parcela que fue cultivada retorne a su estado de bosque primario, se requieren de 25 a 30 años.	☐	☐

	C	F
2. Es importante no comprar nada que esté hecho de madera.	☐	☐
3. Los bosques son «fábricas de agua», es decir, en ellos nacen muchos ríos.	☐	☐
4. Sólo los gobiernos pueden detener la desaparición de los bosques.	☐	☐
5. Más del 50 por ciento de la madera que se obtiene de los bosques se usa como combustible, y el resto se emplea para fines industriales.	☐	☐
6. Se recomienda que usemos bolsas de papel color castaño porque están hechas de papel reciclado.	☐	☐
7. Es evidente que cuando tiramos el papel a la basura, ayudamos a que no se derriben nuevos árboles.	☐	☐

B Entre todos

■ ¿Qué hacen Uds. para contribuir a la conservación del medio ambiente? ¿Qué se hace en esta universidad o en el lugar donde trabajan Uds.?

■ ¿Piensan Uds. que la gente está verdaderamente consciente de la importancia del reciclaje? ¿Por qué piensan algunas personas que reciclar no es necesario o productivo? ¿Qué podrían (*could*) decirles Uds. para que cambien de idea?

■ ¿Qué les preocupa a Uds. sobre el futuro del mundo que van a heredar (*inherit*) sus hijos y en el que Uds. tendrán que (*will have to*) vivir cuando sean mayores? ¿Qué pueden o deben hacer Uds. ahora para evitar esos futuros problemas? ¿Qué pueden o deben hacer los gobiernos?

De entrada

22

Según algunas personas (muchas de las cuales escriben las series de televisión), visitantes de otros planetas ya viven entre nosotros. Aunque estos seres suelen tener una tecnología mucho más avanzada que la nuestra, a veces tienen dificultad en manejar los pequeños aparatos de los seres terrestres. Examine el dibujo de la próxima página con cuidado e indique si las afirmaciones que siguen le parecen ciertas (**C**) o falsas (**F**).

	C	F
1. Es obvio que, en general, estos individuos tienen idea de la función de los muebles (*furniture*).	☐	☐
2. Si alguien ve la casa sólo por fuera (*from the outside*), es probable que no observe nada raro.	☐	☐
3. A la mujer en la cocina no le molesta que el cortacésped esté allí.	☐	☐
4. Es dudoso que todos los aparatos funcionen bien en los lugares donde se encuentran.	☐	☐
5. Parece que la familia tiene una buena selección de aparatos: todos son domésticos; no hay nada que sea para una oficina o fábrica.	☐	☐
6. A los miembros de la familia parece sorprenderles que haya un cohete en el dormitorio.	☐	☐
7. A la familia le gusta que todos los aparatos estén en un mismo salón.	☐	☐
8. Los miembros de la familia no creen que sea buena idea comer y mirar la televisión al mismo tiempo.	☐	☐

En algunas de las afirmaciones anteriores se usa el subjuntivo y en otras se usa el indicativo. ¿Sabe Ud. por qué en cada caso? En la siguiente sección, va a repasar estos usos del subjuntivo.

22 USES OF THE SUBJUNCTIVE: CERTAINTY VERSUS DOUBT; EMOTION

A. Certainty versus doubt

Certainty versus doubt is another of the main-clause characteristics that determine the use of indicative or subjunctive in the subordinate clause. The subjunctive is generally used when the speaker wishes to describe something about which he or she has no knowledge or certainty. In contrast, the indicative is used to describe something about which the speaker is knowledgeable or certain—something that he or she considers objective reality.

Note the use of the indicative and subjunctive to express certainty and doubt in the following paragraphs.

Parece que el futuro se presenta conflictivo para las nuevas generaciones. Frente a la tecnología que avanza y la modernización que llega a más personas, siguen existiendo (*continue to exist*) problemas que no se han podido resolver: el analfabetismo, el desempleo, el hambre, la despoblación rural son hoy todavía una realidad.

Es dudoso que los planes del gobierno eliminen totalmente el analfabetismo ya que muchos jóvenes abandonan la escuela para buscar trabajo: es difícil pensar en los estudios cuando uno tiene hambre. Es posible que el progreso tecnológico resulte en un crecimiento de la industria y que

CERTAINTY: INDICATIVE	UNCERTAINTY OR DOUBT: SUBJUNCTIVE
Parece que el futuro **se presenta**... *It seems that the future appears . . .*	**Es dudoso que** los planes del gobierno **eliminen**... *It's doubtful that the government's plans will eliminate . . .*
No hay duda que los jóvenes que abandonan la escuela para buscar trabajo luego **pueden**... *There is no doubt that young people who leave school to look for work later can . . .*	**Es posible que** el progreso tecnológico **resulte**... y **que** esto **proporcione**... *It's possible that technological progress may result in . . . and that this may provide . . .*
Es cierto que **hay**... *It's true that there are . . .*	Al mismo tiempo **es probable que** esta misma tecnología **disminuya**... *At the same time, this same technology will probably diminish . . .*
	...**no creo que** la solución **esté**... *. . . I don't think (that) the solution is . . .*

esto proporcione (ofrezca) muchos trabajos nuevos. Al mismo tiempo es probable que esta misma tecnología disminuya el número de empleados no cualificados (*unskilled*) que se necesitan. No hay duda que los jóvenes que abandonan la escuela para buscar trabajo luego pueden encontrarse en una situación aún más precaria.

Es cierto que hay agencias que estudian formas de resolver estos problemas, pero no creo que la solución esté cerca. ¿Qué recomienda Ud.?

In Spanish, some impersonal expressions consistently introduce the subjunctive, even when their English equivalent indicates a greater degree of certainty. With impersonal expressions, probability/improbability and possibility/impossibility are always considered degrees of uncertainty, and therefore they always introduce the subjunctive.

CERTAINTY: INDICATIVE		UNCERTAINTY: SUBJUNCTIVE	
Es seguro que Es cierto que Es verdad que Es obvio que Es evidente que	} viene.	(No) Es (im)posible que (No) Es (im)probable que (No) Puede (ser) que No es seguro que No es cierto que Es dudoso que	} venga.

Práctica ¿Demuestran seguridad o falta de seguridad las siguientes oraciones?

1. Es evidente que a él no le gusta el cambio.
2. No estamos seguros de que aspire a ser arquitecto.
3. Vemos que Uds. tienen muchos diseños.
4. No creo que participen en la manifestación.
5. Existe la posibilidad de que haya más igualdad en el futuro.

B. Emotion, value judgments

The subjunctive is used in subordinate clauses that follow the expression of an emotion or the expression of a subjective evaluation or judgment. Impersonal expressions that describe emotional responses to reality or make a

EMOTION/VALUE JUDGMENT	IMPERSONAL EXPRESSIONS
Siento mucho que la vivienda sea tan cara. *I regret that housing is so expensive.*	**¡Qué lástima** que piensen destruir ese edificio! *What a shame that they are planning to destroy that building!*
Me pone triste que haya tanta hambre en el mundo. *It makes me sad that there is so much hunger in the world.*	**Es bueno** que investiguemos las causas del problema. *It is good that we are investigating the causes of the problem.*

subjective commentary on it are also followed by the subjunctive in subordinate clauses.

In contrast to the uses of the subjunctive that you have learned so far, the situations described in the preceding subordinate clauses are real or experienced (housing *is* expensive; they *are* investigating the causes), and thus are part of the speaker's objective reality. This reality, however, causes an emotional reaction in the speaker, who uses the subjunctive to convey its subjective (emotional) impact. Remember that it is the *concept* of emotion—not a specific expression—that is important. The following are some of the most common expressions of emotion that result in the use of the subjunctive in the subordinate clause.

estar triste/contento/a (de) que	me enoja/enfada* que	es bueno (escandaloso, fantástico, increíble, interesante, malo, natural, sorprendente, tremendo, triste) que
sentir (ie, i) que	(no) me gusta que	
tener miedo (de) que	me pone triste/contento/a que	
	me preocupa que	¡Qué bueno (escandaloso, fantástico) que

Práctica Examine los verbos en letra cursiva en el siguiente pasaje. ¿Cuáles están en indicativo? ¿Cuáles están en subjuntivo? En el caso de los en subjuntivo, identifique la razón de su uso.

El control de la natalidad no ha sido aceptado (*has not been accepted*) entre la clase baja por muchas razones. Ahora que los gobiernos y ciertos grupos se *dan* cuenta de la necesidad de controlar el aumento de la población, le *recomiendan* a la mujer que *tenga* menos hijos. No es sorprendente que ella *rechace* el control de la natalidad, ya que *mide* su propio valor dentro de la sociedad según el número de hijos que tiene. Si la sociedad no le ofrece otro papel o actividad que le permita† dar sentido (*meaning*) a su vida, es muy difícil que *renuncie* al papel de madre prolífica que le han dado (*was given to her*) en el pasado. La poca aceptación del control de la natalidad, en combinación con la reducción espectacular de la tasa de mortalidad (*death rate*), hace que el crecimiento demográfico de Hispanoamérica *sea* el más alto del mundo después de Africa.

Intercambios

A ¿Qué opina Ud.? Use una expresión diferente para reaccionar a cada una de las afirmaciones de la próxima página. Luego justifique brevemente sus opiniones. ¡Cuidado con el uso del subjuntivo!

Creo	Es (im)posible	Estoy seguro/a
Dudo	Es increíble	Es triste
Es bueno	Es malo	Es verdad
Es fantástico	Espero	No creo

---

*All the expressions in this column are used like **gustar,** with indirect object pronouns.
Le/Les pone contento que seas arquitecto.
Me/Nos preocupa que llegues tan tarde.
†This use of the subjunctive will be discussed on page 187.

1. Vamos a tener colonias en la luna para el año 2050.
2. Muchos jóvenes usan calculadoras y computadoras en la escuela primaria.
3. Se puede resolver el problema del hambre en el mundo.
4. Es más importante proteger (*to protect*) los recursos naturales que aprovecharse (*to take advantage*) de ellos.
5. La industrialización trae graves problemas sociales.
6. En este país, muchas personas están «emigrando» de las grandes ciudades a las afueras o a las zonas rurales.
7. La mayoría de las personas que viven en la pobreza son mujeres y niños.
8. Los científicos no son responsables de la aplicación o uso de sus inventos.
9. Hay una conexión entre el analfabetismo y la televisión.
10. Vivimos mejor ahora que hace cincuenta años.

B Usando las siguientes preguntas como guía, describa lo que pasa en los dibujos a continuación. Cuidado con el uso del subjuntivo.

- ¿Quiénes son esas personas?
- ¿Dónde están?
- ¿Cuál es la situación?
- ¿Cuál es su reacción?

1. amasar (*to knead*), la batidora (*beater*), la cafetera (*coffee maker*), la máquina para hacer palomitas (*popcorn popper*), moler (ue) (*to grind*), el vendedor
2. atrapar, conducir (*to drive*), evitar (*to avoid*) accidentes de tráfico, el imán (*magnet*), volar (ue) (*to fly*)
3. estar absorto, no hacerle caso, repetirse (i, i) la historia

1.

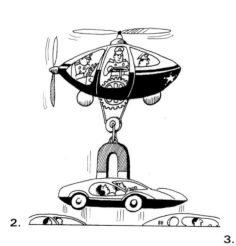

2.

3.

 C ¡Necesito compañero! Trabajando en parejas, preparen un comentario positivo y otro negativo sobre tres de los temas a continuación. Para formular sus comentarios, usen las expresiones de las listas que se dan en la próxima página. Luego, comparen sus comentarios con los de los demás miembros de la clase.

Comentarios positivos: es interesante, es tremendo, estamos contentos, nos gusta

Comentarios negativos: no nos gusta, nos enfada, nos preocupa, tenemos miedo

1. la tecnología
2. la explosión demográfica
3. el analfabetismo
4. la posibilidad de un gobierno mundial
5. los recursos naturales
6. la contaminación del medio ambiente
7. la educación
8. la superautopista de la información

D Guiones Trabajando en grupos de dos o tres, narren en el tiempo presente la siguiente historia de un invento que ha tenido gran impacto en la vida moderna. Incorporen complementos pronominales cuando sea posible y usen cada una de las expresiones a continuación por lo menos una vez.

cree que...	está muy contento/a (de) que...
duda que...	pide que...
es necesario que...	recomienda que...
es triste que...	les parece ridículo / buena idea que...

Vocabulario útil: las asas (*handles*), la bolsa (*bag*), el carrito (*shopping cart*), el/la cliente (*customer*), pedir un préstamo (*to ask for a loan*), pesar (*to weigh*), la rueda (*wheel*)

El mundo de la computadora tiene toda una cultura y un lenguaje propios. ¿Reconoce Ud. las siguientes siglas, comunes en la comunicación electrónica? Explique lo que representa cada sigla en inglés, y luego exprésalas en español.

- Las fáciles
  TTFN IMO IMHO
  BTW

- Algunas más difíciles
  IWBIWISI YMMV

- Para los peritos (expertos)
  MRD

Investigue cuáles son las siglas que utilizan los que escriben y «charlan» electrónicamente en español.

E ¡Necesito compañero! Trabajando en parejas, lean rápidamente los breves textos en la próxima página. ¿Pueden encontrar un equivalente en español para cada uno de los siguientes términos? ¿Cuántos encontraron? Escriban los equivalentes, y no se olviden de escribir los sustantivos con el artículo definido que les corresponde.

browser	the Internet
to click	to save
compatible	server
to download	World Wide Web
(computer) file	web page
folder	

F Entre todos

■ Según lo que Ud. sabe con respecto a las computadoras y la información que encontró en los textos de la actividad anterior, ¿cómo cree que son los consumidores para quienes estos textos fueron diseñados?

Exprese su opinión usando una de las expresiones de la lista a continuación. Cuidado con el uso del subjuntivo en la cláusula subordinada.

(no) creo	es dudoso	(no) es probable
(no) es cierto	(no) es posible	puede ser

a. Son personas que sólo buscan productos para la oficina u otro ambiente profesional.
b. Sus computadoras son máquinas Macintosh.
c. Les preocupa el uso ilegal del software.
d. Tienen acceso a la Internet.
e. *Dé una oración basada en los textos para ver la reacción de sus compañeros.*

■ ¿Tiene Ud. una computadora personal? ¿Cuánto tiempo hace que la tiene? ¿Por qué la compró? Si no tiene computadora, ¿adónde va para usar una?

■ Cuando entró a la universidad, ¿ya sabía Ud. usar una computadora o aprendió a usarla aquí? En su opinión, ¿es importante la computadora para tener éxito en los estudios universitarios? ¿Por qué sí o por qué no?

■ ¿Para qué clases utiliza Ud. la computadora? ¿La utiliza también para fines (*purposes*) *no* académicos? Explique.

■ En general, cuando Ud. trabaja en la computadora, ¿prefiere estar solo/a o le gusta estar con otra gente? ¿Por qué?

■ Algunos expertos dicen que la computadora puede crear una dependencia (*addiction*) psicológica en algunos usuarios. ¿Está Ud. de acuerdo? ¿Cuánto tiempo pasa Ud. en la computadora cada día?

G **¡Necesito compañero!** Los inventos tecnológicos no sólo traen beneficios: también tienen sus desventajas. Trabajando en parejas, escojan tres de los siguientes grupos y utilicen algunas de las expresiones que han aprendido en este capítulo para mencionar dos de los efectos (uno positivo y otro negativo) que la mecanización ha tenido en cada grupo. Luego, compartan sus opiniones con los demás miembros de la clase.

> MODELO: los obreros →
> Por un lado (una parte), es bueno que las máquinas puedan hacer algunos de los trabajos más peligrosos. Pero por otro (otra), nos preocupa que muchas personas pierdan el trabajo como resultado de la mecanización.

a. la comida	c. los estudiantes	e. los políticos
b. los médicos	d. los profesores	f. el medio ambiente

H Entre todos

■ Los videojuegos son muy populares entre los jóvenes. Algunos creen que esto los puede afectar negativamente, mientras que otros no están seguros de que sea así. Utilizando las expresiones de este capítulo, expliquen las consecuencias negativas y positivas que estos juegos pueden tener en los niños y los jóvenes. De niños, ¿dedicaban Uds. mucho tiempo a estos juegos? Cuando tengan sus propios hijos, ¿van a limitarles el tiempo que dediquen a este tipo de actividad? ¿Por qué sí o por qué no?

Hoy en día hay una gran polémica acerca del impacto de la televisión sobre los jóvenes. Mientras algunos la condenan, otros la defienden. Antes se criticaba mucho la presentación de tanta violencia; hoy la crítica ataca también la presentación ubicua (constante) del sexo casual y la falta de valores familiares. Piensen en esto al contestar las siguientes preguntas.

a. ¿Qué evidencia hay de estas tendencias en los programas de televisión de hoy en día?

b. ¿Es cierto que la televisión tiene gran impacto en quienes la miran? ¿Qué efectos positivos tiene?

c. Miren las dos tiras cómicas a continuación. ¿Qué pasa en cada una? ¿Cómo ve el caricaturista (*cartoonist*) la televisión? ¿Cuál es su punto de vista? ¿Están Uds. de acuerdo? ¿Por qué sí o por qué no?

ENLACE

Pro y contra

Primer paso: Identificar

Divídanse en dos grupos: uno va a identificar los argumentos que apoyan la cuestión y el otro va a identificar los argumentos en contra. Cada grupo debe elegir un secretario / una secretaria para hacer una lista de todas las ideas mencionadas.

Segundo paso: Presentar

Cada grupo va a presentar todas las ideas de su lista, alternando punto por punto. El profesor / La profesora va a hacer dos columnas en la pizarra: una para los argumentos en pro, y otra para los argumentos en contra. Luego va a anotar en la columna debida las ideas de cada grupo con respecto al tema. Al presentar cada idea, traten de relacionarla directamente con una idea de la otra columna.

Frases útiles:

es verdad que... pero no se puede disputar que...
hay que recordar que...
no hay duda (de) que... sin embargo, debemos reconocer que...
por una parte (un lado)... pero por otra (otro)...

1. La conservación de la energía... A causa de la crisis de energía, el gobierno decide que no debe usarse ningún aparato eléctrico a menos que (*unless*) sea absolutamente necesario. Hagan el papel de uno de los siguientes individuos durante el debate: un maestro de una escuela primaria, una madre, una reportera, un comerciante.

EN PRO

Estoy a favor de la televisión
  porque...

EN CONTRA

Estoy en contra de la televisión
  porque...

2. La ciencia avanza... Los nuevos descubrimientos científicos pueden resolver o crear otros problemas para la humanidad. Imagínense que Uds. son científicos y que tienen que decidir si van a participar en las investigaciones de los temas a continuación.

   a. la energía nuclear
   b. el control de la natalidad
   c. la experimentación con animales
   d. la creación de computadoras con inteligencia humana
   e. la exploración del espacio

EN PRO

Es bueno (necesario, importante, ...) que apoyemos _____
  porque...

EN CONTRA

Es mejor que prohibamos
  (regulemos, eliminemos, ...)
  _____ porque...

3. El futuro de la raza humana

EN PRO

La ingeniería genética puede ser
  muy beneficiosa para la raza
  humana porque...

EN CONTRA

La ingeniería genética puede ser
  muy peligrosa para la raza
  humana porque...

¡OJO!

	EXAMPLES	NOTES
volver **regresar** **devolver**	Van a **volver** (**regresar**) a España este verano. *They're going to return to Spain this summer.* Tienen que **devolver** el libro a la biblioteca. *They have to return the book to the library.*	**Volver** means *to return to a place;* with this meaning, it is synonymous with **regresar.** **Devolver** means *to return something* (*to someone*).
mudarse **trasladar(se)** **mover(se)**	Como mi padre era militar, **nos mudábamos** constantemente. *As my father was in the military, we moved around constantly.* La compañía la **trasladó** a otra oficina. *The company moved (transferred) her to another office.* Nuestra empresa **se traslada** a Bogotá. *Our firm is moving to Bogotá.* ¿Puedes ayudarme a **mover** este estante? *Can you help me move this bookshelf?* ¡Hijo! No **te muevas.** Tienes una abeja en el brazo. *Son! Don't move. You have a bee on your arm.*	When *to move* means *to change residence,* use **mudarse.** *To move* or *to be moved from place to place*—from city to city or from office to office, for example—is expressed with **trasladar(se).** Use **mover(se)** to express *to move an object or a part of the body.*
sentir **sentirse**	**Siento** un gran alivio sabiendo que vas a estar conmigo. *I feel a great relief knowing that you're going to be with me.* **Me siento** muy aliviada sabiendo que vas a estar conmigo. *I feel very relieved knowing that you're going to be with me.* Lo **siento.** *I'm sorry. (I regret it).*	Both **sentir** and **sentirse** mean *to feel.* **Sentir** is always followed by nouns, and **sentirse** by adjectives. **Sentir** can also mean *to regret.*

	EXAMPLES	NOTES
sentir sentirse (*continued*)	La compañía la **trasladó** a otra **Siento** que esto haya llegado hasta ahí. *I'm sorry that it has come to this.* **Piensan (Creen, Opinan)** que es una poeta excelente. *They feel that she is an excellent poet.*	Neither **sentir** nor **sentirse** can express *to feel* in the sense of *to believe* or *to have the opinion*. These concepts must be expressed with **pensar, creer,** or **opinar.**

A Volviendo al dibujo Elija la palabra o expresión que mejor complete cada oración. ¡Cuidado! También hay palabras de los capítulos anteriores.

1. La señora Esperanza era joven cuando se casó (a/con/de) un hombre muy bueno. Pero un día, cuando él todavía era muy joven, se enfermó de tuberculosis. Ella tuvo que gastar todos sus ahorros (*savings*) en (cuidar/importar) a su esposo, pero a pesar de todo, él murió. Ahora (mira/parece) que ella no sabe qué hacer, porque vive en la ciudad y tiene tres hijos a quienes ella (cuida/importa) y (mantiene/soporta) sola. No quiere depender (al / del / en el) gobierno y prefiere (funcionar/trabajar), pero ¿cómo, si tiene que atender a sus hijos? Ella sueña (con/de/en) (moverse/mudarse) al campo y tener allí una casita con jardín y todo. Ahora (se siente / siente) desesperada. Necesita ayuda, pero nadie hace (atención/caso) de sus necesidades.

2. Los arquitectos se dedican a diseñar edificios para modernizar la ciudad. El urbanista (busca/mira/parece) el diseño que le presenta el arquitecto, que consiste (con/de/en) edificios grandes y supermodernos para múltiples familias. No hay viviendas individuales. (Busca/Mira/Parece) que ellos creen que es (hora/tiempo/vez) de transformar el barrio. También

(busca/mira/parece) que ellos no (se sienten / sienten) responsables de los efectos de sus acciones. Lo que más les (cuida/importa) son el progreso, la modernización de la ciudad y el ganar dinero.

3. Después de la realización del proyecto del arquitecto, la señora Esperanza se (movió/mudó/trasladó) con su familia a uno de los edificios modernos. Pero aunque el nuevo apartamento es grande y moderno, ellos (se sienten / sienten) tan tristes e infelices como antes. Ella y los niños (buscan/miran/parecen) por las ventanas y lo único que pueden ver son los otros edificios que están (cerca/íntimos/unidos).

B Entre todos

■ Hoy en día, ¿es típico que una familia se establezca en una sola ciudad por largo tiempo (veinte años o más)? ¿Con qué frecuencia se ha mudado tu familia? Por ejemplo, antes de cumplir los 18 años, ¿cuántas veces te mudaste? Para los padres, ¿es una ventaja o una desventaja mudarse con frecuencia? ¿y para los niños?

■ Cuando llegó la hora de dejar tu casa para venir a la universidad, ¿cómo te sentías? ¿feliz? ¿preocupado/a? ¿con miedo? ¿Recuerdas la primera semana de clases de tu primer año aquí? ¿Cómo te sentías entonces? Y ahora, después de algún tiempo en la universidad, ¿cómo te sientes? ¿Te resultó fácil acostumbrarte o te fue difícil? ¿Por qué?

Repaso

Ⓐ Complete el párrafo, dando la forma correcta de los verbos entre paréntesis.

¡El «hacelotodo», máquina del porvenir!

¿Se siente Ud. agobiada (*overwhelmed*) por el trabajo? ¿Quiere que su vida (ser)[1] más interesante? ¿Quiere (pasar)[2] más tiempo con sus amigos y familiares? ¡(Escuchar)[3]! Ya es posible que la vida (ser)[4] más fácil y más divertida. ¡(Comprar)[5] Ud. un hermoso «hacelotodo»! ¿No tiene tiempo de preparar la comida? ¡Es mejor que (preparársela)[6] él! ¿Se cansa lavando la ropa? ¡Es posible que (lavársela)[7] él! ¿Le molesta ir al banco y hacer las compras? ¿No quiere escribir cartas y visitar a sus suegros? ¡No (preocuparse)[8]! ¡Permita Ud. que (hacérselo)[9] todo el «hacelotodo»! En la casa, en la escuela, en la oficina, el maravilloso «hacelotodo» está a sus órdenes. De ahora en adelante, ¡(empezar)[10] Ud. a vivir de verdad!

En una gran variedad de modelos y colores... a un precio realmente increíble... satisfacción garantizada... el maravilloso «hacelotodo». Sólo en las tiendas más elegantes.

Ⓑ En el futuro, muchos aparatos que existen hoy van a ser muy distintos. Identifique los siguientes aparatos del futuro. ¿Cuáles son sus funciones? ¿En qué son diferentes de los aparatos de hoy? ¿Cuáles son los aspectos de cada aparato que le gustan más? ¿los que no le gustan nada? ¿Cuál de los aparatos le parece más útil? ¿menos útil? Explique.

> **Vocabulario útil:** la pantalla (*screen*), oler → huele (*to smell*), secar (*to dry*), planchar (*to iron*), doblar (*to fold*)

CAPÍTULO SEIS
6

El hombre y la mujer en el mundo actual

Veracruz, México

Muchas personas creen que, al nacer, todos los bebés son iguales, con excepción de las diferencias físicas. Los rasgos llamados «femeninos» o «masculinos» aparecen durante la juventud como resultado del contacto con la sociedad (los padres, los amigos, las escuelas), la cual tiene ciertas expectativas asociadas con cada sexo. ¿Qué comportamiento esperaban de Ud. sus padres? ¿Con qué frecuencia expresaban las siguientes expectativas?

> 1 = siempre   2 = con frecuencia   3 = a veces   4 = nunca

Mis padres creían que debía...

- **a.** _____ tener éxito en los estudios.
- **b.** _____ participar en los deportes.
- **c.** _____ ayudar con las tareas domésticas *dentro* de la casa (lavar los platos, limpiar mi cuarto, etcétera).
- **d.** _____ ayudar con las tareas domésticas *fuera* de la casa (limpiar el garaje, cortar el césped [*lawn*], etcétera).
- **e.** _____ participar en las reuniones familiares.
- **f.** _____ tener buenos modales.
- **g.** _____ demostrar una actitud respetuosa y obediente.
- **h.** _____ desarrollar una actitud independiente.
- **i.** _____ ayudar con el cuidado de mis hermanos menores.
- **j.** _____ aprender a bailar.
- **k.** _____ aprender a tocar un instrumento musical.
- **l.** _____ trabajar fuera de casa para ganar dinero.
- **m.** _____ casarme y tener hijos.

¿Esperaban el mismo comportamiento de Ud. y de sus hermanos? Si tenían expectativas diferentes, identifique algunas de ellas. Utilizando las preguntas anteriores, haga un pequeño sondeo* para averiguar las experiencias de sus compañeros al respecto.

---

*Se puede hacer el sondeo entrevistando a los compañeros de clase y luego recopilando (*compiling*) sus respuestas. Hay un ejemplo del proceso en la página 74.

- Compare las actividades de los niños con las de las niñas en los años veinte. ¿Qué aspiraciones tenían? ¿Hay alguna relación entre sus juegos y sus aspiraciones? ¿Piensa Ud. que en realidad ocurría tal socialización? ¿Piensa que todavía ocurre? Explique.

- ¿En qué son diferentes las actividades femeninas de principios del siglo XXI de las de los años veinte? ¿Hay diferencias también entre los juegos masculinos de los años veinte y los de principios del siglo XXI? ¿Sugieren estos dibujos que han ocurrido algunos cambios socioculturales? ¿Cuáles son?

- ¿Refleja el segundo dibujo lo que ocurre en su propia comunidad (entre sus amigos, su familia, etcétera)? ¿En qué sentido?

VOCABULARIO

para conversar

la abnegación abnegation, self-denial
  abnegado/a self-denying
el amo/a de casa homemaker
aspirar a to aspire to
  la aspiración aspiration, goal
el cambio change
la carrera career, profession; university
    specialty (major)
la custodia custody
educar* to rear, bring up (children)
  la educación upbringing; education
en cuanto a... as far as . . . is concerned
la expectativa expectation
femenino/a feminine
la igualdad equality
el juguete toy

la juventud childhood; youth
masculino/a masculine
la meta goal, aim
la muñeca doll
el papel role
  desempeñar un papel to play (fulfill) a role
la pelota ball
el prejuicio prejudice
el puesto job
los quehaceres domésticos household chores
la responsabilidad responsibility
sensible sensitive
socializar to socialize
  la socialización socialization
el sueldo salary

A Dé la palabra de la lista del vocabulario que corresponde a cada una de las siguientes definiciones.

1. característico de las mujeres
2. el principio que reconoce los mismos derechos (*rights*) para todos
3. la época de la vida entre la niñez y la madurez (*adulthood*)
4. que se emociona fácilmente
5. el dinero que se recibe periódicamente por un trabajo realizado

B ¡Necesito compañero! Trabajando en parejas, mencionen las palabras de la lista del vocabulario, y otras más, que Uds. asocien con cada una de las palabras a continuación. ¡Prepárense para explicarle sus respuestas al resto de la clase!

MODELO: la abnegación →
el ama de casa, educar, la educación, la responsabilidad, el pasado, la tradición

1. el puesto
2. el juguete
3. la socialización
4. la custodia
5. la meta

---

*In both English- and Spanish-speaking cultures, "bringing up" (**educar**) children denotes both physical care as well as the process of educating them with respect to the values and rules of the society in which they live. The Spanish term **educación** refers both to the moral upbringing of a child as well as to schooling. *Higher education* is commonly expressed as **la educación superior.**

    Remember that **bien educado/a** and **mal educado/a** convey the meaning of *well-* or *ill-mannered.* To indicate that someone is *well-educated,* use **culto/a** or **instruido/a.**

C Relacione cada persona de la lista con una(s) de las palabras del cuadro. Luego justifique sus respuestas. ¿Cuáles de estas asociaciones reflejan estereotipos?

1. una mujer
2. una muchacha

3. un hombre
4. un muchacho

criar   el cambio   la juventud   sensible

el prejuicio   la responsabilidad   la muñeca   la abnegación   la pelota

la expectativa   la custodia

la carrera

D En su opinión, ¿hay más igualdad entre los sexos hoy en día que en 1920? Considere los siguientes contextos con respecto a ambos sexos.

1. los papeles (responsabilidades, deberes) que tienen en la sociedad
2. la situación económica (participación en las distintas carreras, sueldos)
3. la participación política

■ En general, ¿qué aspecto(s) de los cambios entre los sexos desde 1920 considera Ud. positivo(s)?

■ ¿Hay algunos que le parezcan negativos? Explique.

■ ¿Qué otros cambios se van a producir entre este año y el año 2020 en cuanto a las actividades de ambos sexos?

E Entre todos

■ ¿Cuál es el papel de la mujer en su comunidad o grupo? ¿y el papel del hombre?

■ En general, ¿tiene la mujer el papel de líder en nuestra sociedad?

■ ¿Tiene el hombre la libertad suficiente para manifestar su sensibilidad? ¿para dedicarse a los quehaceres domésticos?

UNA MUJER EN LA CIMA DEL EVEREST

¡ ME DIJERON, " YA QUE SUBE UD. ALLA. "¡

el PERIO,

¿Dónde está esta mujer? ¿Por qué está barriendo (*sweeping*)? ¿Qué contradicción hay entre lo que acaba de hacer y lo que está haciendo en el dibujo? ¿Qué estereotipo(s) contradice o ridiculiza este dibujo? Explique.

De entrada

23

¿Está Ud. de acuerdo con las siguientes afirmaciones? ¿Por qué sí o por qué no?

1. La situación social de las mujeres *ha mejorado* durante el siglo XX.
2. Los conceptos de «masculino» y «femenino» *han cambiado* durante las últimas décadas.
3. Estos cambios *han producido* efectos positivos tanto en la vida social como en la familiar.
4. En la sociedad moderna todavía no *se ha conseguido* que hombres y mujeres tengan iguales derechos.

Ahora, mire las formas verbales en letra cursiva en las cuatro oraciones anteriores. Todas incluyen una forma del verbo **haber** más el participio pasado de otro verbo, ¿verdad? ¿Existe una estructura parecida en inglés? ¿Sabe Ud. cuándo se usa? A continuación se explican este tipo de estructura y sus usos en español.

23 PRESENT PERFECT INDICATIVE

Both Spanish and English have simple and compound verb forms. A simple form has only one part: the verb with its appropriate ending (*I spoke,* **hablé**). A compound form has two parts: an auxiliary verb plus a participle of the main verb. The auxiliary verb used with English perfect forms is *to have;* **haber** is the auxiliary verb used with Spanish perfect forms.

Hemos alcanzado nuestras metas.	*We have achieved our goals.*
Nunca **ha visto** un fantasma.	*He has never seen a ghost.**

Haber is conjugated to show person/number, tense, and mood. The present perfect indicative (**el presente perfecto de indicativo**) uses the present indicative of **haber.** Other perfect forms use other tenses and moods of **haber.** The form of the past participle does not change. Here are the present indicative forms of **haber.**

he	hemos
has	habéis
ha	han

---

*Note that, unlike English, Spanish never inserts another word between the auxiliary verb and the past participle.

With these forms the word *perfect* implies *completion;* that is, the action described by the verb is viewed as completed with respect to some point in time. The present perfect expresses an action completed prior to a point in the present.

He decidido cambiar de carrera.	***I have decided*** to change careers.
El ama de casa **ha hecho** los quehaceres domésticos.	The homemaker ***has done*** the household chores.

In the preceding sentences, the point in the present is the moment of speaking: the decision was made and the chores were done before that time.

A PROPOSITO

In the Spanish spoken in Spain, the present perfect is often used instead of the preterite. The distinction between the two is subtle or—in some dialects—nonexistent. In general, however, the use of present perfect forms implies that the action described is more relevant to the present time, particularly when the action has had some emotional impact.

Lo **he hecho** esta mañana. } *I did it this morning.*
Lo **hice** esta mañana.

Mi padre **ha muerto.** } *My father died.*
Mi padre **murió.**

Práctica Use los verbos entre paréntesis para formar oraciones en el presente perfecto de indicativo. Recuerde que es necesario usar una forma del verbo **haber** más el participio pasado del verbo.

MODELO: Nunca en mi vida (yo: jugar) al fútbol. →
Nunca en mi vida he jugado al fútbol.

1. Mi padre y yo (ir) de pesca (*fishing*) muchas veces.
2. ¡(Tú: herir) (*hurt*) profundamente mis sentimientos!
3. Nunca (interesarme) estudiar Derecho.
4. Yo (obtener) la custodia de nuestros hijos.
5. Mis hermanos mayores (llevar) aretes por muchos años.
6. Mi padre siempre (oponerse) a que yo sea militar.

Intercambios

A ¡Necesito compañero! ¿Cómo ha sido su experiencia universitaria hasta ahora? Trabajando en parejas, háganse y contesten preguntas con la forma correcta del presente perfecto de indicativo. También añadan otra información para que sus respuestas sean más completas. Después, compartan sus experiencias con las de otras parejas.

Alguna vez, siendo estudiante aquí, ...

1. ¿asistir a un evento deportivo?
2. ¿participar en alguna actividad política?
3. ¿inventar una excusa para no ir a clase?

4. ¿tener un encuentro con la policía?
5. ¿gastar una broma pesada (*practical joke*)?
6. ¿trasnochar (*"pull an all-nighter"*)?
7. ¿emborracharse?
8. ¿enamorarse?
9. ¿dormirse en una clase?
10. ¿escribir un diario (*diary or journal*)?
11. ¿ir de compras para escaparse de los estudios?
12. ¿pasar toda la noche escuchando/aconsejando a un amigo / una amiga que tenía algún problema?

¿Qué revelan los resultados? ¿Es verdad que la experiencia de ser estudiante es bastante homogénea? ¿Han notado algunas diferencias entre la experiencia femenina y la masculina? Comenten.

Tradicionalmente, llorar en público se ha considerado poco masculino. ¿Qué opina Ud.? ¿Ha cambiado esta idea hoy en día? ¿En qué circunstancias es aceptable que un hombre llore?

B Muchas ideas sobre lo que es «típicamente» masculino o femenino han cambiado a través del tiempo. Indique si en el pasado las siguientes actividades se consideraban «terreno» exclusivo de los hombres (**H**), de las mujeres (**M**) o si se consideraban aceptables para ambos sexos (**A**).

	H	M	A
1. llevar pantalones	☐	☐	☐
2. especializarse en ciencias	☐	☐	☐
3. teñirse (*dye*) el cabello	☐	☐	☐
4. besarse en la mejilla entre personas del mismo sexo	☐	☐	☐
5. hablar de temas románticos	☐	☐	☐
6. estudiar una carrera en educación	☐	☐	☐
7. mirarse al espejo	☐	☐	☐

En los últimos años, ¿han cambiado algunas de estas ideas o siguen siendo iguales? Si ha habido cambios, ¿han sido positivos o negativos? Dé su opinión e indique las razones por las cuales es posible que hayan ocurrido estos cambios. Use el modelo como guía.

MODELO: llevar pantalones →
Tradicionalmente los pantalones han sido usados exclusivamente por los hombres, pero hoy en día las mujeres los llevan también. La costumbre ha cambiado porque las mujeres se han dado cuenta de que es más cómodo y práctico llevar pantalones que llevar falda. Yo creo que este cambio ha sido positivo porque les ha dado a las mujeres más libertad de movimiento para trabajar, hacer ejercicio, etcétera.

C ¡Necesito compañero! Imagínense que una persona busca trabajo como periodista para el periódico universitario. Trabajando en parejas, preparen una lista de preguntas para entrevistarle. Usen las actividades a continuación como guía, y agreguen por lo menos tres preguntas más. Traten de usar el presente perfecto cuando el contexto lo permita.

estudiar	trabajar
tener experiencia	ganar $_____ en el puesto anterior
dejar el puesto anterior	escribir

Cuando hayan completado su lista de preguntas, úsenla para entrevistar a otro compañero / otra compañera de clase.

ESTRATEGIAS PARA LA COMUNICACION

¿Ud. quiere decir que... ? Double-checking comprehension

Communication sometimes breaks down because the ideas being discussed are complex and lend themselves to more than one interpretation. In addition to asking for more information, you can check your understanding in other ways.

■ Try paraphrasing what the other person has said and asking whether that is what he or she meant: **¿Quiere Ud. decir que... ?** This lets the other person know exactly what you have and have not understood.

■ If you understand the words but not the message, indicate this by asking: **¿Qué quiere Ud. decir con eso?** The other person then knows that what you need is an explanation, not a repetition.

■ You can also ask for an example of the point or idea that you don't fully understand: **¿Podría Ud. darme un ejemplo de eso?** or **¿Como qué, por ejemplo?** This is an excellent strategy to use in reverse as well: when you aren't sure how to express something, try to give an example of what you mean.

A You have heard the following statements. Paraphrase each of them to express what you think is the main idea.

1. El aprendizaje de una segunda lengua debe ser obligatorio en todas las escuelas de este país.
2. Manifestar los sentimientos es propio de (*most appropriate for*) mujeres.
3. La tecnología tiene como resultado la pérdida (*loss*) o la corrupción de los valores humanos. Sólo tenemos que hablar con los científicos para saber esto.
4. La actividad criminal es producto de la sociedad, no del individuo.

B ¡Necesito compañero! Working with a partner, discuss briefly the following topics in Spanish. Try to communicate clearly and understand fully what your partner is saying, asking questions and paraphrasing as necessary. Then write a brief summary in Spanish of your partner's views.

1. No se debe permitir que las chicas jueguen al fútbol americano.
2. Cuando los padres se divorcian, los hijos deben vivir con la madre.
3. Aún existe mucho sexismo en los Estados Unidos: todavía no hemos elegido a una mujer como presidente o vicepresidente del país.
4. Los hombres han sufrido a causa de la lucha de las mujeres por la igualdad de derechos.
5. No creo que las amas de casa tengan que ser abnegadas para asegurar el bienestar de la familia.

24 PRESENT PERFECT SUBJUNCTIVE

The present perfect subjunctive (**el presente perfecto de subjuntivo**) is formed with the present subjunctive of **haber** plus the past participle. Here are the present subjunctive forms of **haber.**

haya	hayamos
hayas	hayáis
haya	hayan

The cues for the choice of the perfect forms of the subjunctive are the same as those for the simple forms of the subjunctive; the difference is only in the time reference. The present subjunctive always refers to an action that occurs at the same time or at a future time with respect to the main verb; the present perfect subjunctive refers to an action that has occurred before the main verb.*

CUE	EL PRESENTE (PRESENT, FUTURE)	EL PRESENTE PERFECTO (PAST)
la duda	No puedo creer que el padre **gane** la custodia. *I can't believe that the father is winning (will win) custody.* Dudo que **sean** buenos padres. *I doubt that they are (will be) good parents.*	No puedo creer que el padre **haya ganado** la custodia. *I can't believe that the father (has won) won custody.* Dudo que **hayan sido** buenos padres. *I doubt that they have been (were) good parents.*
la emoción	Es una lástima que muchos jóvenes no **tengan** metas más altas. *It is a shame that many young people do not (will not) have higher goals.* Me pone furioso que no nos **ayude.** *It makes me furious that she does not (will not) help us.*	Es una lástima que Ud. no **haya tenido** metas más altas. *It is a shame that you have not had (did not have) higher goals.* Me pone furioso que no nos **haya ayudado.** *It makes me furious that she has not helped (did not help) us.*

---

*Expressions of will or persuasion generally imply that the subordinate action will occur at some point in the future. For this reason, the use of the present perfect subjunctive, which expresses a completed action, is infrequent after these constructions.

Práctica Dé oraciones nuevas según las palabras que aparecen entre paréntesis.

La sociedad actual es menos sexista que antes, pero...

1. es triste que (*nosotros*) no *hayamos* hecho más cambios. (tú, el gobierno, yo, vosotros)
2. dudo que la sociedad haya *combatido el sexismo.* (eliminar los estereotipos, resolver todos los problemas, acabar con la discriminación, ver las dimensiones del problema)
3. *es bueno* que el gobierno haya escrito nuevas leyes (*laws*). (no creo, es natural, me gusta, es importante)

Intercambios

A Complete las siguientes oraciones con la forma correcta del presente perfecto —de indicativo o de subjuntivo, según el contexto— del verbo en letra cursiva.

1. Es necesario que en el futuro *eviten* el sexismo en los cuentos infantiles; no creo que lo _____ en el pasado.
2. Es importante que en el futuro *eduquen* a los niños sin estereotipos; es triste que no los _____ así en el pasado.
3. No quiero que *exista* discriminación en el futuro aunque todos sabemos que _____ en el pasado.
4. Es bueno que ahora los hombres *estén* más liberados emocionalmente; dudo que lo _____ en el pasado.

Siga completando las oraciones, usando el mismo verbo u otro que tenga sentido dentro del contexto.

5. Es necesario que las mujeres aprendan a ser más independientes; es una lástima que en el pasado...
6. Es importante que entendamos ahora los efectos del sexismo; (no) creo que en el pasado...

B Exprese su opinión sobre las siguientes afirmaciones. Utilice las expresiones que se sugieren en cada caso, u otras que Ud. considere apropiadas. Use la forma correcta del presente perfecto de indicativo o de subjuntivo, según el contexto.

MODELO: La publicidad ha ayudado a combatir los estereotipos sexuales.
a. No creo que... **b.** Es bueno que... **c.** Es claro que...→
No creo que la publicidad haya ayudado a combatir los estereotipos sexuales. De hecho (*In fact*), es claro que los ha fomentado.

1. En los últimos años, ha cambiado la imagen del hombre ideal presentada en la televisión y el cine.
a. Dudo que... **b.** Es evidente que... **c.** Me alegra que...
2. La imagen del hombre violento al estilo de «Rambo» ha predominado en las películas de Hollywood.
a. No creo que... **b.** Es cierto que... **c.** Es triste que...

LENGUAJE Y CULTURA

Tanto en inglés como en español, hay casos en que la misma palabra puede cambiar de sentido según se refiera a un hombre o a una mujer. Por ejemplo, «un hombre público» alude a alguien conocido en el mundo político, mientras que «una mujer pública» es una prostituta. Estudie los siguientes pares de expresiones y explique, en español, la diferencia que resulta del cambio de sexo.

1. master / mistress
2. bachelor / spinster
3. mothering / fathering

¿Conoce Ud. otras expresiones o palabras que cambien de significado de esta manera?

3. Ultimamente se han impuesto modelos de hombres menos violentos, como el Capitán Picard de «Viaje a las estrellas».
   a. Es posible que...   **b.** Es verdad que...   **c.** ¡Qué lástima que...!

4. Sin embargo, el papel de líderes siempre ha sido reservado para los personajes masculinos.
   a. Es probable que...   **b.** Es seguro que...   **c.** Es lógico que...

5. Los personajes femeninos, en cambio, casi siempre han tenido un papel pasivo.
   a. Tal vez...   **b.** Es absurdo que...   **c.** Me enoja que...

6. También se han hecho algunos programas y películas en los que las mujeres son fuertes e independientes.
   a. Es dudoso que...   **b.** Sé que...   **c.** ¡Qué maravilloso que...!

C **¡Necesito compañero!** ¿Creen Uds. que la imagen tanto del hombre ideal como de la mujer ideal ha evolucionado en el cine y en la televisión?

■ Trabajando en parejas, hagan una lista de algunos personajes masculinos y femeninos representativos. Incluyan en su lista algunos personajes actuales y también algunos no muy recientes, es decir, de hace diez años o más.

■ Luego, analicen su lista. ¿Qué tipos o categorías generales pueden identificar? (Por ejemplo, la mujer «fuerte» al estilo de Roseanne, o el hombre «suave» al estilo de Antonio Banderas.)

■ ¿Qué características o valores representa cada tipo o categoría?

Comparen su lista y análisis con los de las otras parejas. ¿Qué notan Uds. con respecto a los valores representados por estos personajes? ¿Qué características o valores han predominado? ¿Cuáles han cambiado a través del tiempo? ¿Les parecen positivos estos cambios o negativos? Expliquen.

D **Guiones** ¿Qué han hecho? Trabajando en grupos de dos o tres, describan los dibujos de la página 184 con una forma apropiada del presente perfecto de indicativo o de subjuntivo. En su descripción, identifiquen a cada persona, describan la situación o el contexto general y especulen sobre lo que le(s) va a pasar después. Recuerden usar las estrategias para la comunicación.

Vocabulario útil: atrapar (*to catch*), la pelota, el cristal, la cuenta, el carnicero, dejar plantado/a (*to stand someone up*)

MODELO:

→ Lisa es una estudiante universitaria que ha pasado toda la semana escribiendo una composición para la clase de español. Hoy por fin la ha terminado y está muy contenta de que todo le haya salido como esperaba. ¡Qué bien que se haya levantado temprano, porque ahora tal vez salga a divertirse!

1.   2.   3.   4.

VIAJE CULTURAL

Alfareras (*Potters*) de la provincia del Cañar, Ecuador

En un pueblecito al suroeste del Ecuador, las mujeres se han hecho cargo (*have taken charge*) de las necesidades económicas del municipio. La mayoría de los hombres ha emigrado en busca de trabajo, y son las mujeres quienes labran (*plow*) el campo y sostienen a sus familias trabajando el barro (*clay*) con una antigua técnica incaica* para hacer ollas, tinajas (*big jars*) y cántaros (*jugs*).

¿En qué consiste esta técnica milenaria (*thousand-year-old*)? Mire y escuche el vídeo para averiguarlo.

¡A ver!

A Las siguientes oraciones describen en parte la técnica de las alfareras del Cañar. Léalas con cuidado antes de mirar el vídeo. Luego, basándose en el segmento de vídeo, indique la opción que mejor completa cada oración.

1. Para dar forma a las piezas, _____.
   a. se utiliza un torno (*pottery wheel*) mecánico
   b. la alfarera gira alrededor de la pieza
2. La actividad de formar las piezas es _____.
   a. individual
   b. colectiva
3. La boca de la pieza se forma con _____.
   a. un pedazo de cuero mojado (*wet leather*)
   b. dos palustres (*trowels*) de madera
4. La pieza se pule (*is polished*) con _____.
   a. dos martillos de arcilla cocida (*fired clay*)
   b. un palustre metálico
5. La pieza se pinta con _____.
   a. el extracto de cierta planta de la región
   b. arcilla roja diluída en agua

*****Incaico/a** es el adjetivo que describe lo propio de la cultura de los incas, uno de los pueblos que vivían en los Andes sudamericanos desde antes de la llegada de los españoles al continente. Los incas son famosos por su arquitectura, de cuyo esplendor hay célebres (*famous*) vestigios (*remains*) en la región del Cuzco, en el Perú.

<table>
<tr><td>Me interesa **una carrera** que **pague** bien.</td><td>*I'm interested in **a career** that **pays** well.*</td></tr>
</table>

This sentence indicates that the speaker is interested in a career—any career—that pays well. Such a career is part of the unknown; at worst, it may not even exist.

Note the contrast between the indicative and the subjunctive in the following sentences.

KNOWN OR EXPERIENCED REALITY: INDICATIVE	UNKNOWN OR HYPOTHETICAL: SUBJUNCTIVE
Necesito **el libro que trata** el problema de la sobrepoblación. *I need the book (a specific one I know exists) that deals with the problem of overpopulation.*	Necesito **un libro que trate** el problema de la sobrepoblación. *I need a book (does it exist?) that deals with the problem of overpopulation.*
Tengo **un libro que trata** el problema de la sobrepoblación. *I have a book (and therefore have direct knowledge of it) that deals with the problem of overpopulation.*	
Busco a una mujer que **es** médica. *I'm looking for a woman (I know this specific woman exists) who is a doctor.*	Busco una mujer que **sea** médica. *I'm looking for a woman (I don't know if such a person exists) who is a doctor.*
Hay alguien aquí que **sabe** cambiarle el pañal al bebé. *There is someone here (this person exists) who knows how to change the baby's diaper.*	¿Hay alguien aquí que **sepa** cambiarle el pañal al bebé? *Is there anyone here (does such a person exist?) who knows how to change the baby's diaper?*
Conozco a una mujer que **quiere** ser química. *I know a woman (she exists, is a specific person) who wants to be a chemist.*	No conozco a nadie que **quiera** ser químico. *I don't know anyone (there is no person within my experience) who wants to be a chemist.*

A PROPOSITO

Note that the use of the subjunctive in an adjective clause meets both of the necessary conditions for the use of the subjunctive in general. First, there is a *subordinate clause* in the structure of the sentence. Second, the *meaning* expressed in the main clause is of a particular type: in this case, it concerns the speaker's unknown.

It is the meaning of the main clause—and not the use of any particular word—that signals the choice of mood. Regardless of the way a particular sentence is phrased, the subjunctive is used in the subordinate clause whenever the main clause indicates that the person or thing mentioned is outside the speaker's knowledge or experience.

Not only does meaning signal the choice of mood for the speaker, but the speaker's choice of mood *conveys information* to the listener, who is unaware of the speaker's knowledge or experience. Compare the sentences on the following page. What information do they convey to the listener?

> Voy a mudarme a un apartamento que **tenga** tres baños.
> Voy a mudarme a un apartamento que **tiene** tres baños.

*I'm going to move to an apartment that **has** three bathrooms.*

In the first example, the speaker is unsure whether such an apartment exists; in any case, he or she hasn't found it yet, so his or her move is still in doubt. In the second example, the indicative conveys certainty: the speaker is going to move to a specific, already-selected apartment.

Práctica Dé la forma correcta —presente de indicativo o de subjuntivo— de los infinitivos entre paréntesis.

1. Hay muchos niños que (jugar) con muñecas.
2. La CIA busca personas que (saber) hablar ruso.
3. No hay mujeres que (manejar) camiones.
4. Hay más mujeres que hombres que (ser) abnegadas con su familia.
5. Más científicos deben buscar una medicina que (curar) el cáncer.
6. No hay ningún cuento infantil que (tener) una heroína fuerte e independiente.
7. No hay nadie en la clase que (estudiar) tanto como yo.
8. Los estudiantes buscan profesores que (dar) clases interesantes.

Intercambios

A Complete las siguientes oraciones con la forma correcta del subjuntivo del verbo entre paréntesis. Luego, póngalas en el orden que mejor represente la importancia que cada una tiene para Ud. Finalmente, añada dos o tres características más que también sean importantes para Ud.

Quiero vivir en una sociedad que...

_____ no (permitir) ningún tipo de discriminación.
_____ (dar) trabajo a todos los que quieren trabajar.
_____ (ofrecer) seguridad económica a los que no pueden trabajar.
_____ (estar) libre del crimen y de la violencia.
_____ (haber) eliminado la pobreza.
_____ (proteger) la libertad individual de todos sus miembros.

B **¡Necesito compañero!** Háganse y contesten preguntas para averiguar la siguiente información. Tengan cuidado con el uso del subjuntivo o del indicativo, y elaboren cada respuesta con más información. Luego, compartan las respuestas más interesantes con el resto de la clase.

¿Conoces a alguien que...

1. (haber) sacado una A en todas sus clases el semestre pasado?
2. nunca (ponerse) furioso/a?
3. (saber) hablar más de dos lenguas?
4. (haber) dejado de fumar?
5. nunca (haber) tomado una bebida alcohólica?
6. (estudiar) español todas las noches?
7. (ir) a cambiar la historia del mundo (un poquito)?
8. (tener) talento artístico?
9. nunca les (haber) pedido ayuda económica a sus padres?
10. (haber) visitado la China?

C Termine las siguientes oraciones con cláusulas adjetivas que describan detalladamente sus preferencias. Utilice por lo menos dos verbos en cada caso. Luego, contraste sus opiniones con las de sus compañeros de clase.

1. Prefiero los automóviles que...
   a. no (gastar) mucha gasolina.
   b. (ser) seguros (rápidos, económicos, modernos, deportivos, ¿ ?).
   c. (haber) sido fabricados en los EEUU (en Europa, en Japón, ¿ ?).
   d. ¿ ?
2. Voy a elegir una carrera que...
   a. (estar) relacionada con las ciencias (las humanidades, los deportes, el arte, ¿ ?).
   b. (ofrecerme) la oportunidad de viajar (ayudar a otras personas, inventar cosas, ¿ ?).
   c. (hacerme) rico/a.
   d. ¿ ?
3. Busco profesores que...
   a. siempre (dar) buenas notas.
   b. (no) (ser) interesantes (aburridos, exigentes, ¿ ?).
   c. (promover) la participación de los estudiantes.
   d. ¿ ?

D Describa las situaciones que se presentan en los siguientes dibujos. En su descripción, identifique a los individuos, explique lo que necesitan o lo que buscan e indique por qué.

1.   2.   3.   4.

1. hacer una caminata (*to go for a hike*) / haber perdido el camino / buscar abrigo (*shelter*) / poder descansar / el perro, traerles alcohol / el mapa, indicarles la ruta
2. el motor, haberse descompuesto / la grúa (*tow truck*), llevar el coche / el garaje, estar cerca / el mecánico, saber reparar coches importados
3. una pareja profesional, demasiado trabajo / la criada, llevarse bien con los niños / venir a la casa / ayudar con los quehaceres domésticos / ser responsable / no pedir mucho dinero
4. la tienda de juguetes / buscar juguetes / no reforzar estereotipos / no enseñar la violencia / estimular la creatividad / servir para niños y niñas

ENLACE

Pro y contra

Primer paso: Observar y comentar

Trabajando con un compañero / una compañera, miren el siguiente anuncio y comenten tanto su «mensaje» como la estrategia que se ha empleado para comunicarlo. Las preguntas después del anuncio pueden servirles como punto de partida. Luego, compartan sus opiniones con el resto de la clase. ¿Hay mucha diferencia de opiniones?

La cirugía estética crea cuerpos intachables que pueden modificarse hasta el infinito.

1. ¿A quiénes se dirige el anuncio: a los hombres, a las mujeres o a ambos sexos?
2. ¿Qué mantiene el anuncio con respecto a los beneficios de la cirugía estética? ¿Es realista lo que promete? ¿Es deseable?
3. En su opinión, ¿es la cirugía estética igualmente importante para ambos sexos? ¿Quiénes se la hacen con más frecuencia: los hombres o las mujeres? ¿Cómo explican Uds. esta diferencia?
4. ¿Existe alguna diferencia entre la cirugía plástica y la cirugía estética? ¿Cuál es?
5. ¿Conocen Uds. a alguien que se haya hecho una operación de cirugía estética? ¿Le ha ayudado el cambio? ¿En qué sentido?

Segundo paso: Improvisaciones

Hay quienes creen que el énfasis que se pone en la belleza física en muchos anuncios es sexista... pero hay otros que no están de acuerdo con esa opinión. Imagínense que los editores de la revista que publicó el anuncio anterior han recibido tantas cartas denunciando este hecho, que han decidido tener una reunión con varias de las personas que han protestado. Divídanse en cuatro grupos para representar en esta reunión a las siguientes personas.

1. los editores de la revista y los representantes de las empresas que pagan por esta clase de anuncio
2. un grupo de feministas que sostienen que los anuncios son sexistas
3. un grupo de personas que se oponen a los anuncios por otras razones (religiosas, raciales, socioeconómicas, psicológicas, etcétera)
4. un grupo de lectores de la revista, de diferentes edades, sexo, clase social, etcétera

Cada grupo debe expresar sus opiniones sobre los anuncios de este tipo, y presentar las razones por las cuales hay que continuar publicándolos o eliminarlos. Durante la discusión, ¡recuerden usar las estrategias para la comunicación!

¡OJO!

	EXAMPLES	NOTES
tener éxito **lograr** **suceder**	Viqui siempre **tiene éxito** en las competiciones. *Viqui is always successful in competitions.*	**Tener éxito** means *to be successful* (*in a particular field or activity*); it emphasizes the condition of being successful.
	Julio nunca **logra** bajar de peso. *Julio never manages to lose (never succeeds in losing) weight.* Los maestros esperan **lograr** un aumento de sueldo. *The teachers hope to obtain a salary increase.*	**Lograr** means *to succeed* (*in doing something*) or *to obtain or achieve a goal*; it emphasizes the action of achieving that goal. It can also mean *to manage to* (*do something*).
	No saben qué va a **suceder**. *They don't know what is going to happen.* Clinton **sucedió** a Bush como presidente de los Estados Unidos. *Clinton succeeded Bush as president of the United States.*	**Suceder** means *to occur, happen* or *to follow in succession*.

	EXAMPLES	NOTES
asistir a **atender** **ayudar**	Pablo **asistió a** la reunión. *Pablo attended the meeting.*	**Asistir** is a false cognate. Its primary meaning is *to attend* (*a function*) or *to be present* (*at a class, a meeting, a play, etc.*). **Asistir** is always followed by the preposition **a**.
	El jefe va a **atender** a los clientes. *The boss is going to take care of the clients.*	*To attend* meaning *to take into account, to take care of,* or *to wait on* is expressed with **atender**.
	Nos **ayudaron** mucho. *They assisted (helped) us a great deal.*	*To assist* is expressed with **ayudar**.
ponerse **volverse** **llegar a ser** **hacerse**	**Se** van a **poner** furiosos. *They're going to get (become) angry.* ¿Por qué **te has puesto** colorado? *Why have you turned red?* **Se volvió** loca. *She went (became) crazy.* **Se está volviendo** sordo. *He is going deaf.*	English *to become* has several equivalents in Spanish. Both **ponerse** and **volverse** indicate a change in physical or emotional state. **Ponerse** can be followed only by an adjective. **Volverse** signals a dramatic, often irreversible, change.
	Con el tiempo, Elvis Presley **ha llegado a ser** un símbolo nacional. *With (the passing of) time, Elvis Presley has become a national symbol.* **Se hizo** médica después de muchos sacrificios. *She became a doctor after much sacrifice.*	**Llegar a ser** and **hacerse** are used when *to become* conveys the meaning of *to get to be*—that is, a gradual change over a period of time. They can be followed by either nouns or adjectives. **Hacerse** usually implies a conscious effort on the part of the subject, whereas **llegar a ser** may describe an effortless change.
	La situación **se hizo** (**se puso**) difícil. *The situation became difficult.* Nuestra relación **se ha vuelto** (**se ha hecho**) un problema constante. *Our relationship has become a constant problem.*	**Hacerse** and **volverse** can also express *to become* with reference to general situations. **Ponerse** can also be used in this manner, but again it can be followed only by adjectives.

A Volviendo al dibujo Elija la palabra que mejor complete las oraciones a continuación. ¡Atención! También hay palabras de los capítulos anteriores.

Luis, Julia y José han salido a jugar al parque. Mientras juegan, sueñan (con/de/en)[1] el futuro. Los tres tienen aspiraciones muy altas. Julia piensa (asistir/atender)[2] a la universidad y (hacerse/ponerse)[3] jueza. Luis, que siempre ha (sucedido / tenido éxito)[4] en los deportes, quiere (llegar a ser /

ponerse)[5] un famoso jugador de fútbol americano. En cuanto a José, a quien le (cuida/importa)[6] mucho el dinero, su mayor aspiración es (hacerse/ponerse)[7] rico. El piensa (moverse/mudarse)[8] a una gran ciudad y (funcionar/trabajar)[9] en una empresa multinacional. Aunque tienen intereses distintos, los tres han sido amigos (cercanos/íntimos)[10] por varios años, y se (asisten/ayudan)[11] mutuamente. ¡Ojalá (logren/sucedan)[12] sus metas!

Entre juegos y sueños, (el tiempo / la vez)[13] ha pasado y deben (devolver/regresar)[14] a casa. ¡Qué tarde es! ¡Sus padres se van a (poner/volver)[15] furiosos!

B Entre todos

■ ¿Cuáles son sus aspiraciones? ¿llegar a ganar mucho dinero? ¿ejercer una profesión? ¿tener éxito en el arte, los deportes, los negocios?

■ ¿Qué pasos debe Ud. seguir para lograr sus metas? ¿Piensa asistir a una escuela profesional o de posgrado? ¿Qué cualidades o circunstancias pueden ayudarle? ¿Es posible que la circunstancia de ser hombre o mujer le ayude o que pueda ser un obstáculo?

■ ¿Qué metas ha logrado Ud. ya? ¿Qué actitudes o circunstancias le han ayudado a lograrlas? ¿Es posible que el sexo a que pertenece haya tenido alguna influencia sobre sus aspiraciones y logros (*achievements*)? Explique.

Repaso

A Lea el siguiente párrafo y decida si los verbos indican el medio de la acción o no. Luego dé la forma correcta de los verbos entre paréntesis, usando el imperfecto o el pretérito.

La historia de un ex novio (Parte 2)*

I looked up (**levantar la cabeza**)[1] and saw (**ver**)[2] Hector running toward me. His face was (**estar**)[3] red and angry, but I wasn't thinking about that (**pensar en eso**).[4] I knew (**saber**)[5] that I could (**poder**)[6] outrun him. "Take that, you rat!" I yelled (**gritar**),[7] and took off (**salir corriendo**)[8] down the street in the opposite direction. "I guess I showed him!" I was thinking (**pensar**)[9] when I arrived home (**llegar a casa**).[10] When I opened (**abrir**)[11] the door, my mother was coming out (**salir**)[12] of the kitchen. "Where have you been?" she asked me (**preguntarme**).[13] "Oh, down by Jane's house," I answered (**responder**)[14] casually. "She's the new girl at school." My mother smiled (**sonreír**)[15] and then explained (**explicar**)[16] that Jane's family was coming (**venir**)[17] to our house for dinner that evening and that she was happy (**gustarle**)[18] that Jane and I were already friends. I tried (**querer**)[19] to think of an excuse to get out of dinner: I had (**tener**)[20] an exam, I said (**decir**),[21] and needed (**necesitar**)[22] to study. But my mother already knew (**conocer**)[23] that one, so it couldn't (**poder**)[24] convince her. Finally, I told her (**decirle**)[25] that Jane and I were (**ser**)[26] not exactly the best of friends. "What were you doing (**hacer**)[27] down by her house this afternoon, then?" she wanted (**querer**)[28] to know. "We were agreeing (**ponernos de acuerdo**)[29] to be enemies." My mother looked at me (**mirarme**)[30] strangely. "Perhaps this evening could be the turning point, then," she suggested (**sugerir**),[31] and returned (**volver**)[32] to the kitchen. "But, Mom . . . !" I sputtered (**balbucear**).[33] It was no use (**no haber remedio**).[34] I would have to go through with it. I sat down (**sentarme**)[35] to figure out my strategy for the evening . . .

(Continúa en el Cuaderno de práctica, Capítulo 6.)

B Guiones Trabajando en grupos de tres o cuatro personas, narren en el tiempo presente lo que pasa en la serie de dibujos de la página 195. ¡Recuerden usar las estrategias para la comunicación! En su narración, incluyan información sobre lo siguiente.

LA ACCION: ¿Qué pasa? ¿Qué quiere el uno que el otro haga? ¿Por qué? ¿Qué le ha pasado?

EL DILEMA: ¿Qué descubre el hombre? ¿Cómo se lo explica a la mujer? ¿Cuál es la reacción de ella? ¿Duda que... ? ¿Se pone furiosa que... ?

SUS OPINIONES: Expresen sus opiniones sobre lo que ocurre en cada escena. Por ejemplo, ¿creen Uds. que la mujer ha hecho bien el trabajo? ¿Qué opinan del hecho de que el hombre no ha tenido dinero para pagarle? ¿Es natural que la mujer se haya puesto furiosa?

---

*The first part of this story is in Chapter 3, page 96.

LA RESOLUCION: Inventen el final del cuento: ¿Qué va a pasar luego? ¿Le va a pedir la mujer al hombre que haga algo? ¿Qué le va a pedir el hombre a la mujer?

Vocabulario útil: el camión (*truck*), una llanta (que está) desinflada (*flat tire*), la mecánica (*mechanic*)

CAPÍTULO SIETE

7

El mundo de los negocios

Ciudad de México, México

En casi todo el mundo se encuentran ahora almacenes o hipermercados, tiendas en donde se puede comprar de todo a precios módicos. En España, por ejemplo, están el Alcampo y El Corte Inglés, que son como Macy's y Bloomingdale's en los Estados Unidos. Igual que en los Estados Unidos, en el mundo hispano muchos almacenes se encuentran dentro de las grandes galerías de tiendas o multicentros comerciales (*malls*). Para muchas personas, comprar en estos lugares tiene sus ventajas, aunque otras personas creen que no. En su opinión, ¿cuáles son algunas de estas ventajas? ¿y las desventajas?

Por el contrario, hay personas que creen que es mucho mejor comprar en tiendas pequeñas especializadas. ¿Está Ud. de acuerdo con esta opinión? ¿Por qué sí o por qué no? ¿Adónde va Ud. cuando quiere comprar los artículos a continuación, a un almacén o a una tienda especializada? ¿Por qué?

ropa para todos los días	juguetes
ropa para ocasiones especiales	una computadora
discos compactos	zapatos
champú y otros cosméticos	artículos escolares (lápices, disquetes,
productos de limpieza	papel, cuadernos, etcétera)
ferretería (*tools, hardware*)	vino y cerveza
muebles para su cuarto	

¿Dónde prefiere Ud. comprar la comida, en un supermercado o en una tienda especializada? Y ¿dónde prefiere tener su cuenta bancaria, en un banco grande o en uno pequeño? ¿Por qué?

DESCRIBIR Y COMENTAR

■ En el dibujo se ven las actividades diarias del Banco en Quiebra, S.A. ¿Quién es la gerente? ¿Con quién habla? ¿Cree Ud. que es una buena gerente o no? ¿Por qué? ¿Qué indica la gráfica que se ve en su despacho?

■ ¿Quién es la cajera? ¿Qué hace? ¿Y qué hace el Sr. Pesetas? ¿Qué quieren los Sres. Guaraní? ¿Progresa rápidamente su transacción bancaria? ¿Por qué sí o por qué no? ¿Por qué no ayudan al Sr. Pesetas el Sr. Bolívar y la Sra. Sol? ¿Qué hacen ellos? ¿Es normal esto en un banco u oficina?

■ ¿Por qué hacen cola los otros individuos? ¿Qué transacciones bancarias quieren hacer? ¿Cuál(es) de ellos piensa(n) retirar dinero de su cuenta? ¿pedir un préstamo? ¿cobrar un cheque? ¿Qué es posible que haga el niño con su dinero? ¿Y qué es probable que vaya a hacer cada cliente después de completar su transacción bancaria? ¿Están satisfechos todos con el servicio? Explique.

VOCABULARIO

para conversar

las **acciones** stock; shares of stock
   el/la accionista shareholder
el almacén department store
la Bolsa stock market
la cafetera coffeepot
el cajero / la cajera teller
la compañía company
contratar to hire; to contract
   el contrato contract
el desempleo unemployment
   el desempleado / la desempleada unemployed person
el despacho office (*specific room*)
despedir (**i, i**) to fire
el empleo work, employment
   el empleado / la empleada worker, employee
la empresa corporation
entrevistar to interview
   la entrevista interview
las ganancias earnings, profits
la gerencia management
   el/la gerente manager
hacer cola to be / to wait in line
hacer horas extraordinarias to work overtime
el hombre / la mujer de negocios businessman/ businesswoman
irse de vacaciones to take a vacation
el mercado market
la oficina office (*general term*)
las pérdidas losses
renunciar (**a**) to quit
el secretario / la secretaria secretary

el sindicato labor union
el socio / la socia partner, associate; member
solicitar to apply (*for a job*)
   la solicitud application form
la tienda store
la venta sale
   estar a la venta to be on/for sale

Las transacciones monetarias/bancarias

ahorrar to save
cargar to charge (*to one's account*)
cobrar to charge (*someone for something*)
   cobrar un cheque to cash a check
la cuenta account; bill
   la cuenta corriente checking account
   la cuenta de ahorros savings account
las deudas debts
gastar to spend
   los gastos expenses
ingresar to deposit (*funds*)
invertir (**ie, i**) to invest
   las inversiones investments
pagar a plazos to pay in installments
pagar en efectivo to pay in cash
pedir prestado to borrow
prestar to lend
   el préstamo loan
   pedir un préstamo to request / to take out a loan
retirar to withdraw (*funds*)
la tarjeta cajero ATM card
la tarjeta de crédito credit card

A Complete las siguientes oraciones con la palabra apropiada de la lista del vocabulario.

1. Un(a) accionista es una persona que _____ dinero en una empresa.
2. El objeto de un(a) _____ es conseguir mejores condiciones de trabajo para los empleados.
3. Las _____ representan el dinero que puede recibir un(a) accionista como resultado de sus inversiones en la Bolsa; lo contrario de esto son las _____.
4. Durante la Gran Depresión de los años treinta, la tasa (*rate*) del _____ era muy alta porque muchos individuos no pudieron encontrar trabajo.

5. Para conseguir un empleo, hay que llenar una ＿＿＿ con mucho cuidado.
6. En muchas oficinas, los empleados se reúnen cerca de la ＿＿＿ antes de empezar a trabajar.
7. Muchas personas piden un ＿＿＿ para comprar un carro nuevo.

B ¿En qué condiciones haría (*would do*) una persona cada una de las siguientes acciones?

1. hacer cola
2. utilizar una tarjeta de crédito
3. utilizar una tarjeta cajero
4. renunciar al trabajo
5. pedir algo prestado
6. cobrar un cheque
7. pagar en efectivo
8. retirar fondos

C ¿Qué palabra no pertenece al grupo? Explique por qué.

1. la gerencia, el empleado / la empleada, el secretario / la secretaria, el sindicato
2. gastar, cobrar, prestar, comprar
3. la entrevista, la solicitud, la Bolsa, el contrato
4. ahorrar, irse de vacaciones, las ganancias, las inversiones

D Explique la diferencia entre cada par de expresiones.

1. pagar en efectivo / pagar a plazos
2. pedir prestado / tomar
3. la empresa / la oficina
4. la cuenta de ahorros / la cuenta corriente
5. la tienda / el almacén
6. retirar fondos / ingresar fondos

E Cuando Ud. tiene que pagar algo, ¿cómo lo hace normalmente? ¿Paga en efectivo o prefiere pagar con cheque? ¿Tiene una tarjeta cajero? ¿Le gusta utilizarla o prefiere entrar al banco? ¿Por qué? Imagínese que su banco piensa eliminar el servicio de cajeros automáticos. ¿Qué le parece la idea: es buena o mala? Si lo elimina, ¿para qué grupo(s) de clientes puede ser problemático? Explique.

F Según las impresiones que Ud. tiene del Banco en Quiebra, S.A., y sus empleados,* comente las siguientes afirmaciones usando las expresiones a continuación. Cuidado con el contraste entre el indicativo y el subjuntivo, igual que con el contraste entre el presente de subjuntivo y el presente perfecto de subjuntivo.

Dudo que...   Es (im)posible que...   (No) Creo que...

1. La gerente recibe un salario muy alto.
2. El Sr. y la Sra. Guaraní han decidido tener otro hijo.
3. El Banco en Quiebra, S.A., ha ganado mucho dinero todos los años.
4. El banco despide al Sr. Bolívar y a la Sra. Sol por conflicto de intereses.
5. Lempira busca trabajo en el banco.
6. El anciano y el niño han venido a robar el banco.
7. El Sr. Pesetas hace horas extraordinarias todos los días.
8. El Sr. Bolívar tiene seis semanas de vacaciones cada año.

---

*The names of the employees and customers are the currency names in the following countries: Spain (**peseta**), Mexico (**peso**), Paraguay (**guaraní**), Peru (**sol**), Honduras (**lempira**), Venezuela (**bolívar**), and Costa Rica (**colón**).

26 REVIEW OF THE PRETERITE

The third-person plural forms of the preterite provide the basis for the forms of the past subjunctive, which you will study later in this chapter. It will therefore be easier to learn the forms of the past subjunctive if you first review the preterite forms.

Remember that there are four main groups of preterite forms: (1) verbs that are regular in the preterite; (2) **-ir** stem-changing verbs; (3) verbs with irregular preterite stems and endings; and (4) **dar, ir,** and **ser.** Irregularities in the third person plural of the preterite occur in all of these groups except group 1.*

Práctica Dé las formas indicadas del pretérito. ¿Recuerda Ud. cómo se escribe cada forma?

1. despedir: el gerente, tú
2. vender: yo, Ud.
3. pagar: Uds., yo
4. morir: la mujer de negocios, los accionistas
5. hacer: tú, el secretario
6. irse: el cajero, los socios
7. invertir: los sindicatos, tú
8. empezar: yo, la entrevista
9. dar: tú, Uds.
10. venir: nosotros, los desempleados

Intercambios

A El siguiente recorte de un periódico anuncia el éxito de un joven político venezolano. Léalo con cuidado, indicando para cada espacio en blanco la forma correcta del pretérito del verbo apropiado de la lista. Utilice todos los verbos, y no use ninguno más de una vez.

asumir (tomar)   proclamar
celebrar   resultar
participar

■ ¿Cuántos años tiene el nuevo alcalde (*mayor*) de San Antonio de los Altos? En su opinión, ¿es uno demasiado joven a esa edad para ser un buen alcalde? ¿un buen gobernador? ¿un buen presidente? Explique. ¿Cree Ud. que hay una edad límite para este tipo de puesto? Explique.

> ### Juramentan al alcalde más joven
>
> **CARACAS** - Venezuela _____ al alcalde más joven de América Latina, Juan Fernández Morales, de 25 años, quien _____ la víspera el cargo en el municipio Los Salias, de San Antonio de los Altos, se informó ayer.
>
> Fernández Morales _____ simultáneamente el jueves, la toma de posesión de la alcaldía Los Salias y su cumpleaños número 25, tras superar por 800 votos a su contendor más importante, dijeron sus allegados.
>
> El joven _____ electo cuando _____ como independiente por el Movimiento Proyecto Calidad de Vida, que permanecería en el poder por cuanto el alcalde saliente, Andrés López, también pertenece a ese grupo.

---

*For a more detailed explanation of these verb forms, see Chapter 3, pages 83–85. Further practice with them can also be found in the **Cuaderno** for this chapter.

■ ¿A Ud. le gustaría ser alcalde de un pueblo antes de llegar a los 30 años? ¿Por qué sí o por qué no? ¿Qué partido político representaría?

B ¡Necesito compañero! Trabajando en parejas, describan lo que pasó la última vez que cada uno de Uds. hizo las actividades a continuación. Para ayudarse a recordar las experiencias, utilicen este esquema como guía.

ir al cine
dar una fiesta
comer algo realmente delicioso

usar una tarjeta de crédito
recibir un regalo
hacer algo increíble

ESTRATEGIAS PARA LA COMUNICACION

Luego... y después... *How to narrate events*

The difference between a list of isolated events and a story can be seen in the manner in which the events are connected within the story. Isolated events can be told in random order; a story, however, has a chronology (sequence). When a sequence of events is narrated, the parts are linked together with words or expressions that define the chronology. Each event occurs in a given order in the sequence. For example:

> *Last month* I took out a loan at the bank because I wanted to continue my education and I needed more money. *Later,* I went to the university to request information about admission. I asked for the forms *right away. Finally,* I stopped by the Spanish department to verify the most recent details about their program.

The italicized words link the events, outlining the sequence for the listener. Here are some frequently used words for recounting events in Spanish.

(el mes) pasado *last (month)*	de pronto *suddenly*
primero *first (in a list)*	de repente *suddenly*
al principio *at first*	en seguida *immediately (after)*
antes (de eso) *before (that)*	anteriormente *before, earlier*
al mismo tiempo *at the same time*	por último *last (in a list)*

después (de eso) *after (that)*	por fin *finally*
mientras *while*	finalmente *finally*
entonces *then, at that same moment*	al final *at the end*
luego *then, next, later*	

El mes pasado pedí un préstamo al banco porque quería continuar mis estudios y necesitaba más dinero. **Luego,** fui a la universidad para pedir información sobre los requisitos de entrada. **En seguida,** solicité los formularios. **Por último,** pasé por el departamento de español para averiguar los últimos detalles de su programa.

Remember that in narrating events, the preterite and imperfect are used according to context (see pages 93–96).

SERIES OF COMPLETED EVENTS:

Carlos **arrancó** el carro, **salió** de la estación de gasolina y **se fue** hacia el centro.	*Carlos started up the car, left the gas station, and went off toward the downtown area.*

SIMULTANEOUS EVENTS:

Juan **imprimía** el documento y Emilia **calculaba** las ganancias.	*Juan was printing the document and Emilia was calculating the profits.*

ONGOING ACTION INTERRUPTED BY ANOTHER EVENT:

Jorge me **llamó** mientras **comía** el almuerzo.	*Jorge called me while I was eating lunch.*

Try to use linking words in the following activities.

A Imagine that you are the sales manager of "Chocolates Rico-Rico." You are in a meeting with your associates, planning the new sales strategy for the company. Use the infinitives in the order given to describe the events that occurred in the meeting. The parenthetical cues will help you to decide which tense to use. You can add more information if you wish.

MODELO: el Sr. Cacahuete: anunciar lo nuevo de la empresa, describir las posibilidades; los otros: hacerle preguntas; llegar todos a una conclusión (*series*) →
Primero el Sr. Cacahuete anunció lo nuevo de la empresa y después describió las posibilidades. Luego los otros le hicieron preguntas y finalmente todos llegaron a una conclusión.

1. la gerente de ventas: empezar la reunión, verificar los nombres de los asistentes, distribuir las hojas sueltas de información (*series*)
2. el accionista: criticar el plan de publicidad, comer chocolates Rico-Rico (*simultaneous events*)
3. el secretario: ofrecerles café y refrescos a todos, sentarse, tomar apuntes; el teléfono: sonar (*series of actions; the next to the last is interrupted by another event*)
4. la empleada: presentar un plan de acción, discutir las ventajas y desventajas, convencer a los otros, pedir un aumento (*your choice*)

B Guiones The following sequence of drawings shows—in a very schematic fashion—a day in the life of Carmen Quintero and her husband, Andrés Pereda. Working in groups of three or four people, narrate the story in the past, using the preterite or the imperfect as necessary. Add at least two or three more details (other actions or explanations) when you talk about what occurs in each drawing.

㉗ REVIEW OF THE USES OF THE SUBJUNCTIVE

Remember that the functions of tense and mood are different. *Tense* indicates when an event takes place (present, past, or future); *mood* designates a particular way of perceiving an event. In general, the indicative mood signals that the speaker perceives an event as fact or objective reality, whereas the subjunctive mood describes the unknown (what is beyond the speaker's knowledge or experience). Remember also that two conditions must be met for the subjunctive to be used: sentence structure (the sentence must contain a subordinate clause) and meaning.*

Práctica Dé la forma correcta de los verbos en letra cursiva, según el contexto. Luego explique por qué se ha usado el indicativo o el subjuntivo en cada caso.

1. Me sorprende que Emilia *haber* comprado acciones de la compañía «Chocolates Rico-Rico».
2. No estoy seguro/a que José *recordar* el nombre del negocio.
3. Es verdad que se *exportar* muchos productos al extranjero.
4. Busco el restaurante en el que Juan y yo *comer* el sábado pasado.
5. Los socios quieren *comer* allí también.
6. El señor pide que nosotros le *ayudar* con las inversiones.
7. Debemos buscar un puesto que *ofrecer* un salario mejor.
8. Necesitamos que el banco nos *prestar* dinero para empezar nuestro propio negocio.

Intercambios

A ¡Necesito compañero! Trabajando en parejas, háganse y contesten preguntas para averiguar la importancia que las cosas indicadas en la próxima página tienen para Uds. Usen frases como **No es (nada) importante** y **Es (muy) importante** para valorar cada cosa. Recuerden utilizar las estrategias para la comunicación para obtener más detalles sobre los motivos de las opiniones de su compañero/a, pero cuidado de no convertir la conversación en interrogatorio. Luego, compartan lo que han aprendido con el resto de la clase. ¿Cuáles de estas cosas les importan más a sus compañeros? ¿Cuáles no les importan nada?

> MODELO: ganar mucho dinero →
> No es importante que gane mucho dinero. No me interesan las cosas materiales.

---

*For further information on the concept and uses of the subjunctive, see Chapter 4, pages 121–126; Chapter 5, pages 159–161; and Chapter 6, page 181 and pages 186–188. Additional practice with the subjunctive can be found in the **Cuaderno** for this chapter.

1. ganar mucho dinero
2. trabajar en una compañía prestigiosa
3. vivir en una ciudad grande
4. ser respetado/a por los colegas
5. saber hacer algo muy, muy bien
6. ser famoso/a
7. ayudar a resolver un problema que afecta a la humanidad
8. llegar al trabajo en avión propio
9. tener un coche de lujo
10. poder jubilarse a los 40 años

B Entre todos

■ ¿Tienes trabajo ahora? Descríbelo. ¿Cómo lo conseguiste? ¿Cuántas horas a la semana trabajas? ¿Has aprendido algo en tu trabajo que consideres que va a ayudarte en el futuro? Explica. En tu opinión, ¿es bueno que alguien trabaje mientras todavía es estudiante? ¿Por qué sí o por qué no?

■ Una palabra que se escucha mucho hoy en día con respecto al empleo y los negocios es *percs*. ¿Qué entiendes por esta palabra? De las siguientes ideas, ¿cuáles son ejemplos de *percs*? ¿Quiénes son las personas que gozan de (*enjoy*) estos *percs*?

   a. tener un coche de la compañía
   b. tener un despacho propio
   c. tener teléfono en el coche
   d. tener una ventana en el despacho
   e. poder viajar en primera clase
   f. tener una cuenta para gastos relacionados con el trabajo (*expense account*)
   g. tener un secretario / una secretaria

■ En tu opinión, ¿es mejor ser gerente o empleado/a? ¿Por qué? ¿Prefieres trabajar para otra persona o para ti mismo/a? ¿Qué es lo mejor de trabajar para otra persona? ¿y lo peor? Explica.

■ ¿Tienes tarjetas de crédito? ¿Cuántos años tenías cuando las usaste por primera vez? Desde la perspectiva de los consumidores, ¿qué es lo bueno de tener tarjetas de crédito? ¿y lo malo? ¿y desde la perspectiva de los negociantes? En tu experiencia, ¿es fácil o difícil obtener tarjetas de crédito? ¿Hay una edad mínima para obtenerlas? ¿Debe haber una edad mínima? ¿Por qué sí o por qué no?

De entrada

En la siguiente tira cómica Ud. puede ver lo que pasó ayer en las oficinas de la compañía de don Abundio. Ponga las oraciones en orden según lo que sugieren los dibujos.

_____ Entre los tres amigos, no había ninguno que se diera cuenta del peligro. No les preocupaba que su jefe los viera charlando.

_____ Don Abundio vio que tres de sus empleados pasaban mucho tiempo charlando. Esto no le gustó; prefería que todos empezaran el día trabajando, no conversando.

_____ Como resultado, los ahora ex empleados tuvieron que continuar su charla en la oficina de empleos, donde esperaban que alguien les ayudara.

_____ Don Abundio volvió a pasar horas más tarde. El no esperaba que ellos todavía estuvieran allí.

_____ Los empleados no sabían que su jefe los observaba.

_____ Don Abundio perdió la paciencia y les mandó que se fueran a otra oficina a charlar.

Identifique en las oraciones anteriores los verbos o expresiones que exigen el uso del subjuntivo en la cláusula subordinada. ¿Puede Ud. identificar los varios tiempos verbales que se utilizan en las oraciones? ¿Qué nota con respecto a las formas verbales que se usan en las cláusulas subordinadas? En la siguiente sección Ud. va a estudiar las formas y los usos del imperfecto de subjuntivo.

28 THE PAST SUBJUNCTIVE: CONCEPT; FORMS

A. Concept

To use the past subjunctive (**el imperfecto de subjuntivo**) correctly, you do not have to learn any additional subjunctive cues but only the past subjunctive forms. Almost all the cues that signal the use of the subjunctive mood are applicable to both the present subjunctive and the past subjunctive. (You will learn when to use the present subjunctive versus the past subjunctive later in this section.)

B. Forms of the past subjunctive

Without exception, the past subjunctive stem is the third-person plural form of the preterite minus **-on: hablar~~on~~** → **hablar-; comier~~on~~** → **comier-; vivier~~on~~** → **vivier-.** The past subjunctive endings for all verbs are **-a, -as, -a, -amos, -ais, -an.** Note the accent mark on all **nosotros/as** forms.

A PROPOSITO

An alternative set of past subjunctive forms is spelled with **-se** instead of **-ra.**

hablar: hablase, hablases, hablásemos...
comer: comiese, comieses, comiésemos...
vivir: viviese, vivieses, viviésemos...

These forms are less commonly used than the **-ra** forms, although usage varies among countries and among individuals within countries. Only the **-ra** forms will be used in **Pasajes: Lengua,** but you will see the **-se** forms frequently in literature and other texts.

PAST SUBJUNCTIVE FORMS					
REGULAR -ar		**REGULAR -er**		**REGULAR -ir**	
hablara	hablár**amos**	comiera	comiér**amos**	viviera	viviér**amos**
hablar**as**	hablar**ais**	comier**as**	comier**ais**	vivier**as**	vivier**ais**
hablara	hablar**an**	comiera	comier**an**	viviera	vivier**an**

Any stem change or irregularity found in the third person plural of the preterite will be found in all persons of the past subjunctive of those verbs.

	THIRD-PERSON PLURAL PRETERITE FORMS		PAST SUBJUNCTIVE
Regular	comenzaron	→	comenzara, comenzaras, comenzáramos...
	entendieron	→	entendiera, entendieras, entendiéramos...
Stem-Changing	prefirieron	→	prefiriera, prefirieras, prefiriéramos...
	sirvieron	→	sirviera, sirvieras, sirviéramos...
	murieron	→	muriera, murieras, muriéramos...
Irregular	**tuv**ieron	→	**tuv**iera, **tuv**ieras, **tuv**iéramos...
	pudieron	→	**pud**iera, **pud**ieras, **pud**iéramos...
	dieron	→	**di**era, **di**eras, **di**éramos...
	fueron	→	**fue**ra, **fue**ras, **fué**ramos...

C. Sequence of tenses: Present subjunctive versus past subjunctive

In Spanish, the tense—present or past—of the main-clause verb determines the subjunctive tense used in the subordinate clause.

■ When the main-clause verb is in the present or present perfect, or is a command, a present subjunctive* form is generally used in the subordinate clause.

■ When the main-clause verb is in the preterite or imperfect, a past subjunctive form is used in the subordinate clause.[†]

Following is a summary of the correspondences for the verb forms you have studied thus far.[‡]

---

*Forms of the present subjunctive include the simple present and the present perfect: **hable, haya hablado; coma, haya comido.**

[†]Forms of the past subjunctive include the simple past and the pluperfect: **hablara, hubiera hablado; comiera, hubiera comido.** You will study the forms of the pluperfect subjunctive on page 324.

[‡]The use of the pluperfect, the future, and the conditional with the subjunctive is practiced on pages 329–332.

MAIN CLAUSE	SUBORDINATE CLAUSE
PRESENT	**PRESENT SUBJUNCTIVE**
El gerente dice... *The manager says . . .*	...que Ud. asista. *. . . for you to attend.*
PRESENT PERFECT	
El gerente ha dicho... *The manager has said . . .*	...que Ud. asista. *. . . for you to attend.*
COMMAND	
Gerente: Dígale... *Manager: Tell him . . .*	...que asista. *. . . to attend.*
PRETERITE	**PAST SUBJUNCTIVE**
El gerente dijo... *The manager said . . .*	...que Ud. asistiera. *. . . for you to attend.*
IMPERFECT	
El gerente decía... *The manager (often) said . . .*	...que Ud. asistiera. *. . . for you to attend.*

Práctica Dé oraciones nuevas según las indicaciones para describir cómo era el mundo de los negocios en otros tiempos. ¡Cuidado con el número 4!

1. —¿Trabajaban muchas horas entonces?
   —Sí, era necesario que *trabajaran muchas horas.* (empezar a trabajar temprano, ser siempre puntuales, hacer mucho trabajo manual, venir a trabajar seis o siete días a la semana)
2. —¿Tenían los obreros otras dificultades también?
   —Sí, los jefes no permitían que *tomaran vacaciones con sueldo.* (recibir atención médica gratis, tener breves descansos durante el día, llegar tarde de vez en cuando, volver al trabajo después de una larga enfermedad)
3. —¿Recibían algunos beneficios?
   —No tenían muchos. Por ejemplo, no había ninguna compañía que *pagara dinero extra por hacer horas extraordinarias.* (pedir sólo 40 horas a la semana, ofrecer un seguro médico, dar un descanso pagado por la maternidad, siempre mantener buenas condiciones de trabajo, seguir pagando a los empleados después de la jubilación, permitir alguna participación en la gerencia)
4. —¿Cuál fue la reacción general al movimiento sindicalista?
   —Muchos *pensaban* que esto representaba la destrucción de la economía. (temían, creían, estaban seguros, dudaban, sabían, esperaban)

Intercambios

A Ignacio, un estudiante universitario, está para graduarse en economía y español. Hace unos días, mientras se preparaba para una entrevista con la AT&T, todos sus amigos, profesores y parientes le daban consejos. Empareje (*Match*) cada persona con la sugerencia que le ofreció a Ignacio.

> MODELO: no estar nervioso →
> Su mejor amigo le dijo que no estuviera nervioso.

Personas: madre, profesora de economía, novia, mejor amigo, profesor de español, abuelo

Sugerencias:

peinarse de manera conservadora
demostrar sus capacidades bilingües
tener confianza en su preparación
  académica
hacer preguntas inteligentes
hablar despacio y con seguridad
pedir un sueldo en concreto

ponerse un traje de tres piezas
expresar interés en obtener un
  trabajo en el extranjero
no masticar chicle
aprender el nombre del entrevistador / de la entrevistadora

B Complete las siguientes oraciones de una forma lógica. Cuidado con el contraste entre el subjuntivo y el indicativo, igual que con el contraste entre el presente y el pasado.

1. En el pasado, era necesario que las mujeres trabajadoras _____. Ahora es posible que (ellas) _____.
2. En el pasado, casi no había ningún ejecutivo en el mundo de los negocios que _____. Hoy en día, hay muchos ejecutivos que _____.
3. Hoy en día, muchas empresas permiten que sus empleados _____. En el pasado, las empresas no querían que (ellos) _____.
4. En el pasado, muchos jóvenes creían que una carrera en el mundo de los negocios _____. Hoy en día, muchos jóvenes piensan que _____.
5. En el pasado, los jefes querían que sus secretarias _____. Hoy las secretarias piden que sus jefes _____.

C Pensando en las ocupaciones de las siguientes personas, ¿qué es seguro que han hecho recientemente? ¿Qué es sólo probable que hayan hecho? Dé el nombre de una persona determinada en cada categoría.

> MODELO: un(a) artista de la televisión, del cine o del teatro →
> Sé (Estoy seguro/a [de]) que Jay Leno ha presentado su programa de televisión; es probable que también haya hecho chistes sobre varios políticos.

1. un(a) artista de la televisión, del cine o del teatro
2. una persona muy rica
3. un político / una mujer político importante
4. un estudiante típico / una estudiante típica de esta universidad
5. una persona muy conocida de esta universidad
6. un deportista famoso / una deportista famosa
7. un pariente de Ud.

D ¡Necesito compañero! Con el tiempo cambian nuestras actitudes —no sólo con respecto a los negocios sino también hacia muchas otras cosas. Trabajando en parejas, completen las siguientes oraciones para indicar si han cambiado sus actitudes o sentimientos (*feelings*) hacia los siguientes temas. Cuidado con el uso del presente y del imperfecto de subjuntivo.

1. Cuando era niño/a, me parecía muy importante que _____. Ahora me parece más importante que _____.
2. De niño/a, dudaba que mis padres _____. Ahora (dudo / estoy seguro/a [de]) que ellos _____.
3. Creo que en el pasado mis padres dudaban que yo _____. Ahora (dudan/ saben) que yo _____.
4. En el pasado pensaba que la educación _____. Ahora (creo/no creo) que _____.
5. Antes, las compañías buscaban empleados que _____. (Pero/Todavía) hoy buscan empleados que _____.
6. Hace unos años, yo no creía que el matrimonio _____. (Pero/Todavía) hoy me parece que _____.

E Entre todos El dibujo cómico de la derecha, que salió en una revista española, se burla de (*pokes fun at*) los anuncios y los métodos que utilizan las empresas para «vender» sus productos.

■ ¿Cuáles son algunas de las técnicas de que se burla? ¿Pueden Uds. identificar por lo menos dos?

■ En los Estados Unidos, ¿qué fama tienen los militares como hombres de negocios? ¿Son buenos para encontrar gangas (*bargains*)? ¿Cómo lo sabe Ud.?

F ¡Necesito compañero! Trabajando en parejas, investiguen sus experiencias personales con respecto a cuestiones de trabajo. Pueden utilizar las siguientes preguntas para empezar, y agregar otras si quieren.

1. ¿Qué clase de trabajo buscabas cuando eras más joven? ¿Querías un trabajo de tiempo completo (*full-time*) o de tiempo parcial? ¿Por qué?
2. ¿Querías un trabajo de tipo intelectual o manual? ¿Preferías trabajar a solas o en equipo? ¿Por qué?
3. ¿Trabajabas por gusto o por necesidad? ¿Era indispensable que ganaras mucho dinero? ¿que recibieras algún entrenamiento especial?
4. ¿Qué opinaban tus padres con respecto a tu trabajo? ¿Creían que era bueno que trabajaras o se oponían? ¿Por qué?
5. ¿Cómo terminaban tus padres esta oración? «Queremos que tú trabajes porque así vas a _____.»

   ■ ganar mucho dinero

   ■ obtener experiencia muy valiosa en el mundo de los negocios

   ■ aprender a ser más independiente

   ■ pasar menos tiempo mirando la televisión

   ■ ¿ ?

Compartan con las otras parejas algo de lo que Uds. aprendieron. ¿Tuvieron todos Uds. algunas experiencias similares con respecto al trabajo?

De entrada

¿Qué opina Ud.? Indique si está de acuerdo (**A**), si está en desacuerdo (**D**) o si no tiene ninguna opinión (**NO**) sobre las siguientes declaraciones.

1. _____ Habrá igualdad entre los sexos cuando una mujer llegue a ser presidenta de la nación.

2. _____ Pasarán dos o tres generaciones antes de que los hombres y las mujeres tengan igual sueldo.

3. _____ Cuando se invierte mucho dinero en el extranjero, la economía nacional se beneficia mucho como consecuencia.

4. _____ No se debe permitir que una persona obtenga una tarjeta de crédito hasta que consiga un trabajo fijo.

5. _____ Los profesores deben presentar todas las materias de modo que (*in such a way that*) tengan conexión con la vida real.

Ahora, estudie las oraciones para averiguar dónde se ha utilizado el subjuntivo. ¿En qué casos se anticipa una acción que no ha ocurrido todavía o una circunstancia que no existe? La explicación a continuación le ayudará a comprender mejor este tipo de construcción.

29 USE OF SUBJUNCTIVE AND INDICATIVE IN ADVERBIAL CLAUSES

An adverb is a word that indicates the manner, time, place, extent, purpose, or condition of a verbal action. It usually answers the questions *how? when? where?* or *why?*

Vamos al cine **después.**	*Let's go to the movies* (when?) ***afterward.***

A clause that describes a verbal action is called an adverbial clause. It is joined to the main clause by an adverbial conjunction.

Vamos al cine **después de que ellos cenen.**	*Let's go to the movies* (when?) ***after they have dinner.***

In the preceding sentence, **después de que ellos cenen** is the adverbial clause; **después de que** is the adverbial conjunction. Adverbial clauses are subordinate (dependent) to the main clause. As you know, there must be a subordinate clause in order for the subjunctive to be used (page 122). The subjunctive is used in adverbial clauses when they describe or imply something that is unknown to the speaker, or that lies outside the speaker's direct experience.[*]

---

[*]A further use of the subjunctive in adverbial clauses is presented in Chapter 8, pages 231–232.

La Conferencia América Latina-Alemania en Buenos Aires, Argentina

A principios de junio de 1995, se celebró en Buenos Aires, Argentina, la Conferencia América Latina-Alemania a fin de expandir las relaciones económicas entre Alemania y los países latinoamericanos. Los empresarios alemanes quieren invertir en la América Latina ya que allí hay muchas oportunidades de hacer negocios, debido al déficit de inversiones que ha existido en esa región hasta ahora. Estos empresarios se interesan sobre todo en los sectores de la economía relacionados con la energía y con las telecomunicaciones.

¿Quiénes participaron en esta conferencia? ¿Qué otras áreas de inversión abarca (*includes*) el plan latinoamericano-alemán? Mire y escuche este segmento de vídeo para saberlo.

¡A ver!

A ¿Cuánto comprendió Ud.? Indique si cada una de las siguientes afirmaciones es cierta (**C**), falsa (**F**) o si el vídeo no dice nada sobre esa idea (**ND**).

1. _____ Todos los participantes eran de la Argentina; no había participantes de otros países latinoamericanos.
2. _____ También asistieron a la conferencia representantes del gobierno.
3. _____ El gobierno de los Estados Unidos ayudó a organizar la conferencia.
4. _____ Hace dos años, una conferencia semejante se celebró en Berlín.
5. _____ Uno de los temas centrales de la conferencia era el mutuo beneficio económico: la expansión tanto de la economía latinoamericana como de la europea.
6. _____ Durante la conferencia, el ambiente general parecía bastante optimista con respecto a las posibilidades comerciales.
7. _____ No es necesario aumentar las inversiones en Latinoamérica.
8. _____ La conferencia fue interrumpida por algunas manifestaciones anticapitalistas.

B Entre todos

■ ¿Qué tipo de información creen Uds. que intercambiaron los empresarios alemanes con los empresarios latinoamericanos durante la conferencia? ¿Qué tipo de contactos hicieron?

■ ¿Qué saben Uds. de los productos que podrían (*could*) exportar los alemanes a la Argentina? ¿Qué productos podrían exportar los argentinos a Alemania?

■ Si Uds. pudieran invertir dinero en alguna empresa, ¿en cuál de los campos que menciona el gobierno alemán les interesaría más invertir: en la energía, en las telecomunicaciones, en la cultura o en el medio ambiente? ¿Por qué?

A. Anticipated versus experienced

An action can be unknown to the speaker because it has not yet occurred, because it is outside his or her knowledge or experience, or because it does not exist at all. The following adverbial conjunctions are followed by the subjunctive or by the indicative, depending on whether they express the speaker's unknown or the speaker's objective reality.

cuando *when*	hasta que *until*
después de que *after*	mientras que *while, as long as*
en cuanto *as soon as*	tan pronto como *as soon as*

■ When the actions of the main and subordinate clauses have not yet occurred (that is, they are anticipated actions), the subjunctive is used in the subordinate clause. When the action of the subordinate clause is habitual or has occurred before the action of the main verb, the indicative is used in this clause.

ANTICIPATED: UNKNOWN SUBJUNCTIVE	EXPERIENCED: KNOWN INDICATIVE
Te van a dar más crédito **después de que pagues** el balance de la cuenta. *They will give you more credit after you pay off the balance of the account.*	Siempre te dan más crédito **después de que pagas** el balance de la cuenta. *They always give you more credit after you pay off the balance of the account.*
La compañía planeaba seguir invirtiendo en la Bolsa **hasta que fuera** a la bancarrota. *The company was planning to keep on investing in the stock market right until it went bankrupt.*	Muchas veces las compañías invierten en la Bolsa **hasta que van** a la bancarrota. *Often companies invest in the stock market until they go bankrupt.*
Piensan escribirlo a máquina **tan pronto como** se lo **demos.** *They are planning to type it as soon as we give it to them.*	Lo escribieron a máquina **tan pronto como** se lo **dimos.** *They typed it as soon as we gave it to them.*
Ibamos a hacer un viaje por el mundo **cuando se jubilara.** *We were going to take a trip around the world when she retired.*	Hicimos un viaje por el mundo **cuando se jubiló.** *We took a trip around the world when she retired.*

■ The adverbial conjunction **antes de que** is always followed by the subjunctive because, by definition, it introduces an anticipated event.

Siempre cambia un cheque **antes de que vayan** de compras.　　*He always cashes a check **before they go** shopping.*

Cambió un cheque **antes de que fueran** de compras.	*He cashed a check **before they went** shopping.*

- You have learned that a subordinate clause is usually present if a sentence contains two different subjects. Most of the adverbial conjunctions listed on page 214, however, introduce a subordinate clause even when there is no change of subject.

Lo visito cuando tengo tiempo.	*I visit him when **I** have time.* (no change of subject)
Lo visito cuando él me llama.	*I visit him when **he** calls me.* (change of subject)

When there is no change of subject, the adverbial conjunctions **antes de que, después de que** and **hasta que** can be followed by a conjugated verb, or the **que** can be dropped and the preposition followed by an infinitive.

CONJUNCTION
PREPOSITION
Voy a salir $\left\{\begin{array}{l}\text{\textbf{después de que termine}}\\\text{\textbf{después de terminar}}\end{array}\right\}$ esto.

I'm going to leave $\left\{\begin{array}{l}\textbf{\textit{after I finish}}\\\textbf{\textit{after finishing}}\end{array}\right\}$ *this.*

When there is a change of subject, only a conjugated verb can follow these adverbial conjunctions.

Voy a salir **después de que él me llame.**	*I'm going to leave **after he calls me.***

B. Unknown versus known

- The subjunctive is used with the following conjunctions to express the speaker's speculation about an action or situation. The indicative is used to express what is actually known or has been experienced by the speaker.

aunque *although, even if* como *as; how* de manera que *in such a way that*	de modo que *in such a way that* donde *where*

UNKNOWN SITUATION: SUBJUNCTIVE	KNOWN SITUATION: INDICATIVE
Lo iba a hacer **aunque fuera** difícil. *He was going to do it although it might be difficult.*	Lo iba a hacer **aunque era** difícil. *He was going to do it although it was difficult.*
Ponlo **donde quieras.** *Put it wherever you want to.*	Ponlo **donde quieres.** *Put it where you want to.*
Habló **de modo que lo entendieran.** *He spoke in such a way that they might understand him.*	Habló **de modo que lo entendieron.** *He spoke in such a way (and the result was) that they understood him.*

- The adverbial conjunctions **ahora que, puesto que,** and **ya que** are always followed by the indicative since they convey the speaker's perception of reality as being already completed or inevitable.

Ya que vas a visitar, dime lo que quieres comer.	***Since you're going*** *to visit, tell me what you would like to eat.*
Ahora que estás en ventas, vas a viajar mucho.	***Now that you're*** *in sales, you're going to travel a lot.*

Práctica Exprese las siguientes oraciones en inglés. En cada caso explique el uso del subjuntivo o del indicativo en los verbos en letra cursiva.

1. Aunque no *tenga* necesidad, creo que *voy* a trabajar. Aunque muchas personas no *están* de acuerdo conmigo, para mí el trabajo *es* interesante y hasta divertido.
2. En muchas escuelas secundarias *se enseñan* ahora las clases académicas de manera que los estudiantes *ven* la aplicación que *tiene* la materia en la vida práctica. Saben que, aunque un estudiante *se haya graduado* en la escuela secundaria, esto no significa que *tenga* suficientes conocimientos para funcionar en la sociedad moderna puesto que el mundo *es* cada vez más complicado.
3. A mi parecer, es necesario que la universidad *sea* más responsable con respecto al futuro de sus estudiantes. Aunque no lo *quieran* admitir, el futuro *está* en los negocios. Los estudiantes *pagan* mucho para prepararse de modo que *encuentren* buenos empleos después de recibir su título. Por consiguiente, no es bueno que la universidad *obligue* a los estudiantes a tomar clases que no *tengan* nada que ver con sus intereses profesionales. Debe permitir que los estudiantes *diseñen* sus programas de estudios de manera que los *preparen* para el futuro.

Intercambios

A Complete las siguientes oraciones de una forma lógica. Cambie el verbo indicado al indicativo o al subjuntivo según el contexto. Cuidado con la secuencia de tiempos.

REALIDADES	ANTICIPACIONES
Con respecto al trabajo:	
1. Cuando yo (ser) estudiante de secundaria, _____.	Cuando yo (no ser) estudiante universitario/a, _____.
2. Después de que yo (graduarse) en la escuela secundaria, _____.	Después de que yo (graduarse) en la universidad, _____.
3. De joven, en cuanto yo (ganar) algún dinero, yo _____.	En el futuro, en cuanto yo (ganar) algún dinero, yo _____.
Con respecto a los privilegios y responsabilidades:	
4. Cuando yo (tener) 9 años, mis padres _____.	Cuando mis hijos (tener) 9 años, yo _____.

5. Tan pronto como yo (llegar) a casa después de la escuela, yo _____.

6. Cuando yo (sacar) notas muy malas, yo / mis padres _____.

Tan pronto como mis hijos (llegar) a casa después de la escuela, ellos _____.
Cuando mis hijos (sacar) notas muy malas, ellos/yo _____.

B ¡Necesito compañero! En muchos aspectos de la vida se nos imponen ciertas condiciones para hacer o tener ciertas cosas. A continuación hay algunas «condiciones» que se oyen con alguna frecuencia. ¿A Ud. le suenan (*ring a bell*) algunas? Trabajando en parejas, completen las oraciones de una manera lógica. Agreguen una condición más a cada lista para que sus compañeros de clase las completen.

Los padres les dicen a sus hijos:

1. No vas a poder manejar el auto hasta que _____.
2. Puedes mirar la televisión tan pronto como _____.
3. Puedes salir con chicos/as cuando _____.
4. No puedes comer el postre hasta que _____.
5. ¿ ?

Los profesores les dicen a sus estudiantes:

1. No va a sacar buenas notas mientras que _____.
2. Puede sacar libros de la biblioteca en cuanto _____.
3. Va a ser uno de los primeros en escoger sus clases cuando _____.
4. Levante la mano tan pronto como _____.
5. ¿ ?

Los gerentes les dicen a sus empleados:

1. No va a tener éxito hasta que _____.
2. Va a recibir un mes de vacaciones después de que _____.
3. Le vamos a dar un reloj de oro cuando _____.
4. Le vamos a dar un mejor puesto antes de que _____.
5. ¿ ?

C Describa los dibujos a continuación de varias maneras, incorporando las siguientes palabras en su descripción. ¿Quiénes son estas personas? ¿Cómo son? ¿Qué hacen?

ahora que   hasta que
aunque   mientras (que)
cuando   tan pronto como
de manera que   ya que
donde

1. el avión, correr, despegar, el hombre de negocios, llegar, el piloto

2. llevar, poder comprar cosas, reconocerlo, ser famoso, la tarjeta de crédito, viajar

3. colocar, hablar por teléfono, el mensajero, el paquete, pesado

1.   **2.**   **3.**

Los siguientes dibujos cuentan una historia. Trabajando en pequeños grupos, narren la historia en el pasado. Incorporen el vocabulario indicado y agreguen por lo menos dos o tres detalles más (otras acciones o explicaciones) cuando hablen de lo que ocurrió en cada dibujo. Cuidado con el contraste entre el indicativo y el subjuntivo, y no se olviden de usar los complementos pronominales y las estrategias para la comunicación siempre que puedan.

1. el paciente, ir / tan pronto como llegar / explicar
2. antes de examinar / el médico, pedir / quitarse la ropa
3. en cuanto quitarse la camiseta / observar / agujero
4. examinar y tocar / mientras que / desvestirse
5. antes de examinar / abrir el gabinete
6. sacar / mostrar / ofrecer / ya que

Entre todos

- ¿Qué tipo de negocio es el anterior? ¿Qué piensa Ud. de esto?

- ¿Quién en la clase ha tenido alguna experiencia parecida, una ocasión en que al ir a un lugar en busca de algún servicio se encontró con que le ofrecían o le querían vender algo que no esperaba? Cuénteselo a la clase.

- ¿Qué piensa Ud. que hizo el paciente? Termine la historia.

E Improvisaciones Divídanse en grupos de tres o cuatro estudiantes. Cada grupo escribirá un anuncio de una agencia publicitaria que quiere conseguir el contrato para hacer la campaña de un producto determinado. Indique los beneficios y las consecuencias de usar y de no usar el producto. Luego, cada grupo presentará su anuncio a la clase, que determinará qué agencia va a recibir el contrato. ¡No se olviden de ponerle nombre a su producto!

MODELO: ¡Compre mochilas Rompespaldas! Después de que Ud. compre una de estas mochilas maravillosas, verá la diferencia. Un testimonio: «Antes de que mi hermano tuviera una mochila Rompespaldas, llevaba sus libros a la escuela en la mano. ¡Pobrecito! Ahora que la tiene, todo es diferente. Tanto amigos como desconocidos lo miran con asombro y admiración.» Pruebe Ud. lo útil que es. Puede llevarla donde quiera. Nuestra promesa: primero se le romperán las espaldas a Ud. antes de que se le rompa esta increíble mochila.

Productos posibles:

1. un detergente
2. ropa interior para hombres
3. un reloj/sistema despertador

4. un calmante
5. un robot hacelotodo
6. caramelos dietéticos

A PROPOSITO

Tanto en español como en inglés, a veces se combinan verbos y sustantivos para crear nuevas palabras. En inglés el orden es **sustantivo + verbo** → *backbreaker*. En español, el orden es al revés: **verbo + sustantivo** → **rompespaldas**. Generalmente estas palabras compuestas (*compound*) son masculinas, y la forma plural es igual que la forma singular.

ENLACE

Sondeo

¿Controla su vida el dinero? Estudios recientes indican que la actitud del norteamericano medio hacia el dinero es muy diferente hoy de lo que era hace treinta años. Según estos estudios, los norteamericanos ahora piensan más en cómo *gastar* el dinero y menos en cómo *ahorrarlo*. ¿Qué actitud tiene la clase? Hagan un sondeo para averiguarlo.

Primer paso: Recoger los datos

- Divídanse en tres grupos. El Grupo 1 hará las preguntas 1 a 5; el Grupo 2, las preguntas 6 a 10; y el Grupo 3, las preguntas 11 a 15.

- Cada uno de los miembros de cada grupo debe entrevistar a dos o tres compañeros de clase para obtener la información necesaria. No se olviden de anotar el sexo de cada persona entrevistada: **M** (masculino) o **F** (femenino).

- Deben entrevistar a todos los miembros de la clase, pero tengan cuidado de no hacerle la misma pregunta dos veces a la misma persona.

¿Te describen las siguientes afirmaciones?

		ENTREVISTADOS		
		A (M/F)	B (M/F)	C (M/F)
GRUPO 1	1. Quiero tener más dinero del que podría gastar (*could ever spend*) en toda la vida.	SÍ NO	SÍ NO	SÍ NO
	2. Me siento molesto/a cuando compro algo y luego descubro que podría haberlo comprado (*I could have bought it*) más barato en otro sitio.	SÍ NO	SÍ NO	SÍ NO
	3. Me pone nervioso/a pensar que no tengo suficiente dinero.	SÍ NO	SÍ NO	SÍ NO
	4. Sueño con ser inmensamente rico/a algún día.	SÍ NO	SÍ NO	SÍ NO
	5. Tengo tres (o más de tres) tarjetas de crédito.	SÍ NO	SÍ NO	SÍ NO
GRUPO 2	6. Con dinero se puede comprar el amor.	SÍ NO	SÍ NO	SÍ NO
	7. Me cuesta (*I hate to*) tener que pagar por algo, no importa lo que sea.	SÍ NO	SÍ NO	SÍ NO
	8. El dinero controla lo que hago y no hago en la vida.	SÍ NO	SÍ NO	SÍ NO
	9. Siempre sé exactamente cuánto dinero tengo en el banco o en el bolsillo.	SÍ NO	SÍ NO	SÍ NO
	10. Como regalo, prefiero el dinero a cualquier otra cosa.	SÍ NO	SÍ NO	SÍ NO
GRUPO 3	11. Con frecuencia compro cosas impulsivamente.	SÍ NO	SÍ NO	SÍ NO
	12. Me quejo del precio de las cosas que compro.	SÍ NO	SÍ NO	SÍ NO
	13. Creo que el gastar mucho dinero en una cita implica que uno recibirá alguna recompensa sexual.	SÍ NO	SÍ NO	SÍ NO
	14. Compro cosas para impresionar a otras personas.	SÍ NO	SÍ NO	SÍ NO
	15. Con frecuencia compro billetes de lotería.	SÍ NO	SÍ NO	SÍ NO

Segundo paso: Análisis de los datos

- Para recopilar los datos, reúnanse de nuevo en los grupos e indiquen para cada pregunta la respuesta (sí o no) que recibieron con más frecuencia de los hombres y la que recibieron con más frecuencia de las mujeres. Después, creen una tabla de resumen para los hombres y otra para las mujeres.

■ ¿Qué revelan los resultados? Los autores del cuestionario ofrecen esta clave para interpretarlos.

Número de respuestas afirmativas	Poder del dinero para controlar la vida
0–1	casi ninguno
2–3	débil
4–5	moderado
6–7	fuerte
8+	absoluto

■ ¿Influye el dinero mucho en el estilo de vida de los miembros de la clase? ¿O influye poco?

■ ¿Qué le importa más a la clase en general —gastar el dinero o ahorrarlo?

■ ¿Descubrieron diferencias entre la manera de pensar de los hombres y la de las mujeres? ¿Cuáles son? ¿Qué creen Uds. que significa esto?

¡OJO!

	EXAMPLES	NOTES
ya que como puesto que porque por	**Ya que** es muy rico, no tiene que trabajar. *Because (Since) he is very rich, he doesn't have to work.* **Como (Puesto que)** era muy niña, siempre hacía muchas pequeñas travesuras. *Since (Because) she was very young, she was always playing little pranks.* Lo hicieron **porque** no había remedio. *They did it because there was no other alternative.* Todos la admiraban **por** su bondad. *Everyone admired her for (because of) her kindness.*	The idea of *because* (*since*) is expressed in a number of ways in Spanish. Preceding a conjugated verb, **ya que, como, puesto que,** or **porque** can be used. Of these four expressions, only **porque** *cannot* be used to begin a sentence. Conversely, **como** (meaning *because*) must be placed at the beginning of a sentence. When preceding a noun, always use **por.** This use corresponds to English *because of.*

	EXAMPLES	NOTES
cuestión **pregunta**	Es una **cuestión** de gran importancia. *It's a question (matter) of great importance.* Ese niño hace muchas **preguntas** difíciles. *That child asks a lot of difficult questions.* La joven **hizo** muchas **preguntas** (**preguntó** mucho) sobre su abuela. *The girl asked a lot of questions about her grandmother.*	*Question* in the sense of *matter, subject,* or *topic of discussion* is expressed in Spanish by **cuestión**. The word **pregunta** refers to a *question* or *interrogation*. *To ask a question* is expressed in two ways in Spanish: **hacer una pregunta** and **preguntar**.
fecha **cita**	¿Cuál es la **fecha** de hoy? *What is today's date?* ¿Con quién tienes **cita**? *With whom do you have a date (appointment)?* El me acompañó a la fiesta. *He was my date for (accompanied me to) the party.* Quiero presentarlo a mi amiga, Victoria. *I'd like to introduce you to my date, Victoria.*	*Date* has several equivalents in Spanish. A *calendar date* is expressed with **fecha**. An *appointment* or *social arrangement* is expressed with **cita**. Unlike the English word *date*, **cita** can never mean *a person*.
los/las dos **ambos/as** **tanto... como...**	Tengo dos hijas y voy al partido con **las dos** (**ambas**). *I have two daughters and I'm going to the game with both of them.* **Ambos** (**Los dos**) socios quieren comprar las acciones. *Both partners want to buy the shares.* **Tanto** los perros **como** los gatos son carnívoros. *Both dogs and cats are carnivorous.*	English *both* is expressed in Spanish with **los/las dos** and **ambos/as**, which agree in gender with the nouns to which they refer. The English expression *both . . . and . . .* is expressed in Spanish with **tanto... como...** . This construction is invariable.

A *Volviendo al dibujo* Elija la palabra que mejor completa cada oración. ¡Cuidado! También va a encontrar palabras de los capítulos anteriores.

1. El Sr. y la Sra. Guaraní habían hecho una (cita/fecha) con un empleado del Banco en Quiebra, S.A. Ellos tenían un negocio en su propia casa y, como el negocio crecía, necesitaban (moverse/mudarse) a otra casa más grande. Tenían (un cuento / una cuenta) en el banco, y ahora iban a pedir un préstamo. Por eso, querían hacerle algunas (cuestiones/preguntas) al Sr. Pesetas. La expansión de su negocio dependía (al / del / en el) dinero que pudieran obtener, y por eso (buscaban/miraban) la oportunidad de hacer una buena transacción. Sin embargo, llevaron al banco a su hijita, Lempira, que era una niña insoportable y nunca (pagaba/prestaba) atención a lo que le decían sus padres. Ella no comprendía que no era (hora/tiempo/vez) de jugar sino de (buscar/mirar) dinero. Lo (buscaba/miraba) todo y tocaba lo que estaba (cerca/cercano) y también lo que estaba lejos. No (cuidaba / le importaba) nada el caos que causaba con sus travesuras.

2. La Srta. Colón, que trabaja en el Banco en Quiebra, S.A., no (se siente / siente) muy segura en su trabajo. Es natural, (por/porque) hace muy poco tiempo que empezó a (funcionar/trabajar) en este banco. ¡Claro que es sólo una (cuestión/pregunta) de tiempo antes de que tenga confianza en sus habilidades! Ella (hace mucho caso / presta mucha atención) a las operaciones del banco. No (apoya/mantiene/soporta) el chisme (*gossip*) ni la holgazanería (*laziness*); es amable con todos, pero es firme. (Por/Porque) su paciencia y buen humor, los otros empleados la respetan mucho. (Mira/Parece) que ella va a (suceder / tener éxito) en esta empresa.

■ Ya que estás en la universidad, ¿qué aspectos de la escuela secundaria crees que te prepararon mejor para la universidad? ¿Cómo completarías la siguiente oración? «Cuando llegó el momento de elegir una universidad, era cuestión de _____ (dinero/lugar/prestigio/tamaño/ ¿ ?).» ¿Por qué crees que esta universidad te aceptó?

■ ¿Tienes obsesión con la hora? ¿Estás siempre pendiente de la hora y la fecha? ¿Tienes un reloj que indique tanto la fecha como el día? ¿que te indique cuando tienes una cita? Cuando tienes citas, ¿llegas siempre antes de la hora o a tiempo? ¿Te fastidia que alguien llegue tarde? Cuando tienes citas con tu novio/a, ¿tienden ambos a llegar a tiempo?

Repaso

A Complete la siguiente historia, dando la forma correcta de cada verbo. Cuando se dan varias palabras entre paréntesis, escoja la palabra apropiada. ¡Cuidado! La historia empieza en el tiempo presente, pero luego cambia al pasado.

El mercantilismo

Aunque hay muchas diferencias entre el sistema político económico norteamericano y el de los países de Latinoamérica, es interesante notar que en los dos continentes hay varias coincidencias históricas. Se ha dicho que los exploradores ingleses (venir)[1] al Nuevo Mundo para colonizar y desarrollar (*develop*) la zona mientras que los españoles (llegar)[2] con la intención de conquistar y explotar estas tierras. Hay que admitir que eso (ser/estar)[3] verdad, pero sólo hasta cierto punto.

En ambos casos, la llegada de los europeos (significar)[4] el establecimiento de un sistema económico muy beneficioso para Inglaterra y España, pero desastroso para sus colonias. Este sistema (llamarse)[5] el «mercantilismo». Se creía que la economía de una colonia (deber)[6] complementar la de la madre patria. Según el mercantilismo, la colonia (dar)[7] los productos que la madre patria (necesitar)[8] y a su vez (*in turn*) (recibir)[9] productos fabricados por su patrón. Pero no (ser/estar/haber)[10] libre empresa, ni mucho menos. Las naciones europeas —Inglaterra y España en este caso— querían que sus colonias (ser/estar/tener)[11] éxito económico sólo si esto servía a sus propios intereses. (Ser/Estar)[12] bueno que las colonias (producir)[13] materias primas (*raw materials*) y especialmente aquellos productos agrícolas que no (cultivarse)[14] en Europa, pero al mismo tiempo no se permitía el cultivo de ningún producto que (poder)[15] ser competitivo. Los comerciantes americanos, tanto los del norte como los del sur, (odiar)[16] las restricciones que (imponerles)[17] Inglaterra y España. Estas normas, además del deseo de lograr la libertad de expresión, luego (convertirse)[18] en una de las principales causas de las guerras por la independencia.

B Complete las siguientes oraciones de una forma lógica. ¡Atención! A veces hay que usar el imperfecto de subjuntivo. Luego compare sus oraciones con las de los otros miembros de la clase. ¿Cuántas experiencias o creencias tiene Ud. en común con ellos?

1. Como niño/a, no pude creer que los bancos (no) _____.
2. Como adolescente, creía que como adulto/a querría (*I would want*) trabajar en una compañía que _____.
3. Cuando llegué a la universidad por primera vez, creía que _____.
4. Al terminar mi primer semestre (trimestre) aquí, estaba contento/a de (que) _____.
5. Cuando solicité una tarjeta de crédito, (no) sabía que _____.
6. Ayer me puse furioso/a de que _____.

CAPÍTULO OCHO

8

Creencias e ideologías

1. Chichicastenango, Guatemala
2. Mijas (Málaga), España
3. Santa Fe, Nuevo México

En la mayor parte de Hispanoamérica, el catolicismo, y últimamente el protestantismo evangélico, y sus ritos ejercen una gran influencia sobre la vida de los habitantes. En los Estados Unidos la religión tiene gran importancia también. Las iglesias no sólo les ofrecen a sus miembros una educación religiosa, sino también actividades sociales.

¿Cree Ud. que las personas que no pertenecen a una religión pierden un aspecto importante de la vida? ¿Por qué sí o por qué no? ¿Cree que la religión limita el desarrollo de las personas o que lo enriquece? ¿Qué importancia tiene la religión en su vida? ¿en la vida de su familia? En su opinión, ¿es más importante hoy la religión en la vida de los jóvenes que hace diez o quince años? Explique.

La religión también tiene —y ha tenido— mucha importancia en el desarrollo de la historia mundial. ¿Puede Ud. identificar los participantes en los siguientes acontecimientos (*happenings*) históricos en que la religión ha desempeñado un papel importante?

ACONTECIMIENTO	PARTICIPANTES
1. _____ la creación de la Iglesia anglicana	a. los serbios, los croatas y los musulmanes
2. _____ las Cruzadas	b. los árabes y los israelitas
3. _____ el conflicto en la antigua Yugoslavia	c. los soldados y los frailes españoles
4. _____ el descubrimiento y la colonización del Nuevo Mundo	d. Enrique VIII y sus seis esposas
5. _____ el conflicto en el Oriente Medio	e. los musulmanes y los cristianos

■ En el dibujo se ven varias escenas con elementos religiosos y político-militares. ¿Cuántas escenas puede Ud. identificar? ¿Quiénes son las personas retratadas (*depicted*)?

■ ¿Puede Ud. identificar las religiones que motivaron los conflictos? ¿Qué símbolos religiosos puede Ud. identificar?

■ Además de la defensa de la fe católica, ¿qué otros motivos fomentaron las Cruzadas? ¿la exploración del Nuevo Mundo por curas y militares? ¿la Inquisición española? ¿la creación de la Iglesia anglicana?

■ ¿Qué motivos fomentaron el conflicto en la antigua Yugoslavia? ¿Hay otros conflictos actuales en el mundo que tengan motivos religiosos y también étnicos? ¿Cuáles son?

VOCABULARIO
para conversar

animar to encourage
cambiar de opinión to change one's mind
el clero clergy
competir (i, i) to compete
comprometerse to make a commitment
  comprometido/a committed
convertir(se) (ie, i) to convert
  la conversión conversion
cooperar to cooperate
la creencia belief
la cruzada crusade
el cura priest
dedicarse a to dedicate oneself to
defender (ie) to defend
el ejército army
el evangelizador / la evangelizadora evangelist
la fe faith
fomentar to promote, stir up
la iglesia church
la mezquita mosque
el/la militar career military person
el misionero / la misionera missionary
la monja nun
el monje monk
motivar to provide a reason for; to motivate
negociar to negotiate
la oración prayer
el pastor / la pastora pastor
predicar to preach
  predicar con el ejemplo to practice what one
    preaches

el propósito purpose; end, goal
el rabino / la rabina rabbi
rezar to pray
el sacerdote priest
la sinagoga synagogue
el templo temple
el valor value

Creencias y creyentes

el agnóstico / la agnóstica agnostic
el/la altruista altruist
el ateo / la atea atheist
el/la budista Buddhist
el católico / la católica Catholic
el conservador / la conservadora conservative
el/la (no) creyente (non)believer
el/la derechista rightist (*a member of the political
  Right*)
el/la egoísta egotist
el/la hipócrita hypocrite
el/la izquierdista leftist (*a member of the political
  Left*)
el judío / la judía Jew
el/la liberal liberal
el/la materialista materialist
el musulmán / la musulmana Moslem
el pagano / la pagana pagan
el/la protestante protestant

A Examine la lista del vocabulario y luego organice todas las palabras que pueda según las categorías indicadas a continuación. ¿Qué otras palabras o expresiones sabe Ud. que también se podrían colocar en alguna de estas categorías?

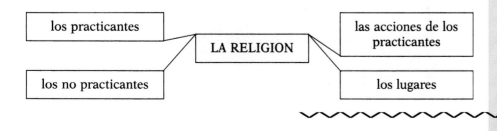

los practicantes

LA RELIGION

las acciones de los practicantes

los no practicantes

los lugares

B Escoja la palabra de la lista de la derecha que mejor corresponda a cada definición de la izquierda. Luego dé una definición en español de las palabras que quedan sin definir.

1. _____ incitar, motivar, instigar (una rebelión)
2. _____ las expediciones a la Tierra Santa contra los infieles durante la Edad Media
3. _____ una persona que no es católica ni judía ni musulmana pero que sí es creyente
4. _____ una persona que dice una cosa pero hace lo contrario

    a. competir
    b. convertir
    c. las Cruzadas
    d. fomentar
    e. el/la hipócrita
    f. el/la liberal
    g. el misionero / la misionera
    h. el/la protestante
    i. el valor

C ¿Qué palabra no pertenece al grupo? Explique por qué.

1. sincero/a, generoso/a, egoísta, altruista
2. los conservadores, los derechistas, los materialistas, los izquierdistas
3. dedicarse, cambiar de opinión, comprometerse, cooperar
4. rezar, la oración, negociar, la fe
5. los militares, la conversión, los soldados, el ejército

D Las creencias religiosas pueden inspirar y hasta impulsar a los seres humanos a entrar en acción, de eso no hay duda. Pero hay otras creencias y principios que también motivan a muchos a la acción. Por ejemplo, ¿qué convicciones éticas o políticas asocia Ud. con los siguientes eventos?

1. el discurso «I have a dream» del Dr. Martin Luther King, Jr.
2. las restricciones sobre la tala de árboles (*logging*) en los bosques de los EEUU
3. las restricciones sobre el fumar en lugares públicos

En el cuadro *La familia presidencial,* pintado por el colombiano Fernando Botero, el pintor agrupa en una sola «familia» a todos los que tradicionalmente comparten el poder en Hispanoamérica. ¿Quiénes son los miembros de esta «familia»? ¿Comparten todos el poder igualmente o son algunos más poderosos que otros? ¿Cómo sería el retrato de «la familia presidencial» en los Estados Unidos? ¿Qué grupos se incluirían?

4. las manifestaciones (a veces violentas) contra ciertas clínicas para mujeres
5. la creación de milicias y otros grupos paramilitares en varios lugares de los EEUU
6. el trabajo realizado por organizaciones como la United Way y la Cruz Roja
7. las grandes huelgas (*strikes*) laborales de los años treinta que culminaron con la creación de la United Auto Workers

E En su opinión, ¿qué es más importante en la cultura norteamericana, la cooperación o la competencia? Cuando Ud. era muy joven, ¿qué tipo de actividades fomentaban más sus padres, aquéllas en que Ud. podía ganar premios (*awards, prizes*) o aquéllas en que debía ayudar a otras personas de alguna manera? ¿Era necesario que Ud. compartiera sus cosas o su cuarto con otra persona? ¿Cree Ud. que esto es una experiencia positiva para un niño / una niña? Explique.

EXPLORACIONES

De entrada ㉚

En las siguientes oraciones se cuenta la primera parte de la historia de Cristóbal Colón (la segunda parte de la historia se encuentra en la página 232). Según lo que Ud. sabe de esta historia, busque en la segunda columna la frase que termine cada oración de la primera.

1. _____ Cristóbal Colón creía que se podía llegar al Oriente navegando hacia el oeste...
2. _____ Colón no podía hacer nada...
3. _____ Colón le pidió dinero a la reina Isabel I de Castilla...
4. _____ Isabel le dio dinero...
5. _____ Muchos hombres querían unirse a la expedición de Colón...

a. a menos que alguien le diera dinero para financiar el viaje.
b. a condición de que él conquistara nuevas tierras en nombre de ella.
c. aunque mucha gente pensaba que estaba loco.
d. a fin de hacerse ricos.
e. para poder hacer la expedición.

Algunos de los verbos en las frases de la derecha están en el subjuntivo. ¿Puede Ud. identificarlos? ¿Por qué se usa el subjuntivo en algunos casos y no se usa en otros? En la siguiente sección Ud. aprenderá (*you will learn*) otros usos del subjuntivo.

30 THE SUBJUNCTIVE IN ADVERBIAL CLAUSES: INTERDEPENDENCE

In Chapter 7 you learned to use the subjunctive with adverbial conjunctions that express the speaker's unknown. The adverbial conjunctions in this section indicate that the actions in the main clause and subordinate clause are interdependent in special ways: when one event takes place, so does the other; one event will not take place unless the other does too; one event happens so that another will happen.

Mi propósito era hablarle **para que cambiara** de opinión.	*My purpose was to talk to him **so that he might change** his mind.*
Ud. no puede ganar la elección **a menos que tenga** el apoyo del pueblo.	*You cannot win the election **unless you have** the support of the people.*

Here are the most common adverbial conjunctions of interdependence.

a condición (de) que *provided that*	en caso (de) que *in case*
a fin de que *so that*	para que *so that, in order that*
a menos que *unless*	sin que *without*
con tal (de) que *provided that*	

Unlike the adverbial conjunctions in Chapter 7, which take either the indicative or the subjunctive according to whether they refer to something known or unknown, *adverbial conjunctions of interdependence are always followed by the subjunctive when there is a change of subject.* When there is no change of subject, the **que** is generally dropped and the adverbial conjunction is followed by an infinitive.

No puedo ir **sin que Uds. me señalen** el camino.	*I can't go **without your showing me** the way.*
No puedo ir **sin despedirme** de mis padres.	*I can't go **without saying goodbye** to my parents.*

Práctica Aquí continúa la historia de Cristóbal Colón. Junte las oraciones con las frases entre paréntesis, usando palabras o frases de la lista a continuación. Use el subjuntivo, el indicativo o el infinitivo según el caso. Se puede usar una expresión más de una vez.

aunque	antes de (que)	a condición de (que)
a menos de (que)	cuando	de modo que
por	para (que)	en cuanto
a fin de (que)	hasta (que)	sin (que)

1. Colón partió inmediatamente. (cambiar de opinión la reina)
2. Colón quería seguir hacia el oeste. (encontrar ellos tierra)
3. Los marineros tenían miedo. (entrar los barcos en aguas desconocidas)
4. Los marineros se enfermaron muchas veces. (llegar la expedición al Nuevo Mundo)
5. Pero Colón sabía que ellos iban a ponerse contentos. (ver la tierra)
6. Los indígenas se sorprendieron. (desembarcar los europeos)

Intercambios

A A continuación hay algunas oraciones sobre los Zúñiga, una familia de inmigrantes. Usando palabras o frases de la Práctica anterior, junte las oraciones con las frases entre paréntesis. Use el subjuntivo, el indicativo o el infinitivo según el caso.

1. Los señores Zúñiga llegaron a Nueva York en 1985. (ser muy difícil dejar su patria)
2. Trabajaron mucho. (tener que comer sus hijos)
3. Nunca se compraron ropa nueva. (ser una necesidad absoluta)
4. Enseñaron a sus hijos mucho sobre la cultura de su patria de origen. (entender y apreciar los valores de esa cultura)
5. Lo compraron todo de segunda mano. (ahorrar dinero)
6. Trataron de mantener la unidad familiar. (ser esto parte de su tradición cultural)
7. Los padres insistieron en que sus hijos se aplicaran a sus estudios. (graduarse en la escuela secundaria)
8. Los padres querían que sus hijos asistieran a la universidad. (tener buenas oportunidades de empleo)
9. Los hijos nunca se olvidaron de sus raíces. (estar lejos de sus padres)

¿Qué puede Ud. deducir sobre los valores de la familia Zúñiga según las experiencias que tuvieron y las decisiones que tomaron? ¿Conoce Ud. a algunas familias de inmigrantes? ¿Qué sabe Ud. de las experiencias de ellos? ¿Fueron similares a las de la familia Zúñiga o fueron diferentes? ¿Tuvieron las mismas experiencias los antepasados de Ud.? Explique.

B ¡Necesito compañero! En la columna de la izquierda hay palabras que reflejan algunos valores y creencias; en la columna de la derecha hay algunos individuos. Trabajando en parejas, indiquen con quién(es) se asocia cada palabra y por qué.

1. _____ animar
2. _____ la competición
3. _____ convertir
4. _____ la cooperación
5. _____ predicar
6. _____ negociar

a. un jugador / una jugadora de baloncesto
b. un evangelizador / una evangelizadora
c. un político / una mujer político

Ahora, completen las oraciones a continuación de la manera en que Uds. creen que lo harían (*would do*) los individuos indicados. Luego inventen una oración más para cada individuo, usando las conjunciones adverbiales **a menos que, a fin de (que), a condición de (que), cuando, en caso de (que), para (que), por** o **sin (que)**.

Un jugador / Una jugadora de baloncesto

1. No acepto su oferta para jugar en el equipo de su universidad a menos que _____.
2. Pienso estudiar aquí sólo hasta que _____.

LENGUAJE Y CULTURA

Los políticos siempre buscan frases concisas y memorables —los llamados «*sound bites*»— para comunicarle su mensaje al público. Explique el significado de las siguientes expresiones. ¿Puede Ud. identificar la figura política que se asocia con cada una?

■ Speak softly but carry a big stick.

■ We have nothing to fear but fear itself.

■ The buck stops here.

■ Read my lips.

3. Me gustaría tener un maestro particular (*tutor*) en caso de que _____.

4. ¿ ?

Un evangelizador / Una evangelizadora

5. Le pido a la gente (mi público) que me mande dinero para que _____.

6. Es importante usar la televisión como medio de comunicación para que
_____.

7. La comercialización de las fiestas religiosas no debe continuar ya que
_____.

8. ¿ ?

Un político / Una mujer político

9. Para tener éxito en el mundo de la política, es tan importante tener atractivo físico como ser inteligente ya que _____.

10. Yo nunca miento a menos que _____.

11. Hoy nadie puede ganar una campaña política sin que _____.

12. ¿ ?

Compartan sus nuevas oraciones con los otros de la clase para ver si sus compañeros las completaron de la misma manera que Uds. ¿Cuál(es) de los valores de la actividad anterior revela cada oración? ¿Están de acuerdo las nuevas oraciones con el análisis que Uds. acaban de hacer, o revelan otros valores? Expliquen.

C Describa los siguientes dibujos de varias maneras, incorporando estas palabras a la descripción.

a fin de que	en caso de que	sin que
ahora que	para que	ya que
a menos que	puesto que	

1. cortar, estar sentado, ser bonito, ver mejor
2. beber, despertarse, salir, servir

3. casarse, estar enamorados, saberlo nadie, tener 21 años
4. aceptar, gritar, predicar, no escuchar

D ¡Necesito compañero! Todo lo que se hace tiene un propósito. Por ejemplo, se imprime un trabajo (en vez de escribirlo a mano) para que se pueda leer con facilidad o para que los lectores tengan una buena impresión. ¿Con qué propósito hacen las siguientes personas estas acciones?

MODELO: un marinero: tatuarse →
Un marinero se tatúa para que las mujeres crean que es muy macho.

1. unos jóvenes: entrar en el ejército
2. unos estudiantes: estudiar español
3. los padres: bautizar a su hijo/a
4. un hombre / una mujer de negocios: llevar un traje de tres piezas
5. unos estudiantes: inscribirse en una *fraternity* o *sorority*
6. unos ciudadanos: negarse a votar
7. una mujer divorciada: asistir a la universidad
8. un hombre: fumar una pipa
9. un(a) estudiante: escribir cartas a sus padres
10. un(a) joven: escribirle poemas a la persona a quien ama

Compartan sus respuestas con los otros de la clase. ¿Hay mucha diferencia de opiniones? ¿Tienen Uds. otros ejemplos que podrían incluirse en esta lista?

E ¡Necesito compañero! Muchas veces hacemos algunas cosas *con tal de que* existan determinadas circunstancias. ¿Qué circunstancias tendrían que existir para que Uds. hicieran ciertas cosas diferentes o contrarias a lo que siempre hacen? Trabajando en parejas, háganse y contesten las siguientes preguntas para averiguarlo.

MODELO: ¿Con tal de qué aceptarías a un inquilino o inquilina (*tenant, boarder*) en tu casa?

Lo normal: →
Normalmente no acepto a inquilinos en mi casa.

Circunstancias necesarias para hacer algo diferente: →
Aceptaría a un inquilino o inquilina con tal de que no fumara y me pagara muy bien.

1. ¿Con tal de qué saldrías con una persona desconocida?
2. ¿Con tal de qué participarías en un experimento psicológico?
3. ¿Con tal de qué comprarías un coche de segunda mano?
4. ¿Con tal de qué le prestarías dinero a una persona desconocida?
5. ¿Con tal de qué permitirías que alguien manejara tu coche?
6. ¿Con tal de qué comerías algo sin saber lo que es o lo que contiene?

¿Qué revelan los resultados de su entrevista? Por lo general, ¿actúan Uds. con precaución o les gusta tomar riesgos? ¿Qué tipo de motivación (económica, psicológica, ¿ ?) necesitan para cambiar su manera de pensar? Compartan sus resultados con las demás parejas de la clase. ¿Hay diferencias entre la manera de pensar de los hombres y la de las mujeres? ¿Hay algo que nadie haría nunca en ninguna circunstancia? ¿Qué es?

F Mire los anuncios a continuación para contestar estas preguntas.

1. ¿Qué tipos de textos son? (invitación, informe, propaganda publicitaria, ¿ ?)
2. ¿Qué anuncia cada uno?
3. ¿Es posible identificar a quién(es) se dirige cada anuncio? ¿Para qué fueron escritos? ¿con qué propósito?
4. ¿Existen anuncios en inglés semejantes a cada uno de estos? Comente.

▼ Aries

AMOR: Una actitud reflexiva, contraria a la improvisación, y donde la comprensión sea la base, beneficiará tus relaciones sentimentales.

SEXUALIDAD: No cabe duda que estás físicamente en un momento pletórico, sin embargo, hay serias interferencias psíquicas que condicionan tu bienestar sexual.

TRABAJO: Será buen día para todos aquellos que se encuentren relacionados con el trato con el público, especialmente artistas.

DINERO: Si tienes un trabajo relacionado con viajes, hoy tendrás ocasión de hacer una operación muy provechosa.

▼ Leo

AMOR: No es por desanimarte, sino para advertirte, pero hoy puede ser un día muy malo para tus relaciones sentimentales.

SEXUALIDAD: La tendencia en un día hostil para los afectos como hoy, es ir despistado y hacer más de un acto incongruente.

TRABAJO: Afortunadamente en este capítulo, las cosas parecen andar bien para ti. Tienes además la posibilidad de hacer valer tus criterior y salir airosamente de una situación.

DINERO: No será todo color de rosa. Hay circunstancias que inducen al bloqueo y retrasos en cobros e ingresos de dinero.

▼ Sagitario

AMOR: No es hoy un día bueno para tu vida afectiva. Un mínimo contratiempo puede crearte una ruptura o una disputa con tu pareja.

SEXUALIDAD: Escucha los consejos que puedan darte las personas que están cerca de ti. Y aun mejor escúchate a ti mismo en la parte más profunda de tu ser.

TRABAJO: La astucia es a veces necesaria cuando te enfrentas con personas que pueden perjudicarte gravemente.

DINERO: En el nivel económico puede decirse perfectamente que todo va muy bien. Sigue así, con ese espíritu tan positivo.

De entrada

31

¿Para dónde, por dónde y para qué fue? ¿Cuánto sabe Ud. acerca de los viajes que hizo Cristóbal Colón al continente americano? Por ejemplo, ¿cuáles de las siguientes oraciones cree Ud. que se aplican a los viajes de Colón y cuáles no?

	SÍ	NO
1. Decidió hacer el viaje para buscar especias (*spices*) y riquezas.	☐	☐
2. Trabajó para el Gran Kan Kubilai.	☐	☐
3. Atravesó Asia pasando por Mongolia.	☐	☐
4. Por sus ideas extraordinarias, muchas personas pensaron que estaba loco.	☐	☐
5. Pensó que llegaría a las Indias por el oeste.	☐	☐
6. Para establecer la presencia española, hizo diez viajes al Nuevo Mundo.	☐	☐
7. Viajó por el Atlántico en tres carabelas (naves).	☐	☐

En las oraciones anteriores hay varios ejemplos de **por** y **para.** A continuación Ud. tendrá la oportunidad de repasar los usos de estas preposiciones.

31 *POR* AND *PARA*

Prepositions establish relationships between the noun that follows them and other elements in the sentence.

*The book is **on** the table.*   *This is **for** you.*

Although most prepositions have a specific meaning, their use is not always consistent with that meaning. For example, in English we arbitrarily say *to ride **on** a bus* and *to ride **in** a car,* even though the relationship between the two vehicles and a passenger is the same.

A single preposition can have many different and seemingly unrelated meanings. Think about the many different uses of the preposition *on* in the following phrases: to turn *on* the lights, to be *on* the right, to be *on* fire, to be *on* time (which is quite different from *to be **in** time*), to put the dog's collar *on,* to be or get high *on* something, and so *on*.

The use of prepositions in Spanish can be equally arbitrary. Although each preposition has a basic meaning, the choice of the correct preposition for some situations depends on usage, and many Spanish prepositions have a number of English equivalents.

Two Spanish prepositions that have several different English equivalents are **por** and **para.** The choice between them can radically affect the meaning of a sentence.

A. *Por versus para:* Cause and effect

Por expresses the motive for an action or the agent performing the action. **Para** expresses the goal of an action or the recipient of the action. **Por** points back toward the cause (←); **para** points forward toward the effect (→).

POR (←)

Lo mataron **por** odio.
*They killed him **out of** (**motivated by**) hate.*
Lo hago **por** mi hermano.
*I'm doing it **for** (**on behalf of, on account of**) my brother.*
El libro fue escrito **por** Jaime.
*The book was written **by** Jaime.*
Mandaron **por** el médico.
*They sent **for** the doctor* (motive of the call).
Fue a la tienda **por** café.
*He went to the store **for** coffee* (motive of the errand).

PARA (→)

Estudia **para** ingeniera.
*She is studying (**in order**) **to become** an engineer.*
Lo hizo **para** sobrevivir.
*He did it (**in order**) **to** survive.*

El libro es **para** Ud.
*The book is **for** you.*
Son juegos **para** niños.
*They are games **for** (to be used by) children.*
Es una taza **para** café.
It's a coffee cup (a cup intended to be used **for** coffee).

PROPOSITO

Note the use of **para** before infinitives to mean *in order to*. This meaning, often understood from context in English, must always be expressed in Spanish.

Estamos aquí para estudiar.
We're here (in order) to study.

PROPOSITO

Many native speakers of Spanish use no preposition at all to express duration of time.

Ana estará en México tres días.

Other native speakers, mainly from Spain, use **durante** instead of **por** to express duration of time.

Ana estará en México durante tres días.

B. *Por versus para:* Movement through versus movement toward

To express movement in space and time, **para** retains its basic meaning of movement toward an objective (→|). **Por** takes on a different meaning, of duration or movement through space or time with no destination specified (↔).

POR (↔)

Pablo **va por** el pueblo.
*Pablo **passes through** the town.*
Estaremos en clase **por** la mañana.
*We will be in class **during** (**in**) the morning.*
Ana estará en México **por** tres días.
*Ana will be in Mexico **for** (a period of) three days.*

PARA (→|)

Pablo **va para** el pueblo.
*Pablo **heads toward** the town.*
Termínenlo **para** mañana.
*Finish it **by** (**for**) tomorrow.*

Ana estará en México **para** el tres de junio.
*Ana will be in Mexico **by** the third of June.*

C. *Por* versus *para:* Other uses

Por and **para** also have uses that do not fit into the preceding categories.

- **Por** expresses *in exchange for* or *per* in units of measurement, as well as the means by which an action is performed.

Te doy cinco dólares **por** el libro.	*I'll give you five dollars (in exchange) **for** the book.*
El camión sólo corre 20 kilómetros **por** hora.	*The truck only goes 20 kilometers **per** hour.*
Lo mandaron **por** avión/barco.	*They sent it **by** plane/boat.*

- **Para** expresses *in comparison with* and also *in the opinion of.*

Para (ser) perro, es muy listo.	***For** a dog, he's sure smart.*
Para mí, la fe tiene mucha importancia.	***For** me (**In my view**), faith is very important.*

Práctica Exprese las siguientes oraciones en inglés. Luego explique el uso de **por** o **para** en cada caso.

1. Anoche tuvimos que guardar la comida para el cura.
2. Permanecieron allí por las negociaciones.
3. Debido a la lluvia, los militares no salieron para las montañas.
4. Hicimos un giro (*tour*) por la catedral.
5. Las noticias corrieron por todo el partido liberal.
6. Para ser tan egoísta, muestra mucho interés en los demás.
7. Lo llamaron por teléfono.
8. Julio pagó $20,00 por la radio.
9. La conversión de su hijo fue muy importante para la madre.
10. Fueron a la tienda por helado.

A PROPOSITO

Remember that the prepositions that follow some English verbs are incorporated into the meaning of the Spanish verb.

buscar *to look for*
esperar *to wait for*
pagar *to pay for*
pedir *to ask for*

English *to ask after* or *about someone,* however, is expressed with a preposition: **preguntar por.**

Preguntaron por ti en la reunión.
They asked about you at the meeting.

Intercambios

A Cambie las palabras en letra cursiva por **para** o **por.**

1. *A causa de* la guerra, se perdieron todas las cosechas (*harvests*).
2. No podían respirar *a causa de* la contaminación.
3. El volcán estuvo en erupción *durante* un mes.
4. Corrieron *a lo largo de* la sinagoga.
5. Nos dio un regalo *a cambio de* nuestra ayuda.
6. Salieron *en dirección a* la ciudad.
7. Tengo que acabar el sermón *antes de* las 6:30.
8. Estudia *a fin de* ser clérigo.
9. Querían que la monja fuera *en busca del* cura.
10. Fueron a El Salvador *a fin de* trabajar como misioneros.
11. Le dieron un premio *debido a* sus sacrificios.
12. Me gusta mucho trabajar *durante* la mañana, cuando todo el mundo duerme todavía.

B Dé la palabra española que corresponda mejor a la palabra en letra cursiva. ¡Mucha atención! A veces puede ser que la palabra no se exprese con preposición (examine el verbo con cuidado). Luego comente si Ud. está de acuerdo o no con la idea expresada en cada oración.

1. The Moslems were in Spain *for* seven centuries.
2. *For* Christians, the cross is a symbol of love and salvation.
3. If students ask their professors *for* an extension on a paper, the professors will usually agree.
4. *For* a Spanish book, this text is incredibly interesting.
5. People say that horoscopes are only read *by* those who are superstitious.
6. *To* get votes, politicians always look *for* nice things to say about their opponents.
7. People who look *through* others' windows are nosy.
8. When parents tell a child to clean his or her room *by* the end of the day, they are only joking.
9. People will work harder *because of* fear than *because of* love.
10. The Democrats have done more *for* this country than the Republicans.

C Lea el siguiente texto y luego complételo con **por** o **para** según el contexto. Después, comente las preguntas que siguen.

«Los hispanos se dan la mano»

En 1985 ocurrió un evento que conmovió a todos. Un grupo de músicos norteamericanos decidió grabar un concierto _____¹ reunir (*to raise*) fondos _____² las personas que sufrían hambre en Africa. Participaron más de 40 músicos que trabajaron _____³ una noche entera _____⁴ grabar la canción «Somos el mundo», que fue escrita _____⁵ Michael Jackson y Lionel Richie. El concierto tuvo un éxito tremendo y luego fue imitado _____⁶ otros grupos de músicos. Como resultado de ése y otros eventos, el trece de septiembre de 1992 se transmitió _____⁷ Univisión un telemaratón nacional llamado «Los hispanos se dan la mano», _____⁸ ayudar a las personas afectadas _____⁹ el huracán Andrés, que pasó _____¹⁰ la Florida causando muchos daños. Este programa fue animado _____¹¹ Don Francisco, del programa «Sábado Gigante». Movidos _____¹² la compasión y el deseo de ayudar a tantos desafortunados, muchos artistas hispanos participaron en este evento, entre ellos, Gloria Estefan, Jon Secada, Paul Rodríguez, Luis Enrique y Julio Iglesias. El éxito obtenido fue motivo de gran satisfacción _____¹³ todos los que colaboraron.

- ¿Recuerda Ud. los eventos descritos en el párrafo? ¿Sabe de otros eventos recientes parecidos? ¿Por quiénes fueron organizados? ¿Con qué propósito se celebraron? ¿Para quiénes eran los donativos que se reunieron?

- Piense en otro tipo de actividad que se puede hacer para ayudar en casos de necesidad. Trabaje con un compañero / una compañera de clase para averiguar qué necesidad urgente hay en su comunidad y pensar en lo que Uds. pueden hacer para ayudar a esa causa.

El Señor de los Milagros en el Perú y el carnaval de Oruro, Bolivia

En Bolivia y el Perú, la gente se reúne en fechas conmemorativas en torno a la Virgen de la Candelaria y al Cristo —o Señor— de los Milagros, respectivamente. Estas celebraciones demuestran claramente el sincretismo de la cultura y religión indígenas e hispanas. Aunque el tipo de celebración es diferente en los dos países, la devoción de toda la gente es notable en ambos eventos. Todos participan por igual, sin importar sus diferencias de edad, clase social o nivel económico.

¿Qué tipo de celebración se hace en cada país? ¿En qué son parecidas estas celebraciones? ¿En qué se diferencian? Mire y escuche este segmento de vídeo para saber más sobre estas celebraciones.

¡A ver!

A ¿Cuáles de las siguientes afirmaciones se refieren a la celebración de Bolivia (**B**) y cuáles a la del Perú (**P**)? ¿Cuáles se refieren a ambas celebraciones (**A**)?

1. _____ La gente se reúne en fechas conmemorativas en torno a las figuras de Santa Rosa de Lima y el Señor de los Milagros.
2. _____ Se celebra en el mes de octubre.
3. _____ Es un carnaval en honor a la Virgen de la Candelaria y al Diablo o Tío, guardián de las minas de plata y estaño (*tin*).
4. _____ La gente se viste de color morado, que simboliza la devoción.
5. _____ Los niños participan en la celebración.
6. _____ Se pueden comprar cirios o velas blancos y morados en las calles.
7. _____ Se celebra en la ciudad de Oruro en el mes de febrero.
8. _____ Participan miles de danzantes en comparsas (*masquerades*) o grupos de devotos.
9. _____ Los participantes danzan por tres kilómetros y medio sin parar.

B Entre todos

- ¿En qué fechas conmemorativas u otras festividades de los Estados Unidos participa toda la gente sin importar su clase social, nivel económico o edad? ¿Son patrióticas, religiosas o carnavalescas estas celebraciones? ¿Qué se conmemora en ellas? ¿Qué actividades se realizan?

- ¿Ha participado Ud. en estas celebraciones? ¿Cuándo fue la última vez que participó en una de ellas? ¿Cuál fue? ¿Qué fue lo que más le gustó a Ud.? ¿Hubo algún aspecto de la celebración que no le gustara nada? ¿Participó solo/a o con amigos o familiares? ¿Qué es lo que más recuerda de esa ocasión?

No pude porque... *Offering explanations*

In the course of a conversation you are often asked to explain the reasons for an action or a decision. Explanations of this kind are generally stated as cause-effect relationships. For example, you might tell someone that you didn't vote for a particular candidate due to his or her stand on a certain issue. *Due to* introduces the cause or reason for a decision.

No voté por ella **a causa de** su posición con respecto al medio ambiente.	*I didn't vote for her due to (because of) her position on the environment.*

You might tell the person that the candidate has a particular point of view and therefore you didn't vote for him or her. *Therefore* introduces the consequences of a certain action or circumstance.

La candidata tiene opiniones raras respecto al medio ambiente y **por eso** no voté por ella.	*The candidate has strange opinions on the environment and therefore (for that reason) I didn't vote for her.*

A causa de and **por eso** are useful connectors for offering explanations in Spanish. Here are some additional ones.

por esta razón	*for this reason*	por motivo de	*because of, due to*
como resultado de	*as a result of*	porque	*because*
por lo tanto	*consequently*	ya que	*since; now that*
por consiguiente		puesto que	*since*

Como resultado de su política, pudieron resolver la crisis.	*As a result of his policies, they were able to resolve the crisis.*
Cabildearon durante dos semanas y **por lo tanto** se aprobó la enmienda.	*They lobbied for two weeks and consequently the amendment was passed.*

[a]nunca... *would never occur to him to come out with a remark like ...*

Practice the use of connectors in the activities on the following page.

A Combine the phrases with an expression from the list on the right to make complete sentences. Use both the preterite and the imperfect.

1. sobornar (*to bribe*) a los representantes, ser (ellos) arrestados
2. hacer una encuesta nacional, necesitar (el partido) información sobre la opinión pública
3. no haber otro candidato bueno, postularse (yo) para el puesto
4. rendirse los iraquís, no poder (ellos) resistir la destrucción de las bombas
5. perder nuestra candidata la elección, no celebrar (nosotros)

por esta razón
por consiguiente
porque
a causa de que
por eso
por lo tanto
puesto que

B ¡Necesito compañero! Work with a partner to ask and answer questions about decisions that each of you has made, explaining the reasons for those decisions.

- (no) comprar un carro
- (no) tener un trabajo durante el año escolar
- (no) vivir en una residencia
- (no) apoyar a _____ en las últimas elecciones
- (no) presentarse para un puesto en el gobierno estudiantil
- (no) trabajar como voluntario/a para alguna organización

De entrada

32

Los siguientes dibujos representan varias actividades bastante comunes. Examínelos con cuidado. En algunos, se ven *acciones reflexivas* (**R**): el sujeto se hace algo a o para sí mismo. En otros, se ven acciones que más bien describen *un proceso* o *cambio* de estado físico o mental (**P**). Otros presentan simples verbos activos (**A**). ¿Cómo clasificaría Ud. la acción de cada dibujo?

1. _____

2. _____

3. _____

4. _____

5. _____

6. _____

7. _____

8. _____

9. _____

Como Ud. ya sabe, las acciones reflexivas (los números 1, 4 y 9 de la página anterior) siempre utilizan los pronombres reflexivos, mientras que los verbos activos (los números 5 y 7) no los necesitan. Las acciones que describen procesos (los números 2, 3, 6 y 8) también utilizan los pronombres reflexivos. En la siguiente sección, Ud. va a repasar todas estas construcciones.

32 THE PROCESS *SE*

You have already learned many of the different meanings of the pronoun **se:** to express the impersonal agents "one," "you," or "people"; to express passive constructions; and to signal both reflexive (*self*) and reciprocal (*each other*) actions, in which the agents and the objects of the action involve the same persons.

IMPERSONAL:	**Se vive** muy bien aquí.	***People live*** *very well here.*
PASSIVE:	**Se malgastaron** millones de dólares en la campaña.	*Millions of dollars* ***were wasted*** *in the campaign.*
REFLEXIVE:	La monja **se miró** en el espejo.	*The nun* ***looked at herself*** *in the mirror.*
RECIPROCAL:	Las monjas **se miraron** con sorpresa.	*The nuns* ***looked at each other*** *in surprise.*

In the **¡Ojo!** section of Chapter 6, you learned how **se** can be used with certain verbs to express the idea of *get* or *become.*

El niño **se puso** furioso.	*The child* ***got*** *(**became**) angry.*
Se hizo rica trabajando día y noche.	***She got*** *(**became**) rich by working day and night.*

This use of reflexive pronouns to signal inner feelings or processes, especially changes in physical, emotional, or mental states or changes in position (location), is very frequent in Spanish. It occurs with many verbs, several of which are already familiar to you.

Enrique **se convirtió** al judaísmo el año pasado.	*Enrique* ***converted*** *to Judaism last year.*
Al principio Carolina no **se llevó** bien con Alberto, pero luego **se enamoró** de él y **se casaron** hace un año.	*At first Carolina did not* ***get along*** *well with Alberto, but later* ***she fell in love*** *with him and* ***they got married*** *a year ago.*

These processes are sometimes expressed in English with *become, get,* or an *-en* suffix: *to become bright, to get bright, to brighten.* Often, however, as in the above examples about Enrique and Carolina, English has no special way to indicate a process. In the phrases *the water freezes* and *the snow melts,* it is clear from the context that the water and the snow are not performing actions but rather are undergoing processes, in this case a change in physical state. In English, processes can often be understood from the context; in Spanish, a process is always signaled by a reflexive pronoun.

El niño **se enfermó.**

Todos **nos levantamos** cuando entró y luego **nos sentamos** todos a la vez.

Me puse furiosa al recibir las noticias.

*The child **got sick.***

*We all **stood up** when he entered, and then **we** all **sat down** at the same time.*

*I **became** (**got**) furious upon receiving the news.*

A PROPOSITO

Because both reflexive and process constructions use the same set of pronouns, the two structures look very similar. In addition, many verbs can be used with both meanings.

REFLEXIVE

El niño **se secó** después del baño.
The child dried himself off after his bath.

PROCESS

El café **se seca** al sol por varias semanas.
The coffee dries (out) in the sun for several weeks.

Actually, the process use of **se** is much more common than the reflexive use. You may find that being aware of this meaning helps you interpret many constructions when context makes the reflexive meaning unlikely.

The following verbs are frequently used to signal processes.*

PHYSICAL CHANGE

acostarse (ue) *to lie down; to go to to bed*

calentarse (ie) *to get warm, warm up*

despertarse (ie) *to wake up, awaken*

dormirse (ue, u) *to fall asleep*

enfermarse *to get sick*

enfriarse *to get cold, cool down*

levantarse *to rise, get up*

mojarse *to get wet*

secarse *to become dry, dry out*

sentarse (ie) *to sit down*

EMOTIONAL OR MENTAL CHANGE

alegrarse (de) *to get happy (about)*

asustarse (de) *to become frightened (of)*

casarse (con) *to get married (to)*

comprometerse (a) *to make a commitment (to)*

divertirse (ie, i) *to enjoy oneself, have a good time*

divorciarse (de) *to get divorced (from)*

enamorarse (de) *to fall in love (with)*

enfadarse (con) *to get angry (with)*

enojarse (con) *to get angry (with)*

oponerse (a) *to be opposed (to)*

preocuparse (de/por) *to worry (about)*

quejarse (de) *to complain (about)*

---

*Most of these verbs can also be used without the reflexive pronouns. They then have a nonprocess meaning. For example, **acostar** means *to put someone to bed*, **despertar** means *to wake someone up*, **dormir** means *to sleep*, **levantar** means *to raise* or *to lift*, and **sentar** means *to seat someone*.

{ *Práctica* Complete las siguientes oraciones de una forma lógica, usando los verbos indicados. Cuidado con el uso del subjuntivo y del indicativo.

1. En esta clase no hay nadie que _____. (preocuparse por, oponerse a, asustarse de)
2. En mi iglesia (templo, mezquita), hay algunas personas que _____. (enojarse con, alegrarse de, comprometerse a)
3. Todos mis amigos _____. (preocuparse de, alegrarse de, quejarse de)
4. De niño/a, no me gustaba que (*nombre de una persona*) _____. (enojarse con, enamorarse de, quejarse de)

Intercambios

A Organice los verbos de las listas anteriores según las categorías indicadas por el siguiente dibujo.

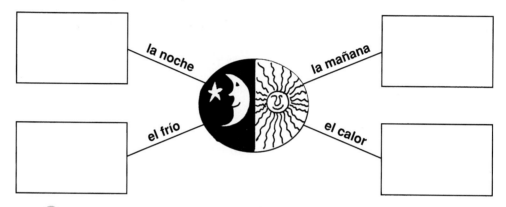

B Vuelva a mirar los verbos de las listas anteriores. ¿Qué verbos asocia Ud. con el dibujo a continuación?

C ¡Necesito compañero! Trabajando en parejas, usen las siguientes expresiones para hacerse preguntas. Luego, compartan con la clase lo que han aprendido.

1. a quién / familia / parecerse más
2. gustar / quedarse en casa por la noche / salir
3. hora / levantarse / hoy
4. reaccionar / alguien reírse de ti
5. aspecto / universidad / quejarse más / este semestre
6. con qué postura política / enojarse más
7. en qué situación / divertirse más / este año
8. en qué situación / ponerse nervioso/a
9. qué solución / usar / calmarse

- De niño/a, ¿te importaba mucho el dinero? ¿Cómo conseguías dinero cuando lo necesitabas? ¿Qué solías comprar?

- Hoy, ¿cómo gastas tu dinero? ¿Cuál de las siguientes sería (*would be*) tu manera preferida de gastar cien dólares? ¿Por qué?

  a. invertirlo o ponerlo en el banco
  b. comprar algún artículo de uso personal (ropa, zapatos, etcétera)
  c. comprar algo para tu diversión (un disco, un juego, un libro, una revista, etcétera)
  d. pagar una cena en un restaurante (boletos para un concierto, boletos para hacer un viaje, etcétera)
  e. comprar un regalo para otra persona

- En esta universidad, ¿has conocido a muchas personas de distintos grupos sociales o étnicos? ¿De qué hablan Uds. cuando están juntos? Cuando hay desacuerdos entre tú y tus amigos, ¿suelen tratar de resolver las diferencias o respeta cada uno el punto de vista del otro? Explica.

- En tu opinión, ¿entre cuál(es) de estos grupos suele existir más (y más graves) diferencias de opinión? Explica.

  a. personas de distintas generaciones
  b. personas de distintas religiones
  c. personas de distintos partidos políticos
  d. personas de distintas razas
  e. los hombres y las mujeres
  f. personas de distintos grupos étnicos
  g. personas de distintas clases sociales

- ¿Te importan las creencias políticas de tus amigos? ¿su religión? ¿su origen étnico? ¿Te diviertes con un amigo / una amiga que es muy optimista? ¿altruista? ¿temerario/a (*foolhardy*)? ¿prudente? ¿Te irrita que un compañero / una compañera tienda a ser egoísta o pesimista?

E Guiones En la próxima página hay un episodio en la vida de la familia Valdebenito que ocurrió el año pasado. Incluye varios verbos que pueden expresar conceptos reflexivos, recíprocos o de proceso. Trabajando en grupos de tres o cuatro personas, narren la historia en el pasado, usando los verbos indicados para cada dibujo y añadiendo todos los detalles que Uds. crean necesarios. ¡Cuidado! En cada caso hay que decidir si la forma con **se** es necesaria o no.

- ¿Quiénes son estas personas y cuál es la relación entre ellas?

- ¿Cuál era el contexto del episodio? ¿Qué planeaba el protagonista? ¿Cuáles eran sus motivos?

- ¿Qué pasó?

- ¿Cómo reaccionaron los miembros de la familia? ¿Por qué?

Vocabulario útil: calvo, el ejército, el peligro, peligroso, el recluta, el sargento, el soldado, el uniforme

1. alistar(se), animar(se), comprometer(se), entusiasmar(se), estrechar(se) (*to shake*) la mano
2. asustar(se), cambiar de opinión, convencer(se), disuadir, luchar, preocupar(se)
3. abrazar(se), despedir(se), quedar(se), sentir(se)
4. afeitar(se), hacer cola, horrorizar(se), mirar(se), reírse de
5. acostar(se), enojar(se), gritar(se), levantar(se), motivar(se), predicar con el ejemplo
6. alegrar(se), sentir(se), vestir(se), volver(se)

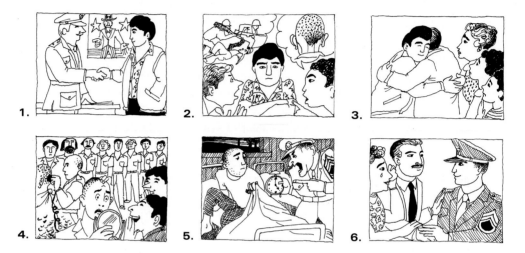

1. 2. 3.

4. 5. 6.

33 REVIEW OF THE SUBJUNCTIVE: AN OVERVIEW

Two conditions must be met for the subjunctive to be used.

1. **Sentence structure:** The sentence must contain at least two clauses, an independent (main) clause and a dependent (subordinate) clause. The subjunctive generally occurs in the subordinate clause.

Los liberales se alegraron de que nombráramos a una mujer.	*The liberals were happy that we named (nominated) a woman.*
Los conservadores se pusieron furiosos de que gastáramos tanto dinero en el bienestar social.	*The conservatives became furious that we spent so much money on social welfare.*

2. **Meaning:** There are three basic types of messages that cue the subjunctive.
   a. **Nonexperience:** when the subordinate clause describes or refers to something that is unknown to the speaker, that is, beyond his or her experience, and is thus not considered real or factual

PERSUASION	DOUBT	DESCRIPTION OF SOMETHING UNKNOWN OR NONEXISTENT
Prefiero que no vayas a Europa. *I prefer that you not go to Europe.*	Dudaban que fuera tan egoísta. *They doubted that he was such an egotist (so egotistical).*	El optimista buscaba una solución que les ayudara a todos. *The optimist searched for a solution that would help everyone.* Van a firmar el contrato después de que se arreglen los detalles. *They are going to sign the contract after the details are finalized.*

b. **Subjective reaction:** when the main clause makes a value judgment or expresses a subjective, emotional reaction

Es increíble que sea tan derechista.   *It's incredible that she is so right wing (politically to the right).*

c. **Interdependence:** when the main clause describes the conditions under which the event in the subordinate clause will take place

Te entrego el dinero con tal de que me des las fotos.   *I will hand the money over to you provided that you give me the pictures.*

Práctica Dé oraciones nuevas según las palabras entre paréntesis.

1. —¿Les das dinero a ciertas organizaciones?
   —Sí, claro, se lo doy *puesto que* hacen mucho bien. (para que, ahora que, a fin de que, con tal de que, porque)
2. *Es increíble* que haya conflicto en esa parte del mundo. (Es verdad, Me pone triste, No creo, Sabemos, Es posible)
3. —¿Contribuía la gente a causas sociales?
   —Sí, lo hacía *después de que* se lo pidieron. (sin que, ya que, antes de que, cuando, a menos que)

Intercambios

A Los ultraliberales y los ultraconservadores representan puntos de vista extremos. En su opinión, ¿cómo reaccionarían (*would react*) estos individuos a las noticias en la página 250? Use una de las frases de la lista a continuación para describir sus reacciones. Luego explique por qué piensa Ud. que reaccionarían así.

se preocupan de   se enojan de   se oponen a
se alegran de   se escandalizan de

MODELO: El gobierno legaliza la marihuana. →
Los ultraliberales se alegran de que el gobierno legalice la marihuana ya que no la consideran una droga realmente peligrosa. Los ultraconservadores se oponen a que el gobierno la legalice porque creen que va a contribuir al deterioro de la sociedad.

1. El gobierno les aumenta los impuestos a las grandes corporaciones.
2. El congreso recorta el presupuesto (*budget*) social para poder equilibrar el presupuesto nacional.
3. El gobierno prohíbe el rezar en las escuelas públicas.
4. La Corte Suprema prohíbe el aborto.

¿Tiene Ud. más ideas en común con los ultraliberales o con los ultraconservadores?

B Usando las frases de la actividad anterior, comente cómo reaccionarían un(a) pacifista y un soldado tipo «Rambo» a las siguientes noticias. Luego explique por qué piensa Ud. que reaccionarían así.

1. Los Estados Unidos declaran la guerra a Cuba.
2. El gobierno declara ilegal la venta de toda clase de armas de fuego.
3. Los Estados Unidos y China deciden eliminar por completo las armas nucleares.
4. Una mujer es elegida presidenta de los Estados Unidos.

¿Tiene Ud. más ideas en común con un(a) pacifista o con un soldado tipo «Rambo»?

C ¡Necesito compañero! ¿Cuáles son sus propios valores? Trabajando en parejas, contesten el siguiente cuestionario dando el presente de subjuntivo de los verbos entre paréntesis. Luego, háganse preguntas para averiguar el por qué de sus respuestas. Finalmente, compartan con la clase lo que han aprendido.

1. Si tengo una opinión, no la cambio a menos que _____.
   a. mis padres o varios de mis amigos (pensar) lo contrario
   b. (haber) bastante información en los libros o en los periódicos que me convenza
   c. (convencerme) alguna autoridad religiosa o política respetada
2. Si me decido a cooperar en alguna causa, es probable que _____.
   a. (proteger) a los animales o el medio ambiente
   b. (dedicarme) a los pobres o a los inválidos
   c. (tener) algún propósito político
3. Cuando me comprometo a una causa, normalmente lo hago _____.
   a. después de muchas investigaciones sobre lo que representa la causa y quiénes son sus proponentes (*supporters*)
   b. impulsivamente, siguiendo alguna intuición personal
   c. porque muchos amigos míos trabajan por la misma causa
4. Con respecto a diversas causas, es probable que yo _____.
   a. (donar) dinero
   b. (contribuir) con mi tiempo, como voluntario/a
   c. no (dar) nada; normalmente no contribuyo a ninguna causa

5. Si pudiera (*I could*) descubrir una cura definitiva para solamente uno de los siguientes problemas, me gustaría inventar una píldora (*pill*) que eliminara _____.

   a. todas las enfermedades   **b.** el hambre   **c.** la violencia

6. Las personas muy comprometidas me _____, porque _____.

   a. inspiran admiración   **b.** ponen nervioso/a   **c.** dan igual

D Improvisaciones Los conservadores, los moderados y los liberales tienen actitudes muy distintas respecto a los siguientes temas. Trabajando con uno o dos compañeros de clase, preparen el discurso político de una persona conservadora, moderada o liberal sobre varios de los temas indicados. Inventen un lema o *sound bite* convincente para su candidato/a también. Al final, algunos estudiantes deben presentar su discurso a la clase, la cual tratará de identificar la afiliación política del candidato / de la candidata. Traten de incluir en su discurso algunas de las expresiones adverbiales de este capítulo, y no se olviden de utilizar las estrategias para la comunicación.

- la educación
- el presupuesto militar
- la participación de las minorías en el gobierno
- el déficit federal
- el aborto
- el seguro médico

- la acción afirmativa
- la asistencia pública
- el control de las armas de fuego
- el crimen y la violencia
- el empleo

ENLACE

Sondeo

Según la opinión del «ciudadano medio» norteamericano, ¿cuáles de los atributos indicados a continuación son de mayor importancia en un candidato político ideal? Hagan un sondeo para averiguar la opinión de los miembros de la clase.

Primer paso: Recoger los datos

- Divídanse en tres grupos. El Grupo 1 hará las preguntas 1 a 5; el Grupo 2, las preguntas 6 a 10; y el Grupo 3, las preguntas 11 a 15.
- Cada uno de los miembros de cada grupo debe entrevistar a dos o tres compañeros de clase para obtener la información necesaria.

- Anoten el sexo de cada persona entrevistada (**M** = masculino, **F** = femenino) y utilicen esta escala para las respuestas.

  5 = mucha importancia   3 = importancia mediana   1 = poca importancia

- Deben entrevistar a todos los miembros de la clase, pero tengan cuidado de no hacerle la misma pregunta dos veces a la misma persona.

¿Qué importancia tiene este aspecto en un candidato político ideal?

	ENTREVISTADOS		
	A (M/F)	B (M/F)	C (M/F)
GRUPO 1			
1. el sexo	☐	☐	☐
2. la juventud	☐	☐	☐
3. la inteligencia	☐	☐	☐
4. la experiencia	☐	☐	☐
5. el atractivo físico	☐	☐	☐
GRUPO 2			
6. la educación	☐	☐	☐
7. la profesión	☐	☐	☐
8. la religión	☐	☐	☐
9. el lugar de origen	☐	☐	☐
10. la clase social	☐	☐	☐
GRUPO 3			
11. la honradez	☐	☐	☐
12. la capacidad de inspirar confianza	☐	☐	☐
13. la capacidad de tomar decisiones	☐	☐	☐
14. la originalidad	☐	☐	☐
15. la fidelidad matrimonial	☐	☐	☐

Segundo paso: Análisis de los datos

- Reúnanse con los otros de su grupo y juntos calculen un promedio para cada pregunta. Después, hagan una tabla de resumen para sus datos y elijan a un miembro del grupo para escribir los resultados en la pizarra.

- ¿Cuáles son los tres atributos de mayor importancia en un candidato político según los resultados del sondeo? ¿Cuáles son los tres atributos de menor importancia? ¿Y si es una candidata? ¿Hubo alguna diferencia entre las respuestas de los hombres y las de las mujeres? ¿Hay algunas características importantes que se hayan omitido en el sondeo? Expliquen.

- ¿Creen Uds. que el presidente actual de este país tiene los tres atributos más importantes? ¿y el presidente anterior? ¿y los candidatos para las próximas elecciones presidenciales?

- Los candidatos políticos se aprovechan de todos los medios de comunicación, especialmente de la televisión, para hacer su campaña. ¿Cómo beneficia a un candidato la televisión? ¿Beneficia a una candidata de la misma manera? ¿Creen Uds. que la televisión también beneficia al público durante las campañas electorales? Expliquen.

- En su opinión, ¿le da la prensa demasiada importancia a la vida privada de los candidatos? ¿Por qué sí o por qué no?

¡OJO!

	EXAMPLES	NOTES
dato **hecho**	Los **datos** del estudio indican que el tabaco causa cáncer. *The results of the study indicate that tobacco causes cancer.*	*Fact* has two equivalents in Spanish. Use **dato(s)** when referring to *findings, results,* or *data.*
	El descubrimiento del cobre fue un **hecho** de gran importancia para el país. *The discovery of copper was an event of great importance for the country.*	Use **hecho** to refer to *a proven fact, deed,* or *event.*
	Es un hecho que (**De hecho,**) se va en junio. *It's a fact that (In fact,) he's leaving in June.* **El hecho es que** no podemos invertir más dinero todavía. *The fact is, we can't invest any more money yet.*	Three expressions that contain the word **hecho** are **el hecho es que...** (*the fact is* [*that*] . . .), **es un hecho que** (*it's a fact* [*that*]), and **de hecho** (*in fact*).
realizar **darse cuenta (de)**	El estudiante **realizó** su sueño: sacó una A en el curso. *The student realized his dream; he got an A in the course.*	**Realizar** means *to realize* in the sense of *to achieve a goal or an ambition,* that is, *to accomplish something.*
	No **me di cuenta (de)** que había una venta. *I didn't realize (that) there was a sale.*	**Darse cuenta (de)** means *to realize* as in *to be aware* or *to understand.*

A Volviendo al dibujo El dibujo que aparece en esta página es un trozo del que Ud. vio en la sección Describir y comentar. Mírelo con atención y luego escoja la palabra que mejor complete cada oración. ¡Cuidado! También hay palabras de los capítulos anteriores.

1. El año 1492 es (una cita / un dato / una fecha) muy importante (a causa de / porque) ese año Cristóbal Colón (realizó / se dio cuenta de) su primer viaje a lo que él creía ser las Indias. El (dato/hecho) es que Colón nunca (realizó / se dio cuenta de) que había descubierto todo un nuevo continente. Más tarde, y con los (datos/hechos) que él llevó a los Reyes Católicos, los conquistadores comenzaron a llegar a esas tierras. Al llegar, encontraron indígenas, gente diferente, a la cual intentaron cambiar. Es un (dato/hecho) que trataron de convertirlos al cristianismo y de europeizarlos. Desgraciadamente, los europeos también introdujeron

enfermedades nuevas entre los indígenas y, como consecuencia, muchos de ellos murieron.

2. Es un (dato/hecho) histórico interesante que Enrique VIII quisiera divorciarse de Catalina de Aragón, hija de los Reyes Católicos de España, después de dieciocho años de matrimonio. Enrique y Catalina tenían una hija, Mary, pero Enrique quería un heredero y además se había enamorado (a/con/de) una bella joven de la corte. (Porque / Ya que) la Iglesia católica no permitía el divorcio, el papa de aquel entonces, Clemente VII, se lo prohibió. Como Enrique VIII (se sentía / sentía) muy poderoso, no le hizo (atención/caso) al papa. Se separó de la Iglesia católica y (llegó a ser / se hizo) jefe de la Iglesia anglicana.

B Entre todos

■ ¿Qué sueños importantes realizó Ud. durante la primera década de su vida? ¿Qué sueños quiere realizar durante la próxima década? ¿Tiene Ud. un sueño imposible de realizar? ¿Cuál es? ¿Por qué no lo va a poder realizar?

■ ¿Cuándo se dio Ud. cuenta de que quería hacer estudios universitarios? ¿Cuándo se dio cuenta de que quería estudiar en esta universidad? ¿Cuándo se dieron cuenta sus padres de que Ud. ya era adulto/a?

Repaso

A Complete el párrafo, dando la forma correcta del verbo y expresando en español las frases en inglés. Cuando se dan dos palabras entre paréntesis, escoja la palabra apropiada.

El mito del Quinto Sol

Todas las religiones, tanto las modernas como las antiguas, tienen una explicación de la creación del mundo. Probablemente no hay nadie de la tradición judeocristiana que no conozca la historia bíblica. Los aztecas tenían una explicación más complicada de la creación. Se llamaba la historia del Quinto Sol.

Según este mito, (*many, many years ago*)[1] no había nada en el mundo. A los dioses no les gustaba que el universo (ser)[2] tan oscuro y por eso un día (reunirse)[3] para resolver el problema. El malévolo dios de la noche (hablar)[4] primero. «Es evidente que nosotros (necesitar)[5] un sol. Y para que Uds. (ver)[6] mi poder y mi fuerza (*strength*), ¡yo lo crearé (*shall create*)!»

De repente, (aparecer)[7] un sol grande y esplendoroso. Pero todavía no había hombres que (habitar)[8] la tierra, sólo gigantes monstruosos. Al cabo (final) de trece siglos, unos jaguares enormes los (devorar)[9] y (destruir)[10] el sol. Por eso los dioses le (poner)[11] a este primer sol el nombre de Sol del Jaguar.

Entonces fue necesario que los dioses (empezar)[12] de nuevo. Como cada dios quería que los otros dioses lo (admirar),[13] uno después de otro trató de crear un sol duradero (*lasting*). Ninguno tuvo suerte. Unos huracanes horribles (devastar)[14] el segundo sol; sólo hubo unos pocos hombres (*who*)[15] (poder)[16] escapar. Subieron a los árboles y se convirtieron en monos. Una tercera y una cuarta vez los dioses usaron su magia sin que ninguno (tener)[17] éxito. Durante el tercer sol apareció una misteriosa lluvia de fuego, (*which*)[18] quemó toda la tierra menos a algunos hombres, que se convirtieron en pájaros. Después de la creación del cuarto sol, una terrible inundación (*flood*) (cubrir)[19] el mundo. Algunos hombres sobrevivieron al convertirse en peces (*fish*).

Después del cuarto sol los dioses (decidir)[20] reunirse una vez más. (Saber: ellos)[21] que no (ir)[22] a poder crear un sol perfecto a menos que (hacer)[23] un sacrificio especial, un sacrificio divino. Dos dioses se ofrecieron para el sacrificio. Mientras ellos (*were preparing themselves*),[24] los otros dioses construyeron un gran fuego. Al quinto día, los dos dioses (arrojarse [*to throw oneself*])[25] al fuego. Los otros dioses esperaron nerviosos. Pronto (descubrir)[26] su error: por el cielo subían dos discos rojos. ¡Qué horror!

No era posible que (vivir: ellos)[27] con dos soles. El calor sería (*would be*) demasiado intenso. Por eso, uno de los dioses (arrojar)[28] un conejo (*rabbit*) contra uno de los soles, reduciendo así un poco su luz. Este sol se convirtió en la luna. (Hasta hoy los mexicanos no hablan del hombre de la luna [pero/sino][29] del *conejo* de la luna.)

Pero el otro sol todavía (estar)[30] muy débil. «Puedo empezar a cruzar el cielo —les anunció ese sol— con tal de que Uds. (darme)[31] sus corazones.»

Todos los dioses (arrojarse)[32] al fuego y el sol (comer)[33] sus corazones. El quinto sol, ahora fuerte y brillante, empezó a caminar lentamente por el cielo, donde lo podemos ver hoy. Los otros soles se pueden ver también en el famoso calendario azteca que hay en el Museo de Antropología de México.

B Los mitos no son totalmente fantásticos. Muchos aspectos de los mitos se basan en la realidad y en los esfuerzos de los seres humanos por comprenderla. ¿Dónde ve Ud. la influencia de los siguientes datos en el mito mexicano de la creación?

1. En México, se encuentran restos de muchos dinosaurios.
2. En el pasado, México era una tierra con muchos volcanes activos.
3. La costa mexicana fue inundada en varias ocasiones por maremotos (*tidal waves*) causados por huracanes violentos.

¿Conoce Ud. algún mito que explique los siguientes fenómenos naturales? Si no conoce un mito verdadero, invente uno.

- la diferencia de color entre las razas humanas
- por qué cambian las estaciones del año
- por qué hay tantas lenguas diferentes en el mundo
- el sonido del trueno (*thunder*)

CAPITULO NUEVE

9

Los hispanos en los Estados Unidos

Jackson Heights, Ciudad de Nueva York

La población de los Estados Unidos se compone de numerosos grupos étnicos, la mayoría de los cuales ha emigrado por razones económicas o políticas. ¿A qué grupo(s) étnico(s) pertenecen sus propios antepasados? ¿De dónde vinieron y cuándo llegaron a este país? ¿Sabe Ud. por qué motivo emigraron de su país natal?

Los hispanos, o latinos, son uno de los muchos grupos étnicos que se han establecido en el territorio norteamericano, y su influencia en el país ha sido y será cada vez mayor. ¿Qué sabe Ud. sobre este grupo? Complete las siguientes oraciones, escogiendo una de las opciones que se ofrecen.

1. Los hispanos de los EEUU son _____.
   a. mestizos **b.** de varias razas **c.** blancos

2. Los primeros hispanos llegaron al territorio norteamericano hace unos _____ años.
   a. 500 **b.** 200 **c.** 50

3. El 60% de los hispanos en los EEUU es _____.
   a. puertorriqueño **b.** caribeño (cubano, puertorriqueño, dominicano)
   c. mexicoamericano

4. Se calcula que hay unos _____ millones de hispanos en los EEUU.
   a. veintidós **b.** doce **c.** cinco

5. El _____ de los hispanos ha nacido en el extranjero (*abroad*).
   a. 10% **b.** 30% **c.** 50%

6. Los puertorriqueños tienen ciudadanía _____.
   a. puertorriqueña **b.** estadounidense **c.** binacional

7. El mexicoamericano _____ ha ocupado importantes puestos públicos, como la alcaldía de San Antonio y el Ministerio de Vivienda en el gabinete del presidente Clinton.
   a. Henry Cisneros **b.** Federico Peña **c.** César Chávez

8. _____ es una cantante cubanoamericana muy popular.
   a. Selena **b.** Gloria Estefan **c.** Rita Moreno

DESCRIBIR Y COMENTAR

- Describa algunas de las características de los grupos de hispanos que se ven en estos dibujos. Por ejemplo, ¿qué tipo de trabajo y clase social podría representar cada grupo? ¿Qué características raciales son más evidentes en cada caso? ¿Qué diferencias nota Ud. entre los distintos grupos?

- ¿Qué sabe Ud. ya de la población hispana en los Estados Unidos? Conteste las siguientes preguntas para averiguarlo. (Encontrará las respuestas correctas en este capítulo.) ¿En qué zona(s) hay mayor concentración de chicanos? ¿de puertorriqueños? ¿de cubanos? ¿Cuáles son los aportes artísticos, económicos y culturales de los miembros de cada grupo a la región en que viven? En general, ¿qué costumbres hispanas (comida, música, expresiones idiomáticas, fiestas, etcétera) se han incorporado a la cultura norteamericana? ¿Qué ejemplos específicos puede Ud. dar?

VOCABULARIO
para conversar

acoger to welcome
   acogedor(a) welcoming
acostumbrarse (a) to become accustomed (to)
adaptarse (a) to adapt (to)
el anglosajón / la anglosajona Anglo-Saxon
aportar to bring, to contribute
   el aporte contribution
asimilarse to become assimilated
bilingüe bilingual
chicano/a Chicano, Mexican-American*
el ciudadano / la ciudadana citizen
   la ciudadanía citizenship
el crisol melting pot
emigrar to emigrate
   la emigración emigration
   el/la emigrante emigrant
establecerse to get settled, established
el exiliado / la exiliada exile
la herencia heritage
la identidad identity

inmigrar to immigrate
   la inmigración immigration
   el/la inmigrante immigrant
el latino / la latina Latino, Latin American*
el orgullo pride
   orgulloso/a proud
la patria native land
el refugiado / la refugiada refugee

Inmigrantes latinos

el/la costarricense Costa Rican
el cubano / la cubana Cuban
el dominicano / la dominicana Dominican
el guatemalteco / la guatemalteca Guatemalan
el haitiano / la haitiana Haitian
el hondureño / la hondureña Honduran
el mexicano / la mexicana Mexican
el panameño / la panameña Panamanian
el puertorriqueño / la puertorriqueña Puerto Rican
el salvadoreño / la salvadoreña Salvadoran

A Explique la diferencia entre cada par de palabras.

1. anglosajón/norteamericano
2. chicano/latino
3. la inmigración / la emigración
4. el exiliado / el ciudadano
5. aceptar/acoger
6. adaptarse / establecerse

B Dé ejemplos de las siguientes personas, grupos o conceptos.

1. los inmigrantes
2. el aporte de distintos grupos a los EEUU
3. algunos grupos bilingües
4. la herencia cultural

C Si Ud. no sabe o no recuerda la palabra, ¿cómo puede expresar las siguientes palabras en español?

1. bilingual   2. an exile   3. native land   4. melting pot   5. identity

---

*Terms used to designate ethnic groups often provoke intense debate and typically change over time. Within the United States, different terms have evolved to refer to individuals who trace their ancestry to Spanish America. U.S. residents of Mexican ancestry were formerly referred to as Mexican-Americans, but during the 1960s and 70s political activists favored the term *Chicano/a,* which is now widely used. Residents of Spanish-American ancestry are classified by the U.S. government as *Hispanic.* More recently, the term *Latino/a* has gained currency. Different speakers use it in different ways: from all-inclusive definitions, designating all individuals who come from Spain and Latin America (including areas where Spanish is not spoken, such as Brazil and Haiti), to very limited usages, referring to American-born or -educated individuals who trace their origins to the Spanish-speaking Caribbean. The definition of *Latino/a* is evolving over time and takes on different nuances according to political, social, and geographic factors.

D ¡Necesito compañero! Trabajando en parejas, hagan un mapa semántico para cada una de las siguientes palabras y expresiones. Primero pongan la palabra objeto en el centro del mapa, y luego complétenlo escribiendo todas las ideas o palabras que asocien con la palabra objeto en las cuatro categorías indicadas. No es necesario limitarse a las palabras de la lista del vocabulario.

MODELO: bilingüe →

el trabajo, la educación, el orgullo

motivos

ventajas — **BILINGÜE** — **desventajas**

hay más oportunidades
es más fácil adaptarse

el conflicto cultural
el peligro de perder
la lengua minoritaria

grupos

los inmigrantes,
los profesionales,
los ciudadanos latinos (asiáticos, ...)

1. emigrar   **2.** asimilarse   **3.** el crisol

E ¿Qué grupo étnico vive desde hace varios siglos en lo que es hoy territorio de los Estados Unidos? ¿Qué grupos tienen una concentración de exiliados políticos? ¿de inmigrantes recién llegados? ¿Por qué cree Ud. que muchos hispanos emigraron a los Estados Unidos y no a otros países?

 F Entre todos

■ ¿Cómo se llama el programa de radio que presenta este anuncio? ¿Dónde y cuándo se transmite? ¿Cuál es su contenido? ¿A quiénes se dirige?

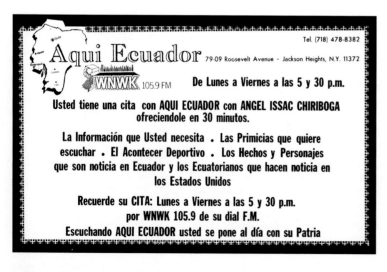

■ En muchos lugares de los Estados Unidos hay gran variedad de revistas, periódicos y programas de radio y de televisión en español. ¿Cómo puede influir esto en la adaptación de las comunidades hispanas? Por ejemplo, ¿puede demorar (*delay*) su adaptación? ¿Contribuye de alguna forma al mantenimiento de la identidad de las comunidades hispanas? ¿a su asimilación a la cultura mayoritaria? Explique.

■ ¿Qué impacto —lingüístico, cultural, político o económico— tienen los medios de comunicación hispanos en los Estados Unidos?

De entrada 34

Ultimamente, el tema de la inmigración ha provocado muchos debates políticos. ¿Cuáles de las siguientes opiniones comparte Ud.? ¿Con cuáles no está de acuerdo? Exponga sus propias opiniones al respecto.

OPINIONES	DE ACUERDO	EN DESACUERDO
1. Los EEUU son un país de inmigrantes, y todos tienen derecho a *ser aceptados*.	☐	☐
2. Sólo la gente culta y calificada debe *ser admitida* en los EEUU.	☐	☐
3. Mientras la economía no mejore, es necesario que *se suspenda* la entrada de todo inmigrante.	☐	☐
4. La inmigración controlada debe continuar, pero sólo si *se hacen* ajustes económicos y sociales para permitir la adaptación de los inmigrantes.	☐	☐

Las expresiones en letra cursiva están en la voz pasiva. ¿Cuáles de ellas tienen una estructura similar a la voz pasiva en inglés (*to be + past participle*)? ¿Cuáles son diferentes? A continuación se explican los usos y la estructura de las dos formas pasivas que existen en español.

34 THE PASSIVE VOICE

In both English and Spanish, actions that have objects can be expressed either actively or passively. In the active voice (**la voz activa**), the agent, or

ACTIVE VOICE (LA VOZ ACTIVA)	PASSIVE VOICE (LA VOZ PASIVA)
subject/agent + verb + object/recipient	subject/recipient + *to be* + past participle + agent
Laura pintó la casa. *Laura painted the house.*	La casa fue pintada por Laura. *The house was painted by Laura.*
El gobierno ha ayudado a los inmigrantes. *The government has helped the immigrants.*	Los exiliados han sido ayudados por el gobierno. *The exiles have been helped by the government.*
Los inmigrantes van a solicitar la ciudadanía. *The immigrants are going to request citizenship.*	La ciudadanía va a ser solicitada por los inmigrantes. *Citizenship is going to be requested by the immigrants.*

doer, of the action is the subject of the sentence, and the receiver of the action is the direct object. In the passive voice (**la voz pasiva**), the functions are reversed: the receiver of the action is the subject, and the agent, or doer, is expressed with a prepositional phrase (*by* + agent).

Spanish has two ways of expressing the passive idea: the passive with **ser** and the passive **se.**

A. The passive with *ser*

The passive construction with **ser** is very similar to the English passive: a form of the verb *to be* (**ser**), plus the past participle and the agent introduced with *by* (**por**). The past participle functions as an adjective, agreeing in gender and number with the subject.

	SINGULAR	PLURAL
MASCULINE	**El** lib**ro** fue escrit**o** por Elena. *The book was written by Elena.*	**Los** lib**ros** fueron escrit**os** por Elena. *The books were written by Elena.*
FEMININE	**La** fiest**a** siempre ha sido planead**a** por Carlos. *The party has always been planned by Carlos.*	**Las** fiest**as** siempre han sido planead**as** por Carlos. *The parties have always been planned by Carlos.*

B. The passive se

Spanish has another way of expressing the passive idea: the passive **se.** Note the following comparison.

PASSIVE WITH **SER**	Las casas **fueron construidas** por los inmigrantes. *The houses **were built** by the immigrants.*
PASSIVE **SE**	**Se construyeron** las casas en 1993. *The houses **were built** in 1993.*

As you learned in Chapter 2, page 48, the passive **se** construction always has the following three parts.

> **se** + third-person verb + receiver (object) of the action

Se reciben miles de peticiones cada año.	***Thousands** of petitions **are received** every year.*
Se aprueba sólo un pequeño **porcentaje** de ellas.	*Only a small **percentage** of them **is approved.***
Se rechazaron los **aportes** de ese grupo.	*The **contributions** of that group **were rejected.***

The passive **se** verb agrees in number with the recipient of the action (**miles, porcentaje, aportes**).

Práctica En el siguiente texto hay ejemplos de los diversos usos de **se** y también de las dos formas pasivas en español. ¿Cuántos de estos ejemplos puede encontrar Ud.?

Los resultados del censo de 1990 en los EEUU han sido aprobados por la Corte Suprema, a pesar de[a] que ésta admitió que el conteo de las minorías es inferior a los números reales. Muchos miembros de los grupos minoritarios no figuran en el censo porque esta población es sumamente móvil, cambiando de casa con frecuencia o viviendo en la calle y en otros lugares públicos. También hay que reconocer la desconfianza aguda[b] que existe entre la población negra, la de habla española y la de otros grupos de inmigración reciente ante el gobierno y sus representantes. Por lo tanto, muchas veces los miembros de estos grupos no devuelven los papeles del censo por miedo o por recelo.[c]

El gobierno afirma, sin embargo, que se hizo un esfuerzo extraordinario para que las minorías fueran incluidas en el censo, y por esa razón se ha decidido que las cifras[d] no sean modificadas por la Secretaría de Comercio. En ciudades como Nueva York, Chicago y Los Angeles, se afirma que las minorías han sido perjudicadas por este bajo conteo, pues su representación política y apoyo financiero se reducirán.

Las cifras del censo se usan para establecer los distritos electorales y para distribuir la ayuda financiera del gobierno federal. Si se cambian las cifras del censo, Wisconsin perderá un puesto en la Cámara de Representantes, y California ganará uno nuevo.

Tom Cochran, director ejecutivo de la Confederación de Alcaldes de los EEUU, afirmó que «es inexcusable e injusto que se haya excluido a más de cinco millones de ciudadanos norteamericanos de las cifras del censo.»

[a]*a... despite* [b]*acute; extreme* [c]*distrust* [d]*figures*

C. The passive with *ser* versus the passive *se*

These two constructions differ in meaning as well as in form.

- Whenever the passive with **ser** is used, the agent of the action is either stated in the sentence or is very strongly implied. When mentioned, the agent is generally introduced by the preposition **por.**

AGENT MENTIONED — Los países hispanoamericanos **fueron colonizados** por los españoles en el siglo XVI.
*The countries of Spanish America **were colonized** by the Spanish in the sixteenth century.*

AGENT IMPLIED BY PREVIOUS CONTEXT — Los españoles llegaron al Nuevo Mundo a finales del siglo XV. Los países hispanoamericanos **fueron colonizados** en el siglo XVI.
*The Spanish arrived in the New World at the end of the fifteenth century. The countries of Spanish America **were colonized** in the sixteenth century.*

- In general, when the agent is known, Spanish will use an active construction instead of the passive with **ser.**

ENGLISH PASSIVE	SPANISH ALTERNATIVES
*The laws **were passed by Congress.***	active (*common*) **El Congreso aprobó** las leyes. passive with **ser** (*infrequent*) Las leyes **fueron aprobadas por el Congreso.**

The passive with **ser** is used relatively infrequently in speech and is only slightly more common in writing, where writers may use it to vary their style.

- When the agent of the action is unknown or unimportant to the message, the idea should be expressed by using a passive **se** construction. In a passive **se** sentence, the speaker simply wants to communicate that an action is or was being done to someone or something. This construction is used regularly in both written and spoken Spanish.

ENGLISH PASSIVE	SPANISH ALTERNATIVE
*Money **was sent** to the exiles.* (Who sent the money is not known or is unimportant.)	passive **se** **Se mandó dinero** a los exiliados.
*Many **machines were bought.*** (Who bought them is not known or is unimportant.)	passive **se** **Se compraron** muchas **máquinas.**

En resumen

- If you know who the agent is, use the active voice.
- When you don't know who the agent is, use the passive **se** construction.

Práctica Imagínese que Ud. se ha decidido a emigrar a otro país. ¿Adónde quiere ir? Conteste según el modelo. ¡Cuidado! Como no es un país determinado, tiene que usar el subjuntivo.

MODELO: ayudar al individuo a asimilarse →
Quiero ir a un país donde se ayude al individuo a asimilarse.

1. cometer menos crímenes
2. ofrecer mejores sueldos
3. tener más libertad de expresión
4. ofrecer muchas oportunidades para instruirse
5. disfrutar de (*to enjoy*) un mejor nivel de vida
6. poder vivir cerca de la naturaleza
7. no pagar tantos impuestos
8. proteger los derechos humanos
9. no necesitar prestar servicio militar
10. hablar inglés

Intercambios

A Dé información sobre los siguientes hechos históricos, usando oraciones pasivas.

> MODELO: América / descubrir → América fue descubierta en 1492.

1. Abraham Lincoln / asesinar
2. la bombilla eléctrica y el fonógrafo / inventar
3. la ciudad de Hiroshima / bombardear
4. la Declaración de Independencia de los Estados Unidos / firmar
5. las civilizaciones indígenas de Sudamérica / someter (*to conquer*)
6. esta universidad / fundar

B Imagínese que la Asociación de Estudiantes Latinos de esta universidad está preparando una lista de peticiones para el rector (*president*). Exprese sus demandas, utilizando los verbos entre paréntesis para formar oraciones con la voz pasiva con **se.** Incluya una breve justificación de cada demanda. ¡Cuidado! Observe que es necesario usar el subjuntivo.

> MODELO: patrocinar (*sponsor*) programas destinados a la difusión de la cultura hispana (pedir) →
> Pedimos que se patrocinen programas destinados a la difusión de la cultura hispana para que todos podamos conocer mejor esa cultura y apreciar su valor.

1. crear un programa de estudios latinoamericanos (solicitar)
2. aumentar el número de profesores latinos en toda la universidad (desear)
3. admitir más estudiantes hispanos (proponer)
4. exigir (*demand*) el estudio de una lengua extranjera como requisito para graduarse (recomendar)
5. ofrecerles más ayuda económica a los estudiantes hispanos (insistir en)
6. promover (*promote*) programas de intercambio estudiantil en España y Latinoamérica (necesitar)

C Exprese su opinión sobre los siguientes temas, utilizando una de las formas de la voz pasiva siempre que sea posible.

> MODELOS: promover la educación bilingüe →
> Creo que es necesario que se promueva la educación bilingüe para facilitar la asimilación de los inmigrantes y al mismo tiempo permitirles conservar su propia identidad cultural.
>
> muchas noticias / distorsionar / los medios de comunicación →
> Es una lástima que muchas noticias sean distorsionadas por los medios de comunicación. Creo que toda información debe ser presentada desde diversos puntos de vista.

1. declarar el inglés como única lengua oficial de los EEUU
2. apreciar el aporte hispano a la cultura estadounidense
3. los inmigrantes ilegales / deportar / el gobierno
4. proteger a los exiliados políticos
5. el orgullo patriótico / conservar / los emigrantes

LENGUAJE Y CULTURA

Aquí hay algunas palabras en español que tienen su origen en inglés y que son utilizadas por algunos de los hispanos que viven en los Estados Unidos. Dé la palabra en inglés que ha servido de base para cada una.

1. el tiquete 3. parquear
2. la grocería 4. la factoría

De la misma manera, muchas palabras en inglés tienen su origen en español. ¿Puede Ud. decir la palabra en español que dio origen a estas palabras en inglés?

1. savvy   3. barbecue
2. alligator 4. cockroach

D Mire los anuncios anteriores.

■ ¿Qué se vende en estos anuncios? ¿En cuál de ellos se adapta la comida hispana al estilo de vida estadounidense? Explique.

■ ¿En qué anuncio se introduce la comida estadounidense al público hispano?

■ Exprese sus impresiones sobre estos intercambios culinarios (los motivos, las consecuencias, etcétera). ¿Qué otras adaptaciones e influencias similares puede Ud. mencionar?

E ¡Necesito compañero! Es cierto que todo país tiene que limitar la entrada de inmigrantes, pero no hay ningún acuerdo respecto al criterio para hacerlo. Trabajando en parejas, decidan cuáles de los siguientes factores son los más importantes a la hora de aceptar o rechazar a quienes solicitan una visa de residente.

1. la afiliación política
2. la preparación profesional
3. la edad
4. la salud
5. la raza
6. los antecedentes penales (*criminal*)
7. el país de origen
8. el nivel de educación
9. el tener parientes radicados (*established*) en los EEUU
10. la evidencia de ser víctima de persecución política o personal en su país de origen
11. las inclinaciones personales (la preferencia sexual, el uso de drogas, etcétera)
12. la religión
13. el tener una habilidad especial
14. la posición social

Comparen sus decisiones con las de los demás miembros de la clase. ¿Hay factores que la mayoría indicó que eran más importantes? ¿menos importantes? ¿Se puede formular una política que sea aceptable para todos?

F ¿Cuáles son los «usos y abusos» de los términos «hispano» y «latino»? En grupos de tres o cuatro personas, comenten los siguientes puntos, utilizando la voz pasiva siempre que sea posible. Luego, compartan sus conclusiones con el resto de la clase.

1. ¿Qué estereotipos se asocian con el término «hispano»? Expresen sus opiniones sobre cada uno de los siguientes aspectos.

   Vocabulario útil: se cree, se considera, se piensa, son calificados de (adjetivo)

   ■ el trabajo

   ■ la vida social

   ■ la familia

   ■ la delincuencia

   ■ la raza

   ■ la educación

2. ¿Qué se entiende por «hispano»? ¿Representa un grupo lingüístico? ¿un grupo cultural? Para ser hispano/a, ¿es necesario ser hispanohablante? ¿ser católico/a? ¿haber nacido en un país de habla española? ¿ser descendiente de hispanohablantes? ¿conocer las tradiciones, costumbres, comidas y bailes típicos de los países de habla española? ¿Se trata de un grupo homogéneo o heterogéneo? Expliquen.

G ¡Necesito compañero! Imagínense que Uds. deciden alistarse en el Cuerpo de Paz pero sólo pueden escoger entre los siguientes lugares. ¿A cuál les va a ser más difícil adaptarse? ¿Por qué? Por fin, ¿cuál de los lugares disponibles eligen? ¿Por qué?

1. un país poco desarrollado donde no existen las comodidades —electricidad, teléfono, agua corriente— a que Uds. están acostumbrados
2. un país con un clima radicalmente diferente al de los Estados Unidos
3. un país en el que no hay oportunidades de trabajo para los del sexo de uno de Uds.
4. un país en el que hay poca libertad de expresión
5. un país en el que se habla una lengua que Uds. no saben
6. un país en el que no hay tolerancia para quien no practica la religión oficial (y Uds. *no* la practican)

De entrada

Lea la siguiente historia, y luego ponga los dibujos en orden cronológico (de 1 a 4) según el orden que presenta la historia.

Para prevenir los frecuentes robos en cierta zona de la ciudad, todas las tiendas *fueron cerradas* por la policía a las siete de la noche. Lógicamente, cuando a las doce de la noche llegó el responsable de los robos, encontró que todas las tiendas *estaban cerradas*. Esto no era un problema para él, pues sabía romper las ventanas sin que se activara el sistema de alarma. Cada ventana *fue rota* por el ladrón con mucho cuidado, y así pudo entrar sin ser descubierto. A la mañana siguiente, los empleados descubrieron —¡sorpresa!— que las ventanas *estaban rotas,* y que muchos artículos habían sido robados. ¡La policía tiene que usar una estrategia más inteligente si quiere atrapar (*catch*) al ladrón!

Ahora observe que todas las expresiones en letra cursiva en la historia combinan el participio pasado de los verbos **cerrar** y **romper** con los verbos **ser** y **estar.** ¿Sabe Ud. por qué se usa el verbo **ser** en algunos casos y el verbo **estar** en otros? La siguiente explicación puede aclarar sus dudas al respecto.

35 RESULTANT STATE OR CONDITION VERSUS PASSIVE VOICE

In Chapter 1 you learned about using **estar** with a past participle to express a state or condition resulting from some prior action.

Los niños rompieron la ventana jugando al béisbol; todavía **estaba rota** cuando yo fui de visita dos días después.	*The children broke the window playing baseball; it **was** still **broken** when I visited two days later.*

English sometimes uses two different forms to distinguish between an action and a state or condition.

ACTION	STATE OR CONDITION
The window was *opened* by the inspector.	The window was *open* when I got here.
The cans were *flattened* by a special machine.	The cans were so *flat* that thousands could fit into the box.

In general, however, English uses the same verb form to indicate both an action and a state or condition. In the following examples, *closed* and *broken* can indicate either an action or a state or condition that results from an action. The exact interpretation is determined by context.

The window was *broken* by the thief.	I couldn't open the window because it was *broken*.
The stores were *closed* by the police to prevent looting.	By seven o'clock, all the stores were *closed*.

In Spanish, on the other hand, the contrast between an action and a state or condition is always marked by the choice between **ser** and **estar.**

ACTION: **ser**	CONDITION: **estar**
La ventana **fue rota** por el ladrón.	No pude abrir la ventana porque **estaba rota.**
Las tiendas **fueron cerradas** por la policía para impedir el saqueo.	A las siete, todas las tiendas **estaban cerradas.**

Práctica   Indique las oraciones que correspondan mejor a cada dibujo.

a. La leña (*firewood*) fue hacinada (*stacked*).
b. La cena está preparada.
c. La cena fue preparada.
d. La leña está cortada.
e. La leña está hacinada.
f. La mesa fue puesta (*set*).

A PROPOSITO

Ser plus the past participle indicates a passive action. Since passive actions usually focus on the completion of the event, **ser** in the past is conjugated in the preterite (**fue, fueron**).

Estar plus the past participle expresses the condition that results from an action. Since description of a condition generally focuses on the middle aspect, **estar** in the past is conjugated in the imperfect (**estaba, estaban**).

Note that with both **ser** and **estar,** the past participle functions as an adjective in these constructions and must agree in gender and number with the noun modified.

Intercambios

A Escoja el verbo correcto según el contexto.

1. Los cubanos que llegaron a los Estados Unidos en la segunda oleada (*wave*) no (estaban/fueron) tan bien recibidos como los de la primera oleada.

2. Al principio, los inmigrantes pueden experimentar choques culturales ya que (están/son) acostumbrados a otro ritmo de vida.
3. En el pasado, grandes cantidades de inmigrantes (estaban/fueron) traídos a este país en barco y pasaron incluso semanas en el viaje.
4. No necesitábamos ayudarlos porque cuando los conocimos ellos ya (estaban/fueron) bien establecidos.
5. Los papeles de ciudadanía que les dieron a los inmigrantes (estaban/fueron) escritos en inglés.
6. ¿Cuándo (estuvieron/fueron) trasladados (*transferred*) los refugiados al otro campamento?

 B **¡Necesito compañero!** Es muy probable que la mayoría de los miembros de la clase tenga parientes, amigos o conocidos inmigrantes. ¿Por qué motivos emigraron esas personas? ¿Cómo era su vida al llegar a este país? Trabajando en parejas, preparen un cuestionario usando las siguientes frases para formar sus preguntas. (¡Atención! Es necesario escoger entre **ser** y **estar**. Tengan cuidado también con los tiempos verbales.)

MODELO: tener / parientes (amigos, conocidos) / originarios de otro país →
¿Tienes parientes (amigos, conocidos) que sean originarios de otro país?

1. en qué país / establecidos antes de emigrar
2. cuándo / admitidos como residentes en este país
3. cuáles / los motivos por los cuales emigraron
4. cómo / tratados por los habitantes de este país al principio
5. tener ellos / parientes que ya / radicados en este país
6. cómo / acogidos por otros de su misma cultura
7. qué tradiciones de su patria / mantenidas por ellos hasta hoy
8. hoy ellos ya / nacionalizados (*naturalized*) en este país

Luego, cada uno de Uds. debe utilizar el cuestionario para entrevistar a otro compañero / otra compañera de clase acerca de las experiencias que como inmigrantes han vivido sus parientes, amigos o conocidos. Después de hacer las entrevistas, compartan con la clase lo que han aprendido. ¿Hay muchos que han tenido experiencias similares?

ESTRATEGIAS PARA LA COMUNICACION

Gracias, pero no... *How to decline invitations*

It's often difficult to say "no" politely in one's own language. How can you refuse an invitation or get out of a difficult situation in Spanish without being rude or insulting? Just as in English, you need to be firm but polite. It is helpful if you follow up a refusal with a concrete reason for declining and with specific expressions of sincerity. Following is a list of useful expressions.

¡Cuánto me gustaría, pero de veras... !	*How I would like to, but really . . . !*
Lamento (Siento) mucho no poder... , pero...	*I am really sorry (I regret very much) not to be able to . . . , but . . .*
Lo siento, pero ya tengo un compromiso / tengo un compromiso anterior.	*I'm sorry, but I already have an engagement / I have a previous engagement.*
Ud. es muy amable, pero...	*You are very kind, but . . .*
Me encantaría... , pero...	*I would love to . . . , but . . .*
No, gracias.	*No, thank you.*
Quizás otro día.	*Maybe another day.*
No, no tengo la costumbre de...	*No, I don't usually (am not in the habit of) . . .*

A Answer the following invitations with concrete reasons for why you cannot accept. Use the expressions of courtesy listed above or those you have learned in other chapters in combination with a firm refusal. Some situations require less courtesy and more firmness than others. Choose the appropriate strategy according to the situation.

1. You are sitting in a sidewalk café and a young man/woman sits down with you and asks you for a date.
2. You have just been introduced to a boring friend of a friend and he/she asks you to go and have a **copa.**
3. You are visiting the relatives of some friends; they insist you stay for dinner.
4. A couple who shares none of your interests invites you to accompany them on a day trip to a nearby tourist attraction.

B Improvisaciones Working with a classmate, write a dialogue between an Argentinean and a visiting American. The Spanish speaker is a business acquaintance and obviously feels that it is his/her responsibility to entertain the visitor during the three days the American is spending in Buenos Aires. The Argentinean makes a number of suggestions concerning visits to museums, restaurants, the theater, and so on. The American would really prefer to explore on his/her own but doesn't want to hurt the Argentinean's feelings and wouldn't mind having some guidance in finding his/her way around. Be creative and polite, but firm.

36 "NO-FAULT" *SE* CONSTRUCTIONS

The passive **se** construction is also used with a group of Spanish verbs to indicate unplanned or unexpected occurrences.

A Elena se le perdieron los papeles.	***Elena lost** her papers. (Her papers **"got lost."**)*

	Se me olvidó el asunto.		*I forgot about* the matter. (*The matter **slipped my mind**.*)

Note that, since these are passive **se** constructions, the third-person verb agrees with the recipient: **papeles, asunto.** The indirect object indicates the person or persons involved—usually as "innocent victims"—in the unplanned occurrence.

Here are some verbs that are frequently used in the "no-fault" construction. You have already used most of them in active constructions.

acabar	Se nos acabó la gasolina.	*We ran out of gas.*
caer	Se le cayeron los libros.	*He dropped his books.*
ocurrir	¿Se te ocurre alguna solución?	*Can you come up with a solution? (Does a solution come to mind?)*
olvidar	Se le olvidaron las gafas.	*She forgot her glasses.*
perder	Se me perdió el carnet.	*My I.D. got lost.*
quedar	Se les quedó el discurso en casa.	*They left the speech at home.*
romper	Se le rompieron los pantalones.	*Her trousers split (tore).*

Práctica Exprese las siguientes oraciones en inglés.

1. Al niño se le rompió la camisa.
2. Se me quedaron las gafas en el hotel.
3. Bueno, ya se nos acabó el tiempo; son las 10:00.
4. ¡Cuidado! No quiero que se te caigan los platos.
5. Se me durmió la pierna.

Ahora, exprese estas oraciones en español.

1. Oh! My watch broke!
2. His books got lost.
3. They forgot the word in English.
4. She dropped her keys.
5. A great idea just hit us!

Intercambios

A Dé razones para justificar los siguientes hechos, utilizando la estructura del «**se** inocente» que acaba de estudiar. ¡Atención al nuevo sujeto!

MODELO: No podemos resolver el problema, pues no / ocurrir ninguna solución. →
No podemos resolver el problema, pues no se nos ocurre ninguna solución.

1. Tenemos que tomar el tren, puesto que / acabar la gasolina.
2. Me dieron una F porque / olvidar la tarea.
3. No puedes sacar libros de la biblioteca si / quedar el carnet en casa.
4. Ella cojeaba (*was limping*) porque / romper el tacón del zapato.
5. Dicen que deben irse, ya que / acabar el tiempo.
6. Lamento no haberte llamado. Es que / perder tu número de teléfono.

7. La radio está rota porque al niño / caer esta mañana.
8. Tenemos que volver a casa, porque / acabar el dinero.

B Guiones El señor Pereda trabaja en la oficina de Inmigración. Ayer tuvo un día malísimo. Trabajando en grupos de tres o cuatro personas, narren en el pasado lo que le pasó, usando el pretérito y el imperfecto según las circunstancias. ¡Cuidado! La historia contiene varios usos de **se.**

> **Vocabulario útil:** acabarse la paciencia, el artista, cortar(se), el cuarto de baño, la cuchilla de afeitar, el jefe, el lavabo, el lienzo, mojar(se), mojado, manchar(se), la mancha, el pijama, (poner) el despertador

37 A AND *EN*

As you know, in most languages prepositions do not have a single meaning. Even though we generalize and say that the preposition *on* in English means *on top of,* we also say things like *get on the bus* (we are really *in* it), *hang the picture on the wall* (it is not really the same as *on the shelf*), and *arrive on time* (no relation whatsoever to *on top of*). In Spanish the prepositions **a** and **en** generally mean *to* and *in,* respectively, but often they have different meanings, depending on their context.

A. The uses of *a*

■ **movement toward: A** basically expresses *movement toward* in a literal and figurative sense. Note that this same idea is sometimes expressed with *to* in English when the movement is directed toward a noun, but is usually not expressed with any preposition at all when the movement is directed toward another verb.

Fue **a la oficina.**	*She went **to the office.***
Les mandó el paquete **a sus abuelos.**	*He sent the package **to his grandparents.***
Comenzaron **a llegar** en 1981.	*They began **to arrive** in 1981.*

Here are some of the most common verbs that are followed by the preposition **a** to imply *motion toward.*

acostumbrarse	comenzar (ie)	ir
adaptarse	empezar (ie)	llegar
aprender	enseñar	salir
asimilarse	entrar*	venir (ie)
ayudar	invitar	volver (ie)

PROPOSITO

The expression **volver a** + *infinitive* means *to do something again.*

Volvió a leer el párrafo. *He read the paragraph again.*

■ **by means of: A** occurs in a number of set phrases to indicate means of operation or locomotion, or how something was made. English often uses *by* or *on* to express the same idea.

Está hecho **a mano.**	*It is made **by hand.***
Lo hicieron **a máquina.**	*They made it **by machine.***
Viajó **a caballo.**	*He traveled **on horseback.***
Salió Ud. **a pie,** ¿verdad?	*You left **on foot,** right?*

■ **a point in time or space, or on a scale:** English *at* is expressed in Spanish by **a** when *at* expresses a particular point in time or on a scale, or when *a point in space* means *position relative to some physical object.*

Tengo clase **a las ocho.**	*I have class **at eight.***
Al principio, no querían quedarse.	***At the beginning** (**At first**), they didn't want to stay.*
Los compré **a diez dólares** la docena.	*I bought them **at ten dollars** a dozen.*
Manejó **a ochenta millas** la hora.	*She drove **at eighty miles** an hour.*
Todos se sentaron **a la mesa.**	*Everyone sat down **at the table.***

B. The uses of *en*

■ **position on or within: En** normally expresses English *in*, *into*, or *on*.

Viven **en una casa vieja.**	*They live **in an old house.***
Los pusieron **en la maleta.**	*They put them **in**(**to**) **the suitcase.***
La carta está **en la mesa.**	*The letter is **on the table.***

In time expressions **en** has the sense of *within.*

| Lo hicimos **en una hora.** | *We did it **in** (**within**) **an hour.*** |
| Tendremos el dinero **en dos días.** | *We will have the money **in** (**within**) **two days.*** |

*In Spain, **entrar** is commonly used with **en** to express *motion toward;* in Latin America, it is generally used with **a.**

English sometimes uses the preposition *at* to express the idea of *within an enclosure.* Spanish uses **en.**

¿Has estudiado **en la universidad**?	Have you studied **at the university?**
Estaban **en casa** cuando ocurrió el robo.	They were **at home** when the robbery occurred.

■ **observation of, or participation in, an event:** English distinguishes between being *at* an event as an observer and being *in* an event as a participant. Spanish does not, using the preposition **en** for both meanings. Additional context usually clarifies the sense intended.

¿Estuviste **en la boda**?	Were you $\left\{ \begin{array}{c} in \\ at \end{array} \right\}$ the wedding?
Estuvieron **en el partido.**	They were $\left\{ \begin{array}{c} in \\ at \end{array} \right\}$ the game.

Here are some of the more common verbs that take the preposition **en.**

consistir	insistir
convertirse (ie, i)	tardar
entrar	

Práctica Elija la preposición correcta para cada una de las siguientes oraciones.

1. Ayer pasé tres horas (a/en) la biblioteca.
2. Mis abuelos inmigraron (a/en) los EEUU por razones económicas.
3. Hay una ceremonia de entrega de la ciudadanía (a/en) las tres (a/en) el estadio.
4. Muchos de los obreros migratorios mexicanos fueron invitados (a/en) venir (a/en) los EEUU porque se necesitaba mano de obra en el campo.
5. Lo pasamos muy bien (a/en) la fiesta.

Intercambios

A Describa los dibujos a continuación, incorporando el vocabulario indicado y utilizando las preposiciones **a** o **en** según el contexto.

1. besar, la princesa, el príncipe, el trono (*throne*)

2. convertirse, correr, la rana (*frog*)

3. manejar, pensar, ponerle una multa (*fine*), seguir

4. (no) exceder el límite de velocidad, explicar, la hija, el hospital, insistir

B Haga oraciones juntando elementos de la lista con otros del cuadro. No se olvide de usar todas las preposiciones necesarias.

convertirse	estar	ir
empezar	inmigrar	llegar
establecerse	insistir	volver

MODELO: Muchas personas que emigran a otro país luego se convierten en ciudadanos del país.

el mercado   el cine   la universidad
emigrar   aprender
otro país   otra persona   estudiar   la oficina

C Repase las reglas para el uso de **por** y **para** (página 237). Luego, complete página 237 el siguiente texto con la preposición apropiada según el contexto: **a, en, por** o **para**. ¡Cuidado! No se necesita preposición en todos los contextos.

El crisol

(Por/Para)[1] muchos norteamericanos, la cultura de los Estados Unidos está representada (por/para)[2] el concepto del crisol. (Por/Para)[3] muchos años los inmigrantes han venido (a/en)[4] los Estados Unidos. Vienen (por/para)[5] barco y avión y cuando llegan, no saben (a/en)[6] hablar inglés y desconocen las costumbres del país. Pero, según ellos, el crisol empieza (a/en)[7] funcionar desde los primeros momentos y los inmigrantes no tardan (a/en)[8] aprender (a/en)[9] expresarse en el nuevo idioma y buscan (a/por/para)[10] maneras de adaptarse a la cultura.

Otros niegan la existencia del crisol. (Por/Para)[11] ellos, la realidad es otra. El inmigrante en realidad nunca se convierte (a/en)[12] «norteamericano» en el sentido de renunciar (a/en)[13] ser lo que era. Después de tres o cuatro generaciones, el italiano católico sigue siendo (*continues being*) católico y el escandinavo protestante, protestante. (Por/Para)[14] razones de su cultura y de su religión, los judíos suelen casarse con otros judíos, y los anglosajones muchas veces buscan (a/por/para)[15] alguien de su mismo origen étnico. No es que no haya ninguna mezcla, pero es menos frecuente y menos rápida de lo que se cree.

Néstor Torres, músico puertorriqueño

El puertorriqueño Néstor Torres, destacado (*outstanding*) intérprete de la música afrocubana, es uno de los aproximadamente veintidós millones de hispanos que viven en los Estados Unidos. En este segmento de vídeo, él habla de sus recuerdos de Mayagüez —su pueblo natal— y de sus impresiones sobre la vida de los latinos en los Estados Unidos. La música de Néstor Torres ha obtenido el primer lugar de sintonía (*theme song*) en encuestas de radio.

¿Qué recuerda Néstor Torres de su vida de joven? ¿Cuáles son algunos de sus puntos de vista sobre la vida de los latinos en los Estados Unidos? Mire y escuche el vídeo para enterarse (*find out*).

¡A ver!

A Indique si las siguientes oraciones son ciertas (**C**) o falsas (**F**) según la información que Ud. obtuvo de este segmento de vídeo. Luego corrija las oraciones falsas.

		C	F
1.	Hay más de siete millones de mexicanos en Miami, la capital del sol.	☐	☐
2.	De muy pequeñito, Néstor Torres vivió en Nueva York.	☐	☐
3.	Néstor comía mandarinas y toronjas (*grapefruit*) en la casa de su abuelo.	☐	☐
4.	Los Angeles es la ciudad de los rascacielos (*skyscrapers*).	☐	☐
5.	Néstor experimentó por primera vez libertad de pensamiento y de expresión en Nueva York.	☐	☐
6.	Néstor opina que la lucha de los latinos en los Estados Unidos es una lucha positiva, porque la dificultad y el esfuerzo son buenos para desarrollar el carácter de una persona.	☐	☐
7.	Según Néstor, en Nueva York se disfruta más de la vida que en Puerto Rico.	☐	☐
8.	Néstor Torres define su música como Jazz Latino-Pop.	☐	☐

B ¡Necesito compañero! Trabajando en parejas, contesten las siguientes preguntas. Después, compartan sus puntos de vista con los demás miembros de la clase.

■ Néstor Torres opina que en muchos países latinoamericanos la gente tiene ideas muy fijas sobre cómo deben ser y comportarse los hombres y las mujeres (los chicos y las chicas) y lo que se espera de ellos. ¿Creen Uds. que estas ideas son más amplias en los Estados Unidos? Expliquen. ¿En qué regiones o sectores de la población hay más libertad de pensamiento y expresión sobre estos temas? ¿En qué se nota esta libertad? ¿Les parece que esta amplitud de ideas es positiva o negativa? ¿Por qué?

■ ¿Qué otros hispanos conocen Uds. que son figuras destacadas en el arte, la política, los deportes, etcétera? Traigan información sobre algunas de esas personas a la clase.

ENLACE

Sondeo

Los tres grupos más numerosos de hispanos que han venido a los Estados Unidos son distintos. Comparten ciertas características pero, por razones históricas y culturales, representan tres grupos diversos. ¿Reconocen Uds. algunas de las cualidades que los hacen diferentes? ¡Hagan un sondeo para investigarlo!

Primer paso: Recoger los datos

■ Divídanse en tres grupos. El Grupo 1 hará las preguntas 1 a 4; el Grupo 2, las preguntas 5 a 8; y el Grupo 3, las preguntas 9 a 12.

■ Cada uno de los miembros de cada grupo debe entrevistar a dos o tres compañeros de clase para obtener la información necesaria. Hay que conjugar los infinitivos en letra cursiva en la forma apropiada del pretérito o del imperfecto, y luego escribir la letra del grupo o de los grupos que la persona entrevistada dice que corresponde(n) a cada afirmación (**P** = puertorriqueños, **C** = cubanos, **M** = mexicoamericanos). ¡Cuidado! Algunas características pueden aplicarse a más de un grupo.

■ Deben entrevistar a todos los miembros de la clase, pero tengan cuidado de no hacerle la misma pregunta dos veces a la misma persona.

¿Quiénes son?

ENTREVISTADOS

		A	B	C
GRUPO 1	**1.** *Llegar* a los EEUU como refugiados políticos.	——	——	——
	2. *Venir* a principios del siglo XX.	——	——	——
	3. Son el grupo hispano más numeroso de los EEUU.	——	——	——
	4. Muchos tienen sangre indígena.	——	——	——
GRUPO 2	**5.** *Ganar* su independencia de España al final del siglo XIX.	——	——	——
	6. *Luchar* en una guerra contra los EEUU en el siglo XIX.	——	——	——
	7. *Servir* como soldados en el ejército norteamericano durante la Segunda Guerra Mundial y en todas las siguientes guerras.	——	——	——
	8. Practican la religión católica.	——	——	——
GRUPO 3	**9.** Son ciudadanos de los EEUU.	——	——	——
	10. Ya *estar* establecidos en los EEUU cuando *estallar* la revolución americana.	——	——	——
	11. *Utilizar* el boicoteo como arma contra condiciones de trabajo injustas.	——	——	——
	12. La mayoría vive en las grandes ciudades del noreste de los EEUU.	——	——	——

Segundo paso: Análisis de los datos

■ ¿Cuánto sabía la clase con respecto a estos tres grupos hispanos? Reúnanse en su grupo para compartir la información obtenida y hacer una tabla de resumen para sus datos. Una persona de cada grupo debe servir de secretario/a para anotar los resultados.

■ Luego, cada grupo debe elegir a un miembro que escribirá su tabla de resumen en la pizarra para mostrarles los resultados a los otros de la clase.

¡OJO!

	EXAMPLES	NOTES
perder **faltar a** **echar de menos** **extrañar**	María llegó tarde y **perdió** el tren. *María arrived late and missed the train.* Joaquín estaba enfermo y **faltó a** la reunión. *Joaquín was sick and missed the meeting.* Cuando mi esposo sale de viaje, siempre lo **echo de menos** (**extraño**) mucho. *When my husband leaves town, I always miss him a lot.*	*To miss an opportunity or deadline* because of poor timing is expressed in Spanish with **perder**. *To miss an appointment or an event* in the sense of *not attending it* is expressed with **faltar a**. *To miss a person* who is away or absent can be expressed by either **echar de menos** or **extrañar**.
ahorrar **salvar** **guardar**	Hoy en día es difícil **ahorrar**. *Nowadays, it's difficult to save (money).* El salvavidas **salvó** al niño. *The lifeguard saved the child.* José **guardó** un trozo de pan. ¿Te lo **guardo**? *José saved a piece of bread. Shall I keep it for you?*	All of these words mean *to save*. **Ahorrar** is used to refer to money (savings). **Salvar** refers to *rescuing* or *saving a person or thing from danger*. *To save* in the sense of *to set aside* is expressed with **guardar**, which also means *to keep*.
llevar **tomar** **hacer un viaje** **tardar en**	Los padres **llevan** a los niños al parque. *The parents take their children to the park.* Siempre **tomo** cuatro clases. *I always take four classes.* ¿**Tomamos** el autobús de las cuatro? *Shall we take the four o'clock bus?* Acabamos de **hacer un viaje** por toda Africa. *We just took a trip through all of Africa.* ¿Cuánto (tiempo) **tardas en** llegar a clase? *How long does it take you to get to class?*	*To take* is generally expressed in Spanish with two verbs, **llevar** and **tomar**. **Llevar** means *to transport* or *to take someone or something from one place to another*. **Tomar** is used in almost all other cases: *to take something in one's hand(s)*, *to take a bus (train, etc.)*, *to take an exam, to take a vacation*. Two common exceptions are *to take a trip*, expressed with **hacer un viaje**, and *to take a certain amount of time to do something*, expressed by **tardar** + *amount of time* + **en** + *infinitive*.

	EXAMPLES	NOTES
llevar **tomar** **hacer un viaje** **tardar en** (*continued*)	De niño, Paco siempre le quitaba los juguetes a su hermanita. *As a child, Paco always took toys away from his sister.* ¿Puedes subirle una taza de té? *Can you take a cup of tea up to her?*	As a general rule, when English *take* occurs with a preposition, it is expressed in Spanish by a single verb other than **tomar** or **llevar.** Here are some of the most common verbs of this type. **bajar** *to take down* **devolver** *to take back, return* **quitarle (algo) a alguien** *to take (something) away from someone* **quitarse** *to take off* (*clothing*) **sacar** *to take out* **subir** *to take up*

A Volviendo al dibujo Elija la palabra o expresión que mejor complete cada oración. ¡Atención! También hay palabras de los capítulos anteriores.

Después de la revolución cubana de 1959, muchas personas de las clases media y alta decidieron (moverse/trasladarse)[1] a Miami. (Como/Porque)[2] muchos de ellos (llevaron/tomaron)[3] consigo el dinero que habían (ahorrado/salvado)[4] en Cuba, pudieron fundar negocios y no (llevaron/tardaron)[5] en prosperar. Además, por ser exiliados, el gobierno estadounidense los acogió bien, y los (asistió/ayudó)[6] con dinero, documentos y trabajo, para que (sucedieran / tuvieran éxito)[7] en su adaptación. Así se formó la colonia cubana de la Florida, que (ha llegado a ser / se ha puesto)[8] una de las comunidades hispanas más prósperas de los Estados Unidos. (Por / Ya que)[9] su estatus económico, esta comunidad ha (logrado/sucedido)[10] una significativa influencia en las (cuestiones/preguntas)[11] políticas norteamericanas. Pero, como es natural, todos ellos (extrañan/pierden)[12] a su patria y (echan de menos / faltan)[13] a sus familiares. Muchos sueñan (con/de/en)[14] el día en que puedan (devolver/regresar)[15] a su país, lo cual depende (con/de/en)[16] que cambie la situación política de Cuba.

B ¡Necesito compañero! Imagínense que, por razones económicas o políticas, Uds. y sus familias tienen que emigrar a un país donde no se habla inglés. Háganse y contesten las siguientes preguntas para averiguar qué harían en esa situación.

1. ¿A qué país van a trasladarse Uds.? ¿Por qué?
2. ¿Por qué medio(s) de transporte pueden hacer el viaje? ¿Cuánto tiempo van a tardar en llegar? ¿Qué van a llevar con Uds.? ¿Qué es lo que más van a echar de menos?

3. ¿Piensan establecerse en el nuevo país para siempre, o van a ahorrar dinero con la esperanza de regresar a su patria algún día?

4. ¿Creen que van a ser bien acogidos en el nuevo país? ¿Qué tendrán que hacer para adaptarse y tener éxito? ¿Van a lograr asimilarse? ¿Van a hacerse bilingües? ¿Van a mantenerse unidos y defender su propia herencia cultural?

Repaso

A Complete el párrafo, dando la forma correcta de los verbos y expresando en español las frases en inglés. Cuando se dan dos palabras entre paréntesis, escoja la palabra apropiada.

El barrio Pilsen

(*Twenty years ago*)[1], si uno caminaba (por/para)[2] el barrio Pilsen en Chicago, se sentía profundamente deprimido (*depressed*). El barrio (mirar/parecer)[3] quieto y apagado, casi a punto de derrumbarse (*falling apart*). Hoy la misma caminata (*walk*) produce una impresión completamente distinta. No hay duda que una parte de Pilsen —una buena parte, dirían (*would say*) algunos— todavía (tener)[4] el aspecto gris y monótono de cualquier barrio pobre. Pero acá (*here*) y allá (*are seen*)[5] brillantes colores rojos, verdes y amarillos. Ahora viejos autos Ford y Chevrolet comparten las calles con héroes de la historia de México. Gigantescas figuras aztecas y mayas luchan contra el deterioro urbano. (*It is*)[6] el muralismo.

Durante la revolución mexicana (1910–1920), el arte mural (ayudar)[7] a crear una nueva conciencia nacional entre los mexicanos, un nuevo orgullo cultural. Aquí en Pilsen, el pequeño México de Chicago, (ser/estar)[8] evidente que los murales (tener)[9] el mismo objetivo y el mismo efecto. (Por/Para)[10] ser un arte público, el muralismo (prestarse)[11] fácilmente a expresar los objetivos y las ansias de una generación de artistas (*who*)[12] tratan de afirmar su propia identidad cultural. La mayoría de los murales sugieren que la clave (*key*) del progreso (por/para)[13] los hispanos actuales (ser/estar)[14] en su pasado indígena, no en la tradición europea.

(*A short while back*)[15], las obras de los muralistas (*were exhibited:* exhibir)[16] (por/para)[17] el Museo de Arte Contemporáneo de Chicago como parte de una exposición itinerante de arte hispano, «Raíces (*Roots*) Antiguas / Visiones Nuevas», que (*was shown:* exponer)[18] en diez museos de los Estados Unidos. Sin embargo, (por/para)[19] los muralistas, el impacto de su arte en su propia comunidad es más importante. Este arte callejero (*of the streets*) (*is welcomed*)[20] con entusiasmo por los residentes de Pilsen; esto no debe sorprendernos, ya que los murales (*are aimed:* dirigir)[21] a la comunidad y (ser/estar)[22] pintados por artistas (*who*)[23] viven en ella. En el barrio, donde antes (haber)[24] una melancólica decadencia, ahora (*is found*)[25] un naciente sentimiento de orgullo y nuevas ansias de reconstrucción.

B Divídanse en grupos de tres a cinco estudiantes. Cada grupo va a estudiar los antecedentes étnicos de otro grupo de individuos que todos conocen: por ejemplo, la gente que vive en cierto piso de una residencia, los habitantes de una casa de apartamentos, la gente que vive en una calle determinada, los profesores de un departamento de la universidad, etcétera. Deben enterarse de cuándo llegaron los antepasados de cada individuo a los Estados Unidos, por qué salieron de su país de origen y cómo llegaron a la ciudad donde viven ahora. También deben averiguar la opinión de esas personas en cuanto a las cuotas que limitan la inmigración a los Estados Unidos.

Luego, comparen los resultados de todos los estudios.

- ¿Qué semejanzas y diferencias hay entre los grupos estudiados?

- ¿Hay algún acuerdo con respecto a las cuotas de inmigración?

CAPITULO DIEZ

10

Hábitos y dependencias

Valencia, España

La siguiente lista contiene varias acciones que, para muchas personas, llegan a ser habituales. Estudie la lista y luego indique cuáles de estas acciones Ud. hace todos los días, cuáles hace sólo de vez en cuando y cuáles no hace nunca. Después, compare sus respuestas con las de los otros miembros de la clase para determinar cuáles son las acciones más habituales para todos.

1 = todos los días   3 = de vez en cuando   5 = nunca

1. _____ tomar café
2. _____ beber Coca-Cola (Pepsi, etcétera)
3. _____ fumar cigarrillos (cigarros)
4. _____ comer algo a las 10 de la noche
5. _____ hacer ejercicio
6. _____ leer el periódico
7. _____ mirar la televisión
8. _____ escuchar la radio
9. _____ hablar por teléfono
10. _____ lavarse el pelo
11. _____ navegar la red
12. _____ entretenerse con juegos electrónicos
13. _____ tomar vitaminas
14. _____ ir de compras
15. _____ comer chocolate

¿Son «dependencias» todas las acciones habituales? ¿Por qué sí o por qué no? ¿Cuál es la diferencia?

■ Describa lo que pasa en estos dibujos. ¿Qué hacen las personas? ¿Qué edad tienen? ¿Cómo se comportan? ¿Por qué se comportan así?

■ ¿Dónde hay alguien que fuma? ¿que se droga? ¿que se emborracha? ¿Dónde hay comilones? ¿teleadictos?

■ Use el vocabulario de la siguiente página para hacer una lista de los hábitos que se ven en estos dibujos. En su opinión, ¿cuál de estos hábitos es el más serio? ¿el menos grave? Póngalos en orden de gravedad, justificando su clasificación.

■ ¿Hay actividades aquí que no sean dependencias? Explique.

VOCABULARIO
para conversar

aprobar (ue) to approve
el cigarrillo cigarette
el coctel cocktail, drink
el comilón / la comilona heavy eater
comportarse to behave
consumir drogas to take drugs
   la toxicomanía (drug) addiction
   el toxicómano / la toxicómana drug addict
el contrabando contraband, smuggling
la dependencia dependence
desaprobar (ue) to disapprove
drogarse to take drugs
emborracharse to get drunk
   la borrachera drunkenness; drinking spree,
      binge
   borracho/a drunk
fumar to smoke
   el fumador / la fumadora smoker
goloso/a sweet-toothed; greedy (*about food*)
el hábito habit
las pastillas pills
prohibir to forbid, prohibit
la receta prescription

la sobredosis overdose
la televisión television (programming)
el televisor television set
tener resaca to have a hangover
tomar una copa to have a drink
el vicio bad habit

Algunos estimulantes y calmantes

el alcohol alcohol
los alucinógenos hallucinogens
el azúcar sugar
los barbitúricos barbiturates
el café coffee
   la cafeína caffeine
la cocaína cocaine
la heroína heroin
la marihuana marijuana
los narcóticos narcotics
el opio opium
el tabaco tobacco; cigarettes
   la nicotina nicotine
los tranquilizantes sedatives

A ¿Qué palabra no pertenece al grupo? Explique por qué.

1. el alcohol, el coctel, el toxicómano, la borrachera
2. el comilón, el cigarrillo, goloso, los dulces
3. la toxicomanía, consumir drogas, drogarse, aprobar
4. los barbitúricos, la televisión, los estimulantes, los calmantes

B Explique la diferencia entre cada par de palabras.

1. desaprobar / prohibir
2. tomar una copa / emborracharse
3. la televisión / el televisor
4. el hábito / el vicio
5. los alucinógenos / las pastillas

C Estudie la lista de estimulantes y calmantes e indique cuáles de ellos son prohibidos en los EEUU y cuáles no.

  ■ ¿Cuáles han sido prohibidos en el pasado pero ya no lo son? ¿Por qué se cambiaron las leyes respecto a ellos?

  ■ ¿Cree Ud. que en el futuro van a cambiarse las leyes que regulan algunas de estas sustancias? ¿Las de cuáles sustancias?

  ■ ¿Cuáles son los beneficios y los peligros de la legalización del tabaco? ¿del alcohol? ¿de la marihuana? ¿de la cocaína y otras drogas parecidas?

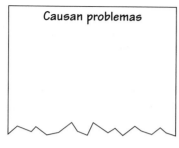 **D** ¡Necesito compañero! Trabajando en parejas, decidan cuáles de las palabras de la lista del vocabulario se pueden clasificar según los tres factores a continuación. Cada palabra puede colocarse en una sola categoría.

Causan problemas	Resultan de problemas	Resuelven problemas

Cuando terminen su clasificación, compárenla con las de sus otros compañeros de clase. ¿Hay gran diferencia de opiniones? ¿Hay palabras que en realidad es *necesario* colocar en más de una categoría? Expliquen.

 E Entre todos

- ¿Piensa Ud. que se debe limitar el uso de la televisión de alguna manera?

- ¿Hay semejanzas entre los intentos de controlar la televisión y los intentos de controlar la venta de tabaco? ¿Cuáles son?

- ¿Es posible controlar a las personas muy comilonas, ya que se hacen daño a sí mismas?

- De todas las dependencias, ¿cuáles tienen mayores repercusiones en la vida de los amigos y familiares de la persona adicta? ¿Por qué?

¿Qué le dice el hijo a su padre? ¿Qué quiere hacer el padre? ¿Cómo justifica su hábito? ¿Cree Ud. que la avanzada edad del padre es una justificación para su adicción al tabaco? ¿para otras dependencias? Cuando Ud. tenga 80 años, ¿va a permitirse el lujo de tener algunos vicios?

De entrada   38

Muchas personas piensan que se ha iniciado una nueva era de paz y armonía entre los seres humanos, y que sus efectos serán más notorios en las próximas décadas. ¿Qué opina Ud. de las siguientes predicciones para el futuro? ¿Cree que podrían realizarse en los próximos cien años? ¿Por qué sí o por qué no? Todos los verbos conjugados en el párrafo de la derecha están en el tiempo futuro (*will*) o en el tiempo condicional (*would*). ¿Puede Ud. identificar algunos ejemplos? A continuación va a estudiar las formas y los usos de estos dos tiempos verbales.

En el año 2050 será legal drogarse, pero nadie tendrá ninguna dependencia puesto que todos estarán más interesados en su desarrollo personal que en la satisfacción de intereses egoístas. Terminará el contrabando de estimulantes, y todos los vicios serán reemplazados por un sentimiento de bienestar general. En teoría, podríamos ser comilones, borrachos, fumadores, toxicómanos o teleadictos, pero nadie querrá serlo porque viviremos en un mundo de colaboración creativa. Todos podremos aportar lo mejor que tenemos, y no nos interesará competir con los demás ni juzgar su modo de vivir.

38 FUTURE AND CONDITIONAL

The Spanish future (**el futuro**) corresponds to English *will,* and the conditional (**el condicional**) to English *would.*

A. Forms of the future and conditional

Unlike other verb forms you have learned, both the future and conditional use the entire infinitive as the stem. Note that only the **nosotros/as** forms of the future do not have a written accent.

FUTURE		CONDITIONAL	
hablaré	hablar**emos**	hablar**ía**	hablar**íamos**
hablar**ás**	hablar**éis**	hablar**ías**	hablar**íais**
hablar**á**	hablar**án**	hablar**ía**	hablar**ían**
comeré	comer**emos**	comer**ía**	comer**íamos**
comer**ás**	comer**éis**	comer**ías**	comer**íais**
comer**á**	comer**án**	comer**ía**	comer**ían**
viviré	vivir**emos**	vivir**ía**	vivir**íamos**
vivir**ás**	vivir**éis**	vivir**ías**	vivir**íais**
vivir**á**	vivir**án**	vivir**ía**	vivir**ían**

Note the familiar person/number cues: **tú** → **-s, nosotros/as** → **-mos, vosotros/as** → **-is, ellos/ellas/Uds.** → **-n.**

B. Use of the future and conditional

In both Spanish and English, the most important use of the future and conditional is to indicate a subsequent action. The future describes an action that will take place sometime after a *present* reference point; the conditional describes an action that will take place sometime after a *past* reference point.

REFERENCE POINT		SUBSEQUENT ACTION
PRESENT	Prometen que	**no se emborracharán** otra vez.
	They promise that	*they **won't get drunk** again.*
PAST	Prometieron que	**no se emborracharían** otra vez.
	They promised that	*they **wouldn't get drunk** again.*

The use of the future tense, however, is less frequent in Spanish than in English. There are two common alternatives to the future tense.

1. The simple present tense, for actions that will occur in the immediate future.

Los estudiantes **se reúnen** con el decano en diez minutos. — *The students **will meet** with the dean in ten minutes.*

Nos vemos mañana. — ***We'll see each other** tomorrow.*

2. The **ir a** + *infinitive* construction. To express the future, **ir** is conjugated in the present tense; to express the conditional, it is conjugated in the imperfect.

Pedro **va a asistir** mañana. — *Pedro **is going to attend** (will attend) tomorrow.*

Sara pensaba que todos **iban a llegar** temprano. — *Sara thought that everyone **was going to arrive** (would arrive) early.*

The simple future often implies a stronger commitment or sense of purpose on the part of the speaker than the **ir a** + *infinitive* construction. Compare these examples.

¡Iré al concierto! — ***I will go** to the concert!*

Voy a ir al concierto esta noche. — ***I'm going to go** to the concert tonight.*

Besides indicating a subsequent action, the Spanish future and conditional have another major use: to express conjecture or uncertainty. The future expresses English *probably* + *present tense*, and the conditional expresses English *probably* + *past tense*.

	EXPRESSION OF A FACT	**PROBABILITY OR CONJECTURE**
present	¿Qué hora **es**? *What time is it?*	¿Qué hora **será**? *I wonder what time it is.*
	Son las tres. *It's three o'clock.*	**Serán** las tres. *It's probably three o'clock.*
past	¿Cuántos años **tenía**? *How old was she?*	¿Cuántos años **tendría**? *I wonder how old she was.*
	Tenía treinta años. *She was thirty years old.*	**Tendría** treinta años. *She was probably thirty years old.*

As in English, the future tense can also be used to express commands.

Comerás las espinacas.   ***You will eat*** *your spinach.*
No **matarás**.   ***Thou shalt*** *not* ***kill***.

C. Other ways of expressing *will* and *would*

English *will* and *would* do not always correspond to the Spanish future and conditional. Note the following uses.

◾ When English *will* and *would* mean *willingness to perform an action,* they are expressed with **querer**.

¿Quieres abrir la ventana?   ***Do*** (***Would***) ***you mind*** *opening the window?*

No quiso abrir la botella.   ***He wouldn't*** (***refused to***) *open the bottle.*

◾ Polite requests with *would* in English are frequently expressed with the past subjunctive in Spanish.

¿Quisieras abrir la ventana?   ***Would you*** (*please*) *open the window?*

¿Pudiera Ud. ayudarme?   ***Would*** *you* (*please*) *help me?*

◾ English *would* meaning *used to* is expressed with the imperfect tense in Spanish.

Caminábamos a la escuela todos los días.   ***We would*** (***used to***) ***walk*** *to school every day.*

Práctica Paco es un adolescente de 15 años. No le gusta obedecer a sus padres para nada y, por lo tanto, cada vez que ellos le indican que haga algo, les contesta que lo hará al día siguiente. ¿Cómo contestaría Paco las siguientes órdenes de sus padres? No se olvide de usar los complementos pronominales cuando sea posible.

MODELO: Paco, por favor, limpia tu habitación. → La limpiaré mañana.

1. Paco, por favor, saca la basura.
2. Paco, por favor, deja de fumar.
3. Paco, por favor, echa esos cigarrillos a la basura.
4. Paco, por favor, lee este libro.
5. Paco, por favor, ¿podrías poner la mesa?
6. Paco, por favor, tráeme unas galletas.
7. Paco, por favor, ¿me puedes hacer un postre para la fiesta?
8. Paco, por favor, sal a tomar el aire.

Intercambios

Ⓐ ¡Necesito compañero! Trabajando en parejas, háganse y contesten las preguntas de la próxima página. Luego compartan con la clase lo que han aprendido, usando el condicional según el modelo.

MODELO: ESTUDIANTE A: ¿Qué harás al salir de esta clase?
ESTUDIANTE B: Iré a mi clase de biología.
ESTUDIANTE A: (Roberto) dijo que iría a su clase de biología.

1. ¿Qué harás al salir de esta clase?
2. ¿Qué harás al llegar a casa esta noche?
3. ¿Qué harás antes de cenar?
4. ¿Qué harás para ser más feliz el próximo semestre/trimestre?
5. ¿Qué harás cuando te gradúes?
6. ¿Qué harás este año para ayudar a otra persona?
7. ¿Qué vicio dejarás en el futuro? ¿Cómo lo dejarás?

B Cuando Ud. era más joven, ¿cómo creía que reaccionaría ante las siguientes experiencias? Use los verbos indicados, más uno que le parezca apropiado, para inventar una oración para cada experiencia. No es necesario usar todos los verbos en una sola oración, ni usarlos en el mismo orden en que aparecen. Si Ud. nunca ha tenido alguna de estas experiencias, ¿cómo cree que será?

MODELO: la universidad (asistir, vivir, aprender, ¿ ?) →
Creía que asistiría a una universidad lejos de mi casa, que viviría en la residencia durante mi primer año, que aprendería muchas cosas nuevas y que conocería a mucha gente interesante.

1. la primera cita (salir, pagar, llevar, ¿ ?)
2. las drogas (consumir, experimentar, gustar, ¿ ?)
3. el examen para conseguir la licencia de conducir (tener problemas, practicar, chocar, ¿ ?)
4. el primer trabajo (emplear, poder, ganar, ¿ ?)
5. la primera experiencia con el alcohol (tomar, emborracharse, descubrir, ¿ ?)
6. vivir lejos de la familia (ser difícil/fácil, estar, escribir, ¿ ?)

C Exprese en español las palabras en letra cursiva.

1. *Would you please approve* the investment?
2. *You **will** wash* the dishes!
3. *Will you wash* the dishes, please?
4. *We will visit* them next month.
5. *They would* always *have a drink* with us after work.
6. We said *we would adapt* to the situation.
7. *They wouldn't take drugs* because they knew it was illegal.
8. I knew *you would know* it.
9. *Do you mind helping* me with this?

D Indique qué diría Ud. en las situaciones a continuación, usando una petición o un mandato apropiado según el caso.

MODELOS: Ud. entra en una tienda y necesita ayuda. →
¿Pudiera Ud. ayudarme?

Ud. quiere que su hermana menor salga de su cuarto. →
¡Sal de aquí y déjame en paz!

1. Ud. tiene los brazos cargados (*loaded*) de libros y quiere que una persona desconocida le abra la puerta.
2. Un perro tiene su libro de español en la boca.
3. Ud. está cuidando a su sobrinito e insiste en que él se acueste. ¿Cómo se lo indica la primera vez? ¿y la décima?
4. Ud. está en la cafetería y quiere sentarse en una mesa donde hay otras personas sentadas.
5. Ud está en un ascensor (*elevator*) y no quiere que una persona desconocida fume.
6. Ud. es Dios y tiene que darles unos mandamientos a Adán y Eva en el paraíso.
7. Ud. no quiere que su profesor(a) dé un examen final este semestre/trimestre.
8. *Invente una situación para la clase.*

1.

E Ud. no conoce a las personas que aparecen en los siguientes dibujos pero, fijándose en los detalles de cada dibujo, puede especular sobre su personalidad, su estilo de vida, su pasado, etcétera. Trabajando en grupos de tres o cuatro personas, describan a los individuos y las escenas que se ven a continuación. Usen el futuro o el condicional según el caso.

MODELO: Los niños tendrán 10 años. Esta será la primera vez que fuman. Una de las mujeres será la madre de los niños y la otra será la esposa de un clérigo. La madre... La otra mujer... Los niños...

2.

4.

3.

F ¡Necesito compañero! Imagínese que Ud. y un amigo / una amiga realizaron las actividades de la próxima página. Descríbanlas, incorporando en su descripción las respuestas a las siguientes preguntas generales.

■ ¿Qué motivos tendrían para hacerlas?

■ ¿Qué sentirían al día siguiente?

Los términos relacionados con las drogas y el alcohol cambian constantemente y son diferentes no sólo en los distintos lugares del país, sino también en cada barrio de una misma ciudad. Imagínese que un amigo hispano quiere aprender la jerga (*slang*) que se usa donde Ud. vive. Hágale una lista de los términos más usados, explicándole en español el significado de cada palabra o frase.

■ ¿Cómo se sentirían mientras estaban haciéndolas?

■ ¿Cómo se sentirían inmediatamente después?

■ ¿Les gustaría repetir la experiencia? ¿Por qué sí o por qué no?

MODELO: bailar toda la noche →
Tal vez estaríamos celebrando el fin de los exámenes. Nos sentiríamos muy contentos. Inmediatamente después estaríamos cansadísimos, pero no querríamos ir a casa a dormir porque tendríamos hambre. Al día siguiente tendríamos mucho sueño y no podríamos levantarnos. ¡Claro que lo haríamos otra vez, porque lo pasamos muy bien! Pero quizás bailaríamos un rato solamente, y después nos iríamos a casa.

1. mirar la televisión por cinco horas seguidas
2. fumar marihuana
3. comer una comida grandísima
4. beber diez tazas de café durante el día
5. emborracharse
6. entretenerse con juegos electrónicos toda la tarde

VIAJE CULTURAL — El peligro de las drogas

Cada año aumenta el número de jóvenes que usan drogas. Este es el problema que explora el presente segmento de vídeo, en que se reúnen selecciones del programa de televisión «Línea Directa», producido en Washington, D.C., para las comunidades hispanas de los Estados Unidos.

¿Qué información ofrece este segmento de vídeo sobre las motivaciones para usar y para no usar sustancias alucinógenas? Mírelo y escúchelo para averiguarlo.

¡A ver!

A Lea las siguientes preguntas con cuidado antes de mirar el segmento de vídeo. Luego, elija las respuestas adecuadas para cada pregunta.

1. ¿Cuáles de las siguientes motivaciones para comenzar a usar drogas se mencionan en el segmento de vídeo?
   ☐ la presión del grupo
   ☐ los problemas familiares
   ☐ el deseo de experimentar lo prohibido
   ☐ el aburrimiento
   ☐ el deseo de desafiar (*to challenge*) la autoridad
   ☐ la falta de amor propio (*self-esteem*)

2. ¿Cuáles de las siguientes recomendaciones ofrece el segmento para no entrar en el mundo de las drogas?
   ☐ aprender a distinguir las sustancias alucinógenas
   ☐ buscar amigos positivos
   ☐ recordar que las drogas llevan a la prisión y al cementerio

☐ buscar ayuda psicológica para
enfrentar los problemas
personales
☐ evitar la compañía de personas
drogadictas

☐ tener fe en algo
☐ practicar algún deporte
☐ fomentar la comunicación
y la unión familiares

B ¡Necesito compañero! Trabajando en parejas, comenten las siguientes preguntas. Después, compartan sus ideas con el resto de la clase. ¿Hay mucha diferencia de opiniones?

■ Para Uds., ¿cuál es la parte más impactante o convincente de este segmento? ¿y la parte menos interesante o práctica? ¿Qué efecto producirá en el público la entrevista con personas que están en la cárcel como consecuencia de las drogas? Expliquen sus respuestas.

■ De todas las motivaciones ofrecidas para no iniciarse en el uso de las drogas, ¿cuáles creen Uds. que tendrán un efecto en mayor número de personas: las que amenazan con la cárcel y la muerte (es decir, las motivaciones negativas), o las que sugieren que las personas que se abstienen de usar drogas son las personas seguras de sí mismas (las motivaciones positivas)? ¿Por qué?

■ ¿Qué otros argumentos, escenas o tipos de información incluirían Uds. en un programa de televisión cuyo propósito fuera prevenir el uso de las drogas entre los jóvenes? ¿Se dirigirían Uds. a los padres de familia, a los jóvenes mismos o a ambos grupos? Describan el tipo de información que incluirían y la manera en que la presentarían.

De entrada 39

Empareje las siguientes condiciones con su resultado lógico. Después, exponga sus propias opiniones al respecto.

CONDICIONES

1. Si se eliminara la industria del tabaco, …
2. Si desarrolláramos nuestra creatividad, …
3. Si tomas demasiado café, …
4. Si se legalizara el consumo de drogas, …

RESULTADOS

a. no podrás dormir esta noche.
b. los fumadores buscarían otros vicios.
c. terminaría el contrabando de narcóticos.
d. tendríamos menos interés en los vicios.

¿Cuáles de estas oraciones describen algo que es probable o muy posible que ocurra? ¿Y cuáles describen situaciones falsas o hipotéticas (es decir, más o menos remotas)? ¿Qué tiempos y modos verbales se utilizan en cada caso? La siguiente explicación puede ayudarle a aclarar esto.

39 *IF* CLAUSES WITH SIMPLE TENSES

An *if* clause is joined to a result clause. The two clauses can occur in either order.

> If you have time (*if* clause), you should see that movie (result clause).
> They will let us know (result clause) if they need anything (*if* clause).

If clauses can introduce three different perceptions of reality: (1) as possible or probable, (2) as improbable, or (3) as false (contrary to fact). The first of these messages is expressed with the indicative; the second and third are expressed with the subjunctive.

A. Possible or probable situation: Indicative

If the situation is perceived as possible or probable, the indicative mood—present or past—is used in both clauses.

Lo **veré** si **voy** a España.	*I'll see him if I go to Spain* (which is entirely possible).
Si **fue** al hospital, es que **estaba** muy enfermo.	*If he went to the hospital* (which is very possibly true), *then he was really sick.*

B. Improbable or false (contrary to fact) situation: Past subjunctive

When the situation is perceived as improbable or false (contrary to fact), the past subjunctive is used in the *if* clause, and the result-clause verb is in the conditional.

> **Si** *past subjunctive, conditional.*
> OR
> *Conditional* **si** *past subjunctive.*

IMPROBABLE

Si no **saliera** bien en el examen, **dejaría** el curso.	*If I didn't do well on the exam* (which is unlikely), *I would drop the course.*
Tendría que buscar un puesto si **me graduara** el año que viene.	*I would have to look for a job if I were to graduate next year* (but I probably won't).

FALSE (CONTRARY TO FACT)

Si **tuviera** mucho dinero, **compraría** un avión.	*If I had a lot of money* (but I don't), *I would buy an airplane.*
Cambiaría esa ley si **fuera** presidente.	*I would change that law if I were the president* (but I'm not).

A PROPOSITO

The phrase **como si** (*as if*) is *always* followed by the past subjunctive in Spanish because it signals improbability.

Habla **como si tuviera** experiencia personal.
He speaks as if he had first-hand experience.

Anda **como si estuviera** borracha.
She walks as if she were drunk.

In most dialects of Spanish, the present subjunctive *never* occurs in an *if* clause. When a situation is perceived as improbable or false, it must be expressed in the past subjunctive.

Sometimes the *if* clause is only implied, not explicitly stated. In this case the result clause is still expressed in the conditional.

¿Qué **haría** Ud.?	What **would** you **do** (if you were in that situation, if you were me, etc.)?
No lo **diría** yo, claro.	I **wouldn't say** that, of course (if I were to be asked, etc.).

Práctica Diga si se debe usar el subjuntivo o el indicativo en las siguientes oraciones. Luego exprese en español las palabras en letra cursiva.

1. If *this is* a French restaurant, *I'll eat* my hat.
2. If *I knew* the answer, *I wouldn't ask.*
3. If *he weren't* so egotistical, *he wouldn't say* that.
4. *You can call* if *you need* anything.
5. *He speaks* as if *he approved* of it all.
6. My friends *would understand* if *I arrived* late.
7. If *you come, bring* your records.
8. If *I see* him, *I'll tell* him you called.

Intercambios

A Pasamos mucho tiempo pensando en cómo sería nuestra vida si cambiáramos algunos de nuestros hábitos. En la lista que sigue aparecen algunos de los hábitos que tienen ciertas personas. Explique qué pasaría si dejaran esos hábitos.

MODELO: Antonio consume drogas. →
Si no las consumiera, tendría menos problemas en el trabajo.

1. María Pilar es muy comilona.
2. Antoñito se entretiene con juegos electrónicos todo el día.
3. Pedro se emborracha todas las noches.
4. Angela fuma cigarros.
5. Rafael escucha música rock todo el día.
6. Amalia bebe diez tazas de café al día.

B Una de las causas socioculturales de los vicios son las connotaciones positivas que se asocian con las personas que los tienen. Por ejemplo, si uno fuma pipa, los demás creerán que es una persona intelectual o refinada. ¿Qué ideas «positivas» se asocian con los siguientes vicios?

1. Si uno fuma cigarrillos Marlboro, ...
2. Si uno bebe vinos caros, ...
3. Si uno fuma marihuana, ...

4. Si uno puede beber mucho whisky sin emborracharse, ...

5. Si uno juega con frecuencia en los casinos, ...

6. Si uno tiene relaciones sexuales con muchas personas diferentes, ...

7. Si uno inhala cocaína, ...

¿Cree Ud. que son ciertas estas connotaciones «positivas»? ¿Son aplicables a personas de ambos sexos? Explique.

C Todos tenemos nuestra manera de manejar las pequeñas molestias (*hassles*) de todos los días. ¿Cómo reacciona Ud. en las siguientes situaciones comunes? Puede usar una de las reacciones que se dan en la lista de la derecha, o agregar otras.

SITUACIONES COMUNES	REACCIONES POSIBLES
1. Si estoy nervioso/a, _____.	comer chocolate
2. Si estoy aburrido/a, _____.	dormir
3. Si estoy preocupado/a por mis clases, _____.	fumar
4. Si tengo mucho trabajo y poco tiempo, _____.	hacer ejercicio
	ir al bar
5. Si tengo mucho tiempo y poco trabajo, _____.	ir de compras
	llamar a un amigo / una amiga
	mirar la televisión
	sonreír
	¿ ?

¿Cuáles son los mecanismos que se utilizan con más frecuencia para poder soportar las molestias? ¿Hay diferencias entre los usados por los hombres y los que usan las mujeres? ¿Cree Ud. que las respuestas serían diferentes si se entrevistara a personas de la edad de sus padres? ¿de sus abuelos?

Ahora, indique qué haría Ud. en una situación menos común, como una de las siguientes.

1. Si me suspendieran (*flunked*) en un examen importantísimo, _____.

2. Si ganara un millón de dólares en la lotería, _____.

3. Si un amigo / una amiga me dijera que él/ella tenía problemas a causa del consumo de alguna droga, _____.

4. Si *todos* los pantalones me quedaran demasiado estrechos (*tight*), _____.

5. Si tuviera cinco exámenes en una sola semana, _____.

D ¡Necesito compañero! Trabajando en parejas, háganse y contesten las siguientes preguntas. Luego compartan con la clase lo que han aprendido.

1. Si dieras una fiesta y un invitado / una invitada te preguntara si allí se podía fumar marihuana, ¿qué le dirías?

2. Si ganaras un viaje para dos personas a cualquier país del mundo, ¿a quién invitarías? ¿Adónde irían Uds.?

3. Si pudieras cambiar algún aspecto de tu personalidad o de tu cuerpo, ¿cuál cambiarías? ¿Por qué? ¿Qué aspecto *no* cambiarías por nada del mundo?

4. Si la MGM te ofreciera un papel en una película de Hollywood, ¿lo aceptarías? ¿Con tal de qué?

5. Si no existieran las notas para evaluar las clases, ¿estudiaríamos igual? ¿Qué motivaciones tendríamos para estudiar? ¿Aprenderíamos igual?

6. Si todos pudiéramos leer los pensamientos de los demás, ¿cómo sería la vida social? ¿la vida política? ¿las relaciones entre enamorados?

E Observe el anuncio a continuación.

Ante las drogas
nadie puede
esconder la cabeza.
Porque es un problema que
nos afecta a todos.

- ¿Qué sugiere la imagen del avestruz escondiendo la cabeza?
- ¿Es ésta una manera lógica de resolver los problemas? ¿Por qué sí o por qué no?
- ¿Conoce Ud. a personas que actúan como si la toxicomanía no fuera problema de todos?
- ¿Nos afecta a todos el consumo de drogas? Explique.

F ¡Necesito compañero! Trabajando en parejas, comenten las siguientes preguntas sobre las causas de las distintas clases de dependencias y las maneras de enfrentar (*face*) el problema. Después, compartan sus ideas con el resto de la clase. ¿En qué puntos están de acuerdo?

1. ¿Cuáles serán algunas de las razones psicológicas que pueden contribuir a crear una dependencia física o psicológica? ¿el deseo de escapar de los problemas? ¿la presión de los amigos? ¿la curiosidad? ¿una costumbre que luego se convierte en dependencia? ¿Qué otras causas sociales o culturales hay?

2. Si Uds. tuvieran los medios para combatir estas causas, ¿qué estrategias usarían en cada uno de los siguientes ámbitos (*areas*) de la vida?

- entre sus amigos y parientes
- en el trabajo
- en el mundo publicitario
- en el mundo de la política

ESTRATEGIAS PARA LA COMUNICACION

Puede ser, pero... *Ways to comment and explain*

When you travel in another country, you may want to comment on customs and habits that seem different from those in the United States. Similarly, if you meet Hispanics who have either traveled to the United States or read about it or known other Americans, they will probably have their own observations concerning U.S. culture. It is important to remain objective and open in these situations and to try to use them to learn more about both cultures. It is especially important to maintain a courteous, nonargumentative tone; otherwise, the conversation may quickly become a debate about the virtues and defects of the respective cultures.

You have already learned how to talk about facts, opinions, likes, and dislikes. You have also practiced agreeing, disagreeing, and expressing personal feelings. In this chapter you have studied the future and the conditional, and those forms, along with many expressions of conjecture requiring the subjunctive, will help you express yourself more objectively and sensitively. Here are some examples.

(No) Me parece que + *indicative*	Es probable que + *subjunctive*
Sería raro que + *imperfect subjunctive*	En mi país, + *future of probability*
A veces ocurre que + *indicative*	Puede ser, pero + *indicative*
Es muy frecuente que + *subjunctive*	

A Imagine that you attend a university in which there are many students from other countries. One of them makes the following comments about North American culture. First, make sure that you understand what he or she is trying to say. Then try to offer him or her possible explanations for the behaviors observed. Use all the strategies you've learned to this point to maintain a cordial tone.

1. Los norteamericanos no ayudan a los extranjeros cuando éstos no hablan bien el inglés.
2. Aunque los Estados Unidos son un país muy poderoso política y económicamente, los ciudadanos saben muy poco de lo que pasa fuera de su país.
3. Los norteamericanos son un poco fríos. En las calles no hablan mucho y en los autobuses ni lo miran a uno.
4. Aunque muchos norteamericanos están obsesionados por estar delgados, hay otros que son enormemente gordos.
5. Los estudiantes universitarios pasan mucho tiempo mirando las telenovelas (*soap operas*). Esto no me parece una actividad que estimule el intelecto.

B ¡Necesito compañero! Work with a partner to dramatize a dialogue between a foreigner and a North American about one of the following topics. Try to use several of the strategies that you've learned.

1. la importancia de los deportes y la competencia en el sistema educativo de los EEUU
2. la preocupación por el tiempo, la puntualidad y la rapidez en la sociedad norteamericana
3. la falta de interés por aprender otras lenguas
4. la política de los EEUU frente al tráfico ilegal de drogas

De entrada
40

¿Cuáles son las dependencias más dañinas (*harmful*)? Seleccione las palabras de la siguiente lista que expresan sus propias opiniones para completar las oraciones de abajo. Algunas palabras pueden usarse más de una vez.

el alcohol	el café	la heroína	el tabaco
el azúcar	la cocaína	la marihuana	la televisión

1. _____ hace menos daño que _____.
2. Los efectos de _____ son mayores que los de _____.
3. _____ es tan dañino/a como _____.
4. _____ crea tanta dependencia como _____.
5. _____ es el vicio más peligroso de todos.

En estas cinco oraciones se utilizan los comparativos y superlativos del español. La siguiente explicación le ayudará a emplearlos correctamente.

40 COMPARISONS

Comparisons establish equality (*as big as, as small as,* etc.) or inequality (*bigger than, smaller than,* etc.) between two or more objects. Comparisons may involve adjectives, nouns, adverbs, or verbs.

ADJECTIVE	He is *taller than* she is.
NOUN	We have *as many books as* they do.
ADVERB	She runs *faster than* anyone else.
VERB	We *read as much as* Henry does.

The form of Spanish comparisons is determined by what is being compared and by whether the statement expresses equality or inequality.

A. Comparisons of equality

Comparisons of equality (**comparaciones de igualdad**) are expressed with three forms: one for adjectives and adverbs, one for nouns, and one for verbs. All contain the word **como.**

In addition to their comparative meanings, expressions with **tan(to)** also have quantitative meanings: **tanto/tantos** = *so much/many;* **tan** = *so.*

¡Tengo **tantos problemas!**
I have so many problems!

¡Era **tan joven!**
He was so young!

No debes **fumar tanto.**
You shouldn't smoke so much.

$$
\begin{array}{ccc}
\textbf{tan} & + \left\{ \begin{array}{c} adjective \\ adverb \end{array} \right\} + & \textbf{como} \\[2ex]
\left. \begin{array}{c} \textbf{tanto, tanta,} \\ \textbf{tantos, tantas} \end{array} \right\} + & noun & + \textbf{como} \\[2ex]
& verb & + \textbf{tanto como}
\end{array}
$$

■ When adjectives are involved, the adjective always agrees with the first noun mentioned. Adverbs do not show agreement.

ADJECTIVE	La cerveza es **tan embriagadora como** el vino.	*Beer is **as intoxicating as** wine.*
	El vino es **tan embriagador como** la cerveza.	*Wine is **as intoxicating as** beer.*
ADVERB	La cerveza no te afecta **tan rápidamente como** el vino.	*Beer does not affect you **as quickly as** wine (does).*

■ When nouns are involved, **tanto** agrees with the noun in number and gender. **Como** is invariable.

Ud. tiene **tantos amigos como** un millonario.	*You have **as many friends as** a millionaire (does).*
Le darán a él **tanta ayuda como** a los otros.	*They'll give **as much help** to him **as** to the others.*

■ When verbs are the point of comparison, the expression **tanto como** follows the verb. This expression shows no agreement.

Trabaja **tanto como** un mulo.	*He works **as hard as** a mule.*
Beben **tanto como** yo.	*They drink **as much as** I do.*

Note that subject pronouns are used after **como.**

B. Comparisons of inequality

Comparisons of inequality (**comparaciones de desigualdad**) are expressed with two forms in Spanish: one for adjectives, adverbs, and nouns, and one for verbs. Both forms contain **más/menos** and **que.**

$$
\begin{array}{ccc}
\textbf{más/menos} & + \left\{ \begin{array}{c} adjective \\ adverb \\ noun \end{array} \right\} + & \textbf{que} \\[3ex]
verb & + \textbf{más/menos} & + \textbf{que}
\end{array}
$$

Comparisons of inequality are very similar to comparisons of equality.

■ As in comparisons of equality, the adjective agrees with the first noun. Adverbs do not show agreement.

ADJECTIVE	El tabaco es **menos peligroso que** la cocaína.	*Tobacco is **less dangerous than** cocaine.*	
ADVERB	La marihuana se consume hoy **más frecuentemente que** en el pasado.	*Marijuana is used **more frequently** today **than** in the past.*	
NOUN	Hay **más tráfico de drogas** hoy **que** en el pasado.	*There is **more drug trafficking** today **than** in the past.*	
VERB	Cristóbal merece **ganar más que** yo.	*Cristóbal deserves **to earn more than** I (do).*	

- As with comparisons of equality, subject pronouns are used after **que.**

- When a number (including any form of the indefinite article **un**) follows an expression of inequality, **que** is replaced by **de.***

No tienen **más de un** dólar.

*They do not have **more than one** dollar.*

Hay **más de diez mil** personas.

*There are **more than ten thousand** people.*

C. Irregular comparative forms

A few adjectives have both regular and irregular comparative forms. Note that the irregular forms do not contain the word **más.**

ADJECTIVES	REGULAR	IRREGULAR
grande/ pequeño	más grande / más pequeño (*size*) Filadelfia es **más grande que** Boston, pero **más pequeña que** San Antonio. *Philadelphia is larger than Boston, but smaller than San Antonio.*	mayor/menor (*importance or degree*) Los efectos de la cocaína son **mayores que** los de la marihuana pero **menores que** los de la heroína. *The effects of cocaine are greater than those of marijuana but less than those of heroin.*
viejo	más viejo / más nuevo (*age of objects*) Mi carro es **más viejo que** el tuyo. *My car is older than yours.*	mayor (*age of people*)[†] Tengo una hermana **mayor que** yo. *I have a sister older than I (am).*

***Que** is retained with numbers in the expression **no** + *verb* + **más que** + *number* when it means *only* and no comparison is implied: **No tenemos más que diez dólares.** (*We have only ten dollars.*)
[†]Note that **mayor** is the best word to use whenever you want to communicate the idea of *old* or *older* with reference to people, regardless of the actual age involved.

Nora es muy **mayor** —tendrá treinta y tantos.

*Nora is really **old**—she must be thirty something.*

¡Ay, **los mayores** nunca entienden nada!

*Oh, **grown-ups** never understand anything!*

ADJECTIVES	REGULAR	IRREGULAR
joven	más joven (*appearance of people; age relative to another time*) Hoy pareces **más joven que** hace un año. *Today you seem younger than (you did) a year ago.* Cuando yo era **más joven** (que ahora), me gustaba mucho mirar la televisión. *When I was younger (than I am now), I really liked to watch TV.*	menor (*age of people*) Soy **menor que** mi hermana. *I am younger than my sister.*
bueno/malo	más bueno / más malo (*moral behavior*) Don Carlos es **más bueno que** su hermano. *Don Carlos is better (kinder, more good-hearted) than his brother.* Luisito no es **tan malo como** Carlitos. *Luisito isn't as bad (naughty, obnoxious) as Carlitos.*	mejor/peor* (*quality; abilities*) ¡Los precios están cada vez **peores**! *Prices are getting worse all the time!* Soy **mejor** estudiante **que** ellos. *I'm a better student than they (are).*

Práctica Combine las dos oraciones para expresar una comparación de igualdad.

1. Paco es comilón. Su hermana Celia es comilona también.
2. Se toma mucha cerveza aquí. También se toma mucho vino.
3. La casa se quemó rápidamente. El garaje se quemó rápidamente también.
4. Hay mucho humo aquí. También hay mucho humo en el comedor.
5. El alcohol hace daño al cuerpo. El tabaco también hace daño.
6. Juan se emborrachaba con frecuencia. Su padre se emborrachaba mucho también.
7. Los cigarrillos franceses son muy fuertes. También lo son los cigarrillos españoles.

D. Superlatives

A statement of comparison requires two elements: one bigger (smaller, better, and so forth) than the other. In a superlative statement more than two

---

***Mejor** and **peor** are also the irregular comparative forms of the adverbs **bien** and **mal.**

No, no cantas **tan mal como** Ernesto. Cantas **peor.**	*No, you don't sing **as badly as** Ernesto (does). You sing **worse.***

elements are compared, with one being set apart from the others as the biggest (smallest, best, and so forth) of the group.

	COMPARATIVE	SUPERLATIVE
John is *tall*.	John is *taller* than Jim.	John is the *tallest* (of a specified or implied group).

In Spanish, the superlative (**superlativo**) of adjectives and nouns is formed by adding the definite article to the comparative form. A comparison group, when mentioned, is preceded by the preposition **de** (**del grupo**).

	COMPARATIVE	SUPERLATIVE
Juana es **alta.**	Juana es **más alta** que Jaime.	Juana es **la más alta** (del grupo).
Nevada es un estado **grande.**	Texas es **más grande** que Nevada.	De todos los estados, Texas y Alaska son **los más grandes.**
Este helado es **bueno.**	Este helado es **mejor** que ése.	Este helado es **el mejor** (del mundo).

Note the following contrast between Spanish and English in the word order of superlative statements.

SPANISH						
article	+	noun	+	{ más / menos }	+	adjective
la		profesora		más		interesante
ENGLISH						
article	+	{ most / least }	+	adjective	+	noun
the		most		interesting		professor

The four irregular forms **mayor/menor/mejor/peor,** however, precede rather than follow the noun: **Es *la mejor profesora* de la universidad.**

Práctica Gilda siempre insiste en que sus amigos, parientes o experiencias son mejores o peores que los de todos los demás. ¿Qué contestaría Gilda a las siguientes afirmaciones? No se olvide de usar las expresiones que aprendió Ud. en las Estrategias para la comunicación (página 300).

> MODELO: Vivo en una calle muy segura. →
> Puede ser, pero yo vivo en la calle más segura de la ciudad.

1. Nací en una región bellísima.
2. Compré un coche muy moderno.
3. Mi amiga tiene un ego grandísimo.
4. Mi ciudad tiene grandes problemas.
5. ¡Mi jefe es tan estúpido!
6. Probé un helado buenísimo.

Intercambios

A ¿Son ciertas o falsas las siguientes oraciones? Corrija las oraciones falsas.

1. Se toma tanto alcohol en este país como en España.
2. Las mujeres se emborrachan tanto como los hombres.
3. Se fuma menos hoy que antes.
4. Los adultos consumen menos azúcar que los niños.
5. Se consumen menos drogas entre los miembros de la clase alta que entre los de la clase baja.
6. Respirar el humo de otro hace menos daño que cuando uno mismo fuma.
7. El azúcar sin refinar es mejor para el cuerpo que el azúcar refinado.
8. La televisión es tan peligrosa para los adultos como para los niños.

B Exprese sus opiniones sobre los siguientes asuntos, usando comparaciones de igualdad o de desigualdad según sea necesario.

MODELO: difícil: aprender a hablar otro idioma, aprender a escribirlo →
Es más (menos) difícil aprender a hablar otro idioma que aprender a escribirlo.

1. interesante: el español, la historia
2. bueno: un coche nacional, un coche importado
3. fácil: pedir dinero, prestarlo
4. inteligente: los perros, los gatos
5. peligroso: las drogas, el alcohol
6. importante: trabajar, divertirse
7. hacer daño al cuerpo: el azúcar, la cafeína
8. malo: los mosquitos, las cucarachas
9. agradable: dar regalos, recibirlos
10. bueno: vivir solo/a, tener compañero/a

C ¡Necesito compañero! Trabajando en parejas, den tres cosas, animales o tipos de personas que pertenecen a las siguientes categorías. Luego compárenlas según el modelo.

MODELO: tres profesores → los profesores de idiomas
los profesores de química
los profesores de psicología

Los profesores de psicología son los más locos de los tres. Los profesores de idiomas son los más habladores de los tres. Los de química son los más serios.

1. tres animales
2. tres bebidas
3. tres milagros (*miracles*) de la ciencia moderna
4. tres programas de televisión
5. tres adicciones
6. tres coches
7. tres apartos tecnológicos

D Exprese sus opiniones sobre los temas a continuación. Justifique sus respuestas.

1. ¿Cuál es la mejor marca de coche (café, desodorante, helado)?
2. ¿Cuál es el estado (la ciudad, el premio, la universidad) más prestigioso/a de este país?
3. ¿Cuál es el/la peor (actor, actriz, película, clase, vicio) de todos/as?

4. ¿Cuál es el mayor problema de este/a (universidad, estado, país, mundo)?

5. ¿Quién es la persona más (nerviosa, impulsiva, calmada, aventurera, ¿ ?) de su familia?

E Describa los dos anuncios a continuación.

▪ ¿Qué vicio intentan combatir?

▪ ¿Cuál de ellos invita a pensar en la salud de la persona adicta? ¿Cuál enfoca en las repercusiones que tiene en los demás miembros de la sociedad?

▪ En su opinión, ¿es una de estas técnicas más efectiva que la otra? ¿O es tan efectiva la una como la otra? Explique.

▪ Si Ud. pudiera inventar la técnica más efectiva de todas, ¿cuál sería? ¿Cómo ayudaría a las personas que tienen esta dependencia?

¿QUIEN CONSUME A QUIEN?

El tabaco es perjudicial para la salud.

MINISTERIO DE SANIDAD Y CONSUMO

NADIE TIENE POR QUE PAGAR TUS MALOS HUMOS.

Gracias por no fumar

MINISTERIO DE SANIDAD Y CONSUMO

F ¡Necesito compañero! Trabajando en parejas, imagínense que están en cada una de las situaciones de la próxima página. ¿En qué aspectos sería su vida diferente de la que llevan ahora? Utilicen comparativos de igualdad, inferioridad y superioridad para mostrar por lo menos tres contrastes.

MODELO: Si no existiera la televisión, ... →
Si no existiera la televisión, participaríamos en más actividades familiares y cultivaríamos más el arte de la conversación. No pasaríamos tanto tiempo en casa como ahora. Tal vez habría menos violencia en la familia y en la sociedad que hoy. Leeríamos más y buscaríamos otras maneras más creativas de pasar el tiempo, pero nuestro pensamiento sería menos «visual» que ahora.

1. Si EEUU fuera un país del Tercer Mundo, ...
2. Si no existieran los automóviles, ...
3. Si fuera legal el consumo de alcohol antes de los veintiún años, ...
4. Si no necesitáramos dormir, ...
5. Si no hubiera hispanos en los EEUU, ...
6. Si nadie tuviera que trabajar, ...

G Compare los siguientes aspectos de la vida en los Estados Unidos al principio del siglo XX con los de ahora. Use expresiones comparativas y superlativas cuando sea posible. ¿Era mejor la vida en aquel entonces (*back then*) que ahora, o viceversa?

> MODELO: la comida →
> En aquel entonces se hacía la compra con más frecuencia que hoy en día, pero no se compraban tantos productos cada vez que se iba de compras. Se comía más comida fresca que hoy, y se comía menos comida enlatada. Era más saludable, pero había menos variedad.

1. el fumar
2. la contaminación
3. el consumo del alcohol
4. la familia
5. los medios de comunicación
6. los medios de transporte
7. el consumo de las drogas
8. el sistema educativo

H Lea el párrafo a continuación y luego conteste las preguntas que siguen.

La tele, droga dura

Los niños españoles pasan alrededor de 3 horas diarias delante del televisor. Pero eso no es nada si se compara con las 5 horitas que los estadounidenses permanecen atentos a sus pantallas. Más moderados son los franceses y los belgas, con una media de 2 horas por día y comedidísimos resultan los alemanes, que «sólo» pasan unos 75 minutos amarrados al duro aparato. El público infantil, vienen a decir algunos especialistas, necesita de la televisión con la misma ansiedad con la que un heroinómano busca su «papelina» diaria o un alcohólico su botella.

■ Según el párrafo, ¿cuál es el país en que se ve más televisión? ¿En cuál de todos se ve menos?

■ ¿Pasan menos tiempo frente al televisor los españoles que los franceses?

■ ¿En qué nación se ve tanta televisión como en Francia?

■ ¿Qué dependencias se comparan con la dependencia de la televisión en este texto? Describa estas comparaciones. ¿Está Ud. de acuerdo con ellas o no? ¿Por qué?

Ahora, reúnanse en grupos de tres personas para comentar las siguientes preguntas. Después, compartan sus conclusiones con el resto de la clase.

1. En su opinión, ¿cuáles son los mayores méritos y los peores defectos de la televisión? ¿Cuáles serán algunas de las causas de la teleadicción?
2. Si Uds. observaran que sus hijos (¡o Uds. mismos!) se estaban volviendo teleadictos, ¿qué harían para evitarlo?

ENLACE

Sondeo

¿Teleadicción? ¿Creen Uds. que el mirar televisión realmente puede llegar a convertirse en una adicción? ¿En qué circunstancias? En algunos casos, ¿hasta qué punto puede la televisión llegar a controlar la vida de uno? Hagan un sondeo para averiguar qué hábitos tienen sus compañeros al respecto. Anoten el sexo de cada persona entrevistada (**M** = masculino, **F** = femenino).

Primer paso: Recoger los datos

■ Divídanse en tres grupos. El Grupo 1 será responsable de hacer las preguntas 1 a 4; el Grupo 2, las preguntas 5 a 8; y el Grupo 3, las preguntas 9 a 12.

■ Cada uno de los miembros de cada grupo debe entrevistar a dos o tres compañeros de clase para obtener la información necesaria.

■ Deben entrevistar a todos los miembros de la clase, pero tengan cuidado de no hacerle la misma pregunta dos veces a la misma persona.

¿Te describen las siguientes afirmaciones?

	ENTREVISTADOS		
	A (M/F)	B (M/F)	C (M/F)
1. Para relajarme, me gusta mirar la televisión más que nada (*more than anything*).	SÍ NO	SÍ NO	SÍ NO
2. Con frecuencia arreglo mi horario para poder ver cierto programa de televisión.	SÍ NO	SÍ NO	SÍ NO
3. Me sé de memoria varios anuncios comerciales cantados en la televisión.	SÍ NO	SÍ NO	SÍ NO
4. ¿Cuántas horas al día miras la televisión?	_____	_____	_____

GRUPO 1

	A (M/F)	B (M/F)	C (M/F)

GRUPO 2

	A (M/F)	B (M/F)	C (M/F)
5. El televisor casi siempre está puesto en mi casa; no importa que nadie lo esté mirando.	SÍ NO	SÍ NO	SÍ NO
6. Hay más de un televisor en mi casa.	SÍ NO	SÍ NO	SÍ NO
7. Con frecuencia miro la televisión aunque no me interese el programa.	SÍ NO	SÍ NO	SÍ NO
8. ¿Cuántos programas miras de costumbre todas las semanas?	_____	_____	_____

GRUPO 3

	A (M/F)	B (M/F)	C (M/F)
9. Creo que el televisor debe estar en el cuarto de la casa donde la gente pasa más tiempo.	SÍ NO	SÍ NO	SÍ NO
10. Me irrita que alguien o algo me interrumpa mientras estoy mirando mi programa favorito.	SÍ NO	SÍ NO	SÍ NO
11. Algunos de los personajes de la televisión me parecen tan reales como si los conociera personalmente.	SÍ NO	SÍ NO	SÍ NO
12. Me gustaría tener un televisor móvil.	SÍ NO	SÍ NO	SÍ NO

Segundo paso: Análisis de los datos

■ Para crear la tabla de resumen, fórmense de nuevo en los grupos. Calculen un promedio para las preguntas 4 y 8; no se olviden de calcular la frecuencia de las respuestas afirmativas/negativas entre las mujeres en comparación con los hombres.

■ ¿Qué revelan los resultados? Los autores del sondeo ofrecen esta clave para interpretarlos.

Número de respuestas afirmativas	Poder de la tele en la vida
0–1	casi ninguno
2–3	débil
4–5	moderado
6–7	fuerte
8+	absoluto

■ ¿Hay teleadictos en la clase? ¿Descubrieron Uds. diferencias entre la conducta de los hombres y las mujeres? ¿Creen que mirar mucho la televisión es más frecuente hoy en día que en el pasado? ¿Qué consecuencias negativas tiene esto? ¿Y qué consecuencias positivas?

¡OJO!

	EXAMPLES	NOTES
grande **largo**	El Sahara es el desierto más **grande** del mundo. *The Sahara is the largest desert in the world.* Necesitamos un salón más **grande**. *We need a bigger room.* ¡Es una **gran** persona! *She's great (a great person)!* ¡Es un **largo** camino! *It's a long way!* El Nilo es el río más **largo** del mundo. *The Nile is the longest river in the world.*	**Grande** is used to convey the notion of *large* or *big*. When **grande** precedes the noun it describes, it is shortened to **gran** and expresses the idea of *great*. **Largo** is a false cognate; it doesn't mean *large* but *long*.
dejar de **impedir** **detener(se)**	Por fin **dejé de** fumar. *I finally stopped smoking.* **No dejes de** visitar las ruinas mayas. *Don't fail to visit the Mayan ruins.* ¿Les **impidió** el paso la nieve? *Did the snow stop (impede) you (get in your way)?* Le van a **impedir** que se vaya. *They are going to stop (prevent) him from leaving.* La nieve nos **detuvo** por más de una hora. *The snow detained us for over an hour.* **Detuvieron** a los contrabandistas en la frontera. *They stopped (to question or to arrest) the smugglers at the border.* **Me detuve** un instante antes de entrar en la reunión de Alcohólicos Anónimos. *I paused for a moment before entering the Alcoholics Anonymous meeting.*	Each of these expressions means *to stop*. **Dejar de** + *infinitive* means *to stop doing something*. When used negatively, it means *to not fail to* or *to not miss out on doing something.* **Impedir** means *to get in the way* or *to hinder, prevent, or stop someone from doing something.* With the latter meaning, **impedir** is often followed by the subjunctive. **Detener** means *to stop or detain* in the sense of *to slow down or hold up progress* and also in the sense of *to arrest.* The reflexive **detenerse** means *to stop moving* or *to pause.*

	EXAMPLES	NOTES
doler **lastimar** **hacer daño** **ofender**	Me **duelen** mucho los pies. *My feet hurt (ache) a lot.*	*To hurt* meaning *to ache* (physically, mentally, or emotionally) is expressed with **doler.** Other English verbs that correspond to **doler** are *to grieve* and *to distress.*
	Trabajar en ese ambiente le **hizo daño** a (**lastimó**) los pulmones. *Working in that environment hurt (damaged) her lungs.*	When *to hurt* means *to cause someone bodily injury,* use **hacer daño** or **lastimar. Hacer daño** can also be used in a figurative sense to mean *to hurt someone's standing or status.*
	Se marchó sin despedirse y eso me **ofendió** (**dolió**). *She left without saying goodbye, and that hurt (grieved) me.*	When *to hurt* means *to injure someone's feelings,* the appropriate Spanish verb is **ofender,** although **doler** is also used.

A Volviendo al dibujo Elija la palabra o expresión que mejor completa las siguientes oraciones. ¡Cuidado! También hay palabras de los capítulos anteriores.

¡Bailaremos toda la noche! Vamos a celebrar el fin del semestre, y no (dejaremos de / impediremos)[1] bailar hasta la madrugada (*dawn*). Es una (gran/larga)[2] oportunidad para divertirnos, y nos (haremos daño / ofenderemos)[3] si alguno de nuestros amigos más (cerca/íntimos)[4] decide (extrañar / faltar a)[5] la fiesta. ¡Todos deberán (asistir/ atender)[6]!

(Porque / Ya que)[7] nos proponemos estar alegres y sin problemas en la fiesta, nadie querrá consumir sustancias que (hagan daño / ofendan)[8] al cuerpo. Haremos lo posible para crear un ambiente en el que (nos sintamos / sintamos)[9] muy contentos. El (éxito/suceso)[10] de nuestra fiesta dependerá (de/en)[11] que todos nos (apoyemos/mantengamos)[12] y pensemos (de/en)[13] los demás tanto como (de/en)[14] nosotros mismos. ¡Nada (detendrá/impedirá)[15] que ésta sea la mejor noche del semestre!

La (cita/fecha)[16] de la fiesta es el 15 de diciembre. La (hora/vez),[17] las ocho de la noche. Podrás quedarte todo (el tiempo / la vez)[18] que quieras, y no importa si decides (hacernos/pagarnos)[19] una visita (baja/breve)[20] o (grande/larga).[21] ¡No te olvides de (llevar/tomar)[22] tu música favorita! Te esperamos. ¡Epa!

B Entre todos

■ ¿Tienes algún vicio o hábito que los que te rodean desaprueban? ¿Cuál es?

- ¿Te has detenido a pensar en todo lo que ese hábito te impide lograr o en el daño que te hace? ¿Lo consideras como una debilidad o como una enfermedad? ¿Te sientes atrapado/a por ese hábito? ¿Ofendes o causas daño a otros con ese hábito?

- ¿Qué te impide dejarlo? ¿Qué podrías hacer para dejar el hábito? ¿Necesitarías unirte a un grupo que te apoyara? ¿Sería largo el proceso? ¿Qué podría motivarte a hacerlo?

Repaso

A Complete el párrafo, dando la forma correcta de los verbos y expresando en español las frases en inglés. Cuando se dan dos palabras entre paréntesis, escoja la palabra apropiada.

Un hábito peligroso

En todas partes (*are heard*)[1] graves advertencias (*warnings*) sobre las consecuencias del uso de las drogas y (*are organized*)[2] campañas nacionales para educar y convencer al público de su peligro. En Washington y en otras ciudades capitales del mundo, hay organizaciones (*that*)[3] se dedican a tratar de detener el tráfico mundial de las drogas. Aparte de los traficantes, parece que no hay nadie que (apoyar)[4] su consumo. Es evidente que las drogas (causar)[5] mucho sufrimiento y otros problemas.

Sin embargo, hay muchos que (afirmar)[6] que aun si (*were eliminated*)[7] la marihuana y la heroína, todavía habría otro hábito igual de peligroso —según ellos— y aún más extendido. ¿Qué dependencia es ésta que (empezar)[8] antes de los siete años de edad y nos (acompañar)[9] hasta la muerte? Los científicos lo (conocer/saber)[10] como $C_{12}H_{22}O_{11}$, o la sacarosa refinada. (*It is bought*)[11] y (*consumed*)[12] en grandes cantidades bajo el nombre de azúcar.

El azúcar (ser/estar)[13] tan peligroso porque su consumo produce calorías vacías, es decir, energía sin nutrimentos. Para un funcionamiento eficaz (ser/estar/hay)[14] necesario (mantener)[15] en el organismo humano un delicado equilibrio químico. La ingestión excesiva de azúcar produce un constante desequilibrio que tarde o temprano (afectar)[16] todos los órganos del cuerpo, incluso el cerebro. Está comprobado (*proven*) que el azúcar (causar)[17] obesidad y (provocar)[18] síntomas de diabetes, cáncer y enfermedades del corazón. Puede que el azúcar (producir)[19] energía momentánea, pero su efecto a largo plazo (*in the long run*) es la fatiga, la nerviosidad y una debilidad general. ¿Cuánto azúcar consume Ud.?

B ¡Necesito compañero! Trabajando en parejas, inventen y describan una droga nueva, uno de los milagros de la ciencia futura. ¿Para qué servirá la droga? ¿Qué enfermedades o problemas curará? ¿Por qué será mejor que otras marcas? ¿Cuáles serían las consecuencias si la gente la usara? ¿y si no la usara?

CAPITULO ONCE

11

La ley y la libertad individual

Santiago de Chile

Hay algunas infracciones de la ley que son más serias que otras y hay algunas que casi todos cometemos alguna vez. ¿Cuáles de las siguientes infracciones ha cometido Ud.? ¿Cuáles piensa Ud. que podría cometer en el futuro? Explique en qué situaciones las ha cometido o las cometería. Si Ud. cree que nunca cometería ninguna, explique por qué.

1. manejar un coche a velocidad mayor del límite legal
2. cruzar la calle cuando la señal le indica que espere
3. llevarse una toalla o un cenicero de un hotel
4. salir de un restaurante sin pagar la cuenta
5. manejar un coche sin tener licencia de conducir
6. beber alcohol siendo menor de edad
7. tirar basura en la calle (*to litter*)
8. fumar marihuana
9. vender marihuana (u otras drogas ilegales)
10. denunciar a una persona conocida o a un amigo / una amiga por un delito que ha cometido
11. falsificar la firma de uno de sus padres en los documentos para obtener una tarjeta de crédito
12. plagiar

DESCRIBIR Y COMENTAR

- Imagínese que Ud. es testigo del episodio que se ve en esta tira cómica. Describa a los personajes y narre lo que pasa, contestando las siguientes preguntas: ¿Quién? ¿Qué? ¿Dónde? ¿Cuándo? ¿Por qué?

- Si Ud. fuera el policía, ¿le pondría una multa al motociclista? ¿Por qué sí o por qué no?

VOCABULARIO
para conversar

el abogado / la abogada lawyer
  el abogado defensor / la abogada defensora
    defense attorney
el acusado / la acusada accused
atrapar to catch, capture
las autoridades authorities
la cadena perpetua life imprisonment
castigar to punish
  el castigo punishment
cometer un crimen (una infracción) to commit a
    crime
  el crimen crime (*in general*); murder
  el/la criminal criminal
la delincuencia delinquency; criminal activity
  el/la delincuente delinquent; criminal
el delito crime (*other than murder*); criminal act
encarcelar to imprison
  la cárcel prison
el/la fiscal prosecuting attorney
hacer cumplir to enforce
el jurado jury
juzgar to judge
  el juez / la jueza judge
la pena de muerte death penalty
la policía police force
  el policía / la mujer policía police officer
poner una multa to fine
  la multa fine
proscribir to outlaw, prohibit
  proscrito/a forbidden, illegal
seguro/a safe, secure
el/la testigo witness
la víctima victim
violar (infringir) la ley to break the law
  la violencia violence

Los delitos y los delincuentes

asaltar to attack, assault
  el asalto attack, assault

asesinar to murder
  el asesinato murder
  el asesino / la asesina murderer
atracar to hold up, mug
  el atraco hold-up, mugging
chantajear to blackmail
  el chantaje blackmail
espiar to spy
  el/la espía spy
  el espionaje spying
la estafa graft, fraud
  el estafador / la estafadora person who commits
    graft
falsificar to forge, falsify
  la falsificación forgery
hacer trampa(s) to cheat
  la trampa trap
  el tramposo / la tramposa cheater
el ladrón / la ladrona thief, robber
plagiar to plagiarize
  el plagio plagiarism
raptar to kidnap
  el rapto kidnapping
la ratería de tiendas shoplifting
  el ratero / la ratera de tiendas shoplifter
robar to rob, steal
  el robo theft, robbery
secuestrar to kidnap
  el secuestro kidnapping
sobornar to bribe
  el soborno bribery
el terrorismo terrorism
  el/la terrorista terrorist
violar to rape
  la violación rape
volar (ue) to blow up

A Haga un mapa o cuadro conceptual para «la delincuencia», organizando
todas las palabras de la lista del vocabulario (u otras palabras apropiadas
que no estén en la lista) según las categorías indicadas en la próxima
página.

```
┌─────────────────┐                              ┌─────────────────┐
│  individuos que │                              │   actos para    │
│   la combaten   │                              │   combatirla    │
└─────────────────┘      ┌──────────────────┐    └─────────────────┘
                         │  LA DELINCUENCIA │
┌─────────────────┐      └──────────────────┘    ┌─────────────────┐
│   individuos    │                              │     actos       │
│  contribuyentes │                              │  contribuyentes │
└─────────────────┘                              └─────────────────┘
```

¿Hay palabras que puedan colocarse en más de una categoría? Explique cómo o en qué contextos puede clasificarse una palabra en otra categoría.

B ¡Necesito compañero! Trabajando en parejas, pongan los siguientes delitos en orden de gravedad. Después, comparen su análisis con los de los demás grupos de la clase. ¿Hay mucha diferencia de opiniones? ¿Qué criterio(s) se ha(n) usado para ordenar los delitos?

_____ el asesinato	_____ el atraco	_____ la estafa
_____ el chantaje	_____ el soborno	_____ la violación
_____ el rapto	_____ el plagio	_____ el terrorismo

C Explique la diferencia entre cada par de palabras.

1. el policía / la policía
2. el abogado defensor / el fiscal
3. violar la ley / castigar
4. el robo / el secuestro
5. la víctima / el criminal
6. hacer trampas / asaltar

D ¡Necesito compañero! Trabajando en parejas, pongan los siguientes castigos en orden de gravedad. ¿A qué delitos creen Uds. que se aplica cada uno de ellos? ¿Pensaría lo mismo un juez conservador / una jueza conservadora? ¿y un juez / una jueza liberal?

_____ la cadena perpetua
_____ encarcelar
_____ la pena de muerte
_____ poner una multa

E Entre todos

■ Mencione algunas leyes relacionadas con el reglamento de tránsito. ¿Cuáles de estas leyes protegen a los conductores? ¿Cuál es el propósito de las otras? ¿Cuáles se desobedecen con mayor frecuencia?

■ ¿Se debe proscribir el ir en coche sin ponerse el cinturón de seguridad (*safety belt*)? ¿montar una moto o bicicleta sin llevar casco (*helmet*)?

■ ¿Se les debe exigir a los conductores mayores de setenta años que tomen un examen de conducir cada año?

■ ¿Hay algunas prácticas que debieran declararse obligatorias por ley? Comente.

De entrada

41

¿De qué fueron acusados los siguientes individuos? ¿Qué habían hecho? Empareje cada nombre de la lista de la izquierda con el crimen de que se le había acusado de la lista de la derecha.

1. _____ Bonnie & Clyde	**a.** habían violado y asesinado a una serie de individuos
2. _____ Bruno Hauptmann	
3. _____ Lizzie Borden	**b.** había vendido secretos de estado
4. _____ Al Capone	**c.** había conspirado para volar un rascacielos
5. _____ Aldrich Ames	
6. _____ Sheik Omar Abdel Raman	**d.** habían robado bancos
7. _____ Ted Bundy, John W. Gacy	**e.** había cometido parricidio (*patricide*)
8. _____ D. B. Cooper	**f.** había secuestrado un avión para escaparse con un millón de dólares (también robados)
	g. no había pagado los impuestos
	h. había raptado al hijo de Charles Lindbergh

Al publicarse este libro, uno de estos individuos todavía no había sido atrapado. ¿Sabe Ud. quién es? ¿Y qué sabe acerca de la forma verbal que se utiliza en las frases de la lista de la derecha? Se llama **el pluscuamperfecto;** a continuación Ud. va a repasar ésta y las otras formas del perfecto de indicativo.

41 OTHER FORMS OF THE PERFECT INDICATIVE

Each simple tense in Spanish has a corresponding perfect form. Remember that the perfect forms consist of a conjugated form of **haber** plus the past participle of the main verb. The conjugation of **haber** shows person/number, tense, and mood. The past participle, when used with forms of **haber,** does not change.*

A. Forms of the perfect indicative

On page 177 you learned that the present perfect indicative is formed with the present tense of **haber** and the past participle: **he comido, he estudiado, he vivido**. Following are the other forms of the perfect indicative.

---

*The past participle does change when used as an adjective with **ser** or **estar**. See pages 24, 262, and 268–269.

PERFECT FORM	TENSE OF **haber**	EXAMPLE
pluperfect	imperfect	había comido
future perfect	future	habrá comido
conditional perfect	conditional	habría comido

PLUSCUAMPERFECTO*		FUTURO PERFECTO		CONDICIONAL PERFECTO	
había	andado	habré	vivido	habría	visto
habías	andado	habrás	vivido	habrías	visto
había	andado	habrá	vivido	habría	visto
habíamos	andado	habremos	vivido	habríamos	visto
habíais	andado	habréis	vivido	habríais	visto
habían	andado	habrán	vivido	habrían	visto

B. Uses of the perfect indicative

With these forms the word *perfect* implies *completion;* that is, the action described by the verb is viewed as completed with respect to some point in time. The present perfect expresses an action completed prior to a point in the present; the pluperfect expresses an action completed prior to a point in the past.

Lo detuvieron porque **había cometido** tres asaltos.[†]	*They arrested him because **he had committed** three assaults.*

Similarly, the future and conditional perfect forms express actions that will be completed before an anticipated time.

Sé que lo **habrán detenido** para mañana.	*I know that **they will have arrested** him by tomorrow.*
Sabía que lo **habrían detenido** para el día siguiente.	*I knew that **they would have arrested** him by the next day.*

The future and conditional perfect can also be used, like the simple future and conditional (Chapter 10, page 290), to signal conjecture or probability.

¡¿Qué piensas que **habrá hecho** para merecerse eso?!	*What do you think **he did** (**might have done**) to deserve that?!*
Todos pensábamos que las autoridades **habrían consultado** con varios expertos.	*We all thought that the authorities **had probably consulted** with various experts.*

In both English and Spanish, the future and conditional perfect are complex tenses that are used relatively infrequently. In this book, you will practice the present perfect and pluperfect verb forms and learn to recognize the future and conditional perfect.

---

*Literally, the *imperfect perfect.* There are also preterite perfect forms in Spanish: **hube trabajado, hubiste trabajado, hubo trabajado,** and so on. The preterite perfect is gradually disappearing, however; its use is now limited primarily to literature.
[†]In this example, the point in the past is indicated by the verb **detuvieron:** he had committed the assaults before that point.

A PROPOSITO

In most cases the use of the Spanish perfect forms corresponds closely to the use of the English perfect forms. Unlike English, however, no words can come between the elements of the Spanish perfect forms.

No lo **he visto** nunca.
I have never seen him.

Lea las siguientes oraciones sacadas del cuento *El indulto* de Emilia Pardo Bazán. Identifique la forma verbal de los verbos en letra cursiva, y luego exprésolos en inglés.

1. Nadie *había olvidado* la lúgubre (*dismal*) tarde en que la vieja *fue asesinada*.
2. Además de la declaración de la esposa, *había* un indicio vehementísimo.
3. ¿Y no *habrá* remedio mujer, no *habrá* algún remedio?
4. Pues, ¿aquel tigre no *había matado* a la mujer?
5. El criado de la casa le *dijo* que *habría* indulto de fijo (seguramente).
6. El nacimiento de un varón *habría ocasionado* más indultos.
7. Ya le *habían indultado* una vez.
8. Si *quería* matarle, el vecindario *estaba* despierto y *oiría* sus gritos.
9. *Era* la habitación en que *había cometido* el crimen.
10. El hombre que *había pasado* la noche la *llamó* muchas veces.

Intercambios

A Complete las oraciones a continuación de una manera lógica, usando la forma apropiada del perfecto de indicativo según las indicaciones. Use el punto de referencia A para las oraciones 1 a 4, y el punto de referencia B para las oraciones 5 a 8. Luego, explique las circunstancias.

> **A.** Punto de referencia: este momento (el presente)
>
> Se describen acciones completadas antes del punto de referencia.

MODELO: Este año yo (recibir) [número de] multa(s) por... →
Este año he recibido una sola multa por exceso de velocidad. Iba atrasada a la clase de español y por eso excedía la velocidad permitida. El policía me habló cortésmente, pero ¡no aceptó mi excusa! ¡Esa multa me costó $60!

1. Este año yo (sacar) notas más [adjetivo]...
2. Durante los últimos meses mis amigos y yo (ver) dos o tres películas realmente [adjetivo]...
3. Este semestre yo (conocer) a personas [adjetivo]...
4. Varias veces este semestre mi compañero/a de cuarto (hacer) cosas realmente [adjetivo]...

> **B.** Punto de referencia: matricularse en la universidad (momento en el pasado)
>
> Se describen acciones completadas antes del punto de referencia.

MODELO: Yo (cumplir) [número de] años antes de... →
Antes de matricularme en la universidad, yo sólo había cumplido 16 años. La mayoría de mis amigos había cumplido 18 y por eso me sentía algo inseguro.

5. Mi madre/padre y yo (visitar) varias universidades...
6. Yo (decidir) vivir en [lugar] porque...
7. Ya yo (cambiar de idea) mil veces con respecto a...
8. Todavía yo no (tener) la oportunidad de...

B Complete las oraciones de una manera lógica, usando la forma apropiada del perfecto de indicativo de un verbo lógico.

MODELO: Cuando yo tenía 10 años, ya _____. →
Cuando yo tenía 10 años, ya había aprendido a montar en bicicleta.

1. Cuando yo tenía 10 años, ya _____.
2. Mi padre/madre me dijo que a los 10 años, él/ella ya _____.
3. Este mes, por primera vez en mi vida, yo _____.
4. Se dice que el delincuente típico, antes de cumplir los 20 años, ya _____.
5. Cuando los detectives llegaron, el criminal ya _____.
6. El ladrón pudo entrar fácilmente en la casa porque nadie _____.
7. Luego, pudieron identificarlo porque él _____ muchos muebles en la casa y no _____ guantes.

C ¡Necesito compañero! Inspirado por el ejemplo de los Siete Samuráis, un pueblo con un elevado índice de delincuencia decidió contratar a unos expertos para resolver el problema del crimen y de la violencia. Un mes después de su llegada, todo estaba en orden. Trabajando en parejas, indiquen cuáles de las siguientes medidas (*measures*) habrían adoptado los expertos para resolver el problema, y también añadan algunas otras.

☐ Se habrían incautado (*confiscated*) todas las armas.
☐ Habrían repartido armas entre todos los ciudadanos.
☐ Habrían encarcelado a todos los hombres que tenían entre 18 y 35 años de edad.
☐ Habrían encontrado empleo para todos los adultos.
☐ Habrían instituido «la vergüenza pública» como castigo para varios delitos no violentos.
☐ Habrían modificado las leyes para que muchas actividades antes proscritas ya no se consideraran «ilegales».
☐ ¿ ?

Compartan su análisis con los demás de la clase. ¿Hay mucha diferencia de opiniones? ¿Hay alguna línea de conducta (*course of action*) que todos hayan recomendado? ¿alguna que no haya recomendado nadie?

D ¡Necesito compañero! Trabajando en parejas, háganse y contesten las siguientes preguntas. Luego compartan con la clase lo que han aprendido.

1. ¿Qué habías hecho antes de venir a esta universidad que influyó en tu decisión de venir?

2. Desde que llegaste, ¿qué experiencia(s) ha(n) tenido un gran impacto en tu vida? ¿qué persona(s)? Explica.

3. ¿En qué sentido ha sido diferente este semestre/trimestre del semestre/trimestre pasado? ¿Ha sido mejor o peor? ¿Por qué?

4. ¿Qué han hecho recientemente tus padres, o tus amigos, para que tu vida sea más cómoda o más feliz? ¿Qué favor le has hecho tú a alguno de tus amigos?

5. ¿Qué experiencia has tenido o en qué actividad has participado que crees que es única comparada con las experiencias de otras personas? ¿Cómo te ha afectado?

E Entre todos

■ A través de la historia, *todas las medidas* de la actividad C se han recomendado para hacerle frente al crimen. ¿Cuál podría ser la justificación o razonamiento que se ha dado para cada línea de conducta? Explique.

■ Se dice que van en aumento los problemas de disciplina en las escuelas. ¿Cree Ud. que de veras ha habido un cambio en la conducta de los estudiantes? ¿En qué consiste este cambio? ¿Cómo cambian los problemas a medida que los alumnos pasan de la escuela primaria a la secundaria? ¿Qué ejemplos de mala conducta presenció Ud. mientras asistía a la escuela primaria o secundaria?

MEL
YAUK
5·16   ©1980 King Features Syndicate, Inc. World rights reserved

Podéis ver un par de asesinatos más y un atraco, pero después ¡a la cama!

■ ¿Cometió Ud. alguna falta de disciplina alguna vez? ¿Se consideraba a sí mismo/a como delincuente juvenil? Explique. ¿Cuáles son algunos de los estereotipos de los delincuentes juveniles? ¿Cree Ud. que es más difícil ser «un buen chico» o «una buena chica» (*a good kid*) hoy en día que hace 10 ó 15 años? Explique.

■ ¿Qué acciones están prohibidas en esta universidad? En su opinión, ¿cuál es la más grave de éstas? Explique. ¿Qué motivos se pueden tener para no obedecer las reglas universitarias?

■ En el pasado, los estadounidenses consideraban que el terrorismo era un problema «de otros». Para 1996 esta opinión ya había cambiado para siempre. ¿Por qué? ¿Qué actos terroristas habían ocurrido dentro de los Estados Unidos? ¿Qué había motivado o provocado esos actos?

■ ¿Piensa Ud. que los terroristas son diferentes de los criminales corrientes? ¿Por qué sí o por qué no? ¿Qué medios se han usado para eliminar o frenar el terrorismo? ¿Qué otras medidas deberían ponerse en práctica?

De entrada

En el dibujo a continuación se pueden ver varios actos en progreso. ¿Cuál asocia Ud. con cada una de las siguientes oraciones?

1. _____ El empleado tiene mucha prisa; es probable que la alarma haya sonado, avisando a la policía.
2. _____ Ella se alegra de que la dependienta no la haya visto.
3. _____ Nadie puede creer que ellos hayan salido de casa sin sus padres.
4. _____ El juez se impacienta porque esperaba que la sesión hubiera terminado para las 5:00 de la tarde.
5. _____ Un hombre acaba de decirle al otro que dudaba que hubiera aprendido a manejar. Claro, el otro se ofendió enormemente y así empezó la pelea.

En las oraciones anteriores hay varios ejemplos de las formas perfectas, ¿verdad? ¿Están en el modo indicativo o subjuntivo? ¿Qué nota Ud. con respecto a las formas del subjuntivo? ¿Sabe Ud. la razón por la cual hay formas diferentes? Si no, no se preocupe —a continuación puede repasar las reglas.

42 THE PERFECT SUBJUNCTIVE

There are only two perfect subjunctive forms: the present perfect, which you learned on page 181, and the pluperfect.

PRESENTE PERFECTO DE SUBJUNTIVO		PLUSCUAMPERFECTO DE SUBJUNTIVO	
haya	leído	hubiera	comprado
hayas	leído	hubieras	comprado
haya	leído	hubiera	comprado
hayamos	leído	hubiéramos	comprado
hayáis	leído	hubierais	comprado
hayan	leído	hubieran	comprado

The cues for the choice of the perfect forms of the subjunctive versus the indicative are the same as for the simple forms of the subjunctive. Like the present perfect indicative, the present perfect subjunctive expresses an action completed prior to the point in the present indicated by the main verb. The pluperfect subjunctive expresses an action completed prior to the point in the past indicated by the main verb.

Me alegro de que me **haya escrito**.	*I'm glad that she has written me.*
Me alegraba de que me **hubiera escrito**.	*I was glad that she had written me.*

In both examples, the act of writing is completed before the act of becoming glad.

Práctica   Conteste las preguntas según el modelo.

MODELO: ¿Qué le molestaba al juez? (criminal / haber violar la ley) →
Le molestaba que el criminal hubiera violado la ley.

1. ¿De qué dudaba la rectora (*president*) de la universidad? (estudiante / haber mentir)
2. ¿Qué negaba el hombre? (su hija / haber conducir / 80 millas por hora)
3. ¿Qué les enfadó a los jueces? (los abogados / no haber llegar / a tiempo)
4. ¿Qué no le gustaba al ladrón? (los perros / haberle seguir / la pista [*trail*])
5. ¿Qué esperaba el delincuente? (amiga / haber traer / una lima [*file*])
6. ¿Con qué soñaban los Moreno? (su hijo / haber ganar / un premio en la lotería)

Intercambios

A Mire el dibujo de la derecha. ¿Dónde están el padre y su hijo? ¿En qué contexto es normal que un padre le diga esto a su hijo? ¿Por qué son irónicas las palabras en este caso?

Ahora, haga comentarios juntando las expresiones con las oraciones. ¡Atención! Será necesario cambiar el verbo en la segunda parte de cada nueva oración.

MODELO: No es chistoso que el padre le haya dicho tal cosa a su hijo.

(No) Es chistoso que
(No) Es posible que
(No) Me sorprende que
Dudo que

El padre le ha dicho tal cosa a su hijo.
El hijo ha visitado a su padre en la celda.
Las autoridades han permitido la visita.
El padre no ha podido ofrecerle otra cosa como herencia a su hijo.

El artista ha presentado una visión tan pesimista.
La intención del artista ha sido criticar la sociedad.
El padre ha visto el futuro de su hijo de esa forma.
Los hijos imitan el ejemplo de sus padres.

¿En qué sentido expresa el dibujo de la página anterior cierto pesimismo acerca de los seres humanos y de la sociedad? ¿Está Ud. de acuerdo con este punto de vista? ¿Por qué sí o por qué no?

B Entre los años 1994 y 1995, el mundo siguió con gran interés el juicio de O.J. Simpson. ¿Recuerda Ud. algunos de los detalles de este famoso caso? Complete las siguientes oraciones con la forma apropiada del pluscuamperfecto (o indicativo o subjuntivo) de los verbos indicados, según el contexto.

1. Detuvieron a O.J. Simpson diciendo que él (matar) a su esposa Nicole Brown Simpson y a un amigo de ella, Ron Goldman.
2. La policía creía que el asesino (dejar) caer en el jardín de la casa de Simpson uno de los guantes que (llevar) al cometer el crimen.
3. Además, los investigadores sabían que el asesino (cortarse) al cometer el crimen, ya que la policía (encontrar) huellas de sangre entre los cadáveres y la casa de Simpson.
4. Según los fiscales, los análisis de sangre que (hacer) los expertos indicaban que sólo Simpson (entre mil millones de individuos) pudo haber cometido el crimen. Para ellos, no había duda que Simpson (hacerlo).
5. ¿El motivo? Es verdad que Simpson (ver) a su ex esposa con otro hombre; era probable que (ponerse) celoso y violento.
6. Al terminar la presentación de la evidencia, los fiscales estaban seguros de que (ganar) el caso.
7. Los miembros del jurado, por otra parte, tenían dudas. No creían que Simpson (dejar) caer el guante en su jardín; pensaban que uno de los detectives (ocultarlo) allí para incriminar a Simpson.
8. Además, recordaron que cuando Simpson (probarse) el guante, ¡(quedarle) demasiado pequeño!
9. Los análisis de la sangre tampoco los convencieron del todo; era posible que uno (o varios) de los investigadores (contaminar) las muestras (*samples*).
10. Los miembros del jurado declararon inocente a Simpson; (deliberar) sólo cuatro horas.

C Entre todos

- Dentro de la cultura norteamericana, hay casos en que los criminales son o han sido objeto de admiración y hasta respeto. ¿Pueden Uds. dar algunos ejemplos de estos casos? ¿A qué se debe este fenómeno?

- En algunas películas norteamericanas —en *Serpico*, por ejemplo— se ha presentado una imagen negativa de los policías: como figuras corruptas y malas. ¿Qué otros ejemplos conocen Uds.? ¿Quiénes son «los buenos» y quiénes son «los malos» en películas como éstas? ¿Es éste un tema raro en las películas o es común? ¿Y en la vida real? Comenten.

- En muchos países europeos la policía no lleva armas. ¿Cree Ud. que esto sería posible en los Estados

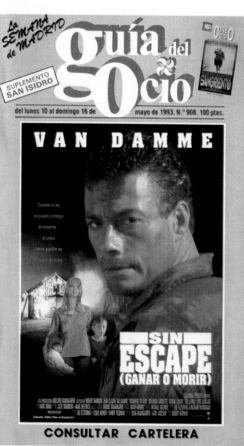

Unidos? ¿Cómo es la relación entre los ciudadanos norteamericanos y la policía?

■ Para mejorar las relaciones entre la policía y la población, se ha propuesto que todo ciudadano sirva como policía durante un breve período de tiempo. ¿Mejoraría las relaciones este sistema? ¿De qué manera? ¿Qué desventajas tendría?

D «Rebelde con causa», dice el anuncio de la derecha.

■ ¿Qué tipo de libertad individual enfatiza este anuncio? ¿Qué tipo de rebeldía enfatiza?

■ ¿Qué tienen que ver los «vaqueros» que sirven de fondo para el anuncio con lo que éste comunica?

■ Piense en el dueño / la dueña de esta alcoba. ¿Cree que sería una persona conformista o rebelde? ¿Por qué? ¿Cómo serían sus amistades? ¿sus costumbres? ¿su modo de vestir? ¿de pensar?

■ ¿Con qué persona famosa se asocia el anuncio? ¿Por qué es famosa? ¿Qué sabe Ud. de su vida?

E Guiones Ayer el fiscal y el abogado defensor comparecieron ante el juez para el juicio del señor Nudo. El fiscal, claro, quería impresionar al juez mostrando todo lo malo que había hecho el acusado para merecer la condena. Por otro lado, el abogado defensor presentó todas las circunstancias mitigativas. Trabajando en pequeños grupos, inventen lo que podrían haber dicho los dos abogados. Traten de usar lo siguiente en su diálogo cuando sea apropiado.

■ el subjuntivo

■ algunos ejemplos del *no-fault* **se**

■ los complementos pronominales

■ las formas perfectas de los verbos

■ ¡la imaginación y el sentido del humor!

Después, algunos grupos deben leer su guión a la clase para que sus compañeros de clase decidan el veredicto del acusado.

ESTRATEGIAS PARA LA COMUNICACION

Perdón, pero... *How to handle complications courteously*

When you're traveling in another country, you may find that not all interactions evolve smoothly. There may be a complication that you need to explain or a difficulty that you have to solve. This can be especially problematic when the person you are talking with is the *cause* of the difficulty! In Spanish, as in English, it is considered impolite to express a request bluntly without prefacing it with an introductory statement. For example, you would not walk into a restaurant in this country and say, "Give me a steak." The perferred form is something like: "I would like a steak, please." If the server brought you the wrong item, you would not tell him or her bluntly, "That's wrong. I don't want that." You would probably soften your refusal by saying something like: "I'm sorry. I wanted it well-done, not medium."

In Spanish, the imperfect indicative and subjunctive and the pluperfect subjunctive are often used to soften statements or requests. They can also be used to express regret if you misunderstand a custom or unintentionally blunder in a social interaction. *If* clauses are also useful for expressing regret or making polite inquiries.

Here are some phrases that are useful in these kinds of situations.

¿Pudiera Ud. (ayudarme, traerme...)?	*Could you please (help me, bring me . . .)?*
Quisiera (un vaso de agua, una copa...)	*I would like (a glass of water, a glass of wine . . .)*
Es que yo buscaba...	*It's just that I was looking for . . .*
Yo pensaba que...	*I thought that . . .*
¿No tendría Ud. algo... ?	*Wouldn't you have something . . .?*
Lo siento, pero...	*I'm sorry, but . . .*
Si Ud. pudiera... (yo) estaría...	*If you could . . . I would be . . .*

A **¡Necesito compañero!** Imagine that you are in the following situations. What can you say to handle them courteously? Working with a partner, invent at least *two* responses to each situation. Use the vocabulary and communication strategies from this and previous chapters.

1. You enter a store to buy some leather wallets (**carteras de cuero**). Get the salesperson's attention and explain what you want. When he/she brings them over, you decide that they are all ugly and too expensive as well, and you don't want to buy any.
2. You are in a sidewalk café. When the server appears, you order something to drink. Explain that the drink cannot have any milk in it because you are allergic to milk. He/She brings you something that, after one taste, you are sure has milk in it. Explain to him/her why you do not want to pay for the drink.

3. You meet an acquaintance on the street. He/She seems a bit upset and asks why you never showed up for dinner the night before. You don't remember ever getting the invitation.

B Improvisaciones Work with your partner to dramatize one of the situations from activity A.

㊸ MORE ON THE SEQUENCE OF TENSES

Remember that the tense of the subjunctive—present or past—used in the subordinate clause is determined by the verb form used in the main clause. Here is the summary of correspondences you saw on page 209, with all the forms included.

MAIN CLAUSE	SUBORDINATE CLAUSE
present present perfect future future perfect command	present subjunctive present perfect subjunctive
preterite imperfect pluperfect conditional conditional perfect	past subjunctive pluperfect subjunctive

A. Main verb present → subordinate verb present

When the main-clause verb is in the present, present perfect, future, or future perfect, or is a command, the subordinate-clause verb is usually in the present subjunctive.

- The present perfect subjunctive is used when the action in the subordinate clause occurs *before* the action of the main-clause verb.

- The present subjunctive expresses an action that occurs at the *same time* as the action of the main-clause verb, or *after* it.

	MAIN CLAUSE	SUBORDINATE CLAUSE
Before	**PRESENT** Espera que Diego... *He hopes that Diego . . .*	**PRESENT PERFECT SUBJUNCTIVE** ya le haya hablado. *has already spoken to him.*
Simultaneous	**PRESENT** Insiste en que Diego... *He insists that Diego . . .*	**PRESENT SUBJUNCTIVE** le hable todos los días. *speak to him every day.*

	MAIN CLAUSE	SUBORDINATE CLAUSE
After	**PRESENT PERFECT** Ha insistido en que Diego... *He has insisted that Diego . . .*	**PRESENT SUBJUNCTIVE** le hable luego. *speak to him later on.*
	FUTURE Insistirá en que Diego... *He will insist that Diego . . .*	**PRESENT SUBJUNCTIVE** le hable mañana. *speak to him tomorrow.*
	FUTURE PERFECT Habrá insistido en que Diego... *He will have insisted that Diego . . .*	**PRESENT SUBJUNCTIVE** le hable mañana. *speak to him tomorrow.*
	COMMAND Insista en que Diego... *Insist that Diego . . .*	**PRESENT SUBJUNCTIVE** le hable mañana. *speak to you tomorrow.*

B. Main verb past → subordinate verb past

When the main-clause verb is in the preterite, imperfect, pluperfect, conditional, or conditional perfect, the subordinate-clause verb is in the past subjunctive (simple or perfect).

■ The pluperfect subjunctive is used when the action in the subordinate clause occurs *before* the action of the main-clause verb.

■ The imperfect subjunctive expresses an action that occurred at the *same time* as the action of the main-clause verb, or *after* it.

	MAIN CLAUSE	SUBORDINATE CLAUSE
Before	**IMPERFECT** Era bueno que Diego... *It was good that Diego . . .*	**PLUPERFECT SUBJUNCTIVE** ya le hubiera hablado. *had already spoken to him.*
Simultaneous	**IMPERFECT** Era bueno que Diego... *It was good that Diego . . .*	**IMPERFECT SUBJUNCTIVE** le hablara todos los días. *spoke to him every day.*
After	**PRETERITE** El lunes pidió que Diego... *On Monday he asked that Diego . . .*	**IMPERFECT SUBJUNCTIVE** le hablara luego. *speak to him later on.*
	IMPERFECT Pedía que Diego... *He used to ask that Diego . . .*	**IMPERFECT SUBJUNCTIVE** le hablara luego. *speak to him later.*

	MAIN CLAUSE	SUBORDINATE CLAUSE
After (*continued*)	**PLUPERFECT** El lunes había pedido que Diego... *On Monday he had asked that Diego . . .*	**IMPERFECT SUBJUNCTIVE** le hablara luego. *speak to him later on.*
	CONDITIONAL Pediría que Diego... *He would ask that Diego . . .*	**IMPERFECT SUBJUNCTIVE** le hablara luego. *speak to him later.*
	CONDITIONAL PERFECT Habría pedido que Diego... *He would have asked that Diego . . .*	**IMPERFECT SUBJUNCTIVE** le hablara luego. *speak to him later.*

Práctica Exprese las siguientes oraciones en inglés y explique si la acción del verbo que está en el subjuntivo ocurre antes, al mismo tiempo o después que la acción del verbo principal.

1. Es bueno que María nos llame.
2. Recomendaban que salieran de su país.
3. Dudaban que tú lo hubieras hecho.
4. Negarán que sus padres lo hayan mandado.
5. No me gusta que salgas a las dos de la mañana.
6. Habían pedido que lo trajeran al día siguiente.
7. Nadie quería que emigraran.
8. Es una lástima que no nos hayan escrito.

Intercambios

A Haga oraciones completas juntando una frase de la primera columna y el sujeto indicado con una frase de la segunda, y añada información explicativa.

MODELO: Será difícil que ellos llamen al juez, porque la última vez que estuvieron en la corte se portaron tan mal con ese mismo juez que él se enfadó y les dijo que no lo llamaran jamás.

1. La acción de la segunda columna ocurre *al mismo tiempo* o *después que* la acción de la primera.

No me gusta		fumar marihuana...
Es imposible		ser delincuentes...
Será difícil	que ellos	llamar al juez...
Dudo		conseguir la custodia de los hijos...

2. La acción de la segunda columna ocurrió *antes que* la acción de la primera.

Es increíble		atrapar al criminal...
Temo		no obedecer la ley...
Me alegro mucho de	que Uds.	ponerle una multa...
Me parece mentira		darle la pena de muerte...

B Haga oraciones completas juntando una frase de la primera columna y el sujeto indicado con una frase de la segunda, y añada información explicativa. La acción de la segunda columna ocurría *al mismo tiempo* o *después que* la acción de la primera.

Insistían en		leer el documento secreto...
No querían		ver al abogado...
Era injusto	que nosotros	copiar en el examen...
Estaban tristes		ser detenidos...

C Complete las siguientes oraciones usando un tiempo verbal apropiado.

MODELO: Cuando yo tenía 8 años, ... →

ACCION FUTURA
temía que los demás se rieran de mí.

ACCION YA COMPLETADA
me alegraba de que ya hubiera aprendido a escribir con letra cursiva (*in script*).

1. Cuando llegué a la clase de español una mañana, temía...
2. Después de ver mis notas el semestre pasado, dudaba...
3. Para mi próximo cumpleaños, quiero...
4. Después de morir, espero...
5. Al graduarme en la universidad, mis padres temen...

D Guiones Imagínese que Ud. y su esposo/a han invitado a cenar a su casa a otra pareja. De repente ellos notan la placa que Uds. recibieron el año pasado por su heroísmo al atrapar a varios ladrones peligrosos. Trabajando con un compañero / una compañera de clase, cuéntenles la historia de todo lo que ocurrió y cómo se solucionó el caso gracias a su astucia y valor. Traten de usar lo siguiente en su narración, cuando sea apropiado.

- el subjuntivo
- los complementos pronominales
- algunos ejemplos del *no-fault* **se**
- las formas perfectas de los verbos

¡Usen la imaginación para darle un final interesante a la historia!

De la calle al trabajo: El caso de Bogotá, Colombia

La vida de muchos niños latinoamericanos es muy dura. Este segmento de vídeo presenta el caso de Ricardo, un joven de 15 años, que hace trucos (*tricks*) y acrobacias (*acrobatics*) en la calle para poder sobrevivir. Ricardo es uno de los miles de gamines (*street children*) latinoamericanos, muchos de los cuales tienen que pedir limosna (*panhandle*) o robar para poder comer. En Bogotá, Colombia, recientemente se estableció un taller (*shop*) como parte de un programa especial para ayudar a los gamines.

¿Cómo es la vida de Ricardo? ¿Cuál es el propósito del taller en Bogotá? Mire y escuche este segmento de vídeo para saber más.

¡A ver!

A Indique si las siguientes afirmaciones son ciertas (**C**) o falsas (**F**). Luego corrija las oraciones falsas.

1. _____ Ricardo vive en la calle porque no tiene padres ni otros parientes.
2. _____ Gran número de los gamines ha usado drogas.
3. _____ Algunos gamines están en la calle para escaparse del abuso de los adultos.
4. _____ En el taller de Bogotá se fabrican juguetes.
5. _____ Ricardo es uno de varios gamines que han encontrado trabajo en el taller.
6. _____ Como parte del programa, Jaime, William y Carlos van a la escuela durante el día y después empiezan su turno (*shift*) en el taller.
7. _____ El propósito básico del programa es ayudar a los jóvenes a volver a vivir con su familia.
8. _____ El programa se preocupa por estimular el amor propio de los jóvenes.

B ¡Debate! En el segmento de vídeo se presenta sólo el trabajo en el taller como una manera de hacer frente a (*to face*) los problemas de los gamines. ¿Creen Uds. que es suficiente el trabajo para ayudar a los jóvenes a convertirse en ciudadanos responsables y útiles a la sociedad? ¿O creen que necesitan también una preparación académica para tener éxito en la vida? ¿Necesitan programas para superar (*to overcome*) los problemas de las drogas y también programas que los ayuden a relacionarse con su familia?

Divídanse en dos grupos. Un grupo defenderá la siguiente declaración: «Los jóvenes pueden aprender todo lo necesario a través del trabajo bien supervisado; el lugar de trabajo es la mejor escuela.» El otro grupo defenderá ésta: «Los jóvenes necesitan otros programas para aprender a comportarse en la comunidad y necesitan ir a la escuela para prepararse intelectualmente.» Después del debate, comenten todos juntos los pro y los contra del asunto.

ENLACE

Escenarios

Trabajando en grupos de tres o cuatro estudiantes, lean las siguientes historias y comenten entre todos las preguntas al final de cada una. ¿Cómo deciden Uds. estos casos de conciencia?

1. Una mujer estaba muriéndose de un tipo de cáncer muy raro. Había sólo una droga que la podía curar: una forma de radio (*radium*) descubierta hace poco por un farmacéutico. La fabricación de la droga era costosa y el farmacéutico solía vendérsela a sus clientes por diez veces más de lo que a él le costaba producirla. Con mucho trabajo, Juan (el esposo de la mujer enferma) pudo obtener la mitad del dinero para comprar el medicamento. Le pidió al farmacéutico que se lo vendiera a un precio más bajo o que por lo menos le permitiera pagarlo a plazos. Pero el farmacéutico le dijo que no, afirmando que él mismo había descubierto la medicina y que quería hacer negocio con ella. Algunas noches después, Juan, desesperado, forzó la puerta de la farmacia y robó el medicamento para su mujer.

   ◼ ¿Estuvo bien que Juan robara el medicamento? ¿Por qué sí o por qué no?

   ◼ ¿Es el deber de un esposo robar o cometer cualquier delito para salvar la vida de su esposa si no le queda otro remedio? ¿Por qué sí o por qué no?

   ◼ ¿Qué aspectos del caso deben tener en cuenta las autoridades?

   ◼ Ya que no había ninguna ley que regulara los precios, ¿tenía derecho el farmacéutico a cobrar tanto? ¿Por qué sí o por qué no?

2. Debido a un problema serio, dos hermanos necesitaban dinero para poder dejar su pueblo de inmediato. Alexis (el mayor, de 25 años) entró en una tienda y se llevó $500. José (el menor, de 22 años) fue a hablar con un viejo del pueblo que tenía fama de ser generoso. Le dijo al viejo que estaba muy enfermo y que necesitaba $500 para pagar los gastos de una operación. Aunque el viejo no lo conocía, le prestó el dinero. José prometió devolvérselo, aunque no tenía ninguna intención de hacerlo.

   ◼ ¿Quién cometió el delito más grave, Alexis o José? Expliquen.

   ◼ Alexis violó la ley, robando una tienda. ¿Por qué no se debe violar la ley?

   ◼ José mintió. Aunque no hay leyes que prohíban hacerlo, ¿por qué no se debe mentir?

   ◼ ¿A quién se le hizo más daño, al dueño de la tienda robada o al viejo que le prestó el dinero a José? ¿Por qué?

■ ¿A quién debe tratar más duramente la ley, al que roba abiertamente como Alexis o al que hace trampas como José? ¿Por qué?

¡OJO!

	EXAMPLES	NOTES
pero **sino** **sino que** **no sólo**	Joaquín es muy inteligente, **pero** estudia mucho de todas formas. *Joaquín is very bright, but he studies a lot anyway.*	English *but* is expressed as **pero**, **sino**, or **sino que** in Spanish. All three are conjunctions; they join two elements of a sentence. When the element preceding *but* is affirmative, **pero** is used.
	Quique no es muy inteligente, **pero** sin embargo es buen estudiante. *Quique isn't very bright, but he's a good student nonetheless.*	**Pero** can also be used after a negative element to mean *but* in the sense of *however,* introducing information that *contrasts with* or *expands* the previously mentioned concepts.
	El coche no es nuevo **sino** viejo. *The car isn't new but (rather) old.* No quiero que me ayudes **sino que** te vayas. *I don't want you to help me but (rather) (that you) go away.*	**Sino** and **sino que** are used only after a negative element. They introduce information that *contradicts and replaces* the first element. They mean *but* in the sense of *rather.* **Sino** connects a word or phrase (but not a clause) to the sentence; **sino que** connects a clause.
	No sólo trajeron pan **sino** también queso. *They brought not only bread but also cheese.* **No sólo** vino **sino que** trajo a sus amigos. *She not only came but (also) brought her friends.*	English *not only ... but (also)* is expressed in Spanish by **no sólo... sino (que)**.
intentar **tratar de** **tratar** **probar(se)**	Voy a **intentarlo**. No sé si tendré éxito. *I'm going to try (it). I don't know if I'll succeed.* No sé. **Trataré de** hacer todo lo posible. *I don't know. I'll try to do all I can.*	All of these words can express English *to try.* **Intentar** means *to try* or *to make an attempt,* as does **tratar de**, which is always followed by an infinitive in this meaning. In contrast, **intentar** can be used either alone or with **lo**.

	EXAMPLES	NOTES
intentar **tratar de** **tratar** **probar(se)** (*continued*)	Este libro **trata de** La Raza. *This book deals with La Raza.* **Se trata de** la justicia. *It's a question of justice.* Los **trató** sin respeto. *He treated them without respect.* ¡**Prueba** el vino! *Try the wine!* Van a **probar**te. No les digas nada. *They're going to test you. Don't tell them anything.* Voy a **probarme** estos pantalones antes de comprarlos. *I'm going to try on these pants before buying them.*	**Tratar de** can also mean *to deal with*. The expression **se trata de** means *it's about* or *it's a question of*; it can never be used with a specific subject. When used without **de, tratar** means *to treat someone or something* in a particular way. **Probar** means *to try or taste something,* or *to try someone* in the sense of *testing him or her*. **Probarse** means *to try on* (an article of clothing).
preguntar **(hacer una pregunta)** **pedir**	No entiendo lo que me **preguntas**. *I don't understand what (question) you're asking me.* Los niños **hicieron** muchas **preguntas** durante su visita al museo. *The kids asked a lot of questions during their visit to the museum.* Ella les **pidió** que hablaran en voz baja. *She asked them to speak softly.* Te quiero **pedir** un favor. *I want to ask you a favor.*	As you reviewed in Chapter 7 (page 222), *to ask a question* is expressed in Spanish by either **preguntar** or **hacer una pregunta**. *To ask* in the sense of *requesting something from someone*—an object, a favor, an action—is expressed in Spanish by **pedir.**

A Volviendo al dibujo Elija la palabra que mejor completa cada oración. ¡Cuidado! También va a encontrar palabras de los capítulos anteriores.

El mes pasado, Toño Cicleta (buscaba/miraba)^1 una nueva motocicleta (por/porque)^2 la que tenía estaba en malas condiciones. (Probó / Se probó / Trató)^3 diferentes motos en diferentes lugares, (pero / sino / sino que)^4 la decisión era difícil. Todo dependía (al / del / en el)^5 precio y otros detalles especiales. Toño había (ahorrado/salvado)^6 dinero por (mucho tiempo / muchas veces)^7 para poder comprar la moto más lujosa que hubiera. Quería pagarla en efectivo para no tener que estar pagando (una cuenta / un cuento)^8 a plazos. Como tenía el dinero, nada le (dejaba/detenía/impedía)^9 comprar una buena moto. Toño se (hizo/puso/volvió)^{10} contento

cuando finalmente la encontró; tenía todos los lujos (a/con/en)[11] los cuales había soñado.

Una tarde de la semana pasada, Toño (dejó/detuvo/salió)[12] de su trabajo. Paseaba en su moto tranquilamente por la ciudad mientras pensaba (a/de/en)[13] su padre, a quien (echaba de menos / perdía)[14] porque hacía (mucho tiempo / muchas veces)[15] que no lo había visto. De pronto, un policía le (pidió/preguntó)[16] a Toño que se (dejara/impidiera/detuviera).[17] Muy sorprendido, Toño frenó inmediatamente. Entonces, el policía le (pidió/preguntó)[18] que le mostrara su licencia de conducir. A Toño no le (cuidaba/importaba)[19] mostrársela así que la (buscó/miró)[20] rápidamente y se la dio. Cuando el policía vio la foto, le (pidió/preguntó)[21] por qué no llevaba sus gafas. Fue entonces cuando Toño (probó / se probó / trató)[22] de explicarle el asunto de su parabrisas especial. Le mostró que no sólo era un simple parabrisas (pero / sino / sino que)[23] le servía de gafas también.

B Entre todos

■ En los últimos años ha habido un aumento en la delincuencia juvenil. ¿Cuáles son algunos de los grupos en su comunidad que tratan de ayudar a los jóvenes delincuentes? ¿Qué hacen estos grupos? ¿También hay programas para ayudar a los padres de estos jóvenes?

- ¿Cree Ud. que se debe tratar a los adolescentes delincuentes como si fueran adultos? ¿Cuáles son algunos de los argumentos que se han presentado a favor y en contra de esta propuesta?

- En algunos lugares se ha sugerido que los padres sean forzados a responder por los delitos de sus hijos menores de edad. ¿Qué piensa Ud. de esto? ¿Equivale a tratar a los padres como delincuentes comunes? ¿Por qué sí o por qué no?

Repaso

A Complete los párrafos, dando la forma correcta de los verbos y expresando en español las frases en inglés. Cuando se dan dos palabras entre paréntesis, escoja la palabra apropiada.

Cómo llegar a ser policía

Yogi y Mark trabajan (por/para)[1] la policía británica. (*Both Yogi and Mark*)[2] están entre los muchos policías y detectives famosos (*who*)[3] (*have worked*)[4] en la gran Scotland Yard de Londres. Pero cuando Yogi y Mark comentan su trabajo entre sus amigos, no (hacer)[5] referencia al largo «brazo» de la ley (pero/sino)[6] a la larga «pata» (*paw*). Yogi y Mark (ser/estar)[7] perros-policía.

La policía británica (utilizar)[8] más de 1.500 perros que están especialmente (*trained:* entrenar)[9] para (colaborar)[10] en los distintos aspectos de la guerra contra el crimen, especialmente contra el tráfico de drogas y en la búsqueda de personas (*lost*).[11] En un solo año casi 14.000 arrestos fueron efectuados (por/para)[12] perros-policía.

Aunque (*dogs have been used*)[13] como guardianes desde el Antiguo Egipto, no fue hasta la década de los cuarenta del siglo XX que (*were established*)[14] los primeros centros de entrenamiento (por/para)[15] perros-policía. Allí (*is developed:* desarrollar)[16] su olfato (*sense of smell*) y (*they learn*)[17] técnicas de rastreo (*tracking*). Es necesario que las lecciones (ser/estar)[18] breves y que los entrenadores (*repeat them*)[19] hasta que las reacciones de los perros (*become*)[20] automáticas. Se insiste mucho en la obediencia absoluta: durante todas las fases del entrenamiento, es importante que cada perro (*be trained by*)[21] una sola persona para que luego (obedecer)[22] a una sola voz.

La relación entre el perro y su amo empieza temprano; desde los tres meses el cachorro (*puppy*) que (*will be*)[23] perro-policía vive en la casa del policía (*who*)[24] lo va a (cuidar/importar),[25] a fin de que (establecerse)[26] los lazos (*bonds*) de cariño y comprensión sin los cuales no puede existir una total confianza entre (*both*).[27] En realidad, (*they will not be*)[28] simplemente perro y amo (pero/sino)[29] verdaderos compañeros.

B ¡Necesito compañero! Trabajando en parejas, sugieran lo que se podría hacer para evitar los siguientes problemas.

MODELO: el robo de la casa →
Si cerráramos todas las puertas con llave y dejáramos encendidas algunas luces, podríamos evitar el robo de la casa.

1. el robo del coche
2. los actos de vandalismo en los edificios públicos
3. el conducir en estado de embriaguez
4. la violación
5. el plagio
6. la crueldad hacia los animales
7. el maltratar a los niños
8. el tráfico de drogas

CAPÍTULO DOCE

12

El trabajo
y el ocio

Sevilla, España

En toda cultura, los momentos de ocio son tan importantes como los momentos dedicados a actividades profesionales. Pero el tipo de diversión, al igual que la profesión u ocupación que uno elige, está relacionado con la personalidad y formación del individuo. El nivel económico, la preparación intelectual y la clase social pueden hacer que uno prefiera ciertas diversiones y no otras.

Estudie la siguiente lista de profesiones y ocupaciones y la de actividades recreativas y determine a qué actividades se inclinarían más los individuos mencionados. Luego explique por qué Ud. cree que sería así.

PROFESIONES Y OCUPACIONES
un experto en computadoras
una cirujana especializada en
   hacer trasplantes de corazón
un profesor de español
un policía
una secretaria
un jugador de fútbol profesional
un cura
una jardinera

ACTIVIDADES RECREATIVAS
ver películas extranjeras
ir a un bar a tomar cerveza
asistir a conciertos
hacer muebles de madera
correr
leer novelas
reparar coches viejos
ir a la ópera
jugar al golf
cultivar flores
montar en bicicleta

Ahora, nombre otras ocupaciones y profesiones y las actividades recreativas que le parezcan más apropiadas para personas que ejercen cada ocupación.

■ Identifique las profesiones y oficios que se ven en este dibujo, y explique qué hace el individuo que ejerce cada uno. ¿Qué rasgos de personalidad y qué habilidades tendrá la persona que escoja estas ocupaciones? ¿Qué tipo de adiestramiento se requiere en cada caso?

■ En su opinión, ¿cuál de estas ocupaciones es la más peligrosa? ¿la más (des)agradable? ¿la más lucrativa? ¿Con qué culturas o regiones se asocian algunos de estos oficios? ¿con qué clase social? ¿con qué sexo? Explique sus puntos de vista al respecto.

VOCABULARIO
para conversar

el **adiestramiento** job training
el **aprendizaje** apprenticeship
convenir (ie, i) to be appropriate
el **descanso** rest; leisure
las **diversiones** amusements
ejercer una profesión to practice a profession
el **entrenamiento** sports training
el **entretenimiento** entertainment
entrevistar to interview
   entrevistarse con to have an interview with; to be
     interviewed by
   la **entrevista** interview
escoger to choose
especializarse en to specialize in; to major in
   la **especialización** major
jubilarse to retire
el **ocio** leisure time; relaxation
el **oficio** trade
el **pasatiempo** pastime; hobby
el **prestigio** prestige
relajarse to relax

el **tiempo libre** free time
tomar vacaciones to take a vacation
valorar to value; to appreciate

Profesiones y oficios

el/la **artista** artist; movie star
el **bailarín / la bailarina** dancer
el **basurero / la basurera** garbage collector
el/la **beisbolista*** baseball player
el **bombero / la mujer bombero** firefighter
el **enfermero / la enfermera** nurse
el **maestro / la maestra** teacher
el/la **militar** career military person
el **músico / la música**† musician
el/la **oficinista** office clerk
el/la **periodista** journalist
el **reportero / la reportera** reporter
el **torero / la torera** bullfighter
el **vaquero / la vaquera** cowboy, cowgirl
el **vendedor / la vendedora** salesperson

LENGUAJE Y CULTURA

En el mundo hispano existen muchas opiniones diferentes sobre cómo formar el femenino de las profesiones que tradicionalmente han ejercido sólo los hombres. En muchos casos, la forma femenina puede hacerse simplemente cambiando la **-o** final en **-a** (**el médico / la médica**) o añadiendo una **-a** cuando la forma masculina termina en consonante (**el contador / la contadora**). Si el sustantivo termina en otra vocal, el artículo que lo acompaña generalmente indica el sexo de la persona (**el artista / la artista**). Pero si la forma femenina ya existe con otro significado, estas reglas no pueden aplicarse. (Por ejemplo, **el químico** significa *male chemist,* pero **la química** significa *chemistry.*) También problemático es el hecho de que en algunos casos la forma femenina se refiera a la esposa del hombre que ejerce la profesión indicada: en muchos países, por ejemplo, así se entiende **la presidenta.** Otra solución es referirse a la mujer profesional de la siguiente manera: **la mujer** + *nombre de profesión.* Así se crean pares como **el policía / la mujer policía** y **el soldado / la mujer soldado.**

---

*The ending **-ista** can be added to many sports to indicate the individual who plays that sport: **futbolista, tenista, basquetbolista.** Remember that in most parts of the world, **fútbol** refers to soccer, and a **futbolista** is a soccer player.
†The ending **-ista** can be added to many musical instruments to indicate the individual who plays that instrument: **pianista, guitarrista, flautista.**

A ¿Qué palabra o frase de la segunda columna asocia Ud. con cada palabra o frase de la primera? Explique en qué basa su asociación. ¡Cuidado! Hay varias respuestas posibles en cada caso.

1. el aprendizaje
2. el ocio
3. ejercer una profesión
4. la entrevista
5. tomar vacaciones

a. escoger una especialización
b. el adiestramiento
c. la solicitud
d. relajarse
e. el tiempo libre

B Explique la diferencia entre cada par de palabras.

1. el descanso / el adiestramiento
2. el oficio / la profesión
3. jubilarse / tomar vacaciones

4. el entretenimiento / el pasatiempo
5. valorar / despreciar

C ¡Necesito compañero! Trabajando en parejas, hagan una lista de todos los oficios y profesiones que puedan recordar. Luego, pónganlos en una lista de acuerdo con los años de preparación que exige cada uno.

Según Miguelito, ¿qué actividad hace diferente al ser humano de los otros animales? ¿Es esto algo bueno o malo, según él? ¿Por qué es tan complicado, según Miguelito, ser un animal «superior»? ¿Por qué sería más fácil ser una tortuga o un gato? ¿Está Ud. de acuerdo con Miguelito? ¿Por qué sí o por qué no?

[a]*mason* [b]*lathe operator*

D ¿Qué cualidades de la lista A son características indispensables de las personas que ejercen las profesiones de la lista B? Explique.

A		B	
la afabilidad	la elocuencia	abogado/a	médico/a
la agresividad	la fuerza física	artista de cine	militar
la ambición	la imaginación	basurero/a	modelo
la astucia	la independencia	bombero / mujer bombero	piloto/a
la capacidad de organización	la inteligencia	científico/a	pintor(a)
la curiosidad	la paciencia	escritor(a)	político / mujer político
la destreza física	la valentía (*bravery*)	futbolista	sacerdote
		maestro/a	secretario/a

Ahora, ponga en orden las profesiones según el mayor o menor prestigio que tienen dentro de la sociedad.

- ¿A qué se debe ese prestigio (o la falta de él)? ¿al sueldo que gana una persona que ejerce esa profesión? ¿a la fama? ¿a los años de preparación necesarios para lograr la profesión? ¿a la importancia de los servicios que prestan esas personas a la sociedad?

- ¿Está Ud. de acuerdo con el prestigio que tiene cada profesión? ¿Hay profesiones que deben tener más (o menos) prestigio del que tienen actualmente? Comente.

E ¡Necesito compañero! A veces lo más atrayente de una profesión son las condiciones de trabajo o la satisfacción personal que la profesión proporciona al individuo. Aquí hay una lista de beneficios y condiciones de trabajo. Trabajando en parejas, elijan los cuatro más importantes y los cuatro de menor importancia. Luego expliquen su decisión a la clase.

Queremos un trabajo...

☐ que nos permita resolver problemas internacionales.
☐ que nos ofrezca seguridad económica para el resto de la vida.
☐ que nos permita ser líderes (ser jefes, manejar personal, etcétera).
☐ que nos ofrezca la oportunidad de viajar mucho.
☐ en el que el horario sea flexible.
☐ en el que tengamos varios meses de vacaciones anuales.
☐ que sea bien pagado y de mucho prestigio.
☐ en el que podamos ejercer nuestra creatividad.
☐ que nos permita quedarnos en casa la mayor parte del tiempo.
☐ que consista en aportar algo significativo a la sociedad.
☐ en el que nuestros compañeros de trabajo sean simpáticos.
☐ de gran/poca responsabilidad.
☐ que sea interesante y siempre variado.
☐ en el que logremos fama nacional o mundial.

EXPLORACIONES

44 REVIEW OF VERB FORMS

There are three main groups of Spanish verbs, those with infinitives ending in **-ar, -er,** and **-ir.** A conjugated verb has two main parts: a stem and an ending. The stem identifies the action (**habl-**), and the ending indicates the tense, mood, and person/number of the action (**-amos**): **hablamos.**

You have learned five indicative forms: present, imperfect, preterite, future, and conditional. Each of these has a perfect equivalent: the corresponding form of **haber** + the past participle. You have also learned two subjunctive tenses, the present and the past, with their corresponding perfect forms. The imperative does not show tense; the different forms of the imperative correspond to the subject (formal, informal, singular, and plural) and to whether the command is affirmative or negative.

The following charts show the verbs **hablar, comer,** and **vivir** conjugated in all of these forms in the third person plural. Can you give the remaining persons of each conjugation?

SIMPLE VERB FORMS					
	INDICATIVE	SUBJUNCTIVE	IMPERATIVE		
				AFF.	NEG.
-ar Present Imperfect Preterite Future Conditional	hablan hablaban hablaron hablarán hablarían	hablen hablaran	Ud. Uds. tú vosotros/as	hable hablen habla hablad	hable hablen hables habléis
-er Present Imperfect Preterite Future Conditional	comen comían comieron comerán comerían	coman comieran	Ud. Uds. tú vosotros/as	coma coman come comed	coma coman comas comáis
-ir Present Imperfect Preterite Future Conditional	viven vivían vivieron vivirán vivirían	vivan vivieran	Ud. Uds. tú vosotros/as	viva vivan vive vivid	viva vivan vivas viváis

PERFECT VERB FORMS: HABER + *PAST PARTICIPLE*		
INDICATIVE	SUBJUNCTIVE	PAST PARTICIPLE
Present han Pluperfect habían Preterite hubieron Future habrán Conditional habrían	hayan hubieran	hablado comido vivido

Práctica Complete las siguientes oraciones con la forma apropiada del verbo indicado. ¡Cuidado! A veces hay más de una posibilidad.

1. Mis padres (ponerse) furiosos cuando les dije que (yo: querer) especializarme en la psicología de las gallinas. Ellos deseaban que yo (ejercer) una profesión prestigiosa, en la que (yo: tener) un sueldo muy alto. Pero a mí siempre me ha fascinado el comportamiento de las gallinas. ¡Ojalá que (yo: poder) ser una de ellas, pues así tal vez las comprendería mejor!

2. Si no quieres que los extraterrestres te (llevar) a otro planeta, no (tú: salir) a la calle a montar en bicicleta a las tres de la mañana. Si lo haces, bajarán en su platillo volador y te (poner: ellos), junto con tu bicicleta, en una botella para hacer sus experimentos.

3. Anoche, cuando llegó Cecilia, hacía dos horas que la fiesta (terminar), pero algunos de nosotros todavía (estar) allí. Cecilia (ponerse) muy triste

por no haber llegado a tiempo, y lloró tanto que (nostros: decidir) comenzar la fiesta otra vez. ¡A Cecilia (gustarle) mucho las fiestas!

4. Mi madre se habría vuelto loca si mi padre (jubilarse) hace diez años, porque ahora ella no lo (soportar) en casa todo el día. El prometió que no (hacer) nada cuando ya no tuviera que trabajar, y hasta hoy (cumplir) su promesa.

5. El médico le dijo a la paciente que le (convenir) tomar vacaciones, pues era necesario que (ella: relajarse). Eso fue después de que ella le (contar) que (ella: ver) un fantasma todas las noches, al salir del trabajo.

6. En muchos países, es necesario que uno (escoger) su especialización antes de ingresar a la universidad. Si Ud. hubiera estudiado en uno de esos países, ¿en qué profesión (especializarse)?

Intercambios

A Imagínese que Ud. es consejero/a en la universidad y que los siguientes estudiantes lo/la visitan para que los aconseje sobre las clases que deben tomar. Dados los planes que tienen ellos para el futuro, ¿qué clases les recomienda Ud.?

MODELO: Carmen quiere hacerse periodista. →
Sería conveniente que estudiara inglés y ciencias políticas. También convendría que tomara algunas clases de oratoria (*public speaking*).

1. Laura quiere hacerse médica.
2. Roberto quiere hacerse diplomático.
3. Julio quiere hacerse hombre de negocios.
4. Mercedes quiere hacerse abogada.
5. Francisco quiere hacerse psicólogo.
6. Pedro quiere ser torero.

B ¡Necesito compañero! En los Estados Unidos, la norma establecida es trabajar 40 horas a la semana en 5 días (de las 9 a las 5). Pero quizás sería posible mejorar el sistema si se hicieran algunos cambios. Trabajando en parejas, completen las siguientes oraciones con las formas apropiadas del imperfecto de subjuntivo y comenten las ventajas o desventajas que resultarían si se hicieran esos cambios. Luego, háganse preguntas para averiguar el porqué de sus respuestas.

1. Sería (mejor/peor/igual) si se *poder* trabajar 40 horas en menos de cinco días.
2. Sería (mejor/peor/igual) si se *empezar* y *terminar* la jornada (*workday*) a la hora que la persona quisiera (con tal de trabajar el total de horas debido).
3. Sería (mejor/peor/igual) si se *mantener* una edad límite obligatoria para la jubilación.
4. Sería (mejor/peor/igual) si los papás también *recibir* un descanso pagado por el tiempo que pasan cuidando a sus hijos recién nacidos.

5. Sería (mejor/peor/igual) si se *permitir* que una persona *empezar* a trabajar jornada de tiempo completo a la edad que quisiera.

6. Sería (mejor/peor/igual) si se *permitir* que una persona *aceptar* dinero extra en vez de asistencia médica (*health benefits*).

De todos los cambios sugeridos, ¿cuál es el que Uds. creen que tendría el efecto más beneficioso? Compartan con la clase lo que han decidido.

C Entre todos

▩ Cuando Ud. era niño/a, ¿qué profesión u oficio querían sus padres que Ud. ejerciera de adulto/a? ¿Por qué? ¿Estaba Ud. de acuerdo con los deseos de sus padres o tenía otras ambiciones? ¿Cuáles eran?

▩ De las profesiones y oficios nombrados por los miembros de la clase, ¿cuál se menciona con mayor frecuencia? ¿Por qué cree Ud. que a tantos niños les atrae esa profesión? ¿Qué ocupación se menciona menos? ¿Cómo se explica esto?

▩ ¿Cuántos de Uds. todavía quieren llegar a ejercer el oficio que les atraía de niños? Los que han cambiado de idea deben explicar por qué.

D Mire el anuncio a continuación. ¿Qué servicios les ofrece a los negociantes el Club El Nogal de Bogotá? ¿Qué tipo de negociante lo usaría? En la lista de servicios que se ofrecen, ¿cuáles se usan para los negocios? ¿para la diversión? ¿para ambos? En su opinión, ¿es preferible combinar el trabajo con el ocio o prefiere Ud. separarlos? Explique.

■ Una de las técnicas que se usan para reducir las tensiones relacionadas con el ejercicio de una profesión es alternar el trabajo con el ocio. En su opinión, ¿es normal que toda ocupación cause tensiones?

■ Hoy en día, hay empresas que les ofrecen a sus empleados un gimnasio, con todo el equipo moderno. ¿Le parece a Ud. un servicio útil? ¿A quién(es) intenta beneficiar? ¿Qué otros servicios les deben ofrecer las empresas a sus empleados para disminuir el estrés que les causa el trabajo?

■ ¿Tendrá menos estrés una persona que trabaja en una ocupación que le gusta? En general, ¿trabaja la gente por gusto o por necesidad?

■ ¿Puede considerarse como «trabajo» el preparar la comida en casa? ¿el escribir un poema? ¿Qué es lo que para Ud. constituye «trabajo»?

F ¡Necesito compañero! La tensión relacionada con el trabajo es uno de los peligros más serios para el individuo en la sociedad actual. ¿Qué oficios causarán más tensiones? El texto de la derecha presenta los resultados de una investigación sobre este tema. Trabajando en parejas, lean el texto y después comenten las preguntas.

1. De las profesiones que menciona el texto, ¿cuáles parece lógico que causen estrés? ¿Por qué razones? ¿Cuáles de ellas les parecen menos estresantes? Expliquen sus respuestas, intentando identificar las causas del estrés relacionado con cada ocupación. ¿Hay otras profesiones que a Uds. les parezca que producen más tensiones que las que menciona el texto?

2. Si Uds. tuvieran un trabajo estresante, ¿qué estrategias usarían para reducir el estrés? En general, ¿qué cambios podrían efectuarse en la sociedad actual para mejorar las condiciones del trabajo? (Piensen en el horario, las vacaciones, las horas extraordinarias, la edad mínima para jubilarse, el ambiente, los muebles, etcétera.) ¿Qué consecuencias tendrían estos cambios en el mundo laboral?

EL HIT-PARADE DE LAS PROFESIONES CON RIESGO DE ESTRES
No todas las profesiones requieren el mismo esfuerzo y la misma atención y por esta razón los resultados frente al estrés según la ocupación dan distintos índices de peligrosidad. Según un estudio realizado por INSERM y especialistas del Instituto americano, las quince profesiones que tienen más riesgo de contraer enfermedades producidas por el estrés son las siguientes:
1. Controlador aéreo.
2. Piloto de avión.
3. Conductor de tren.
4. Profesores y catedráticos.
5. Institutriz.[a]
6. Agente de cambio y bolsa.
7. Mayorista.[b]
8. Minero.
9. Dentista.
10. Camarero.
11. Ejecutivo de una empresa.
12. Cajera de un supermercado.
13. Policía.
14. Programador.
15. Periodista.

[a]*Governess.*
[b]*Wholesaler.*

De entrada

Se supone que el párrafo a continuación describe este dibujo. Sin embargo, el texto contiene algunos errores. ¿Puede Ud. descubrirlos y corregirlos?

Como es un espléndido día de invierno, la señora Martínez está pescando en el mar. Desde su bote, observa a la gente que se está divirtiendo en la playa. Hay algunas personas nadando y varios niños peleándose o construyendo castillos de arena. Muchas personas están tomando el sol o leyendo bajo su sombrilla. Algunos, tal vez, estarán durmiendo a pesar del ruido. Una pareja de aventureros ha estado explorando las profundidades del mar con su equipo de buceo (*scuba diving*). Es una lástima que esté lloviendo, pero eso a nadie le importa. Todos seguirán disfrutando hasta que oscurezca.

Ahora busque en el texto las formas verbales que terminan en **-ndo.** Estas formas son el gerundio (*present participle*) de los verbos, y se combinan con el verbo **estar** para hacer las formas progresivas. ¿Puede Ud. encontrar algunos ejemplos de estas formas progresivas en el texto? La siguiente explicación le indicará la formación y usos de estas formas verbales.

45 PROGRESSIVE FORMS

A. Formation of the progressive

The progressive consists of a conjugated form of the auxiliary verb **estar** plus the present participle (**el gerundio**). In English, the present participle ends in -*ing: singing, writing.* The Spanish present participle ends in **-ndo: cantando, escribiendo.** The present participle ends in **-ando** for **-ar** verbs and in **-iendo** for **-er** and **-ir** verbs.*

cantar → **cantando**   correr → **corriendo**   vivir → **viviendo**

If the stem of an **-er** or **-ir** verb ends in a vowel, the **i** of the participle ending changes to **y.**

caer   → cayendo
oír   → oyendo
leer   → leyendo
construir → construyendo

-Ir stem-changing verbs show the second stem change in the participle: **e → i, o → u.**[†]

p**e**dir → p**i**diendo   d**o**rmir → d**u**rmiendo

As with the perfect forms, only the auxiliary verb shows tense, mood, and person/number; the form of the present participle never changes.

The five simple forms of the indicative have corresponding progressives, as do the two simple forms of the subjunctive. Can you complete the conjugations of these verbs?

	EL PROGRESIVO: INDICATIVO
Presente	estoy bailando
Imperfecto	estaba riendo
Futuro	estaré diciendo
Condicional	estaría viendo

	EL PROGRESIVO: SUBJUNTIVO
Presente	esté terminando
Imperfecto	estuviera oyendo

---

*The present participles of **ir** and **poder** are irregular: **yendo** and **pudiendo.** They are used infrequently.
[†]When the **e → i** stem change produces a stem ending in **i,** the **i** of the progressive ending is dropped: **reír: ri- + -iendo → riendo.**

EXPLORACIONES   **351**

A PROPÓSITO

There are also preterite progressive forms in Spanish: **estuve bebiendo, estuviste bebiendo,** and so on. The preterite progressive conveys both a completed action (implicit in the preterite auxiliary) and the sense of an action in progress (indicated by the use of the present participle). For this reason, its use is limited to contexts where the end of the action is clearly indicated. It is rarely used in spoken Spanish.

Estuvimos hablando hasta la madrugada.
We were talking until dawn.

B. Placement of object pronouns with progressive forms

Object pronouns may precede the auxiliary verb or follow and attach to the participle.

Se está **entrevistando** con la IBM. ⎫
Está **entrevistándose** con la IBM.* ⎬ *He's interviewing with IBM.*
⎭

Práctica Imagínese que Ud. ayuda a redactar (*to edit*) un manuscrito. En ciertos párrafos, el autor quiere poner énfasis en la idea de que la acción que describe está en progreso. Para lograrlo, Ud. necesita cambiar los siguientes verbos por la forma progresiva usando **estar.** ¿Qué forma se debe usar en cada caso?

1. mira
2. decías
3. se despertará
4. morirían
5. viste

6. dieran
7. puse
8. nos bañamos
9. traigo
10. duermas

11. repetían
12. vea
13. leerían
14. te afeitas
15. lo oyéramos

C. Uses of the progressive forms

While the perfect forms describe actions that are completed at some point in the past, the progressive forms describe actions that are ongoing or in progress. Because both the simple present tense and the simple imperfect tense can also describe actions in progress, it is important to learn the difference between those two simple tenses and the progressive forms.

The progressive is used in Spanish

▪ to indicate an *action in progress* at the moment of speaking.

No puede hablar con Ud. porque **está durmiendo.**
¿Qué **estará haciendo**?

He can't speak with you because ***he's sleeping.***
What ***can she be doing?***

▪ to describe an *action that is different from what is normal* or customary, whether or not it is in progress at the moment of speaking.

Este semestre **estoy tomando** cinco cursos.
Estaba pasando las vacaciones en casa.

I'm taking *five classes this semester.* (I usually take four.)
He was spending *his vacation at home.* (He usually took a trip.)

▪ to *add emotional impact* to the narration of an ongoing action.

¡Qué diablos **estaría pensando**!

¡Por fin **estamos terminando** este libro!

What in the world ***could he be thinking!***

We are *finally* ***finishing*** *this book!*

---

*Note the use of a written accent mark when the pronoun is attached to the participle. See Appendix 1.

The subjunctive progressive expresses the same three meanings as the indicative progressive. It is used whenever the structural and message criteria for the use of the subjunctive are met. The choice between present and past progressive forms of the subjunctive is determined by the same criteria as for the simple forms.

Dudo que el niño **esté divirtiéndose** en este momento. Mírele la cara.

I doubt that the child is having a good time right now. Look at his face.

¡Cuánto **nos alegraba** que **estuviera especializándose** en física!

We were really pleased that she was majoring in physics!

In general, the progressive forms are used much less frequently in Spanish than in English. The progressive is *not* used in Spanish

- to indicate a future or anticipated action; simple forms are used for this purpose.

Nos casamos en junio.

We are getting married in June.

Dijo que **iban** con Raúl.

She said they were going with Raúl.

A PROPOSITO

Other verbs that can be used as auxiliaries with the progressive are **seguir, continuar, ir, venir,** and **andar.** The use of each changes the meaning of the progressive slightly.

seguir/continuar + *participle:* to continue in progress, to keep on (doing something)

La semana que viene **seguiremos hablando** de la violencia en la sociedad actual.

Next week we will continue talking about violence in contemporary society.

ir + *participle:* to focus on progress toward a goal

Vamos avanzando en la construcción de la casa.

We are making progress in the construction of the house.

venir + *participle:* to emphasize the repeated or uninterrupted nature of an action over a period of time

Desde hace tiempo **vienen diciendo** lo mismo.

For some time now they have kept on saying the same thing.

andar + *participle:* to imply that the action in progress is disorganized or unfocused

Anda pidiéndoles ayuda a todos.

He's going around asking everyone for help.

■ with the verbs **ser, ir, venir, poder,** and **tener** (except in very infrequent cases); use the simple forms with these verbs.

Tenemos muchos problemas
últimamente.

We are having lots of problems
lately.

Venían a la fiesta cuando ocurrió
el choque.

They were coming to the party
when the crash occurred.

Práctica Decida si se debe usar un tiempo simple o una forma progresiva para expresar los verbos en letra cursiva. Luego dé la forma apropiada.

1. They *are having* problems with crime in that area.
2. What *are you doing*? Stop that!
3. Don't talk so loud; your father *is sleeping*.
4. He *is going to get* another interview.
5. They *are visiting* Tahiti later this summer.
6. *Will* you *be arriving* by plane or by boat?
7. They're *leaving* at 9:00.
8. It was time for reforms—the workers *were causing* lots of problems.

Intercambios

A Complete las siguientes oraciones con una forma progresiva. Use pronombres cuando sea posible.

MODELO: Suelo estudiar español por la mañana, pero hoy _____ porque _____. →
Suelo estudiar español por la mañana, pero hoy estoy estudiando por la tarde porque fui a una fiesta anoche, volví a casa muy tarde y dormí hasta el mediodía.

1. En mi familia, desayunábamos a las siete de la mañana porque mi padre tenía que ir al trabajo. Pero últimamente _____ porque _____.
2. Antes casi nadie compraba una computadora personal, pero ahora todas las familias _____ porque _____.
3. Anteriormente, sólo los deportistas hacían ejercicio en el gimnasio. Ahora, en cambio, cada vez más personas _____ porque _____.
4. Por lo general no pedimos comida a domicilio (*take out*), pero hoy _____ porque _____.

B Tanto en español como en inglés, para expresar que el tiempo se nos pasa sin que nos demos cuenta, decimos: «¡Cómo vuela el tiempo!» (*How time flies!*) Incluso hay un chiste que juega con los dos significados del verbo **volar** en este contexto: «A Superman se le pasó el día volando.» Pero, ¿en qué pasamos el tiempo? Ordene las siguientes actividades según la cantidad de tiempo que Ud. cree que pasa haciéndolas. ¿En cuáles considera Ud. que está haciendo algo útil y en cuáles que está perdiendo el tiempo?

_____ marcando números de teléfono
_____ haciendo cola
_____ durmiendo
_____ comiendo
_____ buscando objetos perdidos
_____ vistiéndose

_____ leyendo la propaganda comercial que llega por correo

_____ esperando en los semáforos

_____ esperando a personas con quienes tiene cita

_____ haciendo tareas domésticas

Ahora, compare sus resultados con los de sus compañeros de clase. ¿Cuáles son las actividades en que la mayoría de los estudiantes pasa más tiempo? ¿Y en cuáles pasa la mayoría menos tiempo? Entre todos, comenten las varias posibilidades hasta llegar a un acuerdo sobre las maneras más «típicas» de pasar el tiempo. Si quieren saber los resultados de una investigación al respecto, ¡miren el texto de la página 356!

C Guiones Trabajando en grupos de tres o cuatro personas, expliquen lo que están haciendo las personas en los siguientes dibujos, contestando las preguntas a continuación e incorporando complementos pronominales cuando sea posible. ¡Usen la imaginación y recuerden las estrategias para la comunicación!

■ ¿Dónde están y qué están haciendo las distintas personas?

■ ¿Por qué están haciendo lo que hacen?

■ ¿Qué estación del año se ve en cada dibujo? ¿Cómo se sabe eso?

Vocabulario útil: caer, correr, empujar, el equipo, esperar, las hojas, jugar al fútbol (americano), montar en bicicleta, patear (_to kick_), pedalear, la pelota, saltar (_to jump_), sonreír, tirar (_to throw_)

Vocabulario útil: adentro, afuera, animar (_to cheer_), caer, el cesto, la chimenea, deslizarse en trineo (_to go sledding_), esquiar, ganar, gritar, el humo, los jugadores, jugar al baloncesto, mirar, la nieve, patinar (_to skate_), perder, el público, rebotar (_to bounce_) la pelota

D Entre todos

■ ¿Cree Ud. que la gente hoy en día está practicando más deportes que antes o menos? ¿Qué motivaciones tendrá la gente para hacer más ejercicio? ¿para hacer menos?

■ En general, parece que en esta sociedad las mujeres participan en los deportes menos que los hombres. ¿Por qué cree Ud. que ocurre esto? ¿Cree Ud. que esto ha cambiado o está cambiando entre la gente joven? Explique.

■ ¿Practica Ud. algún deporte? ¿Está entrenándose ahora para alguna competencia?

■ ¿Cuáles son algunas de las nuevas diversiones que están apareciendo hoy en día? ¿Cree Ud. que los juegos para ordenadores están ayudando a los niños a desarrollar nuevas aptitudes? ¿y los video-juegos? Expliquen.

E ¡Necesito compañero! Trabajando en parejas, háganse y contesten preguntas para descubrir qué actividades —verdaderas o imaginarias— podrán estar haciendo las personas citadas en los momentos indicados.

MODELO: Acaban de otorgarte el premio Nobel de matemáticas. ¿Y tu maestro de matemáticas de la escuela secundaria? → Estará sufriendo un ataque al corazón.

1. Los Sres. Alonso acaban de llegar al teatro. ¿Y la niñera? ¿Y sus hijos, en casa?
2. Acabas de nacer. ¿Y tu padre?
3. Acabas de conocer al hombre / a la mujer de tus sueños. ¿Y él/ella?
4. Acabas de llegar a casa después de estudiar todo el día. ¿Y tus compañeros?
5. Los de tu clase se gradúan hoy en la universidad. ¿Y tú y tus amigos?
6. Tus amigos te miran asombrados y te aplauden. ¿Y tú?

F El siguiente texto presenta los resultados de una investigación que se hizo sobre la cantidad de tiempo que pasamos haciendo actividades poco productivas. ¿Cómo se compara la ordenación que Ud. hizo en la actividad B con los datos que presenta este texto? ¡Léalo para averiguarlo!

LENGUAJE Y CULTURA

A veces el lenguaje deportivo en inglés puede ser difícil de entender para las personas que no son hablantes nativos, puesto que muchas veces incluye frases o palabras que se usan con sentido metafórico. Explique en español el significado *no* deportivo de las siguientes expresiones. ¿Puede Ud. dar otras expresiones de la jerga deportiva que se usan metafóricamente?

■ to get to first base
■ to be out in left field
■ to be in the home stretch
■ to throw in the towel

EN QUE PERDEMOS EL TIEMPO

A lo largo de nuestra vida pasamos cinco años esperando en las colas, seis meses parados ante los semáforos y dos años marcando números de teléfono. Datos tan curiosos como éstos y otros muchos han salido a la luz tras los estudios de un investigador en gestión del tiempo, Michael Fortino, que preside la Priority Management Pittsburgh, Inc. El trabajo de Fortino y sus colegas se realizó entre la población de los Estados Unidos y arrojó resultados como los siguientes: el ciudadano medio norteamericano pasa seis años de su vida comiendo, un año buscando efectos personales —el paraguas, una zapatilla, la cartera...— en casa o en la oficina; tres años esperando a las personas con las que está citado, ocho meses abriendo cartas que no le interesan, y cuatro años haciendo labores del hogar. La conclusión es que a la gente lo que le importa no es no perder el tiempo, sino perderlo como le da la gana.

ESTRATEGIAS PARA LA COMUNICACION

¿Cuánto cuesta? *How to deal with numbers*

Even people who have studied a language for a long time may have difficulties when they need to use numbers. But numbers are extremely important when you travel, for finding out how much something costs, exchanging money, getting directions, and so forth. Here are some useful expressions involving numbers.

■ *To ask for prices in general*

$$\text{¿Cuánto} \begin{cases} \text{cuesta(n)} \\ \text{es/son} \\ \text{vale(n)} \end{cases} \text{...?}$$

Clothing
Clothing and shoes in Europe and Latin America are sized differently than in the United States. Until you learn what sizes you wear (**usar, llevar**), just ask the salesclerk to recommend something for you to try on (**probarse**) first.

■ *To ask for sizes of clothing*

    ¿Qué talla es...?

■ *To ask for sizes of shoes*

    ¿Qué número es/son...?

Food
In most other parts of the world, food and drink are measured by the metric system, so when you go to the market you will be buying fruit and vegetables by the **kilo** (2.2 lbs) or by **gramos** (.04 oz) and liquids by the **litro** (.26 gal). To express partial measures (e.g., 2½ or 2¼ kilos) say **dos kilos y medio,** or **dos kilos y cuarto.**

Writing prices
In English a period is used when expressing the decimal between cents and dollars. Commas usually separate the hundreds column from the thousands, or the thousands from the millions. In the Hispanic world, the reverse is usually true. English $100,000.75 would be written $100.000,75 in most Spanish-speaking areas.

Personal information
■ ASK: **¿Cuál es tu número de teléfono?**
ANSWER: Say each number individually, or say the last six numbers in pairs. Thus, 297-2330 would be **dos noventa y siete veintitrés treinta.**

■ ASK: **¿Cuál es tu dirección?**
ANSWER: In Spanish, the street name is given first, followed by the building number, and then the floor on which the apartment is located.* For example: **Anaya, veintitrés, quinto.** This would be written **Anaya, 23-5°.**

---

*In many large cities of Europe and Latin America, most people own and live in apartments rather than in single-family homes.

■ ASK: **¿Cuál es la fecha (de hoy)?**
ANSWER: Give the day first, then the month. For example, November 20, 1996, is **el veinte de noviembre de mil novecientos noventa y seis.** The date is often written as **20 noviembre 1996.** This could be abbreviated as either **20-XI-96** or **20-11-96.** Centuries are expressed with cardinal numbers and require a definite article: **el siglo veinte (XX).** An expression like *the fifties* is expressed as **los años cincuenta.**

A ¡Necesito compañero! Working with a partner, ask each other and answer questions in order to determine the following information.

1. local telephone number   **5.** home address
2. local address   **6.** date and place of birth
3. student ID number   **7.** shirt (blouse) size
4. home telephone number   **8.** shoe size

B Using the following information, dramatize various dialogues between a customer and a clerk in a small store. The customer is looking for the ingredients to make a paella* or the fruit to make sangría.† All prices are given in pesetas ($1 = 100 pesetas).

arroz	140,0/kg	limones	120,0/kg
azafrán (*saffron*)	760,0/gr	mejillones (*mussels*)	1.175,5/kg
cebolla	30,5/kg	melocotones (*peaches*)	170,0/kg
chorizo	295,0/kg	naranjas	185,5/kg
fresas	313,5/kg	pimiento verde	194,5/kg
gambas	1.130,5/kg	pollo	575,5/kg
guisantes	75,0/kg	tomates	196,5/kg

De entrada

Indique si las siguientes oraciones se refieren al dibujo A (**A**), al dibujo B (**B**) o a ambos dibujos (**AD**).

1. _____ Al hombre que mira por la ventana le gusta robar.
2. _____ El hombre que lleva camisa blanca está muy nervioso.
3. _____ La mujer que lo entrevistaba era muy seria.
4. _____ Había leído un anuncio en que se ofrecía este trabajo.
5. _____ Después de bajar del auto, corrieron hacia la puerta.
6. _____ Parecía que la única solución era escapar, pero ya era tarde.

A.

B.

*You will need ½ tsp saffron, 5 lbs chicken, 1 onion, ¼ lb chorizo, 3 cups rice, 18 small mussels, 1 lb shrimp, ¼ lb peas, 2 bell peppers, and 2 tomatoes.
†You will need 6 oranges, 3 lemons, 2 peaches, ½ lb strawberries, and 1 bottle of dry red wine.

Si Ud. tradujera estas oraciones al inglés, ¿en cuáles usaría una forma verbal que terminara en *-ing*? En casi todas, ¿verdad? Sin embargo, observe que en ninguna de estas oraciones se utiliza el gerundio (la forma que termina en **-ndo**) en español. A continuación Ud. repasará algunos casos en los que *-ing* en inglés no corresponde a **-ndo** en español.

46 RESTRICTIONS ON THE USE OF THE *-NDO* FORM

A. Present participle versus conjugated verb

In English, the present participle can be used as an adjective. In most cases where the English present participle functions as an adjective, this idea is expressed in Spanish with an adjectival clause introduced by **que.** Compare these sentences.

La mujer **que canta** es una contralto.	*The woman **singing** is a contralto.*
Recibieron una carta **que describía** el puesto.	*They got a letter **describing** the job.*

Práctica Exprese en español las palabras entre paréntesis, según el contexto.

1. El hombre (*reading*) allí es un consejero (*working*) con los delincuentes.
2. Vi a muchos estudiantes (*studying*) en la biblioteca.
3. No logro encontrar el texto (*dealing*) del aprendizaje.
4. El perro se entusiasmó cuando vio un gato (*crossing*) la calle.
5. La científica (*entering*) con el policía tenía un enorme pájaro en el hombro.
6. Ese hombre (*wearing*) una camisa blanca es un escritor famosísimo.

B. *-ndo* form versus infinitive

In English, the *-ing* form can function as a noun: it can be the subject or direct object of a sentence or the object of a preposition. In Spanish, the **-ndo** form can *never* function as a noun. The only Spanish verb form that can do so is the infinitive. Compare these sentences.

SUBJECT	**(El) Leer*** es mi pasatiempo favorito.	***Reading** is my favorite pastime.*
DIRECT OBJECT	Prefieren **nadar** en una piscina.	*They prefer **swimming** in a pool.*
OBJECT OF A PREPOSITION	Después de **comer** la fruta, se sintió mal.	*After **eating** the fruit, he felt sick.*

Práctica Escoja la forma que se debe usar para completar cada una de las afirmaciones de la próxima página.

---

*The use of **el** with the infinitive when it functions as a subject or direct object is optional.

A PROPOSITO

Some Spanish verbs have a special adjectival form that is created by adding **-ante**, **-ente**, or **-iente** to the stem: **interesante, creciente, siguiente.**

Ese niño **sonriente** es mi hijo.
That smiling child is my son.

Tienen muchas plantas **colgantes.**
They have a lot of hanging plants.

Since not all verbs have this special form, it is best to consult a dictionary.

A PROPOSITO

In both English and Spanish, the *-ing/***-ndo** form can function as an adverb, describing the main verbal action of a sentence. In English, this use is sometimes introduced by the preposition *by;* no preposition is used in Spanish.

Aprenderás nuevo vocabulario **leyendo** buenos libros.
You'll learn new vocabulary by reading good books.

1. Antes de (tomar/tomando) una decisión importante, consulto con mis padres.
2. (Vivir/Viviendo) en una residencia estudiantil, uno aprende muchas cosas importantes de la vida.
3. A los estudiantes de hoy no les gusta (meterse/metiéndose) en asuntos políticos o sociales.
4. (Sufrir/Sufriendo) es bueno para el alma (*soul*).
5. Una persona que pasa mucho tiempo cada día (mirar/mirando) la televisión es poco creativa.
6. La mayor parte de lo que he aprendido en la universidad, lo aprendí (leer/leyendo) libros.
7. (Escribir/Escribiendo) los ejercicios en el cuaderno realmente me ayudó a mejorar mi español.
8. Es muy difícil tener éxito en el mundo de la política sin (tener/teniendo) mucho dinero.
9. En los Estados Unidos, (trabajar/trabajando) es más importante que (relajarse/relajándose).

Intercambios

A ¿Qué actividades preceden y siguen a las siguientes acciones? Siga el modelo.

MODELO: Me lavo los dientes. →
Me lavo los dientes después de comer y antes de hablar con alguien por la mañana.

1. Me pongo el pijama.
2. Le compro flores a mi novio/a.
3. Voy a la biblioteca.
4. Me pongo muy contento/a.
5. Le hablo a mi profesor(a) de español en español.

B Describa a las personas que aparecen aquí. Incorpore en cada descripción una cláusula adjetiva con **que,** una frase en tiempo progresivo y un infinitivo. Siga el modelo, y use el vocabulario de la próxima página.

MODELO: El pájaro que canta, en el centro del dibujo, está celebrando la llegada de la primavera. Cantar es su manera de expresar su alegría.

Vocabulario útil: el banco, el bateador, el campo (*field*), correr (*jogging*), divertirse, hacer gimnasia, jugar al béisbol, el lanzador (*pitcher*), el paraguas, la pareja, la raqueta, saltar, el tenis

C Entre todos Estudien la lista a continuación y determinen cuáles de las profesiones nombradas se asocian comúnmente con los hombres, cuáles se asocian normalmente con las mujeres y cuáles son ejercidas por ambos sexos. Luego, nombren algunos deportes o pasatiempos que se han asociado tradicionalmente con los hombres o con las mujeres, y comenten si estas ideas están cambiando en la sociedad actual.

abogado	boxeador	físico	misionero
ama de casa	cocinero	jugador de fútbol	policía
arquitecto	electricista	ingeniero	sacerdote
barbero	enfermero	juez	soldado

D ¡Necesito compañero! Trabajando en parejas, comenten el siguiente anuncio. ¿Qué se ofrece? ¿Qué razones se dan para convencer a los posibles clientes? Háganse y contesten preguntas sobre los datos presentados en el anuncio para llenar el formulario que éste trae. ¿Qué curso escogería cada uno de Uds.? ¿Por qué?

En una hoja de papel aparte, clasifiquen los cursos que ofrece el anuncio en las cuatro categorías indicadas en la próxima página. Después, comparen sus respuestas con las de sus compañeros. ¿En qué puntos coinciden? ¿En cuáles difieren? ¿Cómo explican estas diferencias en cuanto a sus opiniones?

OFICIOS		PASATIEMPOS	
principalmente para hombres	principalmente para mujeres	principalmente para hombres	principalmente para mujeres

E ¿Debe ser función de la universidad preparar a los estudiantes para futuros empleos? ¿Cuál era la función de la universidad en el siglo XIX? ¿Cuáles de los siguientes conocimientos ha adquirido Ud. y qué habilidades ha desarrollado como resultado de todos sus años de educación? ¿Cuáles cree que lo/la han preparado para la vida profesional? Explique sus respuestas.

aceptar el fracaso
aprender de memoria
colaborar con otros como miembro de un equipo
escribir trabajos de investigación
estudiar sólo para sacar buenas notas
hablar con elocuencia

hablar español
leer mucho y rápidamente
organizar bien el tiempo
prepararse para un examen
tener paciencia
trasnochar
vivir con otros en una residencia estudiantil

¿Cuáles de estos conocimientos y habilidades *no* le van a ayudar en el futuro? ¿Por qué no? Nombre algo que no ha aprendido en la universidad ni en la escuela pero que cree que va a necesitar en el futuro. ¿Debería ser parte de la educación formal en el futuro? ¿Por qué sí o por qué no?

VIAJE CULTURAL

La fiesta de la limpieza en el «Barrio del Cojo» (Caracas, Venezuela)

El duro «camello» (trabajo) de recoger la basura se combina con la alegría de la «parranda» (fiesta) y el arte en un programa ecológico que se realiza en los barrios de Caracas, Venezuela. Por medio de canciones, murales, artesanías, juegos y bailes, la tediosa tarea de recoger la basura se convierte en un alegre rito comunitario. A ritmo de jazz o de joropo (un tipo de música que proviene de las llanuras [*plains*] de Colombia y Venezuela), se educa, motiva y orienta a la población en el reciclaje de desechos y en la conservación del medio ambiente.

¿Cómo se organiza esta campaña? Mire y escuche el segmento de vídeo para averiguarlo.

¡A ver!

A Elija la mejor respuesta para cada una de las preguntas a continuación.

1. ¿Cuál(es) de las siguientes ocupaciones se menciona(n) en el segmento?
   a. payaso
   b. sociólogo
   c. saltimbanqui (*magician*)
   d. todas las anteriores
2. ¿Dónde se celebra la fiesta de la limpieza?
   a. en el barrio «El Cojo»
   b. en el litoral (*coast*) central de Caracas
   c. a orillas (*beach*) del mar Caribe
   d. todas las anteriores
3. De las siguientes formas de reciclar los desechos, ¿cuál(es) se menciona(n) en el segmento?
   a. tirarlos en un camión
   b. devolverlos a las fábricas
   c. convertirlos en artesanías
   d. todas las anteriores
4. ¿Quién(es) canta(n) el refrán: «Si tú tienes muchas ganas de estornudar, ¡no te quedes con las ganas!» ("*If you feel like sneezing, don't hold it in!*")?
   a. el payaso
   b. el saxofonista
   c. la banda de músicos
   d. todas las anteriores
5. ¿Qué intenta (*attempts*) promover esta campaña?
   a. la integración comunitaria
   b. la defensa del medio ambiente
   c. la recolección y reciclaje de la basura
   d. todas las anteriores

B Entre todos

■ ¿Qué parte de este programa ecológico caraqueño (de Caracas) les parece más interesante o atractiva? ¿Creen Uds. que este tipo de programa, al combinar el trabajo con el ocio, es más exitoso que un simple programa de reciclaje y recolección de basura? ¿Por qué sí o por qué no? ¿Existen campañas similares en los Estados Unidos? Describan las que Uds. conozcan, diseñadas para elevar la conciencia pública sobre el peligro de crear demasiada basura en el mundo.

■ ¿Les interesa a Uds. la problemática ecológica? ¿Por qué sí o por qué no? ¿En particular, qué es lo que más les interesa o les preocupa? ¿Creen Uds. que el arte es útil para cambiar la percepción que muchos tienen de la naturaleza como «una cosa para usarse y desecharse»? ¿De qué manera(s)?

ENLACE

Escenarios

Primer paso: Por sí solo/a

Imagínese que Ud. ya está listo/a para solicitar un puesto en su campo preferido. Utilice el siguiente formato, u otro que le convenga, para preparar una hoja de vida (*resume*) según lo que Ud. espera lograr en el futuro. ¡Suponga que ha realizado sus sueños más ambiciosos!

Hoja de vida

Nombre y apellido(s): _____ N° de teléfono: _____

Dirección: _____

Preparación profesional

Graduado/a (B.A./B.S.)* en _____, _____
                              (año)   (universidad)

      Especialización principal: _____ secundaria: _____

Maestría (M.A./M.S.)/Doctorado (Ph.D.)/Estudios profesionales en _____, _____
                                                 (año)   (universidad)

      Area(s) de especialización: _____

Experiencia laboral

          Fechas   Institución   Tipo de trabajo

1. _____

2. _____

3. _____

Otras actividades relevantes
(Investigaciones, publicaciones, participación en proyectos relacionados con el área en que Ud. busca trabajo, viajes, idiomas que hable, conocimientos que Ud. pueda aportar a su trabajo, cursos no formales que Ud. haya seguido, etcétera)

_____

_____

_____

---

*Estas siglas no se usan en el mundo hispano. Allí, los individuos que se interesan en ciencias o filosofía y letras (*Humanities*) estudian cuatro años para llamarse «Licenciado/a». Los que quieren seguir una carrera en ingeniería o derecho, por ejemplo, estudian cinco años para recibir el título «Profesional». «Doctor(a)» equivale al Ph.D.

Segundo paso: En grupos de tres

Escojan una de las hojas de vida que Uds. ya completaron, y trabajen juntos para dramatizar una entrevista de trabajo que dure entre 10 y 15 minutos. Debe haber dos entrevistadores: uno/a es amable y quiere subrayar lo positivo del candidato / de la candidata, y el otro / la otra es hostil y hace preguntas con el propósito de probar las reacciones del candidato / de la candidata en situaciones que exigen tomar decisiones rápidas. Aquí tienen algunas ideas para redactar sus preguntas.

■ ¿Podría Ud. comentar... ?

■ ¿Qué fue lo que más le interesó de sus estudios (una de las experiencias mencionadas, etcétera)?

■ ¿Qué razones tuvo Ud. para solicitar este puesto?

■ Este puesto exige... Estamos buscando una persona que... ¿Se considera Ud. capacitado/a para... ?

■ ¿Cuáles son sus aspiraciones o planes profesionales? ¿Qué espera lograr en los próximos cinco años?

■ ¿Qué haría Ud. si... ? ¿Cómo reaccionaría en caso de que... ?

■ ¿Qué aporte puede Ud. hacer para... ?

Entre todos Después de que todos los grupos hayan presentado sus entrevistas ante la clase, comenten lo siguiente.

■ ¿Qué ocupaciones se incluyeron en las entrevistas? ¿Qué otras habían escogido los estudiantes que no fueron entrevistados? ¿Cuáles de esas profesiones les parecen típicas de su generación (clase social, sexo)? ¿Cuáles *no* les parecen típicas? ¿En qué sentido?

■ En cuanto a las preguntas hechas durante las entrevistas, ¿cuáles consideran más difíciles? ¿más fáciles? ¿Cuáles podrían ser contra la ley (hacen alusiones a la edad, el sexo, la nacionalidad, la raza, la orientación sexual, la vida personal)?

¡OjO!

Las actividades en esta sección son un repaso de todas las secciones **¡Ojo!** en este libro.

Práctica

Ⓐ Dé la palabra española que corresponda mejor a la palabra en letra cursiva.

1. It *looked* like we would never be able to do it, *but* my family *saved* for years and finally *succeeded* in buying a cottage by the lake.

2. *Because* the food was awful, he *became* angry and refused *to pay the bill.* *Both* the chef *and* the maitre d' talked to him *because* they were afraid the scene *would hurt* business in the restaurant.

3. They *both* lived only three miles from here and *attended* services regularly every *time* Father Miles spoke. *Since they moved* to Peakwood we don't see them much anymore.

4. She works very hard *to support* her family; her parents *insist on* helping *to take care of* the children *since they realize* that she cannot afford *to take* them to a sitter.

5. *I don't care* if you *miss* two or three meetings, but I *get* upset if you *stop* others from *attending.* If you *feel* dissatisfied, fine, but *don't try to* influence others.

6. When the man *left* the room, he *did not realize* that he *had left* his briefcase next to the chair. I *think he returned* the next day *to look for* it.

B Elija la palabra que mejor completa cada oración.

1. Estoy pensando (con/de/en) hacerme ingeniera.

2. El niño (se movía / se mudaba) constantemente. Por fin se cayó de la cama (pero / sino que) no se (hizo daño / ofendió).

3. (Echaron de menos / Faltaron a / Perdieron) el autobús porque estaban trabajando y no (realizaron / se dieron cuenta) de (la hora / el tiempo / la vez) hasta que era demasiado tarde.

4. ¿Te (cuida/importa) (dejar de / detener) fumar? Estoy (probando / tratando de) concentrarme y el humo me molesta mucho.

5. ¿No quiere Ud. (probarse/tratar) el suéter antes de (llevárselo/tomárselo) a su casa?

6. Es (un dato / una fecha / un hecho) muy conocido/a que en los parques nacionales los osos (*bears*) dependen demasiado (a/de/en) los humanos. Precisamente si queremos (ahorrarlos/salvarlos) tenemos que (dejar de / detener) «civilizarlos» tanto.

7. Si Uds. quieren (suceder / tener éxito) en el mundo de los negocios, tienen que (pagar/prestar) mucha atención a toda esta información. Es una (cuestión/pregunta) de dedicación y disciplina.

Repaso

A Complete el diálogo, dando la forma correcta de los verbos entre paréntesis y expresando en español las frases en inglés. Cuando se dan dos palabras entre paréntesis, escoja la palabra apropiada.

Una decisión importante

(*Luis visita a su amigo Ernesto, quien a sólo cuatro meses de graduarse piensa dejar la universidad para ir a correr mundo.*)

LUIS: (Mirar: tú),[1] Ernesto, yo creo que (ser/estar)[2] una idea excelente viajar (por/para)[3] el mundo. Es bueno que tú, que todos, (ver)[4] otros países y que (conocer)[5] a la gente (*who*)[6] vive allí. Un día, cuando (tener)[7] yo la oportunidad, yo también (viajar).[8] (*What*)[9] yo todavía no (entender)[10] es por qué diablos tienes que (hacerlo)[11] ahora mismo. En cuatro meses, (*you realize*),[12] en sólo cuatro meses, te (haber)[13] graduado y (tener)[14] tiempo para (hacer)[15] todos los viajes que quieras. Me parece increíble que no (poder: tú)[16] esperar un poco más.

ERNESTO: Cuatro meses o cuatro años... (ser/estar)[17] igual, Luis. (*I feel*)[18] como hipócrita aquí y siempre (*I have felt*)[19] así. Tú sabes que yo (venir)[20] a estudiar aquí (por/para)[21] mis padres, (*who*)[22] insisten en que su hijo (tener)[23] una buena preparación académica. Sabes que ahora me (especializar)[24] en derecho porque mi abuelo (querer)[25] que yo (*become*)[26] abogado. Yo (haber)[27] trabajado mucho y (haber)[28] sacado buenas notas a fin de que todos (estar)[29] orgullosos de mí...

LUIS: ¿Qué (haber)[30] de malo en eso? Es verdad que (haber: tú)[31] trabajado mucho. No conozco a nadie que (ser/estar)[32] un estudiante más serio que tú. Sin embargo, yo siempre pensaba que tú (ser/estar)[33] contento.

ERNESTO: Contento con los amigos, sí, pero con los estudios, jamás. ¿Es que voy a (ser/estar)[34] una persona culta porque me sé una serie de nombres y fechas? La sabiduría no (consistir)[35] en (*what*)[36] se sabe (sino / pero / sino que)[37] en (*what*)[38] se entiende y no hay nada aquí que me (haber)[39] ayudado a entender nada.

LUIS: Y tan pronto como (haber: tú)[40] visitado cinco o seis países, ¿crees que lo (ir)[41] a entender todo? No (ser/estar: tú)[42] tonto. Es posible que (*studying*)[43] no (ser)[44] la mejor manera de «instruirse», (pero / sino / sino que)[45] el viajar tampoco lo es. Si (ser)[46] así, todos (*would become*)[47] pilotos y azafatas, ¿verdad que sí?

ERNESTO: (Reírse: tú),[48] si quieres, Luis, pero ya (haber: yo)[49] tomado mi decisión.

B ¿Se identifica Ud. más con el punto de vista de Luis o con el de Ernesto? Si Ud. decidiera dejar los estudios por un tiempo indefinido para viajar, ¿cómo se sentirían sus padres? ¿Por qué? ¿Tendrían la misma reacción si los dejara para trabajar en vez de viajar?

Trabaje con un compañero / una compañera de clase para preparar una lista de cuatro razones o motivos para dejar la universidad y cuatro para no hacerlo. Luego, compartan su lista con el resto de la clase. ¿Hay mucha diferencia de opiniones?

APPENDICES

1. SYLLABICATION AND STRESS

A. Syllabication

■ The basic rule of Spanish syllabication is to make each syllable end in a vowel whenever possible.

    ci-vi-li-za-do   ca-ra-co-les   so-ñar   ca-sa-do

■ Two vowels should always be divided unless one of the vowels is an unaccented **i** or **u.** Accents on other vowels do not affect syllabication.

    fe-o   bue-no   ac-tú-e   des-pués
    pre-o-cu-pa-do   ne-ce-sa-rio   rí-o   a-vión

■ In general, two consonants are divided. Although the Real Academia in Spain no longer considers the consonant combinations **ch, ll,** and **rr** to be single letters, for syllabication purposes they are still treated as such and should never be divided. Double **c** and double **n,** however, *are* separated.

    en-fer-mo   ban-de-ra   mu-cha-cha   ac-ci-den-te
    doc-to-ra   cas-ti-llo   a-rroz   in-na-to

■ The consonants **l** and **r** are never separated from any consonant preceding them, except for **s.**

    ha-blar   a-trás   a-brir   pa-dre
    com-ple-to   is-la   o-pre-si-vo   si-glo

■ Combinations of three and four consonants are divided following the rules above. The letter **s** should go with the preceding syllable.

    es-truc-tu-ra   con-ver-tir   ex-tra-ño   obs-cu-ro
    cons-tan-te   es-tre-lla   in-fle-xi-ble   ins-truc-ción

B. Stress

How you pronounce a specific Spanish word is determined by two basic rules of stress. Written accents to indicate stress are needed only when those rules are violated. Here are the two rules of stress.

1. For words ending in a vowel, **-n,** or **-s,** the natural stress falls on the next-to-last syllable. The letter **y** is *not* considered a vowel for purposes of assigning stress.

    ha-blan   pe-*rri*-to   tar-*je*-tas   a-me-ri-*ca*-na

2. For words ending in *any other letter,* the natural stress falls on the last syllable.

    pa-*pel*   di-fi-cul-*tad*   es-*toy*   pa-re-*cer*

If these stress rules are violated by the word's accepted pronunciation, stress must be indicated with a written accent.

re-li-*gión*   e-*léc*-tri-co   fran-*cés*   ha-*blé*
ár-bol   *Pé*-rez   *cés*-ped   ca-*rác*-ter

Note that words that are stressed on any syllable other than the last or next-to-last will always show a written accent. Particularly frequent words in this category include adjectives and adverbs ending in -**ísimo** and verb forms with pronouns attached.

mu-*chí*-si-mo   la-*ván*-do-lo   *dár*-se-las   *dí*-ga-me-lo

Written accents to show violations of stress rules are particularly important when diphthongs are involved. A diphthong is a combination of a weak (**i, u**) vowel and a strong (**a, e, o**) vowel (in either order), or of two weak vowels together. The two vowels are pronounced as a single sound, with one of the vowels being given slightly more emphasis than the other. In all diphthongs the strong vowel or the second of two weak vowels receives this slightly greater stress.

*a*i: paisaje   u*e*: vuelve   i*o*: rioja   u*i*: fui   i*u*: ciudad

When the stress in a vowel combination does not follow this rule, no diphthong exists. Instead, two separate sounds are heard, and a written accent appears over the weak vowel or the first of two weak vowels.

a-*í*: país   *ú*-e: acentúe   *í*-o: tío   *ú*-i: flúido

C. Use of the Written Accent as a Diacritic

The written accent is also used to distinguish two words with similar spelling and pronunciation but different meaning.

▪ Nine common word pairs are identical in spelling and pronunciation; the accent mark is the only distinction between them.

dé	give	**de**	of, from	**sí**	yes	**si**	if
él	he	**el**	the	**sólo**	only	**solo**	alone
más	more	**mas**	but	**té**	tea	**te**	you
mí	me	**mi**	my	**tú**	you	**tu**	your
sé	I know	**se**	*pronoun*				

▪ Diacritic accents are used to distinguish demonstrative adjectives from demonstrative pronouns, although this distinction is disappearing in many parts of the Spanish-speaking world.

aquellos países	those countries	**aquéllos**	those ones
esa persona	that person	**ésa**	that one
este libro	this book	**éste**	this one

▪ Diacritic accents are placed over relative pronouns or adverbs that are used interrogatively or in exclamations.

cómo	how	**como**	as, since	**por qué**	why	**porque**	because
dónde	where	**donde**	where	**qué**	what	**que**	that

2. SPELLING CHANGES

In general, Spanish has a far more phonetic spelling system than many other modern languages. Most Spanish sounds correspond to just one written symbol. Those that can be written in more than one way are of two main types: those for which the sound/letter correspondence is largely arbitrary and those for which the sound/letter correspondence is determined by spelling rules.

A. In the case of arbitrary sound/letter correspondences, writing the sound correctly is mainly a matter of memorization. The following are some of the more common arbitrary, or *nonpatterned,* sound/letter correspondences in Spanish.

SOUND	SPELLING	EXAMPLES
/b/ + *vowel*	b, v	barco, ventana
/y/	y, ll, i + *vowel*	haya, amarillo, hielo
/s/	s, z, c	salario, zapato, cielo
/x/ + e, i	g, j	general, jefe
		gitano, jinete

Note that, although the spelling of the sounds /y/ and /s/ is largely arbitrary, two patterns occur with great frequency.

1. /y/ Whenever an unstressed **i** occurs between vowels, the **i** changes to **y.**

   leió → leyó   creiendo → creyendo   caieron → cayeron

2. /s/ The sequence **ze** is rare in Spanish. Whenever a **ze** combination would occur in the plural of a noun ending in **z** or in a conjugated verb (for example, an **-e** ending on a verb stem that ends in **z**), the **z** changes to **c.**

   luz → lu**c**es   voz → vo**c**es   empez- + é → empe**c**é   taza → ta**c**ita

B. There are three major sets of *patterned* sound/letter sequences.

SOUND	SPELLING	EXAMPLES
/g/	g, gu	gato, pague
/k/	c, qu	toca, toque
/gʷ/	gu, gü	agua, pingüino

1. /g/ Before the vowel sounds /a/, /o/, and /u/, and before all consonant sounds, the sound /g/ is spelled with the letter **g.***

   gato   gorro   agudo   grave   gloria

   Before the sounds /e/ and /i/, the sound /g/ is spelled with the letters **gu.**

   guerra   guitarra

2. /k/ Before the vowel sounds /a/, /o/, and /u/, and before all consonant sounds, the sound /k/ is spelled with the letter **c.**

   casa   cosa   curioso   cristal   club   acción

---

*Remember that before the sounds /e/ and /i/ the *letter* **g** represents the *sound* /x/: **gente, lógico.**

Before the sounds /e/ and /i/, the sound /k/ is spelled with the letters **qu.**

queso   quitar

3. /gʷ/ Before the vowel sounds /a/ and /o/, the sound /gʷ/ is spelled with the letters **gu.**

guante   antiguo

Before the sounds /e/ and /i/, the sound /gʷ/ is spelled with the letters **gü.**

vergüenza   lingüista

These spelling rules are particularly important in conjugating, because a specific consonant sound in the infinitive must be maintained throughout the conjugation, despite changes in stem vowels. It will help if you keep in mind the patterns of sound/letter correspondence, rather than attempt to conserve the spelling of the infinitive.

/ga/ =	**ga**	lle*ga*r	/ge/ =	**gue**	lle*gue* (*present subjunctive*)
/ga/ =	**ga**	lle*ga*r	/ge/ =	**gué**	lle*gué* (*preterite*)
/gi/ =	**gui**	se*gui*r	/go/ =	**go**	si*go* (*present indicative*)
/gi/ =	**gui**	se*gui*r	/ga/ =	**ga**	si*ga* (*present subjunctive*)
/xe/ =	**ge**	reco*ge*r	/xo/ =	**jo**	reco*jo* (*present indicative*)
/xe/ =	**ge**	reco*ge*r	/xa/ =	**ja**	reco*ja* (*present subjunctive*)
/gʷa/ =	**gua**	averi*gua*r	/gʷe/ =	**güe**	averi*güe* (*present subjunctive*)
/ka/ =	**ka**	sa*ca*r	/ke/ =	**qué**	sa*qué* (*preterite*)

3. VERB CONJUGATIONS

The chart on pages 372–373 lists common verbs whose conjugation includes irregular forms. The chart lists only those irregular forms that cannot be easily predicted by a structure or spelling rule of Spanish. For example, the irregular **yo** forms of the present indicative of verbs such as **hacer** and **salir** are listed, but the present subjunctive forms are not, since these forms can be consistently predicted from the present indicative **yo** form. For the same reason, irregular preterites are listed, but not the past subjunctive, since this form is based on the preterite. Affirmative **tú** commands are listed, but not **Ud.** or **Uds.** commands (affirmative or negative), since these are identical to the present subjunctive forms for those persons. Spelling irregularities such as **busqué** and **leyendo** are also omitted, since these follow basic spelling rules (Appendix 2).

4. PREPOSITIONAL PRONOUNS

A. Forms of Prepositional Pronouns

mí	nosotros/as
ti	vosotros/as
Ud., él, ella	Uds., ellos, ellas

VERB CONJUGATIONS								
INFINITIVE	**INDICATIVE**					**PRESENT SUBJUNCTIVE**	**AFFIRMATIVE *TU* COMMAND**	**PARTICIPLES**
	Present	*Imperfect*	*Preterite*	*Future*	*Conditional*			*Present* *Past*
1. abrir								abierto
2. andar			anduve					
3. caer	caigo							
4. conocer	conozco							
5. cubrir								cubierto
6. dar	doy		di diste dio dimos disteis dieron			dé		
7. decir (i)	digo		dije	diré	diría		di	diciendo dicho
8. escribir								escrito
9. estar	estoy		estuve			esté		
10. haber	he has ha hemos habéis han		hube	habré	habría	haya		
11. hacer	hago		hice	haré	haría		haz	hecho
12. ir	voy vas va vamos vais van	iba	fui fuiste fue fuimos fuisteis fueron			vaya	ve	yendo
13. morir (ue, u)								muerto
14. oír	oigo oyes oye oímos oís oyen							

INFINITIVE	INDICATIVE					PRESENT SUBJUNCTIVE	AFFIRMATIVE *TU* COMMAND	PARTICIPLES	
	Present	*Imperfect*	*Preterite*	*Future*	*Conditional*			*Present*	*Past*
15. oler (ue)	huelo hueles huele olemos oléis huelen								
16. poder (ue)			pude	podré	podría			pudiendo	
17. poner	pongo		puse	pondré	pondría		pon		puesto
18. querer (ie)			quise	querré	querría				
19. reír (i, i)			río (*3rd sing.*) rieron (*3rd pl.*)					riendo	
20. romper									roto
21. saber	sé		supe	sabré	sabría	sepa			
22. salir	salgo						sal		
23. ser	soy eres es somos sois son	era	fui fuiste fue fuimos fuisteis fueron			sea	sé		
24. tener (ie)	tengo		tuve	tendré	tendría		ten		
25. traducir	traduzco		traduje						
26. traer	traigo		traje						
27. valer	valgo			valdré	valdría				
28. venir (ie)	vengo		vine	vendré	vendría		ven	viniendo	
29. ver	veo	veía							visto
30. volver (ue)									vuelto

With the exception of the first- and second-person singular forms (**mí, ti**), the prepositional pronouns are the same as the subject pronouns. They are used when preceded by **para, por, a, de, en, sin,** and most other prepositions. The preposition and pronoun together form a prepositional phrase.

¿Piensas mucho **en ella**?	*Do you think of her a lot?*
Toma, es **para ti.**	*Take it, it's for you.*

When **mí** or **ti** occurs with **con,** the special forms **conmigo** and **contigo** are used.

Lo siento, pero no puedo ir **contigo.**	*I'm sorry, but I can't go with you.*

Note that the prepositions **según** and **entre** are always used with subject pronouns.

Según tú, el partido fue aburrido, ¿verdad?	*According to you, the game was boring, right?*
Entre tú y yo, él es un imbécil.	*Between you and me, he's an idiot.*

B. Uses of Prepositional Pronouns

Third-person indirect object pronouns may have more than one meaning: **le** = *to you, to him, to her;* **les** = *to you all, to them.* This ambiguity is often clarified by using a prepositional phrase with **a.**

Le doy el libro $\begin{cases} \textbf{a él.} \\ \textbf{a ella.} \end{cases}$	*I'm giving the book* $\begin{cases} \textit{to him.} \\ \textit{to her.} \end{cases}$
Les escribo $\begin{cases} \textbf{a Uds.} \\ \textbf{a ellos.} \end{cases}$	*I'm writing* $\begin{cases} \textit{to you all.} \\ \textit{to them.} \end{cases}$

The prepositional phrase with **a** is also used with object pronouns for emphasis.

Me da el libro **a mí,** no **a ella.**	*He's giving the book to **me,** not to **her.***

5. POSSESSIVE ADJECTIVES AND PRONOUNS

Spanish possessive adjectives have two forms: a short form that precedes the noun and a long form that follows it.

A. Possessive Adjectives that Precede the Noun*

English possessive adjectives (*my, his, her, your,* and so on) do not vary in form. Spanish possessive adjectives, like all adjectives in Spanish, agree in number with the noun they modify—that is, with the *object possessed.* The possessive adjectives **nuestro** and **vuestro** agree in gender as well. These forms of the possessive adjective always precede the noun.

---

*The forms of the Spanish possessive adjectives appear on page 116, Chapter 4.

Mi carro es viejo.	*My car is old.*
Mis carros son viejos.	*My cars are old.*
Nuestra abuela murió el año pasado.	*Our grandmother died last year.*
Nuestros tíos viven in New Jersey.	*Our aunt and uncle live in New Jersey.*

Since **su(s)** can express *his, her, its, your,* and *their,* ambiguity is often avoided by using a prepositional phrase with **de** and a pronoun object. In this case, the definite article usually precedes the noun.

El padre de él se sentó al lado de **la madre de ella** y viceversa.	*His father sat next to her mother and vice versa.*
Así que su carro venía por esta calle. ¿Y **el carro de él**?	*So, your car came up this street. And what about his car?*

B. Possessive Adjectives that Follow the Noun

POSSESSIVE PRONOUNS				
	SINGULAR		**PLURAL**	
	masculine	feminine	masculine	feminine
mine	el mío	la mía	los míos	las mías
yours (informal)	el tuyo	la tuya	los tuyos	las tuyas
yours (formal) *his* *hers*	el suyo	la suya	los suyos	las suyas
ours	el nuestro	la nuestra	los nuestros	las nuestras
yours (pl. informal)	el vuestro	la vuestra	los vuestros	las vuestras
yours (pl. formal) *theirs*	el suyo	la suya	los suyos	las suyas

The long, or emphatic, possessive adjectives are used when the speaker wishes to emphasize the possessor rather than the thing possessed. Note that all these forms agree in both number and gender, and that they always follow the noun, which is usually preceded by an article.

José es **un amigo mío.**	*José is a friend of **mine.***
Mi cartera está en la mesa; **la cartera tuya** está en el estante.	*My wallet is on the table; **your** wallet is on the bookcase.*

Compare the preceding sentences, in which emphasis is given to the possessor, with the following sentences expressed with the nonemphatic possessives.

José es **mi amigo.**	*José is my **friend.*** (more emphasis on *friend*)
Mi cartera está en la mesa; **tu mochila** está en el estante.	*My wallet is on the table; your **backpack** is on the bookcase.* (more emphasis on the item)

C. Possessive Pronouns

Whenever a noun is modified by an adjective or an adjective phrase, the noun can be omitted in order to avoid repetition within a brief context (one or two sentences). In such an instance, the definite article and the adjective or adjective phrase are left standing alone.

Prefiero el café regular sobre **el** (café) **descafeinado.**	*I prefer regular coffee over decaf (coffee).*
Los jóvenes de los EEUU, como **los** (jóvenes) **de otras partes del mundo,** a veces tienen problemas con sus padres.	*Young people in the United States, like those (the young people) in other parts of the world, sometimes have problems with their parents.*

When possessive adjectives stand for nouns, the long form is used, preceded by the appropriate definite article.

Mi disfraz es más impresionante que **su disfraz.** → Mi disfraz es más impresionante que **el suyo.**	*My costume is more impressive than her costume. → My costume is more impressive than hers.*
Su presentación y **nuestra presentación** recibieron un premio. → Su presentación y **la nuestra** recibieron un premio.	*Their presentation and our presentation received a prize. → Their presentation and ours received a prize.*
Su foto se encontró mezclada con **mis fotos.** → Su foto se encontró mezclada con **las mías.**	*His photo was found mixed in with my photos. → His photo was found mixed in with mine.*

The definite article is usually omitted after forms of **ser.**

—¿**Es tuyo** ese libro?	—*Is that book yours?*
—No, no es **mío.** Será de Ramón.	—*No, it isn't mine. It must be Ramón's.*

6. DEMONSTRATIVE ADJECTIVES AND PRONOUNS

A. Demonstrative Adjectives

To indicate the relative distance of objects from the speaker, English has two sets of demonstrative adjectives: *this/these* for objects close to the speaker and *that/those* for objects farther away. English has two corresponding place adverbs: *here* and *there*. In Spanish, there are three sets of demonstrative adjectives: **este, esta, estos/as** for this/these, **ese, esa, esos/as** for that/those (near), and **aquel, aquella, aquellos/as** for that/those (far).

If **libro** is the noun being described, the phrase **este libro** indicates a book near the speaker: **este libro, aquí. Ese libro** indicates a book away from the speaker but close to the person addressed: **ese libro, allí (ahí).*** **Aquel libro,**

---

*__***Ese libro**__ can also indicate a book away from both speakers. **Aquel libro** would then indicate a book even farther away from both than **ese libro.**

allí (allá) indicates a book that is at a distance from both the speaker and the person addressed. These relationships are indicated in the following diagram.

X speaker (**este libro** que yo tengo **aquí**)

Y listener (**ese libro** que tú tienes **ahí**)

Z third location far away (**aquel** libro **allá**)

B. Demonstrative Pronouns

You can replace demonstrative adjectives and nouns with demonstrative pronouns in order to avoid unnecessary repetition by following the pattern that you have already seen with adjectives and possessive constructions (see Appendix 5). Like demonstrative adjectives, demonstrative pronouns agree with the noun in number and gender. Note that demonstrative pronouns are accented on the stressed syllable.

Este coche es de mi padre y **ese coche** es de mi madre. → Este coche es de mi padre y **ése** es de mi madre.	*This car is my father's and that car is my mother's.* → *This car is my father's and that one is my mother's.*
Esta mujer es mi madre y **aquellas mujeres** son mis tías. → Esta mujer es mi madre y **aquéllas** son mis tías.	*This woman is my mother and those women are my aunts.* → *This woman is my mother and those are my aunts.*

C. Neuter Demonstrative Pronouns

The neuter pronouns **esto, eso,** and **aquello** refer to concepts or processes that have no identifiable gender. The neuter forms are also used to ask for the identification of an unknown object. They have no written accent.

No comprendo **esto**.	*I don't understand this (concept, idea, action, etc.).*
Voy al laboratorio todos los días y **eso** me ayuda.	*I go to the lab every day, and that (going there often) helps me.*
¿Qué es **esto**?	*What is this?*

7. *TENER* AND *HACER* EXPRESSIONS

In addition to **ser** and **estar,** Spanish uses the verbs **tener** and **hacer** to express the concept of *to be.*

Tener combines with certain nouns that are usually expressed with *to be + adjective* in English.

tener (mucho/a)	frío/calor	*to be (very)*	*cold/hot*
	hambre/sed/sueño		*hungry/thirsty/sleepy*
	éxito/suerte		*successful/lucky*
	razón (no tener razón)		*right (to be wrong)*
	cuidado/prisa		*careful / in a hurry*
	miedo/vergüenza		*afraid/embarrassed*
	_____ años		_____ *years old*

Another common **tener** expression is **tener ganas de** + *infinitive,* which expresses English *to feel like* + *present participle.*

Tengo ganas de dormir.	*I feel like sleeping.*

Weather conditions expressed with *to be* in English are usually expressed with **hacer** in Spanish.

Hace (mucho)	frío/calor/fresco.	*It is (very) cold/hot/cool.*
	sol/viento.	*sunny/windy.*
Hace (muy)	buen tiempo.	*It is (very) nice out.*
	mal tiempo.	*The weather is (very) bad.*

Verbs that refer to precipitation, such as **nevar (ie)**, **llover (ue)**, and **lloviznar,** are conjugated only in the third person singular. There is no **hacer** expression to describe these conditions.

Nieva mucho en Colorado.	*It snows a lot in Colorado.*
Llueve ahora, pero antes sólo **lloviznaba.**	*It's raining now, but before it was only drizzling.*

When using these expressions in the past, the focus of the speaker is usually on an ongoing state rather than on the beginning or end of that state. For this reason, these expressions are usually found in the imperfect tense.

8. ANSWERS TO *REPASO* ACTIVITIES

CAPITULO 1

1. son 2. están (estamos) 3. Es 4. las 5. considera 6. expresa 7. son 8. producen 9. causan 10. muchos 11. intentamos 12. estamos 13. un 14. es 15. son 16. comprenden (comprendemos) 17. viven 18. forman 19. hay 20. grandes 21. hay 22. son

CAPITULO 2

1. son 2. están 3. son 4. son 5. están 6. ser 7. están 8. Es 9. son

CAPITULO 3

Here is one possible answer to this exercise.

Una conversación en la clase de español del profesor O'Higgins

O'H: Bueno, estudiantes, es hora de entregar la tarea de hoy. Todos tenían que escribirme una breve composición sobre la originalidad, ¿no es cierto? ¿Me *la* escribieron?

J: Claro. Aquí tiene Ud. *la* (composición) *mía.*

O'H: Y Ud., señora Chandler, ¿también hizo la tarea?

CH: Sí, *la* hice, profesor O'Higgins, pero no *la* tengo aquí.

O'H: Ajá. Ud. *la* dejó en casa, ¿verdad? ¡Qué original!

CH: No, no *la* dejé en casa. Sucede que mi hijo tenía prisa esta mañana, el carro se descompuso y mi marido *lo* llevó al garaje.

O'H: Ud. me perdona, pero no veo la conexión. ¿Me *la* quiere explicar?

CH: Bueno, anoche, después de escribir la composición, *la* puse en mi libro como siempre. Esta mañana salimos, mi marido, mi hijo y yo, en el coche. Siempre dejamos a Paul —mi hijo— en su escuela primero, luego mi marido me deja en la universidad y entonces él continúa hasta su oficina. Esta mañana, como le dije, mi hijo tenía mucha prisa y cogió mi libro con *los suyos* cuando bajó del coche. Desgraciadamente no vi que cogió *el mío*. Supe que *lo* cogió cuando llegamos a la universidad. Como ya era tarde, no pude volver a la escuela de mi hijo. Así que mi marido se ofreció a buscarme el libro. Pero todavía no me *lo* ha traído. Yo *lo* llamé antes de la clase para saber el motivo de su retraso y él me explicó que en la ruta se descompuso el carro y tuvo que dejar*lo* en el garaje. Pero ahora también era muy tarde para él y no le quedaba tiempo para traerme el trabajo y llegar a su oficina a tiempo. Entonces...

O'H: Entonces, ¿quién tiene su tarea ahora? ¿*La* tiene su hijo?

CH: No, mi marido *la* tiene. El *la* recogió en la escuela de mi hijo, pero no pudo traérme*la* antes de clase. El carro se descompuso y él...

O'H: ...tuvo que llevar*lo* al garaje. Bueno, Ud. me *la* puede traer mañana, ¿no?

CH: Sin duda, profesor. *Se la* traigo tan pronto como llegue a la universidad. A Ud. le va a gustar. En mi composición propongo algunas maneras creativas para combatir el aburrimiento de la rutina diaria.

O'H: Me parece un tema extraordinariamente apropiado pero... ¡espero que sea breve!

CAPITULO 4

1. era 2. parecía 3. llegaron 4. estoy 5. tome 6. cuida 7. olvides 8. salga 9. le dijo 10. pórtese 11. hable 12. recibió 13. quien 14. me gustaba (me gustó) 15. decidió 16. tuve (tenía) 17. me dijo 18. vayas 19. te preocupes 20. corto 21. quería 22. que 23. me puse 24. salí 25. hacía 26. estaba 27. caminamos 28. comenzó 29. me preguntó 30. era 31. me escuchaba 32. tenía 33. volvió 34. lo visitaba 35. cuénteme 36. le pedía 37. vez

CAPITULO 5

1. sea 2. pasar 3. Escuche 4. sea 5. Compre 6. se la prepare 7. se la lave 8. se preocupe 9. se lo haga 10. empiece

CAPITULO 6

1. levanté 2. vi 3. estaba 4. pensaba 5. Sabía 6. podía 7. grité 8. salí 9. pensaba 10. llegué 11. abrí 12. salía 13. me preguntó 14. respondí 15. sonrió 16. explicó 17. venía 18. le gustaba 19. Quise 20. tenía 21. dije 22. necesitaba 23. conocía 24. pudo 25. le dije 26. éramos 27. hacías 28. quería 29. Nos poníamos 30. me miró 31. sugirió 32. volvió 33. balbuceé 34. había 35. Me senté

CAPITULO 7

1. vinieron 2. llegaron 3. es 4. significó 5. se llamaba 6. debía 7. daba 8. necesitaba 9. recibía 10. había 11. tuvieran 12. Era 13. produjeran 14. se cultivaban 15. pudiera 16. odiaban 17. les imponían 18. se convirtieron

CAPITULO 8

1. hace muchísimos años 2. fuera 3. se reunieron 4. habló 5. necesitamos 6. vean 7. apareció 8. habitaran 9. devoraron 10. destruyeron 11. pusieron 12. empezaran 13. admiraran 14. devastaron 15. que 16. pudieron 17. tuviera 18. que (la cual) 19. cubrió 20. decidieron 21. Sabían 22. iban 23. hicieran 24. se preparaban 25. se arrojaron 26. descubrieron 27. vivieran 28. arrojó 29. sino 30. estaba 31. me den 32. se arrojaron 33. comió

CAPITULO 9

1. Hace veinte años 2. por 3. parecía 4. tiene 5. se ven 6. Es 7. ayudó 8. es 9. tienen 10. Por 11. se presta (se prestó) 12. que 13. para 14. está 15. Hace poco 16. fueron exhibidas 17. por 18. se expuso 19. para 20. es acogido 21. se dirigen 22. son 23. que 24. había 25. se encuentra

CAPITULO 10

1. se oyen 2. se organizan 3. que 4. apoye 5. causan 6. afirman 7. fueran eliminadas (se eliminaran) 8. empieza 9. acompaña 10. conocen 11. Se compra 12. se consume 13. es 14. es 15. mantener 16. afecta 17. causa 18. provoca 19. produzca

CAPITULO 11

1. para 2. Tanto Yogi como Mark (Yogi tanto como Mark) 3. que 4. han trabajado 5. hacen 6. sino 7. son 8. utiliza 9. entrenados 10. colaborar 11. perdidas 12. por 13. se han usado los perros (los perros han sido usados) 14. se establecieron 15. para 16. se desarrolla 17. aprenden 18. sean 19. las repitan 20. lleguen a ser (se hagan) 21. sea entrenado por 22. obedezca 23. será 24. que 25. cuidar 26. se establezcan 27. los dos (ambos) 28. no serán 29. sino

CAPITULO 12

1. Mira 2. es 3. por 4. vean (veamos) 5. conozcan (conozcamos) 6. que 7. tenga 8. viajaré 9. Lo que 10. entiendo 11. hacerlo 12. te das cuenta 13. habrás 14. tendrás 15. hacer 16. puedas 17. es 18. Me siento 19. me he sentido 20. vine 21. por 22. que (quienes) 23. tenga 24. especializo 25. quería (quiere) 26. me hiciera (me haga) 27. he 28. he 29. estén 30. hay 31. has 32. sea 33. estabas 34. ser 35. consiste 36. lo que 37. sino 38. lo que 39. haya 40. hayas 41. vas 42. seas 43. (el) estudiar 44. sea 45. pero 46. fuera 47. se harían (nos haríamos) 48. Ríete 49. he

SPANISH–ENGLISH VOCABULARY

This vocabulary does not include exact or close cognates of English; also omitted are certain common words well within the mastery of second-year students, such as cardinal numbers, articles, pronouns, possessive adjectives, and so on. Adverbs ending in **-mente** and regular past participles are not included if the root word is found in the vocabulary or is a cognate. Terms are generally defined according to their use(s) in this text.

The gender of nouns is given except for masculine nouns ending in **-l, -o, -n, -e, -r,** and **-s,** and feminine nouns ending in **-a, -d, -ión,** and **-z.** Nouns with masculine and feminine variants are listed when the English correspondents are different words (*grandmother, grandfather*); in most cases, however, only the masculine form is given (**trabajador, piloto**). Adjectives are given only in the masculine singular form. Based on the Spanish Real Academia's 1994 decision, the letter combinations **ch** and **ll** are no longer treated as separate letters and are alphabetized accordingly. Verbs that are irregular or that have a spelling change are followed by an asterisk (*). In addition, both stem changes are given for stem-changing verbs.

The following abbreviations are used in this vocabulary.

abbrev.	abbreviation	*inv.*	invariable
adj.	adjective	*m.*	masculine
adv.	adverb	*n.*	noun
conj.	conjunction	*pl.*	plural
f.	feminine	*p. p.*	past participle
fig.	figurative	*prep.*	preposition
indef. pron.	indefinite pronoun	*s.*	singular

Words discussed in the **¡Ojo!** sections of the text are indicated by the chapter number in parentheses at the end of the entry: **(5).**

A

abajo *adv.* below
abeja bee
abierto (*p. p. of* **abrir**) open; opened
abnegación abnegation, self-denial
abnegado self-denying, unselfish
abogado lawyer; **abogado defensor** defense attorney
aborto abortion
abrazar* to hug
abrazo hug
abrelatas *m. s., pl.* can opener
abreviatura abbreviation
abrigo overcoat
abrir* to open
abrochar to button up, fasten
absorto: estar absorto to be entranced, amazed
abuela grandmother
abuelo grandfather; *pl.* grandparents
aburrido boring; bored
aburrimiento boredom
aburrir to bore, weary

acá (over) here; **acá y allá** here and there
acabar to finish, end; **acabarse** to run out of; **acabar con** to put an end to; **acabar de** + *inf.* to have just (*done something*); **acabar por** + *inf.* to end up by (*doing something*)
acaparar to take possession of, take hold of
acaso: por si acaso just in case
acceder to access
acción action; stock, share of stock
accionista *m., f.* stockholder
aceptar to accept
acerca de about, concerning, with regard to
acercarse* to approach
aclararse to clear up (*weather*)
acogedor welcoming
acoger* to welcome
acompañar to accompany
aconsejar to advise

acontecer* to happen, occur
acontecimiento event, incident
acordarse (ue) (de) to remember, recall
acostar (ue) to put to bed; **acostarse** to go to bed; to lie down
acostumbrarse to become accustomed
actitud attitude
actividad activity
actual current, present-day, recent
actualidad: en la actualidad at the present time
actualizar* to call up on one's computer screen
actualmente at present, now
actuar* to act, behave
acudir to come; **acudir a** to resort to
acuerdo agreement, pact; **estar de acuerdo** to be in agreement; **ponerse de acuerdo** to come to an agreement

acusado accused
adaptarse (a) to adapt (to)
adecuado appropriate
adelante: de ahora en adelante from now on
además (de) in addition (to)
adentrarse to go into, get into
adentro adv. inside, indoors
adherencia bond, connection; membership
adhesivo: tira adhesiva adhesive strip, bandage
adiestramiento (job) training
adivinar to guess
adolescente m., f. adolescent
adquirir (ie) to acquire
advertencia warning
advertir (ie, i) to warn
aéreo: controlador aéreo air-traffic controller
afabilidad good nature
afectivo emotional
afecto emotion, feeling
afeitar(se) to shave (oneself); **cuchilla de afeitar** razor blade
afición hobby, pastime, interest
aficionado fan, supporter
afirmación statement
afirmar to affirm, state, declare
afligido sorrowful, grieved
afortunado fortunate
afuera adv. outside, outdoors
agnóstico agnostic
agotamiento exhaustion
agradable pleasant, agreeable
agradar to please
agradecimiento gratitude
agregar to add
agresividad aggressiveness
agrícola adj. m., f. agricultural
agrupar to group
agua f. (but **el agua**) water
aguantar to put up with
águila f. (but **el águila**) eagle
agujero hole
ahora adv. now; **ahora mismo** right now; **de ahora en adelante** from now on; **ahora que** conj. now that
ahorrar to save (money), economize (9)
ahorros: cuenta de ahorros savings account
airosamente successfully
aislado isolated

¡ajá! aha!
ajedrez m. chess
ajuste adjustment
alarmarse to become alarmed
albañil bricklayer, mason
alcachofa artichoke
alcalde mayor
alcaldía mayor's office
alcanzar* to reach
alcoba bedroom
alegrar to make happy; **alegrarse (de)** to be happy, glad (about)
alegre happy, glad
alemán n., adj. German
alfabetización literacy
algo indef. pron. something; adv. somewhat
alguna vez sometime, sometimes; once
alimento food
alistarse to enlist
aliviado relieved
alivio relief
allá (over) there; **acá y allá** here and there; **el más allá** the hereafter, life after death; **más allá** farther
allí there
alma f. (but **el alma**) soul
almacén store, shop
almendro almond tree
almorzar (ue)* to eat lunch
alquilar to rent
alquiler n. rent
alternar to alternate
alto tall; upper; high; **en voz alta** in a loud voice
altruista m., f. altruist
alucinógeno hallucinogen
alumno student
amable kind; amiable
amante m., f. lover
amarillo yellow
amasar to knead; to amass
ambientalista m., f. environmentalist
ambiente atmosphere; **medio ambiente** environment
ambos both (7)
amigo friend
amistad friendship
amo master; **ama** f. (but **el ama**) **de casa** homemaker
amontonado heaped up, piled up
amor love
analfabetismo illiteracy
analfabeto illiterate

anciano n. elderly person; adj. old
andar* to walk; **andar atrasado** to be slow, behind schedule
anglosajón n., adj. Anglo-Saxon
anillo ring (jewelry)
animado animated; lively
animar to encourage
anoche last night
anónimo anonymous
anotar to jot down, record
ansia f. (but **el ansia**) yearning
ansioso anxious
ante prep. before, in the presence of
antecedentes pl. background, record
antepasado ancestor
anteriormente previously, before
antes adv. before; **antes de** prep. before; **antes (de) que** conj. before
anticipación: con dos semanas de anticipación two weeks in advance
antifantasma adj. inv. antighost, ghostbusting
antifumar adj. inv. antismoking
antiguo old; ancient; former
antipático disagreeable
anunciar to announce
anuncio announcement; advertisement; commercial
añadir to add
año year; **cumplir... años** to reach . . . years of age; **hace... años** . . . years ago; **tener... años** to be . . . years old; **todos los años** every year
apagado shut off; listless
aparato machine; appliance
aparecer* to appear, materialize
apariencia appearance
aparte de apart from
apellido family name; surname
apenas scarcely
aplaudir to applaud; to praise
aplicación (computer) application
aplicado studious
aplicar* to apply
aportación contribution
aportar to bring; contribute

aporte contribution

apostólico apostolic, relating to the Apostles

apoyar to support, back up (**4**)

apoyo support

apreciar to appreciate; to esteem, think well of

aprecio appreciation; esteem

aprender to learn

aprendizaje apprenticeship; act of learning

aprobación approval

aprobar (**ue**) to approve

apropiado appropriate, correct

aprovecharse (**de**) to take advantage (of)

apuntes *pl.* notes

apurado hurried, rushed

apuro jam, difficulty, tight spot

aquel: en aquel entonces at that time

aquí here

árbol tree

archivo (computer) file

ardiente: capilla ardiente funeral chapel

arena sand

arete earring

arma *f.* (*but* **el arma**) weapon; **arma de fuego** firearm

arquitecto architect

arrancar* to start (*a car*)

arreglar to arrange

arriba *adv.* above

arrojar to throw, fling

arroz *m.* rice

artesanía *s.* handicrafts

artista *m., f.* artist; movie star

asa *f.* (*but* **el asa**) handle

asaltar to attack, assault

asalto attack, assault

ascenso promotion

ascensor elevator

asco: dar asco to disgust

asegurar to assure, guarantee

asequible reasonable, moderate (*price*)

asesinar to murder

asesinato murder

asesino murderer

así *adv.* so, thus; in this/that manner, like this/that; **así que** *conj.* so then

asiento seat

asignado assigned

asimilarse to become assimilated

asistencia presence; assistance

asistir (**a**) to attend; to be present (at) (**6**)

asombrado astonished

asombro amazement, astonishment

aspecto aspect; appearance

aspiración aspiration, goal

aspirar a to aspire to

astucia shrewdness

asunto matter, affair, issue

asustar to frighten; **asustarse** (**de**) to be frightened (by)

atacar* to attack

ataque attack; **ataque al corazón** heart attack

atención: prestar atención to pay attention (**3**)

atender (**ie**) to attend to; to wait on (**6**)

ateniense *n. m., f.; adj.* Athenian

ateo atheist

aterrador frightening, terrifying

atleta *m., f.* athlete

atracar* to hold up, mug

atraco holdup, mugging

atraer* to attract

atrapar to catch, capture

atrasado: andar atrasado to be slow, behind schedule

atravesar (**ie**) to cross

atrayente attractive

atribuido attributed

atrofiar to atrophy

aumentar to increase

aumento increase

aun *adv.* even

aún *adv.* still, yet

aunque although, even if

autobús bus

autodefinir to define oneself

autoedición desktop publishing

autómata *m.* robot

autoridad authority

avena *s.* oats

avenida avenue

aventurero adventurous

averiguar* to find out

avión airplane

avisar to inform, notify

ayer yesterday

ayuda help, assistance

ayudar to help, aid (**6**)

ayuntamiento municipal government

azafata flight attendant, stewardess

azafrán saffron

azúcar sugar

azul blue

B

bailar to dance

bailarín dancer

baile dance

bajar to lower; to get (down), out of; to descend; **bajar de peso** to lose weight

bajo *adj.* short (*height*) (**1**); low; lower; **barrio de clase baja** slum; **en voz baja** in a low voice; *prep.* under; *adv.* below

balbucear to stutter, stammer

baloncesto basketball

bancario *adj.* bank

bancarrota bankruptcy; **estar en bancarrota** to be bankrupt; **ir a la bancarrota** to go bankrupt

bandera flag

bañar to bathe; **bañarse** to take a bath

baño bath; **cuarto de baño** bathroom

baraja deck of cards

barato *adj.* inexpensive, cheap; *adv.* cheaply

barbitúrico barbiturate

barco ship

barrer to sweep

barricada: predicador de barricada soapbox preacher

barrio neighborhood, section of a city; **barrio de clase baja** slum

base *f.:* **a base de** on the basis of, by means of; **base de datos** database

basquetbolista *m., f.* basketball player

bastante *adj.* enough, sufficient; *adv.* enough; a fair amount; rather; fairly

bastar to be enough, sufficient

basura garbage

basurero garbage collector

bateador batter (*baseball*)

batidora beater

bautizar* to baptize

beber to drink

bebida drink, beverage

beisbolista *m., f.* baseball player

belleza beauty; **salón de belleza** beauty parlor

bello beautiful; **la Bella Durmiente** Sleeping Beauty
bendición blessing
beneficiar to benefit
beneficio benefit
beneficioso beneficial
besar to kiss
beta: versión beta beta version (*second release of computer software*)
biberón baby bottle
biblioteca library
bibliotecario librarian
bien: bien educado well-mannered; **caer(le) bien** to strike (one) well, make a good impression; **(no) llevarse bien (con)** to (not) get along well (with); **pasarlo bien** to have a good time; **portarse bien** to behave
bienes *pl.* possessions
bienestar *n.* well-being
bienvenido welcome
bilingüe bilingual
billar *n. s.* billiards, pool; **salón de billar** pool hall
billete ticket
bisabuela great-grandmother
bisabuelo great-grandfather
bisnieta great-granddaughter
bisnieto great-grandson
blanco white
bloqueo freezing, blocking (*of funds*)
boca mouth
boda wedding
bofetada slap in the face
boicoteo boycott
boleto ticket
bolígrafo ballpoint pen
bolos: cancha de bolos bowling alley
bolsa bag; **Bolsa** stock market
bolsillo pocket, purse
bombero firefighter; **mujer bombero** (female) firefighter
bombilla light bulb
bondad kindness
bonito pretty
borrachera drinking spree, binge
borracho *n.* drunkard; *adj.* drunk
bota boot
botella bottle
botón button

brazo arm
brebaje brew
breve brief, concise (**1**)
brillante bright
broma joke; prank
bruja witch; **Día** *m.* **de las Brujas** Halloween
buceo diving
buen, bueno good, kind
bufanda scarf, muffler
burla joke
burlarse de to make fun of
busca search
buscar* to look for (**1**)
búsqueda search

C

caballo horse
caber:* no cabe duda there is no doubt
cabeza head
cabildear to lobby; to intrigue
cabo end; **al fin y al cabo** after all
cacahuete peanut
cachorro puppy; cub
cada *inv.* each; every
cadena perpetua life imprisonment
caer* to fall; **caer(le) bien/mal** to strike (one) well/badly, make a good/bad impression
cafeína caffeine
cafetera coffeepot
caja box
cajero teller, cashier; **cajero automático** ATM; **tarjeta cajero** ATM card
calabaza pumpkin
calavera skull
calcetín sock
calcular to calculate
cálculo calculation; calculus; **hoja de cálculo** spreadsheet
calentar(se) (ie) to warm (up)
calidad quality
caliente hot (*temperature*)
calle *f.* street
callejero *adj.* (of the) street
calmante tranquilizer, "downer"
calmar(se) to calm (down)
caló Calo (*language of the Spanish gypsies*)
calor heat; **hace calor** it's hot (*weather*)
calvo bald
cama bed

camarero waiter
cambiar to change, alter; to cash (*a check*); **cambiar de idea/opinión** to change one's mind
cambio change; **a cambio de** in exchange for
caminar to walk
caminata hike, walk; **hacer una caminata** to go on/for a hike
camino road, path
camión truck
camisa shirt
camiseta T-shirt
campamento camp
campaña campaign
campesino peasant, country person
campo country, rural area
canalizar* to channel, direct
cancha court (*sports*); **cancha de bolos** bowling alley; **cancha de tiro** shooting range
canción song
cansancio tiredness, weariness
cansar to tire
cantante *m., f.* singer
cantar to sing
cantidad quantity
capacidad capacity; talent, ability
capacitado qualified, having the aptitude
capaz capable
Caperucita Roja Little Red Riding Hood
capilla chapel; **capilla ardiente** funeral chapel
capítulo chapter
captar to capture; to attract
cara face
carabela caravel (*ship*)
característica characteristic
caramelo candy
cárcel *f.* prison, jail
cargado loaded, burdened
cargar* to charge (*to one's account*)
cargo: estar a cargo (de) to be in charge (of)
cariño affection
cariñoso affectionate
carne *f.* meat
carnet *m.* identification card
carnicería butcher shop
carnicero butcher
caro expensive

carrera career, profession; university specialty, major; race (*contest*)

carretera highway

carrito shopping cart

carta letter (*correspondence*)

cartel poster

cartelera billboard; notice board; list of plays, entertainment section (*newspaper*)

cartera wallet

casa house, home; **ama** (*f., but* **el ama**) **de casa** homemaker

casarse (**con**) to marry, get married (to someone) (**2**)

cáscara peel; hull (*of grain*)

casco helmet

casi almost

caso case; **en caso** (**de**) **que** in case; **hacer caso** (**de**) to pay attention (to), take into account (**3**)

castigar* to punish

castigo punishment

castillo castle

casualidad chance, accident

catalán *adj.   from the Spanish region of Catalonia*

catedrático university professor

católico *n., adj.* Catholic

causa: a causa de because of

cebolla onion

celda cell

celos *pl.* jealousy

celoso jealous

cementerio cemetery

cena supper

cenar to eat supper

cenicero ashtray

ceniza ash

censo census

centro center; downtown

cerca *adv.* nearby, close by (**4**); **cerca de** *prep.* near, close to (**4**)

cercano *adj.* near, close (**4**)

cerebro brain

cerrar (**ie**) to close

cerveza beer

césped *m.* lawn; grass

cesto basket, hamper

chantaje blackmail

chantajear to blackmail

charla chat, conversation

charlar to chat

chica girl

chicano *n., adj.* Chicano, Mexican-American

chicle chewing gum

chico boy

chileno *n., adj.* Chilean

chino *n., adj.* Chinese

chisme gossip, rumor; gadget

chiste joke; prank

chistoso funny

chocar* to collide, crash

choque crash; accident

chorizo *type of sausage*

chupete pacifier

Cía. (*abbrev. of* **compañía**) company (Co.)

ciego blind

cielo sky

científico scientist

ciento: por ciento percent

cierto certain; sure; true

cifra number, figure; amount

cigarrillo cigarette

cima top, summit

cine movie theater

cinta tape

cinturón de seguridad seat belt

circulación traffic

cirugía surgery; **cirugía estética** plastic surgery

cirujano surgeon

cita date; appointment (**7**)

ciudad city

ciudadanía citizenship

ciudadano citizen

claro clear; **¡claro!** of course!

clase *f.* class; social class; **barrio de clase baja** slum; **compañero de clase** classmate

cláusula clause

clave *n. f.* key; main element; *adj. inv.* key

clérigo cleric, clergyman

clero clergy

climatizado air-conditioned

coartada alibi

cobijo: a cobijo under shelter

cobrar to cash (*a check*); to charge (*someone for something*)

cobre copper

cobro collection; cashing

coche car

cocina kitchen; cuisine

cocinar to cook

cocinero cook, chef

cóctel cocktail, drink

codificar* to codify (*law*)

código postal zip code

coger* to take, pick up; to catch

cohete rocket

cola tail; **hacer cola** to stand in line

colegio elementary or secondary school

colgante hanging

colocación placement

colocar* to place, put

colono colonist

colorado reddish; **ponerse colorado** to blush

combatir to fight

comedia play, drama; comedy

comedor dining room

comenzar (**ie**)* to begin, start

comer to eat; **dar de comer** to feed

comerciante *m., f.* merchant

comestibles *pl.* provisions, food

cometer to commit

cómico funny; **dibujo cómico** cartoon; **tira cómica** comic strip

comida food; meal

comienzo beginning

comilón heavy eater

como *adv.* as, since (**7**); **tanto... como...** both . . . and . . . (**7**)

comodidades *f. pl.* creature comforts

cómodo comfortable

compañero companion, partner; **compañero de clase** classmate; **compañero de cuarto** roommate; **compañero de trabajo** coworker

compartir to share

competencia competition

competir (**i, i**) to compete

complemento object (*grammar*)

completo: de tiempo completo *adj.* full-time; **por completo** completely

componer* to make up, compose

comportamiento behavior

comportarse to behave (oneself)

compra purchase; **hacer la compra / ir de compras** to go shopping

comprador buyer

comprar to buy

comprender to understand

comprensión understanding

comprobar (**ue**) to verify, prove

comprometer(se) to promise, make a commitment
comprometido committed
computador, computadora computer; calculator
común common; **común y corriente** everyday
comunidad community
conceder to concede, grant
concreto: en concreto succinctly
condenar to condemn
condición: a condición de que provided that
conducir* to drive; **licencia de conducir** driver's license
conductor driver
conejo rabbit
conferencia lecture
confianza confidence
confiar* to trust
congelado frozen
conjunto whole, entirety
conmemorar to commemorate, remember
conmover (ue) to move, stir, touch (*emotions*)
conocer* to know; to meet
conocimiento knowledge
conquista conquest
conquistador conqueror
conquistar to conquer
consciente conscious
conseguir (i, i)* to get, obtain
consejero counselor, advisor
consejo advice
conservador conservative
conservar to keep, maintain
consiguiente: por consiguiente consequently
consistir en to consist of (**2**)
consolar (ue) to console, comfort
constituir* to constitute
construir* to construct, build
consuelo comfort
consultorio doctor's office
consumidor consumer
consumir to consume, take, use
consumo consumption, use
contacto: ponerse en contacto con to get in touch with
contador accountant
contaminación pollution
contar (ue) to tell, recount; to count; **contar con** to count on
contener (ie)* to contain

contenido *n.* content
contestar to answer
continuación: a continuación following, next
contra against; in opposition to
contraer* to contract, catch (*illness*)
contralto contralto (*range of the voice*)
contrario: por el contrario on the contrary
contraste contrast
contratar to hire, contract
contratiempo mishap
contrato contract
contribuir* to contribute
control de la natalidad birth control
controlador aéreo air-traffic controller
convenir (ie, i)* to be advisable, appropriate
convertir (ie, i) to convert; to change; **convertirse en** to become, turn into
copa wineglass; **tomar una copa** to have a drink
coqueta *n. f.* flirt; *adj. f.* flirtatious
coquetón *n. m.* flirt; *adj. m.* flirtatious
corazón heart; **ataque al corazón** heart attack
corbata tie
cordillera mountain range
cordón cord, string
corona crown; garland
corregir (i, i)* to correct
correo mail; **correo electrónico** e-mail
correr to run, jog
corriente *n.* current trend; current month; *adj.* running; current; **común y corriente** common, everyday; **cuenta corriente** checking account
cortacésped *m.* lawnmower
cortar to cut, trim; to cut short
corte *f.* court (*of law*); **corte** *m.* **de pelo** haircut
cortés *adj. m., f.* courteous
corto short (*length*); brief, concise (**1**)
cosa thing; matter; affair
cosecha harvest, crop
costoso costly
costumbre *f.* custom, habit
crear to create

creciente growing
crecimiento growth
crédito: tarjeta de crédito credit card
creencia belief
creer* to believe, think
cremallera zipper
creyente believer; **no creyente** nonbeliever
criado servant
crianza rearing (*of children*); upbringing
criar* to raise, bring up (*children*)
crimen crime (*in general*); murder
criollo *n., adj.* Creole
crisol melting pot
cristianamente in a Christian manner
crítica criticism
criticar* to criticize
crucigrama *m.* crossword puzzle
cruzada crusade
cruzar* to cross
cuaderno notebook
cuadra (city) block
cuadro square
cualificado qualified
cualquier, cualquiera *adj.* any; any . . . at all
cualquiera *indef. pron.* anyone (at all)
cuando: de vez en cuando from time to time
cuanto *adv.* as much as; **en cuanto** as soon as; **en cuanto a...** as far as . . . is concerned
cuánto *adj.* how much; *adv.* how
cuarto *n.* room; **cuarto de baño** bathroom; **compañero de cuarto** roommate; *adj.* fourth
cubierto (*p. p. of* **cubrir**) covered
cubrir* to cover
cuchilla: cuchilla de afeitar razor blade
cuenta check, bill; account (**3**); **cuenta corriente** checking account; **cuenta de ahorros** savings account; **darse cuenta (de)** to realize, become aware (of) (**8**); **tener en cuenta** to take into account, keep in mind
cuento story, tale, narrative (**3**)

cuero leather
cuerpo body
cuestión question, matter, topic (**7**)
cuidado care, caution; **con cuidado** carefully, cautiously; **tener cuidado** to be careful, cautious
cuidar to care for, take care of (**4**)
culpable guilty
cultivo cultivation
culto well-educated, learned, cultured
cumpleaños *m. s., pl.* birthday
cumplir to complete, fulfill (*a goal*); **cumplir… años** to reach . . . years of age; **hacer cumplir** to enforce
cuñada sister-in-law
cuñado brother-in-law
cura *m.* priest; *f.* cure
curar el ombligo to tie off the umbilical cord at birth
cursivo cursive; **letra** *s.* **cursiva** italics
curso course
custodia custody
cuyo whose

D

dañino harmful, damaging
daño injury; **hacer daño a** to cause harm or bodily injury (**10**)
dar* to give; **dar asco** to disgust; **dar de comer** to feed; **dar las gracias** to thank; **dar palmadas** to slap; to pat; **dar sepultura a** to bury; **dar una fiesta** to have a party; **darle igual** to be all the same to one; **darse cuenta (de)** to realize, become aware (of) (**8**)
dato fact, result, datum (**8**); **base** *f.* **de datos** database
debajo (de) underneath, below
deber *n.* duty; debt; *v.* should, ought to
debido a due to, owing to, because of
débil weak
debilidad weakness
decano dean
decidir to decide; **decidirse (a)** to make up one's mind (*to do something*)
décimo tenth

decir (i, i)* to say, tell; **es decir** that is to say; **¡no me digas!** you don't say!; **querer decir** to mean
decisión: tomar una decisión to make a decision
declararse en huelga to go on strike
dedicarse* (**a**) to dedicate onself (to)
dedo finger
defecto fault
defender (ie) to defend
defensor: abogado defensor defense attorney
dejar to leave, leave behind; to quit; to put off; to drop (*a course*); to let, permit, yield; **dejar de** + *inf.* to stop (*doing something*) (**10**); **dejar en paz** to leave alone; **dejar plantado** to leave in the lurch, jilt; **no dejar de** + *inf.* to not neglect to (*do something*), not miss out on (*doing something*) (**10**)
delante (de) in front (of)
delfín dolphin
delgado thin
delictivo *adj.* criminal
delincuencia delinquency; criminality
delincuente delinquent; criminal
delito crime (*other than murder*); criminal act
demanda request
demás: lo demás the rest; **los demás** the others
demasiado *adj.* too much; too many; *adv.* too; too much
demente crazy
demografía (study of) human population
demográfico *adj.* (of the) population
demorar to delay, hold up
demostrar (ue) to demonstrate, show
dentro de in, within
denunciar to denounce, accuse; to turn in
depender (de) to depend (on) (**2**); **depende** it depends (**2**)
dependienta (female) sales clerk
dependiente *n.* sales clerk; *adj.* dependent

deporte sport
deportista *m., f.* sportsman, sportswoman; sports fan
deportivo *adj.* sports
deprimido depressed
derecha right, right-hand (*side*)
derechista *m., f.* rightist
derecho right (*legal*), privilege; law
derrumbarse to collapse, cave in
desabrochar to undo, unfasten
desacuerdo disagreement
desafortunado unfortunate, unlucky
desagradable disagreeable, unpleasant
desagradar to displease
desamparado *n.* homeless person; *adj.* helpless
desanimar to discourage
desaparecer* to disappear
desaprobar (ue) to disapprove of
desarrollar to develop
desarrollo development; **en vías de desarrollo** developing (*country*)
desayunar to have breakfast
desayuno breakfast
desbloquear to unleash
descansar to rest
descanso rest; leisure
descargar* to download (*computer program*)
descendiente *m., f.* descendant
descomponer* to break down
descompuesto (*p. p. of* **descomponer**) broken down
desconfianza distrust, lack of confidence
desconocer* to not know; to be ignorant of
desconocido *n.* unknown person; *adj.* unknown, unfamiliar
descortés *adj. m., f.* impolite
descrito (*p. p. of* **describir**) described
descubierto (*p. p. of* **descubrir**) discovered
descubrimiento discovery
descubrir* to discover
desde *prep.* since (*time*); from; **desde que** *conj.* since
deseable desirable
desear to desire, want

desechable disposable
desechar to reject; to scorn
desembarcar* to disembark; to land, put ashore
desempeñar un papel to play (fulfill) a role
desempleado unemployed person
desempleo unemployment
desenchufado disconnected, unplugged
deseo desire, wish
desequilibrio imbalance
desesperado desperate
desgraciadamente unfortunately
deshacer* to undo
desinflado flat (*tire*)
deslizarse* en trineo to take a sleigh/sled ride
desnutrición malnutrition
desnutrido undernourished
desobedecer* to disobey
despacho office (*specific room*)
despacio slowly
despedir (i, i) to fire, dismiss; **despedirse (de)** to say good-bye (to)
despegar* to take off (*airplane*)
despertador alarm clock
despertar(se) (ie) to awaken, wake up
despierto (*p. p. of* **despertar**) awake
despistado astray; absent-minded
desplazamiento displacement
despoblación rural migration away from the countryside
despreciar to look down on, scorn
desprecio scorn, contempt
desprenderse to come loose, fall off
después *adv.* afterwards; **después de** *prep.* after; **después (de) que** *conj.* after
destreza skill, dexterity
destruir* to destroy
desventaja disadvantage
desvestirse (i, i) to undress
detalle detail
detener(se) (ie)* to detain, stop (oneself); to arrest (**10**)
deterioro deterioration
determinado specific, fixed

detrás *adv.* behind; **detrás de** *prep.* behind
deuda debt
devolución return
devolver (ue)* to return, give back (**5**)
devuelto (*p. p. of* **devolver**) returned
día *m.* day; **al día** daily; **Día de las Brujas** Halloween; **Día de los Muertos (Difuntos)** All Souls' Day; **Día de todos los Santos** All Saints' Day; **hoy (en) día** nowadays; **todo el día** all day; **todos los días** every day
diablo devil
dial (radio) dial
diamante diamond
diario *adj.* daily
dibujo sketch, drawing; **dibujo cómico** cartoon
dicho *n.* saying; (*p. p. of* **decir**) said
diente tooth
dieta: estar a dieta to be on a diet
diferir (ie, i) to differ
difícil difficult
difunto: Día *m.* **de los Difuntos** All Souls' Day
dinero money
dios god, idol; **Dios** God
diplomático diplomat
dirección direction; address
dirigir* to direct, aim
disciplina discipline
disciplinar to discipline
disco record; diskette; **disco duro** hard drive
discoteca discotheque
discriminar (contra) to discriminate (against)
disculpa *n.* excuse
discurso speech
discutir to discuss; to argue
diseñar to design
diseño design, plan
disfraz *m.* disguise, costume
disfrazar* to disguise; to wear a costume
disfrutar (de) to enjoy
disgustar to annoy, upset
disminuir* to diminish
disponer* to arrange; to have available
dispuesto (*p. p. of* **disponer**) ready, prepared
disquete diskette
distinto different

distorsionar to distort
disuadir to dissuade
diversión amusement
divertido amusing
divertirse (ie, i) to enjoy oneself, have a good time
divorciarse (de) to divorce, get divorced (from)
divorcio divorce
doblar to turn; to fold
docena dozen
doctorado doctorate, Ph.D.
doler (ue) to ache, hurt; to grieve, distress (**10**)
dolor pain, ache
doméstico: quehaceres domésticos / tareas domésticas household chores
domicilio: a domicilio at home
don *title of respect used with a man's first name*
donar to donate
donativo donation
doña *title of respect used with a woman's first name*
dormir (ue, u) to sleep; **dormir la siesta** to take a nap; **dormirse** to fall asleep
dormitorio bedroom
dos: los dos both (**7**)
droga drug
drogarse* to take drugs
ducharse to take a shower
duda doubt; **no cabe duda** there is no doubt; **sin duda** doubtless
dudar to doubt
dudoso doubtful
dueño owner, landlord
dulces *pl.* candy, sweets
duradero lasting
durante during
durar to last, endure
durmiente: la Bella Durmiente Sleeping Beauty
duro hard; difficult; **disco duro** hard drive

E

echar to throw; **echar de menos** to miss, long for (**9**)
edad age
edificio building
educación upbringing; education
educado: bien educado well-mannered
educar* to rear, bring up (*children*)

educativo educational
EEUU *m. pl.* U.S.
efectivo: pagar en efectivo to pay in cash
efectuado carried out
eficaz effective
egoísmo selfishness
egoísta *n. m., f.* egotist; *adj.* egotistical, selfish
ejecutable executable file (.exe)
ejecutar to run (*computer application*)
ejecutivo executive
ejemplo example; **predicar con el ejemplo** to practice what one preaches
ejercer* to practice (*a profession*); to exert (*influence*)
ejercicio exercise
ejército army
elaborar to elaborate, explain in more detail
elección election; choice
electricidad electricity
electrónico: correo electrónico e-mail
elegir (i, i)* to elect
elevar to raise, lift
elocuente eloquent
embargo: sin embargo however, nevertheless
embelesado fascinated, enthralled
emborracharse to get drunk, intoxicated
embriagador intoxicating
embriaguez intoxication, drunkenness
embrujado haunted
emocionado excited
emparejar to match
empezar (ie)* (a) to begin, start (to)
empleado worker, employee
emplear to use; to employ, hire
empleo job; work, employment
empollón grind, bookworm; nerd
empresa corporation; **libre empresa** free enterprise
empresario manager
enamorarse (de) to fall in love (with) (**2**)
encantador fascinating, charming
encantar to fascinate, charm
encarcelar to imprison

encargarse* de to take charge of
encendido bright; lit up
encontrar (ue) to find
encuentro encounter
encuesta survey
enfadar to anger
enfatizar* to emphasize, stress
enfermarse to become sick
enfermedad illness, disease
enfermero nurse
enfermo sick, ill
enfocarse* (en) to focus (on)
enfrentar to confront; **enfrentarse con** to face
enfrente (de) in front (of)
enfriarse* to cool down
enlatado canned
enlazar* to connect with, join together with
enmienda amendment, emendation; correction
enojarse to become angry, irritated
enriquecer* to enrich
enseñanza teaching
enseñar to teach; to show
entender (ie) to understand
enterarse de to find out about, become aware of
entero entire, whole
enterrar (ie) to bury
entierro burial
entonces then; **en aquel entonces** at that time
entrada ticket
entrar to enter
entre between, among
entregar* to turn in; to deliver, give
entrenador trainer, coach
entrenamiento sports training
entrenar to train
entretenerse (ie)* to amuse oneself
entretenimiento entertainment
entrevista interview
entrevistador interviewer
entrevistar to interview; **entrevistarse con** to have an interview with
entusiasmarse to become enthusiastic
envase container, bottle, can
envenenar to poison
enviar* to send
envidia envy

época period (*time*), age, epoch
equilibrar to balance
equilibrio balance
equipo team; equipment
equivocarse* to be wrong, mistaken
escala scale
escandalizarse* to be shocked, scandalized
escenario stage (*theater*); setting
escoger* to pick, choose
escolar *adj.* scholastic
esconder to hide, conceal
escribir* to write; **escribir a máquina** to type
escrito (*p. p.* of **escribir**) written
escritor writer
escuchar to listen
escuela school; **escuela secundaria** high school
esforzarse (ue)* to try hard, make an effort
esfuerzo effort
eso: por eso for that reason
espalda back
España Spain
espanto ghost; fright
español *n.* Spaniard; Spanish (*language*); *adj.* Spanish
especia spice
especialización major (*subject of study*)
especializarse* en to specialize in; to major in
especular to speculate
espejo mirror
esperanza hope
esperar to wait (for); to expect; to hope
espía *m., f.* spy
espinacas *pl.* spinach
esplendoroso splendid
esposo spouse
esquela obituary notice
esqueleto skeleton
esquemático schematic
esquiar* to ski
esquina (street) corner
establecerse* to get settled
establecimiento establishment
estación station; season
estacionar to park
estadio stadium
estafa graft; deceit
estafador person who commits graft, swindler
estampilla stamp

estancia stay; dwelling
estante bookcase; shelf
estar* to be; **estar a cargo (de)** to be in charge (of); **estar a dieta** to be on a diet; **estar a la venta** to be on/for sale; **estar absorto** to be entranced, amazed; **estar de acuerdo** to be in agreement; **estar de vacaciones** to be on vacation; **estar en bancarrota** to be bankrupt; **estar para** + *inf.* to be about to (*do something*)
estatal *adj.* state, relating to the state
estereotipo stereotype
estético: cirugía estética plastic surgery
estimulante stimulant, "upper"
estrecharse la mano to shake hands
estrecho narrow; tight
estrella star
estudiantil *adj.* student; **residencia estudiantil** dormitory
estudiar to study
estudios *pl.* studies
etnia ethnic group, ethnicity
europeizar* to Europeanize
evangelizador evangelist, preacher
evitar to avoid
exequias *pl.* funeral rites
exigente demanding
exigir* to demand; to require
exiliado exile, refugee
éxito success; **tener éxito** to be successful (**6**)
expectativa expectation, hope
expediente dossier, vita, resumé
experimentar to experience, undergo; to experiment
explicación explanation
explicar* to explain
explotar to exploit
exponer* to exhibit
extendido widespread
externo outer
extraer* to extract
extranjero *n.* abroad; *adj.* foreign, alien
extrañar to miss, long for (**9**)
extraño strange
extraordinario: hacer horas extraordinarias to work overtime

extrovertido outgoing, extroverted

F

fábrica factory
fabricación manufacture, production
fabricado manufactured
fácil easy
facilidad facility, ease
facilitar to facilitate, make easier
falda skirt
fallecer* to die
fallecimiento death
falsificación forgery
falta *n.* lack; **hacer falta** to need, be lacking
faltar to be lacking, missing; to need; **faltar a** to miss, not attend (**9**)
fama reputation; **mala fama** bad reputation, notoriety
familia family
familiar *n.* relative; *adj.* (of the) family; familiar
fantasma *m.* ghost
fascinar to fascinate
fastidiar to annoy, irk
favor: por favor please
fe *f.* faith
fecha date (*time*) (**7**)
felicidad happiness
feliz happy
feo ugly
feria fair; market
feroz ferocious, savage
ferretería hardware store
fichero (computer) file
fiesta party; **dar una fiesta** to have a party
figurar to figure, be/take part
fijarse (en) to notice
fijo: de fijo without a doubt
fin end; goal; **a fin de** + *inf.* in order to (*do something*); **a fin de que** so that; **al fin y al cabo** after all; **en fin** in short; **fin de semana** weekend; **poner fin a** to stop, put an end to; **por fin** finally
final: al final finally; **al final de** at the end of
firma signature
firmar to sign
fiscal *m., f.* prosecuting attorney
física *n.* physics
físico *adj.* physical
flaco thin, skinny

flojo lazy; not very bright (*slang*)
flor *f.* flower
florecer* to flourish, thrive
fluir* to flow
folleto pamphlet, brochure
fomentar to promote; to stir up
fondo background; essence; *pl.* funds
forma form; manner, way
formación training, education
formulario form; **llenar un formulario** to fill out a form
foro forum
fortalecer* to strengthen
forzar* to force, break down
foto(grafía) *f.* photo(graph); **sacar una foto** to take a picture
fracaso failure, breakdown, collapse
fraile friar, monk
francés *n.* French person; French (*language*); *adj.* French
frase *f.* phrase
frecuencia: con frecuencia frequently
frenar to apply the brakes; to slow down
frenética frantic, frenzied
frente a faced with; in front of
fresa strawberry
fresco cool; fresh
frigorífico refrigerator
frío *n., adj.* cold; **hace frío** it's cold (*weather*); **tener frío** to be cold
frito: patatas fritas french fries
frontera border
fuego fire; **arma** *f.* (*but* **el arma**) **de fuego** firearm
fuera *adv.* outside
fuerte strong
fuerza strength
fumador smoker
fumar to smoke
funcionamiento functioning, operation
funcionar to work (*mechanical*), function, run (**1**)
fundar to found
fúnebre funereal, gloomy
fútbol soccer; **fútbol americano** football
futbolista *m., f.* soccer player; football player

G

gabinete cabinet (*political*)

gafas (eye)glasses; **gafas oscuras** sunglasses

galleta cookie; cracker

gallina hen

gama range, gamut

gambas *pl.* shrimp

ganancias *pl.* earnings, profits

ganar to earn; to win; **ganarse la vida** to make a living

ganas: tener ganas de + *inf.* to feel like (*doing something*)

gandule pigeon pea

ganga bargain

gastar to spend; to use; to waste

gasto expense, cost

gato cat

gemelo twin

general: por lo general in general

género gender

genio genius

gente *f. s.* people

gerencia management

gerente *m., f.* manager, director

gigante giant

gigantesco gigantic

gimnasia *s.* gymnastics

gimnasio gymnasium

giro: hacer un giro to turn, make a turn

gitano gypsy

globo balloon

gobierno government

goloso having a sweet-tooth; greedy (*about food*)

golpear to hit

gordo fat

grabar to record

gracias thank you; **dar las gracias** to thank; **gracias a** thanks to

gradería *s.* tiers, rows of seats, stands

gráfica graph, diagram

gran, grande great; large, big (**10**)

gratis *inv.* free (*of charge*)

gratuito free (*of charge*)

grave serious

gravedad gravity, seriousness

griego *n., adj.* Greek

gris gray

gritar to shout, yell

grito scream

grúa tow truck

grueso thick

guante glove

guapo handsome

guardar to keep, set aside; to save (**9**)

guatemalteco *n., adj.* Guatemalan

guerra war

guía *m., f.* guide

guión script

guisado stew

guisantes peas

gustar to be pleasing

gusto taste

gustosamente gladly, willingly

H

haber* to have (*auxiliary*)

hábil clever, skillful

habilidad skill, ability

habitación room

habitante *m., f.* inhabitant

habitar to inhabit

hábito habit, dress; habit, custom

hablador talkative

hablar to speak; to talk

hacelotodo *m., f.* do-it-all

hacer* to do; to make; **hace… años** . . . years ago; **hace buen (mal) tiempo/calor/frío** the weather is good (bad)/hot/cold; **hacer caso (de)** to pay attention (to), take into account (**3**); **hacer cola** to stand in line; **hacer la compra** to go shopping; **hacer cumplir** to enforce; **hacer daño** to cause harm or bodily injury (**10**); **hacer falta** to need, be lacking; **hacer horas extraordinarias** to work overtime; **hacer la maleta** to pack a suitcase; **hacer sol** to be sunny; **hacer trampas** to cheat; **hacer travesuras** to play pranks; **hacer un giro** to turn, make a turn; **hacer un viaje** to take a trip (**9**); **hacer una caminata** to go on/for a hike; **hacer una pregunta** to ask a question (**11**); **hacer una visita** to pay a visit (**3**); **hacerse** to become; to turn into (**6**); **hacerse una idea** to conceive, imagine

hacia toward

hacinado stacked up

hallazgo finding, discovery

hambre *f.* (*but* **el hambre**) hunger; **tener hambre** to be hungry

hasta *adv.* even; *prep.* until; up to; **hasta que** *conj.* until

hastío boredom

hay (*from* **haber**) there is, there are

hazaña achievement, deed

hecho *n.* fact; deed, event (**8**); (*p. p. of* **hacer**) done; made

helado ice cream

herencia heritage

herir (**ie, i**) to hurt, injure

hermana sister

hermano brother; *pl.* siblings

hermoso beautiful, handsome

heroína heroin; heroine

herramienta tool

hervido boiled

hierba grass

hija daughter

hijo son; *pl.* children; **hijo único** only child

hipermercado large discount store

hipócrita *m., f.* hypocrite

hispánico *n., adj.* Hispanic

hispano *n., adj.* Hispanic

historia history; story

hogar home; **hogar on-line** homepage

hoja sheet of paper; **hoja de cálculo** spreadsheet

holgazanería idleness; loitering

hombre man; **hombre de negocios** businessman

hombro shoulder

homogéneo similar

hora time of day; hour (**3**); **hacer horas extraordinarias** to work overtime

horario schedule

horno oven; (**horno de**) **microondas** microwave oven

horrorizar* to horrify, terrify

hoy today; **hoy (en) día** nowadays

huele (*from* **oler***) (it) smells

huelga strike; **declararse en huelga** to go on strike

huérfano orphan

hueso bone

huésped *m., f.* guest

huevo egg

humano: ser (*n.*) **humano** human being

humilde humble, meek
humo smoke

I

ida: pasaje de ida one-way passage
idea: cambiar de idea to change one's mind; **hacerse una idea** to conceive, imagine
identificar* to identify
idioma *m.* language
iglesia church
igual equal, same; **al igual que** just as; **darle igual** to be all the same to one
igualdad equality
imagen *f.* image, picture
imán magnet
impedir (i, i) to impede, prevent (**10**)
impermeable raincoat
implicar* to imply
imponer* to impose
importar to be important, of concern (**4**); to import (*goods*)
imprescindible indispensable
impresionar to impress
impresora printer
imprimir to print
impuesto tax
impuntualidad unpunctuality, tardiness
inalámbrico: teléfono inalámbrico cordless telephone
incapaz incapable
incautarse to seize, confiscate
incinerado burnt
incitar to incite, instigate
inclinarse a to be or feel inclined to
incluir* to include
incluso including
incorporarse to participate; to join
increíble unbelievable
inculcar* to impress; to teach
indeseable undesirable
índice rate
indígena *n. m., f.* native, indigenous inhabitant; *adj.* indigenous, native
inducir* a to lead to
indultado pardoned
indulto pardon, exoneration
infantil *adj.* children's
infeliz unhappy
inferir (ie, i) to infer, deduce
infiel *m., f.* pagan

influir* to influence
información: superautopista de la información information superhighway
informarse to find out
informática computer science
informe report
infracción crime
infringir* la ley to break the law
ingeniero engineer
ingenio ingenuity, inventiveness
Inglaterra England
inglés *n.* English person; English (*language*); *adj.* English
ingresar to deposit (*funds*)
ingresos *pl.* income
iniciar to initiate
inmaduro immature
inmigrar to immigrate
inquilino renter, tenant
insólito unusual
insoportable unbearable, intolerable
instigar* to instigate
institutriz governess
instruido well-educated
instruirse* to be informed
integrarse to become integrated
intentar to try, attempt (**11**)
intento attempt
intercambio interchange, exchange
interesar to be of interest; **interesarse (en)** to become interested (in)
interiormente internally
íntimo intimate, close (**4**)
introvertido introverted, shy
inundación flood
inundado flooded
invento invention
inversión investment
invertir (ie, i) to invest
invierno winter
invitado guest
ir* to go; **ir a** + *inf.* to be going to (*do something*); **ir a la bancarrota** to go bankrupt; **ir de compras** to go shopping; **ir de pesca** to go fishing; **ir de visita** to visit; **irse** to go away, leave; **irse de vacaciones** to take a vacation
itinerante *adj.* traveling
izquierda *n.* left

izquierdista *m., f.* leftist

J

jabón soap
jamás never
jaquemate checkmate (*chess*)
jardín garden
jardinero gardener
jefe boss, supervisor
jerga slang
joven *n. m., f.* young person, youth; *adj.* young
jubilación retirement
jubilarse to retire (*from a job*)
judío *n.* Jewish person; *adj.* Jewish
juego game
jueves *n. s., pl.* Thursday
juez judge
jugada play, move (*in a game*)
jugador player
jugar (ue)* (a) to play
juguete toy
juicio judgment
juntar to join together
junto (a) near, next to
juntos together
jurado jury
juventud youth
juzgar* to judge

L

laboral *adj.* pertaining to work
lado: al lado next door; **al lado de** next to
ladrar to bark
ladrón thief, robber
lanzador pitcher (*baseball*)
lápiz *m.* pencil
largo long (**10**); **a largo plazo** long-term; **a lo largo de** throughout
lástima pity, shame
lastimar to hurt, injure (*physically*) (**10**)
lata tin
lavabo sink
lavar(se) to wash (oneself)
lavaplatos *m. s., pl.* dishwasher
lazo bond; tie
lección lesson
leche *f.* milk
lector reader
leer* to read
legumbre *f.* vegetable
lejos far

lema *m.* slogan
lengua language
lenguaje speech
lentamente slowly
lentilla contact lens
leña firewood
letra letter (*of alphabet*); **letra** *s.* **cursiva** italics
levantar to raise, pick up; **levantarse** to get up; to stand up
ley *f.* law; **infringir/violar la ley** to break the law
liberar to liberate
libertad freedom
librar to free
libre free (*to act*); unoccupied; **libre empresa** free enterprise; **tiempo libre** free time
librería bookstore
libro book
licencia de conducir driver's license
lienzo artist's canvas
lima file (*tool*)
límite limit; deadline
limpiar to clean
limpieza cleaning
limpio clean
línea: en línea on-line
lío mess (*fig.*)
listo bright, smart; ready
llamar to call; to attract; **llamar a la puerta** to knock at the door; **llamarse** to call oneself, be named
llanta tire
llanto crying
llave *f.* key
llegar* to arrive, get to; **llegar a ser** to get to be, become (**6**)
llenar to fill; **llenar un formulario** to fill out a form
lleno full
llevar to carry; to take (**9**); to wear; **llevar una vida (feliz/difícil)** to lead a (happy/difficult) life; **llevarse** to take away, carry off; (**no**) **llevarse bien (con)** to (not) get along well (with)
llorar to cry, mourn
llover (ue) to rain
lluvia rain
lluvioso rainy
lobo wolf
local: red local local area network

loco crazy
lograr to achieve, attain; to succeed (*in doing something*) (**6**)
Londres London
los dos both (**7**)
lucha fight
luchar to fight
luego then, next; later
lugar *n.* place, location
lúgubre dismal, gloomy
lujo luxury
luminoso lighted; **señal luminoso** traffic light, signal
lunes *n. s., pl.* Monday
luto mourning; **estar de luto** to be in mourning; to wear (black/dark) mourning clothes
luz light; electricity

M

madera wood
madrastra stepmother
madre *f.* mother; **madre patria** mother country
madrugada dawn, early morning
madurez maturity
maestría Master's degree
maestro teacher
magia magic
mago wizard
mal, malo *adj.* sick; bad; **mala fama** bad reputation, notoriety; **mal** *adv.* badly; **hace mal tiempo** the weather is bad; **portarse mal** to misbehave
malcriado bad-mannered; ill-behaved
maleducado ill-mannered
maleta suitcase; **hacer la maleta** to pack a suitcase
maletín small case, bag
malévolo evil
malgastar to waste, misspend
malhablado foulmouthed
maltratar to mistreat
mancha stain
manchar to stain
mandamiento commandment
mandar to order, command; to send
mandato command, order
mandón bossy, domineering
manejar to drive; to handle
manera: de manera que so that

manifestación protest, demonstration, rally
manifestar (ie) to show, express
mano *f.* hand; **a la mano** at hand; **a mano** by hand; **de segunda mano** secondhand; **estrecharse la mano** to shake hands; **mano de obra** workforce
manso tame; docile
mantener (ie)* to maintain; to support (**4**); to keep up (*tradition*)
mantequilla butter
mantilla mantilla (*head scarf*)
manzana apple
mañana *n.* morning; **por la mañana** in the morning; *adv.* tomorrow
mapa *m.* map
máquina machine; **escribir a máquina** to type
mar sea
maravilla marvel
marca brand (name)
marcharse to go away, leave
maremoto tidal wave
marido husband
marinero sailor
martes *n. s., pl.* Tuesday
más more, most; **el más allá** the hereafter, life after death; **más allá** farther; **más de, más que** more than; **más que nada** more than anything
masaje massage
matar to kill, murder; **matar a puñaladas** to stab to death
materia subject matter; **materia prima** raw material
matriculación enrollment
matricularse to register, enroll
matrimonio matrimony; married couple
mayor *n.* elder; *adj.* older; greater, greatest
mayoría majority
mayorista *m., f.* wholesaler
mayoritario *adj.* majority
media mean, average; stocking
mediano average, medium
medianoche *f.* midnight
médico doctor, physician
medida measure, means; **a medida que** at the same time as, while

medio *n.* middle; half; means; *adj.* average, mean; middle; **medio ambiente** environment; **Oriente Medio** Middle East

mediodía *m.* midday, noon

medir (i, i) to measure

mejilla cheek

mejillón mussel

mejor better, best

mejorar to make better, improve

melocotón peach

menear to wag

menor *n.* minor; *adj.* smaller, smallest; younger, youngest

menos less, lesser, least; **a menos (de) que** unless; **echar de menos** to miss, long for (**9**); **ni mucho menos** not by any means; **por lo menos** at least

mensaje message

mensajero messenger

mensual monthly

mentir (ie, i) to lie, deceive

mentira lie

mentiroso lying, deceitful

menudo: a menudo often

mercado market

mercantilismo mercantilism, commerce

merecer* to deserve

mes month

mesa table

mesero waiter

mestizo racially mixed

meta goal, aim

meter to insert, put into

metro meter; subway

mezcla mixture

mezquita mosque

microonda: (horno de) microondas microwave oven

miedo fear; **tener miedo** to be afraid

mientras *adv.* meanwhile; **mientras que** *conj.* while

milagro miracle

militar military person

milla mile

mimar to spoil (*a person*)

minero miner

mirar to look (at); to watch (**1**); **¡mira!** look (here)! (**1**)

misa Mass

misericordia pity, compassion, mercy

misionero missionary

mismo *adj.* same; (one)self; right; **ahora mismo** right now

mitad *n.* half

mitigativo mitigating, moderating

mito myth

mochila knapsack; backpack

moda fashion, style

modales *pl.* manners, behavior

moderado moderate

modernización modernization

moderno: lo moderno modern things

módico reasonable, moderate

modificar* to modify, change

modo way, manner; mood (*grammatical*); **de modo que** so that

mojarse to become wet

molde mold, pattern, model

moler (ue) to grind

molestar to bother, annoy

molestia annoyance

momentáneo momentary

momia mummy

monja nun

monje monk

mono monkey

monstruo monster

montañero mountaineer

montar to ride; to assemble

morado *adj.* violet, purple

morir (ue, u)* to die

mostrar (ue) to show

motivar to provide a reason for; to motivate

motivo reason; motive

moto(cicleta) *f.* motorcycle

mover(se) (ue) to move (*an object or body part*) (**5**)

móvil mobile

muchacha girl

muchacho boy

muchedumbre *f.* multitude, crowd

mucho much, a lot; **muchas veces** often, frequently; **ni mucho menos** not by any means

mudanza move, change (*of residence*)

mudarse to move (*residence*) (**5**)

muebles *pl.* furniture

muerte *f.* death; **pena de muerte** death penalty

muerto *n.* dead person, deceased; **Día** *m.* **de los Muertos** All Souls' Day; (*p. p. of* **morir**) dead, killed

mujer *f.* woman; wife; **mujer bombero** (female) firefighter; **mujer de negocios** businesswoman; **mujer policía** (female) police officer

multa traffic ticket; fine; **poner una multa** to fine

mundial *adj.* world, worldwide

mundo world; **todo el mundo** everybody

muñeca doll, puppet

muralla wall

museo museum

músico musician

musulmán *n., adj.* Moslem

mutuamente mutually

N

nacer* to be born

naciente growing, emerging

nacimiento birth

nada nothing; **más que nada** more than anything

nadar to swim

nadie no one, nobody

naranja orange (*fruit*)

nariz nose

narrar to narrate

natalidad: control de la natalidad birth control

naturaleza nature

nave *f.* ship

navegador navigator

navegar* la red to "surf the net"

Navidad Christmas

necesidad need

necesitar to need

negar (ie)* to deny; **negarse a +** *inf.* to refuse to (*do something*)

negociante *m., f.* negotiator

negociar to negotiate

negocio business; **hombre/mujer** *f.* **de negocios** businessman/businesswoman

negro black

neoyorquino of or pertaining to New York

nevar (ie) to snow

ni neither; nor; not a; not even; **ni mucho menos** not by any means; **ni siquiera** not even

nieta granddaughter

nieto grandson; *pl.* grandchildren

nieve *f.* snow

ningún, ninguno *adj.* no, none, (not) one

niña little girl

niñero baby-sitter

niñez childhood

niño little boy; *pl.* children; **de niño** as a child

nivel level; standard

noche *f.* night; **esta noche** tonight

nombrar to name

nombre name

noreste northeast

norte north

norteamericano *n., adj.* North American

nota grade

notar to notice, note

notario notary public

noticias *pl.* news

novia girlfriend; fiancée; bride

noviazgo courtship; engagement

novio boyfriend; fiancé; bridegroom; *pl.* (engaged) couple; bride and groom

nuera daughter-in-law

nuevo new; **de nuevo** again

nunca never, not ever

nutrimento nourishment

O

obedecer* to obey

obligar* (**a**) to oblige, force

obra work (*of art, literature*); **mano** *f.* **de obra** workforce

obrero worker

observador observant

obsesionado obsessed

obtener (ie)* to obtain, get

obvio obvious

ocasionar to cause

ocio leisure time; relaxation

ocultar to hide, conceal

ocupado busy, occupied

ocurrir to occur; to take place

odiar to hate

odio hatred

oeste west

ofender to hurt someone's feelings; to offend (**10**)

oferta offer

oficina office (*general term*)

oficinista *m., f.* office clerk

oficio trade, occupation

ofrecer* to offer

oír* to hear

ojalá I wish (that); I hope (that)

ojo eye; **¡ojo!** be careful!; watch out!

oleada surging (*of a crowd*)

oler* to smell

olfato sense of smell

olvidar to forget; **olvidarse (de)** to forget

ombligo navel; **curar el ombligo** to tie off the umbilical cord at birth

on-line: hogar on-line home page

opinar to think, have an opinion

opinión: cambiar de opinión to change one's mind

opio opium

oponerse* **a** to be opposed to

oración sentence; prayer

oratoria speech

orden *m.* order, arrangement; *f.* order, command; **a sus órdenes** at your disposal

ordenador (personal) computer (*Spain*)

ordenar put in order

organizar* to organize

orgullo pride

orgulloso proud

oriente east; **Oriente Medio** Middle East

oro gold

oscurecer* to get dark

oscuro *adj.* dark; **gafas oscuras** sunglasses

oso bear

otoño autumn

otro another; other; **otra vez** again; **por otra parte** on the other hand

P

padre father; priest; *pl.* parents

paella *rice dish typical of Spain*

pagano pagan

pagar* to pay (for) (**3**); **pagar a plazos** to pay in installments; **pagar en efectivo** to pay in cash

página page

país country

pájaro bird

palabra word

palmada: dar palmadas to slap; to pat

palomitas *pl.* popcorn

pan bread

pantalla screen

pantalones pants

pañal diaper

pañuelo handkerchief

papel paper; role; document; **desempeñar un papel** to play (fulfill) a role

paquete package

par pair

para for; in order to; toward; by; **estar para** + *inf.* to be about to (*do something*); **para que** so that, for

parabrisas *m. s., pl.* windshield

paraguas *m. s., pl.* umbrella

paraíso paradise

parar to stop, halt; **pararse** to stand up

parcial: de tiempo parcial part-time

parecer* to look like / as if, seem (**1**); **a mi parecer** in my opinion; **parecerse a** to look like

pared wall

pareja pair; (married) couple; partner

pariente relative (*family*)

parqueadero parking space

párrafo paragraph

parricidio parricide, killing of one's father

parroquial *adj.* (of the) parish

parte: en/por todas partes everywhere; **por otra parte** on the other hand

partida departure

partidario advocate

partido (political) party; game, match

partir: a partir de starting from, based on

pasado *n.* past; *adj.* last (*in time*), past

pasaje passage; **pasaje de ida** one-way passage

pasar to pass; to go on; to spend (*time*); to happen; **pasarlo bien** to have a good time

pasatiempo pastime; hobby

Pascuas *pl.* Easter

pasear to take a walk; to take a ride

pasillo hallway

paso step; **de paso** in passing

pastel pastry

pastilla pill

pastor pastor, clergyman
pata foot, leg (*of animal*)
patata potato (*Spain*);
patatas fritas french fries
patear to kick
patinar to skate
patria country; native land;
madre patria mother
country
patrocinar to sponsor
patrón boss
pauta model; standard; guide
payaso clown
paz peace; **dejar en paz** to
leave alone
pedazo piece
pedir (i, i) to ask for, request;
to order (*food*) (**11**); **pedir
prestado** to borrow; **pedir
un préstamo** to take out a
loan
pegar* to hit, strike
peinado hair style
peinarse to comb one's hair,
fix one's hair
pelea fight, struggle
pelear(se) to fight
película movie, film
peligro danger
peligroso dangerous
pelo hair; **corte de pelo**
haircut; **secador de pelo**
hair dryer
pelota ball
peluquería barber shop
pena de muerte death penalty
pensamiento thought
pensar (ie) to think (**2**);
pensar + *inf.* to plan to
(*do something*); **pensar de**
to think of (*opinion*) (**2**);
pensar en to think about,
focus on (**2**)
peor worse, worst
pequeño *n.* child; *adj.* small
percibir to perceive
perder (ie) to lose; to miss
(*an opportunity or
deadline*) (**9**)
pérdida loss
perezoso lazy
periódico newspaper
periodista *m., f.* journalist
perito skilled, expert
perjudicar* to harm
perjudicial harmful
permanecer* to stay, remain
permitir to permit
pero *conj.* but (**11**)
perpetuo: cadena perpetua
life imprisonment

perro dog
perseguir (i, i)* to pursue,
chase
personaje character (*in
fiction*)
pertenecer* to belong
pesadilla nightmare
pesado dull, uninteresting;
heavy
pesar: a pesar de in spite of
pesca: ir de pesca to go
fishing
peseta *monetary unit of Spain*
peso weight; **bajar de peso** to
lose weight
petición petition, request
pez *m.* fish
picadillo hash
pie foot (*of body*); **a pie** on
foot
pierna leg
pieza piece
píldora pill
pimiento verde green pepper
pintar to paint
pintor painter
piscina swimming pool
piso floor (*of building*)
pista trail
pistola gun, pistol
pizarra chalkboard
placa plaque
placer *n.* pleasure
plagio plagiarism
plagiar to plagiarize
planchar to iron
planear to plan
plantado: dejar plantado to
leave in the lurch, jilt
plantear to present, pose (*a
problem, argument, etc.*)
plátano banana
platillo saucer; **platillo
volador** flying saucer
plato plate; dish
playa beach
plazo: a largo plazo long-
term; **pagar a plazos** to pay
in installments
pleito lawsuit, case
pleno full
plétorico overabundant
pluma pen
población population
pobre *n. m., f.* poor person;
adj. poor; unfortunate
pobreza poverty
poco *n.* a little bit; *adj., adv.*
little, scanty
poder (ue)* *n.* power; *v.* to
be able to, can

poderoso powerful
policía police force; *m.* police
officer, detective; **mujer
policía** (female) police
officer
polígono polygon
política *n. s.* politics; policy
político *n.* politician; *adj.*
political
pollo chicken
poner* to put, place, set;
poner fin a to stop, put an
end to; **poner una multa** to
fine; **ponerse** to become,
turn (**6**); to put on
(*clothing*); to set about;
ponerse colorado to blush;
ponerse de acuerdo to
come to an agreement;
ponerse en contacto con to
get in touch with
por *prep.* for, for the sake of,
because of (**7**); by;
through; per; **por ciento**
percent; **por completo**
completely; **por consi-
guiente** consequently; **por
el contrario** on the
contrary; **por eso** for that
reason; **por favor** please;
por fin finally; **por la
mañana** in the morning;
por lo general in general;
por lo menos at least; **por
lo tanto** therefore; **por otra
parte** on the other hand;
¿por qué? why?; **por si
acaso** just in case; **por
supuesto** of course; **por
todas partes** everywhere;
por último finally
porcentaje percentage
porque *conj.* because; for; as,
since (**7**)
porqué *n.* reason, cause
portarse bien/mal to
behave/misbehave
portón gate
porvenir *n.* future
poseer* to possess
postal: tarjeta postal
postcard
postre dessert
postularse to apply (*for a
position, job*)
postura position
práctica practice
practicante practicing,
religious
practicar* to participate (*in a
sport*); to practice

precavido cautious, wary
precio price
preciso necessary
predicador preacher; **predicador de barricada** soapbox preacher
predicar* to preach; **predicar con el ejemplo** to practice what one preaches
preferido favorite, preferred
preferir (ie, i) to prefer
pregunta question (*of interrogation*) (**7**); **hacer una pregunta** to ask a question (**11**)
preguntar to ask (a question) (**11**)
prejuicio prejudice
premio prize
prenda (de vestir) garment (of clothing)
prensa press
preocupar(se) to worry
preparativo preparation
prescindir to do without
presentar to present; to introduce (*one person to another*)
presente *n.* current month; *n., adj.* present
presión pressure
prestado: pedir prestado to borrow
préstamo loan; **pedir un préstamo** to take out a loan
prestar to lend; **prestar atención** to pay attention (**3**)
presupuesto budget
prevenir (ie, i)* to prevent
primavera spring (*season*)
primer, primero first
primicias *pl.* news
primo *n.* cousin; **materia prima** raw material
príncipe prince
principio: a principios de at the beginning of; **al principio** at first, in the beginning
prisa: tener prisa to be in a hurry
probar (ue) to try; to taste (**11**); **probarse** to try on (*clothing*) (**11**)
procesador de textos word processor
producir* to produce
profesar to declare, profess
profundo deep; profound

programación computer programming
programador computer programmer
prohibir* to prohibit
promedio average
promesa promise
prometedor promising
prometer to promise
promover (ue) to promote
pronombre pronoun
pronominal *adj.* (*grammatical*) pronominal
pronto soon; **tan pronto como** as soon as
propio one's own; appropriate
proponer* to propose
proporcionar to provide; to offer
propósito purpose; end; goal; **a propósito**: *adj.* appropriate; *adv.* by the way, incidentally
proscribir* to outlaw, prohibit
proscrito (*p. p.* of **proscribir**) forbidden; illegal
proteger* to protect
protestante *m., f.* protestant
provechoso beneficial
provocar* to provoke; to cause
próximo next
proyecto project
prueba test, trial
publicar* to publish
pueblo town; people, nation
puerta door; **llamar a la puerta** to knock at the door
puerto port
puertorriqueño *n., adj.* Puerto Rican
pues then; well
puesto *n.* position, job; (*p. p.* of **poner**) placed, put, set; **puesto que** *conj.* since, given that (**7**)
pulmón lung
pulpo octopus
puntaje score
puntiagudo: zapato puntiagudo shoe with pointed toe
punto point; **a punto de** about to; **en punto** on the dot (*time*); **punto de vista** point of view
puntual punctual, on time
puntualidad punctuality

puñalada: matar a puñaladas to stab to death

Q

quedar to be left; to have left; to fit (*clothing*); **quedarse** to stay, remain
quehacer *n.* chore; **quehaceres domésticos** household chores
quejarse (de) to complain (of, about)
quemar(se) to burn
querer (ie)* to want, wish; to love; **no querer** (*preterite*) to refuse; **querer decir** to mean
querido *adj.* dear
queso cheese
quieto still, peaceful, calm
química chemistry
químico *n.* chemist; *adj.* chemical
quinto fifth
quirúrgico surgical
quitar to remove, take away; **quitarse** to take off
quizá(s) perhaps

R

rabino rabbi
radicarse* to establish oneself, put down roots
raíz root, stem
rana frog
rapidez rapidity, speed
rápido *adj.* rapid; *adv.* rapidly
raptar to kidnap
rapto kidnapping
raro strange, odd
rascacielos *m. s., pl.* skyscraper
rasgo feature, characteristic, trait
rastreo tracing, tracking
ratería de tiendas shoplifting
ratero shoplifter
rato brief period of time
ratón mouse
rayo beam, ray
raza race (*ethnic*); **La Raza** community of Hispanics
razón *f.* reason
reaccionar to react
real real; royal
realidad virtual virtual reality
realización accomplishment, carrying out
realizar* to accomplish; to achieve (*a goal or ambition*) (**8**); to carry out

rebelde rebellious
rebeldía rebellion
rebotar to bounce
recado message, note
recelo mistrust
receta recipe; prescription
rechazar* to reject
recibir to receive, get
reciclar to recycle
recién + *p. p.* recently, newly + *p. p.*
reciente new, recent
recluta *m., f.* recruit
recoger* to pick up, retrieve
recompensa reward, compensation
reconocer* to recognize
recordar (ue) to remember, recall
recortar to cut back, trim
recostar (ue) to lean
recreativo recreational
rector president (*of a university*)
recuerdo remembrance
recuperar to regain
recurso resource
red network; **red local** local area network; **navegar la red** to "surf the net"; **trabajar en red** to be networked
redactar to edit
redondo round
reducir* to reduce
reemplazar* to replace
referirse (ie, i) (a) to refer (to)
refinar to refine
reflejar to reflect
reforzar (ue)* to reinforce
refresco refreshment
refugiado refugee
regalar to give (*as a gift*)
regalo gift
regla rule
reglamento regulation
regresar to return, come/go back (**5**)
regreso return
reina queen
reír(se) (í, i) (de) to laugh (at)
relación relationship
relacionado (con) related (to)
relacionar to connect; **relacionarse** to get acquainted
relajarse to relax
reloj *m.* watch, clock
remedio solution, way out

remontarse to go back (*in time*)
Renacimiento Renaissance
rendirse (i, i) to surrender
rentabilidad profitability
renunciar to quit; to reject
reparación repair
repartir to divide up, distribute
repasar to review
repaso review
repente: de repente suddenly
repetir (i, i) to repeat
representante *m., f.* representative
requerir (ie, i) to require
requete- *prefix* very, quite
requisito requirement
resaca: tener resaca to have a hangover
rescate rescue
resfriado cold (*illness*)
residencia (estudiantil) dormitory
resolución solution, resolution
resolver (ue)* to solve; to resolve
respecto: al respecto in regard to the matter; **con respecto a** with respect to; compared with
respetar to respect
respeto respect, deference, admiration
respetuoso respectful
respirar to breathe
responsabilidad responsibility
respuesta answer
restablecerse* to recover
restaurar to restore
resto rest; *pl.* remains
resuelto (*p. p.* of **resolver**) resolved
resultado result
resumen summary
retirar to withdraw (*funds*)
retoño child, kid (*fig.*)
retraso delay
retratado depicted; portrayed
retrato portrait
reunión meeting; reunion
reunir* to unite, assemble; **reunirse** to meet, get together
revelar to reveal
revista magazine
rey *m.* king; *pl.* king and queen

rezar* to pray
rico rich; delicious
ridiculizar* to ridicule, make fun of
riesgo risk
riña quarrel, dispute
río river
riqueza wealth, riches
ritmo rhythm
rito rite
robar to rob, steal
robo robbery, theft
rodear to surround
rojo red; **Caperucita Roja** Little Red Riding Hood
rol role, part
romper* to break; to tear
ropa clothing
roto (*p. p.* of **romper**) broken; torn
rubio blond(e)
rueda wheel
ruido noise
ruidoso noisy
ruptura breakup, split
rural: despoblación rural migration away from the countryside
ruso *n., adj.* Russian
rutinario *adj.* routine, everyday

S

S.A. *abbrev. of* **sociedad anónima** *n.* corporation (Inc.); *adj.* incorporated
sábado Saturday
saber* to know; (*preterite*) to find out; **saber** + *inf.* to know how to (*do something*)
sabiduría knowledge, wisdom
sabor flavor
sacar* to take out; to obtain, get; **sacar una foto** to take a picture
sacarosa sucrose
sacerdote priest
sacrificar* to sacrifice
sacrificio sacrifice
sacramento: santos sacramentos extreme unction
sala room; living room; **sala de estar** living room
salir* to leave, go out (*of a place*)
salón room, salon, reception room; **salón de belleza** beauty parlor; **salón de billar** pool hall
saltar to jump

salud health
saludable healthy
salvadoreño *n., adj.* Salvadoran
salvar to save, rescue (**9**)
salvavidas *m. s., pl.* lifeguard
sangre *f.* blood
sangría *wine and fruit drink*
sangriento bleeding, bloody
sanidad health
sano healthy, fit
Santidad: Su Santidad His Holiness (the Pope)
santo *n.* saint; **Día** *m.* **de todos los Santos** All Saints' Day; *adj.* holy
satisfacer* to satisfy
satisfecho (*p. p.* of **satisfacer**) satisfied
secador de pelo hair dryer
secar* to dry; **secarse** to dry up, dry off
secretario secretary
secuestrar to kidnap
secuestro kidnapping
secundario: escuela secundaria high school
sed: tener sed to be thirsty
seguida: en seguida immediately, right away
seguidamente forthwith
seguir (i, i)* to follow, come after; to continue; to take (*courses*)
según according to
segundo *adj.* second; **de segunda mano** secondhand
seguridad security; **cinturón de seguridad** seat belt
seguro *n.* insurance; *adj.* sure; safe, secure
semáforo traffic light
semana week; **fin de semana** weekend; **la semana que viene** next week
semejante similar
semejanza similarity
senador senator
sensación physical feeling, sensation
sensibilidad sensitivity
sensible sensitive
sentarse (ie) to sit down
sentido sense (*bodily*); meaning; **tener sentido** to make sense
sentimiento emotion, feeling
sentir (ie, i) to feel (*with nouns*); to regret (**5**);

sentirse to feel (*with adjectives*) (**5**)
señal *f.* traffic signal; **señal luminosa** traffic light
señalar to point out
señalización system of signs, signals (*traffic*)
sepelio burial
sepultura: dar sepultura a to bury
ser* *n.* being; **ser humano** human being; *v.* to be; **llegar a ser** to get to be, become (**6**)
serio serious; **en serio** seriously
servidor (computer) server
servir (i, i) to serve
SIDA *m.* AIDS
siempre always; **siempre que** as long as, provided that
siento: lo siento I'm sorry
siesta: dormir la siesta to take a nap
sigla abbreviation; acronym
siglo century
significación meaning
significar* to mean, signify
siguiente following
silla chair
sillón armchair
simpático nice
sin *prep.* without; **sin duda** doubtless; **sin embargo** however, nevertheless; **sin que** *conj.* without
sinagoga synagogue
sindicalista *adj. m., f.* *relating to labor unions*
sindicato labor union
sino but, except, but rather (**11**); **sino que** *conj.* but rather (**11**)
síntoma *m.* symptom
siquiera: ni siquiera not even
sitio place, location
sobornar to bribe
soborno bribery
sobre *n.* envelope; *prep.* over; on; about; regarding; **sobre todo** especially
sobredosis *f. s., pl.* overdose
sobrenatural supernatural
sobrepoblación overpopulation
sobrevivir to survive
sobrina niece
sobrino nephew
socialización socialization
socializar* to socialize, form social habits

sociedad society; **sociedad anónima** *n.* corporation; *adj.* incorporated
socio partner, associate, member
sol sun; **hacer sol** to be sunny
solamente *adv.* only
soldado soldier
soler (ue) to be in the habit of
solicitar to solicit; to apply for (*a job*)
solicitud (job) application form
solo *adj.* alone; only, sole; **a solas** by oneself
sólo *adv.* only; **no sólo** not only (**11**)
soltero *adj.* single, unmarried
sombra shade
sombrilla parasol
someter to submit
sonar (ue) to sound; to go off; to ring
sondeo survey
sonido sound
sonreír (í, i) to smile
sonriente smiling
soñar (ue) (con) to dream (about, of) (**2**)
sopa soup
soportar to support, hold up (*physically*); to bear, endure; to tolerate, put up with (**4**)
sordo deaf
sorprendente surprising
sorprender to surprise; **sorprenderse** to be surprised
sorpresa surprise
sosegar (ie)* to calm, quiet
sostener (ie)* to hold up, support (**4**); to maintain
subir to raise; to go up, climb
subrayar to underline; to emphasize
suceder to happen, occur; to follow in succession (**6**)
sucio dirty
suegra mother-in-law
suegro father-in-law; *pl.* in-laws
sueldo salary
suelto detached, loose
sueño dream
suerte *f.* luck; **tener suerte** to be lucky
sufrimiento *n.* suffering
sufrir to suffer; to undergo
sugerencia suggestion

sugerir (ie, i) to suggest
suizo Swiss
sujeto n. subject; adj. fastened, secure, tight
sumamente extremely
superautopista de la información information superhighway
superficie f. surface
supermercado supermarket
suplicar* to entreat, implore
suponer* to suppose, assume
supuesto: por supuesto of course
sur south
suspender to fail, flunk (someone)
sustantivo noun
sustituir* to substitute

T

tabaco tobacco; cigarettes
taberna tavern
tabla table, chart
tacaño stingy
taco taco; building block (toy)
tal such (a); **con tal (de) que** on condition that, provided that; **¿qué tal... ?** what about . . . ?; **tal vez** perhaps
talco talcum powder
talla size (clothing)
también also
tampoco neither, not either
tan so, as; such; **tan... como** as . . . as; **tan pronto como** as soon as
tanto so much; as much; pl. so many; as many; **tanto... como...** both . . . and . . . (7); **por lo tanto** therefore
tapa appetizer (Spain)
taquito building block (toy)
tardar (en) to take (time) (9)
tarde n. f. afternoon; adv. late; **tarde o temprano** sooner or later
tarea homework, assignment; task, job; **tareas domésticas** household chores
tarjeta card; **tarjeta cajero** ATM card; **tarjeta de crédito** credit card; **tarjeta postal** postcard
tasa rate
tatuaje tattoo
tatuarse* to get tattooed
taza cup
techo roof
teclado keyboard

técnica technique
tecnología technology
teleadicción addiction to watching the television
teleadicto television addict, "couch potato"
teléfono inalámbrico cordless telephone
telemaratón television marathon
telenovela soap opera
televisión television (programming)
televisor television (set)
tema m. theme
temer to fear, be afraid of
temerario reckless, bold
temor fear
templo temple
temporal temporary
temprano early; **tarde o temprano** sooner or later
tender (ie) to have a tendency
tener (ie)* to have, possess; to hold; **tener... años** to be . . . years old; **tener cuidado** to be careful; **tener en cuenta** to take into account; to keep in mind; **tener éxito** to be successful (6); **tener frío** to be cold; **tener ganas de +** inf. to feel like (doing something); **tener hambre** to be hungry; **tener miedo** to be afraid; **tener prisa** to be in a hurry; **tener que +** inf. to have to (do something); **tener que ver con** to have to do with; **tener resaca** to have a hangover; **tener sed** to be thirsty; **tener sentido** to make sense; **tener suerte** to be lucky
tenista m., f. tennis player
tensionante stressful
teñir (i, i) to dye
terapéutico therapeutic
tercer, tercero adj. third
terminar to finish, end
término term
terraza terrace
terrenal earthly, worldly
terrorífico terrifying
tesis f. thesis
testamento will
testigo m., f. witness
texto: procesador de textos word processor

tía aunt
tiempo time (general) (3); weather; tense (grammatical); **a tiempo** on time; **de tiempo completo** full-time; **de tiempo parcial** part-time; **hace buen/mal tiempo** the weather is good/bad; **tiempo libre** free time
tienda store, shop; **ratería de tiendas** shoplifting
tierra land, earth
tío uncle; pl. aunts and uncles
típico typical
tipo type, kind, sort; guy
tira strip; **tira adhesiva** adhesive strip, bandage; **tira cómica** comic strip
tirar to throw, fling
tiro: cancha de tiro shooting range
título (academic) degree; title
toalla towel
tocadiscos m. s., pl. record player
tocar* to touch; to play (an instrument)
todavía still, yet
todo all, everything, all of; **en/por todas partes** everywhere; **sobre todo** especially; **todo el día** all day; **todo el mundo** everybody; **todos los años** every year; **todos los días** every day
tolerar to tolerate
tomar to take (9); to drink; to eat; **tomar una copa** to have a drink; **tomar una decisión** to make a decision; **tomar (unas) vacaciones** to take a vacation
tonto silly, foolish
torera female bullfighter; short, tight jacket
torero bullfighter
tornero machinist
toro bull
torpe clumsy, awkward
tortuga tortoise
toser to cough
toxicomanía (drug) addiction
toxicómano drug addict
trabajador n. worker; adj. hardworking
trabajar to work (1); **trabajar en red** to be networked

trabajo job; work; paper (*academic*); **compañero de trabajo** coworker
tradicional: lo tradicional traditional things
traducir* to translate
traer* to bring
traficante *m., f.* drug dealer
trago drink
traje suit (*of clothing*)
trampa trap; **hacer trampas** to cheat
tramposo cheater
tranquilizante sedative
tránsito traffic
transmitir to transmit; to broadcast
tras *prep.* after, behind
trascender (ie) to spread; to have a wide effect
trasladar(se) to move, transfer (*to another place*) (**5**)
trasnochar to stay up all night, "pull an all-nighter"
tratado treaty
tratar to treat (**11**); **se trata de** it's a question of; **tratar de + *inf.*** to try to (*do something*) (**11**); **tratar de + *noun*** to deal with (*a topic*) (**11**)
trato treatment; dealings
través: a través de across, over
travesura trick, prank; **hacer travesuras** to play pranks
travieso mischievous
tren train
trineo sled; **deslizarse en trineo** to take a sleigh/sled ride
triste sad
tristeza sadness
trono throne
trozo piece, chunk
truco trick
trueno thunder
tumba tomb, grave

U

ubicuo ubiquitous
últimamente lately
último last; most recent; **por último** finally
único only, sole; unique; **hijo único** only child
unidad unit
unido united, close (**4**)
unir to join, unite; **unirse a** to join together

universidad *n.* university
universitario *adj.* (of the) university
uña fingernail
urbanismo urban development; city planning
urbanista *m., f.* developer
urbanización migration into the cities; subdivision or residential area
urbanizar* to urbanize
urna urn
usuario user
útil useful
utilizar* to use, utilize

V

vaca cow
vacaciones *pl.* vacation; **estar de vacaciones** to be on vacation; **irse de vacaciones** to take a vacation; **tomar (unas) vacaciones** to take a vacation
vacío empty
valentía courage, bravery
valer* to be worth
válido valid
valiente brave, valiant
valioso valuable
valor value
valorar to value; to appreciate
vampiro vampire
vaquero cowboy
varios several
varón male
vaso (drinking) glass
¡vaya! well!; there!
vecindario neighborhood
vecino neighbor
vejez old age
vela candle
velocidad speed
vendaje bandage
vendedor seller, salesperson
vender to sell
venir (ie, i)* to come; **la semana que viene** next week
venta sale; **estar a la venta** to be on/for sale
ventaja advantage
ventana window
ver* to see; **tener que ver con** to have to do with
verano summer
veras: de veras really, truly
verdad truth; **de verdad** really
verdadero real, genuine; true

verde green; **pimiento verde** green pepper
verdura green vegetable
vergüenza shame, embarrassment
versión beta beta version (*second release of computer software*)
vestir(se) (i, i) to dress; **prenda de vestir** garment (of clothing)
vez time, instance (**3**); **a la vez** at the same time; **a su vez** in its turn; **a veces** at times; **alguna vez** sometime, sometimes; once; **de vez en cuando** from time to time; **en vez de** instead of; **muchas veces** often, frequently; **otra vez** again; **tal vez** perhaps
vía: en vías de desarrollo developing (*country*)
viajar to travel
viaje trip; **hacer un viaje** to take a trip (**9**)
vicio vice, bad habit
vida life; **ganarse la vida** to make a living; **llevar una vida (feliz/difícil)** to lead a (happy/difficult) life
videocasetera VCR
videojuego video game
vidrio glass
viejo *n.* old person; *adj.* old; longtime
vínculo link, bond, tie
vino wine
violación violent act; rape
violar to rape; **violar la ley** to break the law
virtual: realidad virtual virtual reality
visita: hacer una visita to pay a visit (**3**); **ir de visita** to visit
visitante *m., f.* visitor
vista: punto de vista point of view
visto (*p. p.* of **ver**) seen
viuda widow
viudo widower
vivienda dwelling place; housing
vivir to live
vivo *adj.* live
volador: platillo volador flying saucer
volar (ue) to fly; to blow up

voluntad will

volver (ue)* to return, come/go back (**5**); **volverse** to become, turn (**6**)

voz voice; **en voz alta** in a loud voice; **en voz baja** in a low voice

vuelta: de vuelta on the way back

vuelto (*p. p.* of **volver**) turned; returned

Y

ya already; right away; now; **ya no** no longer; **ya que** since, given that (**7**)

yerno son-in-law

Z

zapato shoe; **zapato puntiagudo** shoe with pointed toe

INDEX

ABOUT THE AUTHORS

Mary Lee Bretz is Professor of Spanish and Chair of the Department of Spanish and Portuguese at Rutgers University. Professor Bretz received her Ph.D. in Spanish from the University of Maryland. She has published numerous books and articles on nineteenth- and twentieth-century Spanish literature and on the application of contemporary literary theory to the study and teaching of Hispanic literature.

Trisha Dvorak is a Continuing Education Specialist with Educational Outreach at the University of Washington. She has coordinated elementary language programs in Spanish and taught courses in Spanish language and foreign language methodology. Professor Dvorak received her Ph.D. in Applied Linguistics from the University of Texas at Austin. She has published books and articles on aspects of foreign language learning and teaching, and is co-author of *Composición: Proceso y síntesis,* a writing text for third-year college students.

Carl Kirschner is Professor of Spanish and Dean of Rutgers College. Formerly Chair of the Department of Spanish and Portuguese at Rutgers, he teaches courses in linguistics (syntax and semantics), sociolinguistics and bilingualism, and second language acquisition. Professor Kirschner received his Ph.D. in Spanish Linguistics from the University of Massachusetts. He has published a book on Spanish semantics and numerous articles on Spanish syntax, semantics, and bilingualism, and edited a volume on Romance linguistics.